L'Afrique

Un continent aux ressources minières exceptionnelles

Abel Renaud EBA

L'Afrique

Un continent aux ressources minières exceptionnelles

L'Harmattan

5-7, rue de l'École-Polytechnique, 75005 Paris
http://www.editions-harmattan.fr
ISBN : 978-2-343-13821-3
EAN : 9782343138213

SOMMAIRE

DEDICACE

A tous les peuples d'Afrique pour lesquels j'écris ces lignes pour dire que quelque chose de bon peut encore sortir de ce continent. Encore un peu de temps et le monde entier devra compter avec toi, Afrique émergente.

A tous les territoires dits du tiers monde, il n'est pas encore trop tard pour mieux faire. L'espoir n'est pas perdu et est toujours à portée de main car comme l'ont fait certains pays d'Asie et d'Amérique latine, il est possible de changer de statut. En clair, il est possible de passer d'un stade de territoire d'extrême pauvreté à celui d'un territoire émergent, à forte croissance, avec un développement socio-économique accéléré qui est attesté et reconnu de tous. Il est également admissible en très peu de temps, de passer de la catégorie des pays en voie de développement à celle des pays à revenu intermédiaire, voire même, à celle des pays développés.

A tous ces pays d'Afrique actuellement en guerre ou sortis à peine d'une guerre civile aux origines discutables. Certes, il est difficile de recoller les morceaux d'une nation autrefois unie et paisible mais il est toujours possible d'y arriver en faisant fi du passé et en rebâtissant grâce à ses atouts. Et l'Afrique est l'un des rares continents dans le monde qui dispose d'atouts divers et de potentialités innombrables pour relever de tels défis.

A tous ces peuples d'Afrique meurtris dans leurs âmes, qui portent encore les séquelles des conflits guerriers. A toutes ces populations africaines terrifiées par les affres de la guerre qui ont vu leurs femmes pleurer intensément de souffrances et se vider de toutes les larmes de leur corps face à la barbarie des canons.

A tous ces citoyens africains désemparés et marqués à vie qui observent impuissamment leurs enfants déboussolés et désorientés parce qu'orphelins et leurs dignes fils, tomber sous les balles assassines des seigneurs de guerre. Un jour viendra où toutes ces atrocités survenues par le fait de l'égoïsme de certains dirigeants africains et la chasse aux profits démesurés d'honteux marchands de sang tapis dans l'ombre se dissiperont.

A tous ces penseurs et écrivains du monde dont les œuvres continuent de parler, de crier et de militer à travers les générations en faveur d'un essor économique tant recherché du continent africain et d'un épanouissement social tant souhaité de ses populations.

A tous ces visionnaires avertis, ces précurseurs audacieux et ces leaders africains, toujours vivants ou très souvent morts lâchement ou mystérieusement et ensevelis dans l'oubli total, et dont les idées prophétiques et les prédictions d'un avenir radieux pour l'Afrique n'ont pas été comprises parce que trop en avance sur leur temps.

A tous ces intellectuels africains et occidentaux, qui ont un cœur plein d'amour et de paix, qui aspirent au changement et à plus d'équité et de transparence dans les rapports d'aides au développement et d'échanges entre les Etats forts et les Etats faibles.

A tous ces porte-voix des peuples africains qui ont une sainte haine contre l'injustice, du dégoût contre la méchanceté des uns exercée envers d'autres hommes et dont le souhait le plus ardent est de voir une Afrique heureuse en permanence grâce à ses potentialités en lieu et place de pleurs quotidiens et d'une tristesse infinie.

A tous ces géologues et ces géophysiciens dont les efforts inlassables sur le terrain, dans les forêts tropicales sauvages et dans les déserts chauds d'Afrique, parfois au prix de leur vie, ne cessent de produire des résultats économiques positifs. A tous ces scientifiques dont les travaux de synthèse au laboratoire et les publications ont permis une meilleure connaissance de la géologie et des ressources minières et pétrolières de l'Afrique.

A tous ces économistes, ces investisseurs et ces hommes d'affaires du secteur minier et pétrolier dont les expertises économiques, les analyses techniques, les études de faisabilité et les apports financiers sont indispensables à l'Afrique et utiles à l'exploration, au développement et à l'exploitation de ses gisements.

A tous ces hommes et ces femmes politiques, ces dirigeants du monde et d'Afrique qui ont pour seule ambition de voir l'Afrique profiter enfin des richesses de son sous-sol, en créant les conditions adéquates pour favoriser un climat de paix primordial à tout développement.

A toutes ces autorités responsables qui sont engagées dans le respect des principes de bonne gouvernance pour une meilleure gestion et une répartition équitable des retombées économiques de l'exploitation des ressources minières et pétrolières du continent africain.

Enfin, à tous ces cadres de bonne volonté de la diaspora, originaire d'Afrique ou d'ailleurs qui soupirent dans le secret depuis de longues années pour l'émergence de ce continent. Sachez que l'Afrique vous attend et vous ouvre ses bras. En un mot, l'Afrique compte sur votre contribution et vos expériences pour son développement. Elle en a plus que jamais besoin.

REMERCIEMENTS

A ma future femme et à mes futurs enfants recueillis encore dans mes entrailles et en attente d'être manifestés dans ce monde, que les capacités et les talents que Dieu a enfoui en vous soient déployés dans votre génération pour le bien et le bonheur de vos semblables.

A mes parents, mon père Kouakou EBA et ma mère Pauline Dia AGBASSI épouse EBA, à mes trois frères Arnaud EBA, Richmond EBA et Luc-Aimé EBA, à ma sœur Elodie EBA, à mes oncles Ferdinand KOFFI, Fernand KOUASSI, Hamadou ALLIAGUI OUATTARA et sa femme Maïmouna KALOGO épouse OUATTARA, pour leurs soutiens, leurs conseils, leurs confiances et leurs encouragements.

A monsieur Jean-François MAREGIANO, président du groupe Sisyphe comprenant les sociétés JFM Conseils et JFM Nopi, pour avoir cru en mes capacités dès ma sortie de l'université en 2013 et confié le poste d'adjoint au chef de l'agence JFM Nopi après quelques années d'exercices professionnels.

A monsieur David BELLAISCH, président de la GTA Energies, pour m'avoir fait confiance pour le poste d'adjoint au chef du service de détection des réseaux de son entreprise.

A mademoiselle Nadia-Inès GOHOUROU, doctorante en droit, pour ses conseils juridiques, son soutien moral lors des sacrifices matinaux et nocturnes quotidiens et des nuits blanches endurées pendant l'écriture de cet ouvrage.

A monsieur Jérôme LABONNE, graphiste, pour avoir conçu et parfois modifié la majeure partie des illustrations qui accompagnent les textes de ce livre.

A ma famille spirituelle Impact Centre Chrétien (ICC) dont les enseignements ont contribués énormément à la mise en évidence et à la manifestation de ce rêve d'enfance.

A tous ces leaders et coachs du monde tels que le conférencier John MAXWELL, le pasteur et docteur Myles MONROE dont les ouvrages et les conseils ont concouru suffisamment à la matérialisation physique de mes visions et de mes projets de vie.

A toutes les personnes proches ou lointaines, connues ou inconnues qui ont aidées par leurs actions à faire sortir toutes les connaissances, les capacités, les dons et les projets cachés à l'intérieur de moi, dans les tiroirs de mes pensées, depuis tant d'années.

Enfin, à Dieu Le Créateur, qui donne le souffle de vie à tout homme sur cette terre et sans Lequel il n'y a pas de véritable joie et une paix profonde. Il est la Source de toutes les idées qui me sont venues à l'esprit pour construire cet ouvrage au fur et à mesure depuis l'écriture de la première page. Il est l'Initiateur de la somme de toutes les inspirations qui m'ont permises d'écrire les plus beaux paragraphes de ce livre. C'est aussi Sa présence et Ses valeurs dans ma vie qui m'ont incitée à prendre conscience qu'au delà de tout ce qu'un homme peut rechercher comme trésor sur cette terre, l'amour pour son prochain est la valeur morale la plus importante qui doit guider ses actions. Dans ce monde actuel où les valeurs de charité disparaissent progressivement, l'amour pour son semblable est le trait de caractère indispensable que chaque être humain doit manifester incessamment et abondamment envers autrui.

PREAMBULE

Ce livre représente certainement le cri de cœur et la voix des peuples africains qui, dans l'ensemble, possèdent un sous-sol riche de ressources minérales et pétrolières mais ne profitent pas des retombées économiques et sociales de leur exploitation et de leur commercialisation. Avant la vague des indépendances des années 60, les peuples africains n'étaient pas suffisamment conscients de ces avantages géologiques qu'ils avaient en comparaison aux autres continents. Cependant, avec la formation et l'apprentissage des cadres africains dans les plus prestigieuses universités du monde et le développement de nouvelles compétences intellectuelles et techniques par ces derniers après les indépendances, des voix s'élèvent de tous les pays africains pour mettre en lumière tout le potentiel minier de ce continent.

Dans un premier temps, ces élites africaines réclament une meilleure répartition des revenus financiers issus des secteurs miniers et pétroliers par les gouvernants des pays africains.

Deuxièmement, elles exigent plus de transparence et de clarté dans la gestion des contrats miniers et pétroliers établis entre les Etats africains producteurs et les compagnies exploitantes.

Troisièmement, ces populations africaines sortent de plus en plus de leur long silence pour demander aux gouvernants africains, une meilleure traçabilité sur la vente des produits miniers et obtenir un droit de contrôle sur les bilans financiers officiels et déclarés de ce secteur. Elles souhaitent également plus d'engagements et d'actions sociales des compagnies minières et pétrolières envers les populations africaines autochtones et citadines.

Enfin, cette longue liste d'exigences s'achève par cette démarche régulière des porte-paroles des peuples africains qui dénoncent le recours régulier des méthodes géopolitiques et conflictuelles controversées par les compagnies exploitantes pour l'acquisition de nouveaux marchés et permis d'exploration minière ou pétrolière.

Sur ce dernier point, force est de remarquer que le sang des peuples africains continue de couler dans toute l'Afrique pour le prix d'un baril de pétrole au Nigéria, en Angola, en Lybie, en Somalie et au Soudan. Les pleurs des populations africaines ne cessent de se faire entendre pour l'importance d'un kilogramme de bauxite en Guinée. Les jeunes africains qui sont la force vive et l'avenir de ce continent sont continuellement dispersés et désorientés pour le coût d'une once d'or en Afrique du Sud et au Mali. La majeure partie des Etats africains sont déstabilisés en permanence pour la valeur d'un carat de diamant en Centrafrique, en Côte d'ivoire, au Libéria, en Sierra Léone et pour l'estimation d'un kilogramme de coltan en République Démocratique du Congo. Tous ces malheurs existent et perdurent sur ce continent par le fait du mauvais usage de la géopolitique, spécifiquement en Afrique, pour s'approprier ses matières premières minérales rares et stratégiques, en surfant sur l'ignorance, la misère et le manque de solidarité et d'unité des peuples africains.

Malgré ce décor non reluisant, certains pays africains, notamment, l'Angola, la Guinée Equatoriale, l'Algérie, le Nigéria, le Ghana, le Congo-Brazzaville, la Côte d'Ivoire et bien d'autres, ont décidé de prendre leur destin en main en tirant le plus grand profit possible de l'exploitation des ressources minières de leur sous-sol. Cette émancipation positive et cette prise de conscience salutaire est visible à travers le développement rapide d'infrastructures publiques, de logements sociaux et l'émergence de nouvelles classes sociales moyennes qui traduisent une répartition de moins en moins déséquilibrée des fruits de l'exploitation minière et pétrolière.

Tous ces indices de développement et toutes ces nouvelles initiatives sont certainement les signes précurseurs et les témoins d'un probable et incontournable essor économique de l'Afrique basé sur l'énorme potentiel de son sous-sol dans les décennies à venir. Avec la mondialisation, la globalisation et l'émergence de nouveaux pays riches sur le continent asiatique comme la Chine, la Corée du Sud et sur le continent américain comme le Brésil, je reste convaincu qu'il y a de l'espoir pour les pays africains.

Hier, tous ces nouveaux pays émergents étaient considérés comme des pays appartenant au tiers monde, ce qui n'est plus le cas aujourd'hui. Je peux donc affirmer avec assurance que les pays africains restent incontestablement les prochains sur cette liste si les processus économico-géopolitiques d'aliénation et de déstabilisation des pays producteurs africains par les grandes entreprises minières et pétrolières, les puissants Etats et les marchands de sang s'arrêtent. Cette ascension de l'Afrique est également possible si les dirigeants politiques et les gouvernants africains mettent l'intérêt suprême de leurs nations et le bien-être de leurs populations au centre de leurs décisions par une répartition équilibrée des revenus de l'exploitation des ressources minières et pétrolières.

L'Afrique est un continent riche et de ce fait, les Africains dans leur grande majorité attendent depuis de longues années, le développement et la croissance économico-sociale de cette partie du monde. Ils ont pris conscience des énormes responsabilités qui sont les leurs. Ils ont aussi intégrés cette nouvelle donnée qui les oblige à être des acteurs principaux de leur développement. Plus que jamais, ils ont compris que leur rôle est déterminant dans cet imminent essor économique à venir.

A ce stade de mon propos, il est important de signaler que dans cet ouvrage, je mettrai plus d'accent sur les potentialités et les richesses du continent africain. Je n'évoquerai pas en priorité ses faiblesses et ses guerres qui rappellent de mauvais souvenirs. Aussi, je ne m'attarderai pas sur les raisons profondes de ces désastres provoqués aux origines connus de tous et dont l'Afrique est la cible depuis tant d'années.

J'estime que la meilleure façon de tirer une personne vers le haut n'est pas de lui rappeler au quotidien ses points de faiblesse ou ses échecs passés mais plutôt de lui montrer ses points forts, ses capacités, son réel potentiel et ce qu'elle peut en faire. C'est ce qui lui permettra d'augmenter son estime de soi et de passer de la médiocrité à l'excellence et de la culpabilité permanente à l'assurance quotidienne. C'est tout ce dont l'Afrique en général et les pays africains en particulier ont besoin pour s'élever dans la cour des grandes nations du monde. Ils ont besoin de savoir qu'ils sont capables de se développer et ont les ressources et les moyens suffisants et nécessaires pour y arriver.

PREFACE

Comme la graine de chaque arbre se trouve dans le fruit de l'arbre, ainsi les potentialités et les atouts du tiers monde se trouvent dans les pays du tiers monde. En d'autres termes, les richesses de l'Afrique sont contenues dans les entrailles des pays africains. La prospérité de l'Afrique se trouve en Afrique. Les entrailles des pays africains sont représentées par leurs sous-sols et par toutes les ressources pétrolières et minières qu'elles renferment. Mais l'Afrique en est-elle consciente ? Connait-elle suffisamment son sous-sol et ses potentialités ? A-t'elle l'expertise intellectuelle, technique et financière nécessaire et suffisante pour en profiter efficacement et en tirer le meilleur pour son développement ? Voilà des questions significatives qui méritent d'être prises au sérieux et sont susceptibles d'ouvrir des pistes de réflexion capables de conduire vers le développement du continent africain.

Le docteur Myles MONROE disait dans son livre dénommé *un formidable potentiel* ceci :

« La valeur d'une chose est déterminée par sa rareté. »

Plus une ressource est rare, plus elle aura de la valeur et plus elle attirera la convoitise des hommes de toutes les horizons. De même, l'Afrique possède dans son sous-sol des pierres précieuses et des minerais, d'une rareté incontestable, d'une valeur assez considérable et dont la seule prise en compte des retombées économiques pourrait changer la face de nombreux de pays africains si celles-ci sont bien gérées. En plus, certains de ces minerais et même les plus prestigieux, se trouvent uniquement dans certains pays africains et nulle part ailleurs dans le monde. Mais l'ironie du sort, c'est que ces pays d'où proviennent ces minerais dont l'utilité est parfois insurmontable dans les domaines de la télécommunication et du nucléaire en exemple, sont parmi les plus pauvres d'Afrique et du monde.

Est-ce le fruit d'une malédiction ou d'un sort comme le disent souvent certains africains ? Ou est-ce le fruit d'une ignorance criarde dans les affaires liées au secteur minier et pétrolier ? Est-ce la conséquence de la mauvaise volonté des gouvernants africains et des dirigeants des entreprises exploitantes ou est-ce le manque de connaissance en matière de gestion économique ou de planification de projet de développement des Africains ?

Avant de chercher à répondre à toutes ces questions ou accuser les autres, l'Afrique doit commencer par considérer ses fondations, ses atouts et ses carences, c'est-à-dire, à se connaître soi-même pour déceler ses points faibles et ses points forts. Vous ne pouvez mieux vous projeter dans l'avenir sans savoir d'où vous venez, sans connaître votre réelle identité, sans maîtriser vos capacités et vos compétences. Je veux dire par ces phrases que l'Afrique doit apprendre à se connaître davantage avant de penser et de rêver à son développement. C'est la première des choses à faire par les Africains.

Pour arriver à cette fin, bien évidemment sur le plan géologique, je prendrai le temps de vous montrer les potentialités du sous-sol africain à travers une étude sérieuse de la géologie et des matières premières minérales de la majorité des 54 pays africains. Je donnerai également quelques notions de base de géologie dès l'entame de l'ouvrage dans le but de facilité la compréhension de mes propos à venir par les profanes. Cette démarche contribuera aussi à rendre accessibles des termes techniques qui seront employés pour expliquer certaines vérités géologiques et géophysiques dans mes argumentaires.

Sur ces mots, bienvenus mesdames et messieurs à bord de notre avion pour le voyage de découverte que nous sommes sur le point d'effectuer. Attachez vos ceintures, ouvrez grands vos yeux et vos oreilles et bon voyage à travers ce beau continent qui est l'Afrique.

INTRODUCTION

Le sous-sol africain regorge de matières premières minérales diverses, abondantes et de haute qualité. Ces prédispositions naturelles minières sont tellement spectaculaires que si ses ressources minérales sont exploitées et rentabilisées de façon efficiente, elles peuvent faire sortir une grande partie des peuples africains de l'extrême pauvreté qui s'abat depuis des décennies sur le continent. Et même les générations futures pourront en jouir également. Dans un monde parfait, c'est cette vérité que devraient vivre les populations africaines au quotidien. Hélas ! Depuis quelques années, nous assistons à un exode vers l'Occident de toutes les forces vives de l'Afrique, notamment, ses jeunes, ses femmes et ses intellectuels.

En effet, des jeunes désœuvrés, sans emploi et sans perspective d'avenir, venant de tous les pays d'Afrique, sont prêts à embarquer sur des navires de fortunes depuis une Lybie déstabilisée ou à partir d'un Maroc insoucieux, en destination de l'hexagone pour un lendemain meilleur. Ce trajet vers le supposé *eldorado* s'apparente souvent à un parcours de véritables combattants où des femmes sont régulièrement violées et des hommes sont quotidiennement torturés et vendus comme des esclaves dans l'attente de leurs dangereuses embarcations. Quand ils n'ont pas été rattrapés par les flots de la Méditerranée, des milliers de migrants sont accueillis de justesse sur les côtes espagnoles et italiennes aux grands désarrois de ses fils dignes de l'Afrique qui ne peuvent qu'essuyer dans cette douleur silencieuse, les larmes sortant de leurs yeux et coulant de leurs visages comblés de honte et d'ignominie. Le drame le plus triste est le cri ahurissant de ces milliers de migrants en périls face aux vagues de la mer et sans secours. Ces derniers sont plus nombreux que les survivants des bateaux qui accostent sur les berges européennes et dont on n'entendra plus jamais la voix parce qu'ensevelis incessamment par les eaux méditerranéennes sous le regard complice, impuissant et coupable de la communauté internationale et des garde-côtes. Une autre forme d'esclavages et de crimes indirects qui ne dit pas son nom voit ainsi le jour.

Autrefois, pendant la période de l'esclavage, les jeunes africains étaient conduits vers les Amériques et l'Europe de force dans l'objectif de servir de main d'œuvre dans les plantations de ces territoires. Aujourd'hui, cette pratique refait surface de façon voilée et discrète au regard de ces nouveaux mouvements migratoires.

En fait, les dures réalités quotidiennes auxquelles sont confrontés les peuples africains suite aux guerres géopoliticiennes récurrentes qui ont pour conséquence directe, une pauvreté généralisée sur le continent africain, entrainent une migration non plus forcée mais volontaire des jeunes, des femmes et de leurs enfants vers l'Occident. Les populations africaines n'ont plus foi au développement de leur continent qui est pourtant rempli et parsemé de richesses naturelles minérales dans ses fondations, c'est-à-dire, dans son sous-sol. Comment a-t-on pu arriver à ce constat macabre et désespérant malgré les grandes potentialités géologiques de l'Afrique ? Y a-t-il une volonté manifeste de nombreuses mains obscures d'empêcher le développement de ce continent ? Les Africains n'ont-ils pas une part de responsabilité dans ce sous-développement comparable à un sort qui est devenu plus que jamais préoccupant ? Les populations africaines ont-elles des raisons d'abandonner leur continent en pensant qu'un lendemain meilleur est possible à l'hexagone mais impossible en Afrique ? Y a-t-il des pays africains qui font preuve d'exemplarité en matière de développement socio-économique et qui méritent d'être suivis de près pour la bonne gestion des revenus issus de l'exploitation de leurs matières premières minérales ?

D'abord, géologue de formation imprégné des questions économiques, des nouveaux concepts géopolitiques que sont la mondialisation et la globalisation puis géophysicien doté d'une curiosité abusive sur les modèles de développement et désormais écrivain avec un esprit ouvert et critique sur les réalités géopolitiques, sociologiques et historiques du monde et d'Afrique, j'essaierai d'apporter des éléments de réponses à toutes ces préoccupations qui méritent plus que jamais des éclaircissements. Ces réponses sont vitales et indispensables pour satisfaire toutes ces personnes intéressées par le développement de l'Afrique et le bien-être de ses populations.

Dans un premier temps, pour atteindre ce but, je ferai une excursion dans le monde de la géologie et de la géophysique à l'intention des personnes pour lesquelles ces domaines sont inconnus.

J'expliquerai les bases de ces deux disciplines scientifiques puis je mettrai en évidence les fortes potentialités minières et pétrolières du continent africain à l'aide d'outils géologiques, géophysiques, géographiques et économiques. Pour le faire, je passerai en revu les ressources minières et pétrolières d'une bonne partie des 54 pays africains (Figure 1) en analysant les grandes régions minières et pétrolières d'Afrique grâce aux données statistiques des compagnies minières, de la recherche scientifique, des Etats producteurs africains, des organisations internationales, des médias et bien d'autres sources.

J'affinerai également cette étude des ressources minières de l'Afrique en considérant leurs contributions effectives dans l'amélioration des conditions de vie des populations africaines à travers les chiffres des produits intérieurs bruts (PIB) en rapport avec l'indice de développement humain (IDH) et le produit national brut (PNB) des ces différents pays. Cette démarche didactique permettra à tous les lecteurs d'être sur la même longueur d'onde pour une meilleure compréhension et une bonne analyse des phénomènes géopolitiques, sociologiques et économiques que subit l'Afrique depuis les années des indépendances jusqu'à nos jours. Car, il est bien de savoir que dans notre époque, rien ne se fait de façon fortuite dans les rapports et les échanges entre les Etats. Toutes les actions qu'ils posent ont des conséquences certaines sur les Etats voisins ou lointains puisque le monde est devenu un village planétaire.

Dans un second temps, j'essaierai d'établir les rapports et les liens géologiques, géographiques et historiques qui existent entre l'Amérique latine et l'Afrique car il est fort probable que les réserves minières et pétrolières de ces deux parties du monde soient très proches quantitativement et qualitativement. Dans mes démonstrations, je parlerai quelques fois des éventuelles ramifications qui existent entre la géopolitique, les matières premières minérales de l'Afrique et les guerres qui affectent ce continent. Tout cela, en prenant en compte leurs conséquences négatives et irréversibles sur les peuples africains et sur les populations occidentales qui les vivent de plus en plus avec les mouvements migratoires non maitrisés des Africains vers l'Europe et la montée des groupes terroristes.

Cependant, avant de poursuivre mes propos, c'est lieu de rappeler encore une fois que le but de cet ouvrage n'est pas de ressasser le passé et de réveiller le souvenir des guerres atroces que l'Afrique a vécu à cause de ses ressources minérales. De toute sa panoplie d'objectifs, il a pour objectif principal de faire la promotion des matières premières minérales et des gisements miniers et pétroliers de l'Afrique. Cette démarche favorisera assurément leur exploitation en vue du développement de l'Afrique d'où, l'intitulé du livre *L'Afrique, un continent aux ressources minières exceptionnelles (un zoom sur les matières premières minérales et le développement de l'Afrique).* Ce livre s'intéresse uniquement aux mines du continent africain.

Un autre ouvrage sera consacré aux régions pétrolières du continent africain car un seul ouvrage ne suffit pas à décrire non seulement l'ensemble des mines d'Afrique mais aussi, tout son potentiel pétrolier qui est également considérable.

Dans cet ouvrage, j'attirerai l'attention des dirigeants africains sur la question des principes de bonne gouvernance et les compagnies minières exploitantes sur les clauses contractuelles qui les engagent avec les pays africains producteurs en matière de développement économique et social en faveur des populations autochtones. Aussi, ce livre sera le cadre idéal pour introduire certaines notions de développement personnelle car nombreux sont les Africains qui se méprisent et se sous-estiment. Ils sont plusieurs à croire que rien de bon ne peut venir d'eux et de l'Afrique alors que c'est l'un des continents les plus riches de la planète sur le plan minier. Malheureusement, de nombreux Africains n'en sont pas encore conscients et sont prêts à abandonner leurs terres pour l'Occident.

Enfin, au fur et à mesure de mes analyses, je traiterai les avantages en termes de développement économique et social dont pourraient jouir les pays africains si les bénéfices provenant de l'exploitation et de la vente de leurs ressources naturelles minérales sont bien gérés et utilisés. Pour y arriver, je m'appuierai sur des modèles de développement connus en Afrique et au Moyen-Orient et qui sont basés sur les revenus des ressources minières et pétrolières.

Puisses ce livre être, une contribution substantielle à la compréhension des divers maux qui frappent l'Afrique depuis bientôt un siècle et le début d'une prise de conscience mondiale en faveur de l'émergence et du développement de ce continent. C'est un territoire du monde qui ne réclame que sa pleine liberté d'action quant à la planification et à la conception de son développement pour le bien-être de ses populations qui n'en peuvent plus de ses crises sociales répétées et provoquées. Elles sont exaspérées de ces famines récurrentes dont sont victimes les pays en guerre ou en crise et sont épuisées parce qu'étouffées par cet environnement d'extrême pauvreté qui fait partie de leurs habitudes.

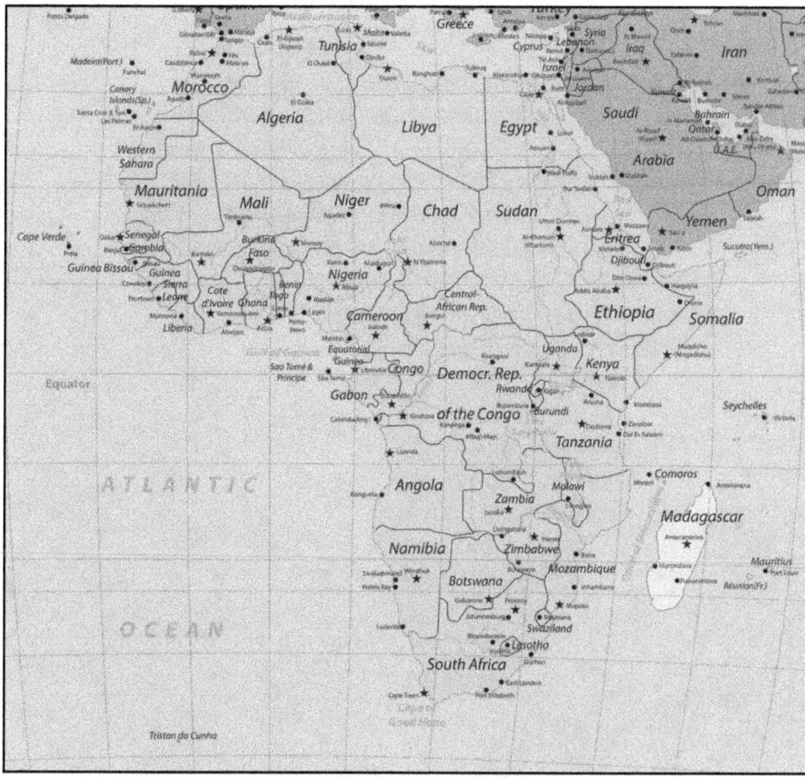

Figure 1: Carte de l'Afrique

CHAPITRE I
POURQUOI TANT D'INTERET POUR L'AFRIQUE ?

I.1 - L'urgence de faire une cartographie détaillée des indices miniers et pétroliers de l'Afrique

Selon la direction de l'unité gaz, pétrole, mine du département de l'Energie durable de la Banque mondiale, le gigantesque potentiel du continent africain en termes de ressources minières et pétrolières est encore inexploité en raison d'un manque de données géologiques et géophysiques qui sont des préalables pour exploiter des minerais.

La mise en évidence des minerais dans le sous-sol est conditionnée par la phase d'exploration qui consiste à investiguer les profondeurs de la terre par des méthodes scientifiques de sondage. Toutes ces techniques d'investigation intrusives et non intrusives sont l'objet des sciences géologiques et géophysiques. C'est justement cette étape préliminaire d'exploration qui est sensée fournir des données géologiques et géophysiques dont le traitement informatique, l'analyse et l'interprétation grâce à de puissants ordinateurs et logiciels permet de localiser d'éventuels gisements d'or ou de pétrole. C'est la première étape du long processus de découverte, de développement et d'exploitation d'un gisement.

Si la phase d'exploration est bien faite, elle peut garantir des décennies d'exploitation et de rente financière en cas de découverte d'un grand gisement. D'ailleurs, quand un gisement a été mis à jour, certaines entreprises minières et pétrolières continuent la phase d'exploration pendant l'exploitation de ce dernier pour agrandir leur domaine d'opération et augmenter les réserves de minerais. C'est ce que les miniers et les pétroliers appellent généralement les projets d'extension (PEX) de la mine ou du gisement.

La phase d'exploration n'est donc pas à négliger. Elle est donc capitale car toute la suite du projet en dépend fortement. Elle est aussi très onéreuse et se fait dans certains cas sur plusieurs années. C'est aussi une phase d'importants risques financiers pour les entreprises exploitantes et les Etats producteurs actionnaires. Elle est risquée car au départ de l'étude, rien ne certifie que les résultats qui en découleront seront concluants pour les parties prenantes et les investisseurs qui s'y sont engagés.

C'est pour cette raison qu'il est difficile pour les Etats africains qui ont des budgets généralement faibles, d'investir des milliards dans l'exploration de leurs propres ressources minières et pétrolières au risque de tomber en faillite en cas de résultats négatifs. Il faut avoir des reins solides financièrement comme la plupart des multinationales et des grands groupes miniers et pétroliers pour s'engager dans de telles aventures. Pourtant, sans cette étape, il n'y a pas de pétrole, de gaz et encore moins d'or ou de diamant. C'est donc un passage obligatoire et plus que nécessaire. Je reviendrai largement plus tard sur cette phase lorsque j'aborderai certaines méthodes d'exploration minière et pétrolière.

Monsieur Paulo DE SA, directeur de l'unité gaz, pétrole, mine du département de l'Energie durable de la Banque mondiale lors de la 20ème édition de Mining indaba, la conférence internationale sur l'investissement minier en Afrique qui a eu lieu du 3 au 6 février 2015 en Afrique du Sud tenait les propos suivant en disant :

« Le manque de données géologiques constitue un obstacle pour les entreprises dans le choix d'un pays comme destination spécifique pour l'activité minière. »

Il a réitéré ses idées en affirmant en ces termes ceci :

« Bien que l'Afrique soit riche en ressources minérales, elle reste l'un des blocs continentaux les moins explorés, ce qui crée un énorme déficit de compétences et justifie le besoin de commander une exploration massive de son potentiel minier. »

Ainsi, dans le but de trouver une solution à cette problématique dont la résolution serait salutaire pour le développement du continent africain, lors de cette conférence, monsieur Paulo DE SA a rendu public un projet qui se déroulera sur cinq années et dénommé *la carte à un milliard de dollars.*

Ce projet innovateur et indispensable pour l'Afrique consistera à cartographier les minerais et les gisements sur le continent africain en prenant en compte les nouvelles techniques et technologies d'exploration qui ont largement progressées depuis ces deux dernières décennies.

Les cartes géologiques actuelles des indices miniers et pétroliers de la plupart des pays africains sont caduques, dépassées et imprécises car elles datent dans leur grande majorité d'avant les indépendances des années 60.

De surcroit, à l'époque, elles ont été conçues avec des moyens géologiques et géophysiques rudimentaires qui ont fortement évolués aujourd'hui. Ces méthodes ont produit des résultats quelque peu imprécis et douteux qui sont à prendre avec des pincettes aujourd'hui.

En effet, au regard des avancées scientifiques, ces méthodes utilisées ne paraissaient pas être à la pointe de la technologie tandis qu'à l'époque elles étaient révolutionnaires et synonymes d'innovation pour la communauté scientifique. Pour exemple, la carte géologique de la Côte d'Ivoire réalisée par le chercheur Bernard TAGINI date de 1957 et pourtant, elle est utilisée jusqu'aujourd'hui par les chercheurs ivoiriens et ceux du monde entier. Elle a donc besoin d'être actualisée comme de nombreuses autres cartes géologiques des pays du continent africain.

La Banque mondiale décide de financer le projet *la carte à un milliard de dollars* à hauteur de 200 millions de dollars tout en espérant que les Etats africains, les bailleurs de fonds et les multinationales minières et pétrolières apporteront le budget additionnel de 800 millions de dollars. C'est une très bonne initiative de cette institution financière internationale car par ce geste elle impulse le début d'une nouvelle ère d'exploration de tout le continent africain surtout que de nouvelles techniques d'exploration existent aujourd'hui. C'est justement l'une des raisons pour laquelle la Banque mondiale a choisi de baser cette première mission d'exploration complète de l'Afrique sur les nouvelles technologies. Ces dernières prendront en compte non seulement les images satellites, c'est-à-dire, la télédétection mais aussi les technologies géophysiques aéroportées (gravimétrie, magnétométrie...), les systèmes d'informations géographiques (SIG) et les sciences informatiques à travers l'utilisation de matériels de gestion des données tels que des serveurs et des plateformes de technologies de l'information et de stockages dématérialisés en ligne. Une partie considérable du financement de la Banque mondiale sera donc allouée à l'acquisition et à l'application de ces nouvelles technologies.

Mais pourquoi la Banque mondiale exprime t'elle tant d'intérêt pour l'Afrique maintenant au point de financer en partie ce projet après une si longue période d'abandon et d'ignorance de ce continent sur le plan économique et social ?

I.2 - Des indicateurs économiques satisfaisants pour l'Afrique

En effet, les indicateurs économiques de croissance annuelle des pays africains sont en partie, les éléments motivateurs de ce fort intérêt des institutions internationales pour ce continent. Pendant que la majorité des pays occidentaux connaissent actuellement des déclins économiques, les pays africains, en d'autres termes, l'ensemble du continent africain connait une forte croissance économique selon les institutions financières internationales telles que la Société financière internationale (SFI), le Fond monétaire international (FMI), la Banque africaine de développement (BAD) et la Banque mondiale qui ont prévu 4.5 et 5% de croissance en Afrique subsaharienne respectivement en 2016 et 2017 (Figure 2).

En plus, ces organisations internationales ne sont pas les seules à avoir fait ce constat car selon le célèbre magazine *Slate Afrique*, plusieurs pays africains sortent progressivement de la pauvreté et présentent des économies en forte croissance dans cette dernière décennie. Pour tirer une telle conclusion, *Slate Afrique* a établi un classement en 2012 qui repose sur une évolution économique et non sur une position économique absolue sachant que cette dernière est généralement conduite par les ténors du continent que sont l'Afrique du Sud, l'Algérie, le Nigéria, l'Egypte. Ce classement a donc permis de mettre la lumière sur des pays discrets d'Afrique comme le Kenya, le Botswana, le Ghana qui sont tous aussi crédibles après avoir enregistré des bons spectaculaires ces dernières années sur le plan économique. Ils n'ont rien à envier aux grandes nations du continent en matière de développement et de croissance économique au regard des données des institutions financières internationales.

Les résultats obtenus dans le classement *Slate Afrique* ne sont pas le fruit d'un hasard. Ils ont été consolidés en s'appuyant sur le taux de croissance des PIB effectifs de ces pays de 2009 à 2011, sur les projections du FMI tirés de *Perspective de l'économie mondiale du FMI d'Avril 2011,* sur le taux de transparence calculé par l'organisation Transparency international et sur l'indice de développement humain (IDH) évalué par l'Organisation des nations unis (ONU) en prenant en compte le PIB par habitant donné par la Central intelligency agency (CIA) via les chiffres de la Banque mondiale et du FMI. Dans le top 10 de ce classement donné dans l'ordre décroissant, les pays suivants font leur apparition. Il s'agit du Ghana (13.7 % de prévision de croissance en 2011), du Congo-Brazzaville (7.8% en 2011), du Botswana (6% en 2011), du Zimbabwe (7.3 en 2011), du Nigéria (6.2% en 2011), de la Zambie (6.6% en 2011), de l'Ethiopie (8.5% en 2011), du Mozambique (7.5% en 2011), de la Tanzanie (6.4% en 2011) et du Malawi (4.3% en 2011).

En plus, suite à une analyse centralisée des données économiques de plusieurs pays d'Afrique subsaharienne basée sur la prise en compte de leurs différents PIB tirés de *Perspective de l'économie mondiale du FMI d'Avril 2014*, le classement des 10 pays qui devraient posséder les plus forts taux de croissance en 2015 a pu être établi dans l'ordre décroissant suivant : la République Démocratique du Congo (8.5% de prévision de croissance en 2015), le Mozambique (7.9% en 2015), la Côte d'Ivoire (7.7% en 2015), l'Ethiopie (7.5% en 2015), la Tanzanie (7% en 2015), Nigéria (7% en 2015), l'Ouganda (6.8% en 2015), Kenya (6.3 % en 2015), Gabon (6.3% en 2015), le Congo-Brazzaville (5.8% en 2015).

Il est vrai que ces chiffres de PIB concernent en particulier certains pays africains mais il est également important de noter que ces mêmes rapports de la Banque mondiale et de la Banque africaine de développement (BAD) mentionnent des taux de croissance élevés pour toutes les grandes régions d'Afrique. De l'Afrique de l'Ouest à l'Afrique de l'Est en passant par l'Afrique du Nord, l'Afrique Centrale et l'Afrique Australe, les taux de croissance enregistrés sur les mêmes périodes sont en hausse.

Cela sous-entend que c'est également toute l'Afrique qui était en croissance sur ces périodes. Et tout cela, sans que l'Afrique n'ait encore exploré et exploité l'essentiel des matières premières minérales de son sous-sol, c'est-à-dire, la totalité de ses ressources minières et pétrolières. Ce qui veut dire que si l'Afrique avance dans ce secteur, c'est le continent avec lequel il faudra compter dans l'avenir d'où l'intérêt de la Banque mondiale d'initier le projet *la carte à un milliard de dollars* pour cartographier sur le plan géologique et géophysique, la totalité des ressources minérales et des indices miniers du continent africain.

Cet engouement pour l'Afrique s'observe déjà depuis quelques années puisque plusieurs pays africains sont devenus des eldorados et des terres d'accueil pour de nombreux citoyens occidentaux et de multiples entreprises européennes qui délocalisent leurs activités et démantèlent leurs installations pour s'installer durablement sur les terres africaines.

De surcroit, ce nouvel attrait pour l'Afrique se renforce dans la mesure où selon l'Institut nationale de statistique et des études économiques (INSEE), le prix du baril de pétrole brut *brent,* d'après la bourse de Londres en Angleterre est passé systématiquement de 94.2 euros (105.1046 dollars) en mars 2012 à 34.6 euros (38.6053 dollars) en décembre 2015. Ce changement n'est pas resté sans conséquence pour les économies des pays du monde qui l'ont subi de plein fouet.

En effet, cette baisse progressive et drastique du prix du baril de pétrole a entrainé l'effondrement économique de plusieurs pays occidentaux tels que la Russie et certains pays d'Amérique latine comme le Venezuela qui ont basé l'essentiel de leur économie sur la vente du pétrole. Pendant que les effets d'une telle baisse du coût du baril de pétrole se fait sentir en Occident, dans le même temps, des pays africains comme le Nigéria, l'Algérie, l'Angola, la Guinée équatoriale, le Congo-Brazzaville et le Gabon, également exportateurs de pétrole, ont été épargnés par les répercutions négatives de la chute du prix de cette matière première pour une raison toute simple. En réalité, à part les matières premières minérales et pétrolières, les pays africains ont des ressources financières non négligeables qui proviennent d'autres matières premières qui sont non minérales. Quel est mon point ?

Les matières premières non minérales de l'Afrique sont une valeur ajoutée à l'économie des pays africains. En d'autres mots, elles constituent une rente financière additive car elles sont un surplus aux économies africaines qui ne sont pas mono-dépendantes des matières premières minérales mais diversifiées. C'est ainsi qu'un pays africain comme la Côte d'Ivoire est 1ère productrice de cacao, d'hévéa et de noix de cajou. Le Sénégal est quant à lui, le 1er producteur d'arachide et j'en passe car des exemples idem sont multiples sur tout le continent africain. C'est pour toutes ces raisons non exhaustives que je reste convaincu et optimiste sur le fait que l'Afrique, si ce n'est déjà fait, sera d'ici peu le continent de l'avenir. Je soutiens et réaffirme ma conviction sur ce point car le potentiel minier et pétrolier de l'Afrique est toujours intact, vierge et sous-exploré, c'est-à-dire, pas assez connu. Quand ils seront mieux connus, la face socio-économique de ce continent changera.

Le sous-sol africain attend d'être exploré dans son entièreté depuis des décennies puis exploité pour que les bénéfices qui en sortiront apportent une valeur ajoutée significative au développement économique et social de ce continent et à l'épanouissement de ses populations.

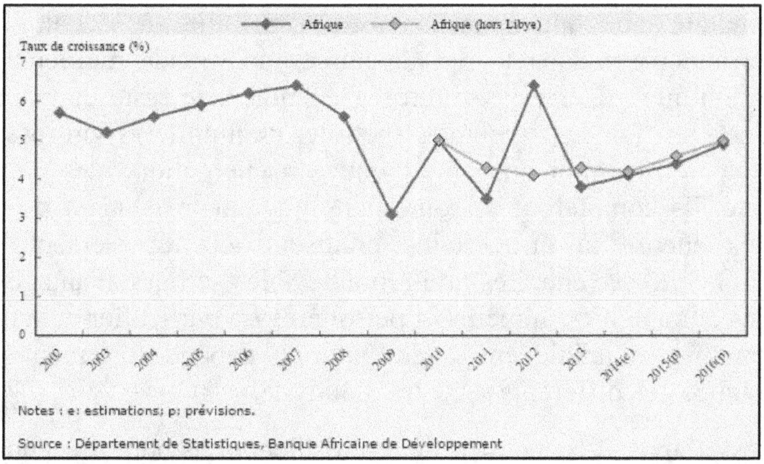

Figure 2 : Prévision de croissance économique de l'Afrique de 2002 à 2016 (Département Statistiques de la Banque Africaine de Développement, site internet de l'Ined)

I.3 - Une transition énergétique difficile à l'échelle mondiale

A ces raisons ci-dessus mentionnées s'additionnent plusieurs autres causes pour lesquels l'Afrique suscite tant d'intérêt dans le monde. L'une d'entre elles provient de l'avancée rapide des nations du monde, notamment, des pays développés vers la transition énergétique appelée aussi l'économie verte pour faire référence à l'écologie et à la protection de l'environnement.

En effet, de plus en plus, les Etats occidentaux et les médias internationaux parlent de transition énergétique, c'est-à-dire, du passage progressif des matières premières minérale et des énergies non renouvelables telles que le pétrole, l'uranium et le charbon aux énergies renouvelables comme le solaire, l'éolienne et les biocarburants. Je suis parfaitement d'accord avec ce principe d'humanité qui fait appel à notre sensibilité à l'écologie et à l'environnement dans le but de laisser un monde meilleur et sans pollution aux générations futures. Cependant, je reste convaincu que les énergies non renouvelables (pétrole, uranium...) n'ont pas encore dit leur dernier mot dans l'alimentation énergétique des pays de la planète. Ils compteront toujours dans l'avenir et pendant de longues années encore là où certains prédisent leur épuisement. J'ai la certitude que ces énergies non renouvelables seront davantage prisées par les compagnies minières et pétrolières en particulier et surtout par l'économie mondiale en général qui en dépend fortement pour la croissance des différents secteurs d'activité.

Les preuves de cette affirmation résident dans notre dépendance au pétrole pour le carburant de nos voitures, dans notre attachement au kérosène pour nos voyages en avion et notre lien historique à l'uranium pour la fourniture d'électricité dans nos maisons à partir de nos centrales nucléaires. Ces besoins vitaux et réels se présentent à nous au quotidien. Bien que certains annoncent la fin du pétrole avec des gisements de plus en plus difficiles d'accès, c'est-à-dire, à plus de 5000 mètres de profondeur parfois avec une exploitation onéreuse et souvent moins rentable pour les entreprises, cela n'est pas un argument assez solide pour détacher définitivement les pays du monde de ces précieuses ressources minérales que sont le pétrole et le gaz.

Ainsi, pour palier à cette nouvelle problématique de la rareté des gisements peu profonds qui a surgi récemment dans le secteur pétrolier, des pays comme les Etats-Unis se lancent dans l'exploitation du pétrole et du gaz de schiste nécessitant la technique de la fracturation hydraulique. En conséquence, ils deviennent indépendants en pétrole et parviennent même à se hisser au rang d'exportateur de pétrole. Sur un autre front, pour répondre à cette démarche des Etats-Unis, l'Arabie saoudite et d'autres pays du Moyen-Orient augmentent leur production pétrolière pour rester les leaders des ventes sur le marché international. La conséquence immédiate de cette concurrence à distance est la baisse du coût du baril de pétrole comme nous l'avons constaté en 2015 car l'offre était supérieure à la demande.

J'ai tenu à en parler pour signaler que les pays du monde ne sont pas encore prêts à abandonner les énergies non renouvelables. Cette vérité se vérifie d'ailleurs en France car tous les gouvernements qui se succèdent promettent tous de démanteler les centrales nucléaires pendant leurs campagnes électorales. Cependant, dès leur arrivée au pouvoir, ils oublient cette promesse et ont du mal à se séparer de ces centrales parce qu'ils sont désormais conscients de l'importance de ces dernières pour leur fourniture en énergie électrique. Mon objectif sur ce point est de vous faire comprendre que notre attachement aux matières premières minérales pour notre alimentation énergétique est viscéral et historique. La transition énergétique ne peut donc se faire aussi rapidement du jour au lendemain. C'est une belle initiative qui prendra beaucoup de temps et plusieurs pays ont compris cette vérité. C'est pour cela que toutes les grandes nations du monde feront tout ce qu'elles peuvent malgré le prix à payer pour trouver de nouveaux moyens et de nouvelles zones d'approvisionnement en matière première énergétique. C'est d'ailleurs ce que font les Etats-Unis avec l'exploitation de leurs réserves de pétrole et gaz de schiste quand ils se trouvent en pénurie ou en difficulté d'approvisionnement.

La France et de nombreux pays occidentaux et africains ne sont pas encore engagés dans l'exploitation du gaz de schiste en raison des risques écologiques liés à la fracturation hydraulique mais cela ne saurait tarder. Tôt ou tard, ils devront s'y mettre comme les Etats-Unis.

Tous les arguments que je viens de citer ont pour seul but de soutenir qu'il y a un avenir prometteur pour les énergies non renouvelables malgré toutes les insinuations des uns et des autres. Et même si le pétrole venait à ses fins, en alternative pour l'avenir, les spécialistes de l'énergie atomique fondent un grand espoir sur l'uranium et certains métaux radioactifs qui peuvent générer suffisamment d'énergie pour pallier aux besoins énergétiques du monde. Mais où peut-on trouver ces minerais d'avenir comme l'uranium et le pétrole en concentration assez importante pour répondre aux besoins énergétiques futurs du monde ? C'est bien en Afrique et je le démonterai tout au long de ce livre. Je consacre presque l'intégralité des pages de cet ouvrage à établir cette vérité.

Après avoir terminé la lecture de ce livre, vous ne serez plus un apprenant au sujet des ressources minières de l'Afrique car nous passerons ensemble en revue, l'essentiel des richesses minières du sous-sol de ce continent.

I.4 - L'Afrique, ultime continent de la terre aux ressources minières et pétrolières encore inexplorées

Je l'ai dit dans les paragraphes précédents mais il est toujours bien de le rappeler pour introduire le point que j'aimerais développer maintenant. Il est difficile de séparer le domaine des géosciences, de l'économie et de la politique. Par définition, la politique est la science qui étudie la gestion et le gouvernement de la cité. Et celui qui parle de gestion de la cité fait forcément allusion aux actions de développement telles que la construction d'infrastructures et la mise en place de structures socio-économiques pour le bien-être quotidien des populations. Or, pour amener à manifestation d'aussi beaux projets de développement, il faut des moyens financiers. Et l'une des plus grandes sources de revenus des Etats africains qui n'émane pas des prêts et des emprunts acquis auprès des institutions financières internationales reste la rente provenant directement de l'exploitation des matières premières minérales des sous-sols de ces pays. Ce sont les liaisons existant entre ces trois domaines qui me poussent à dire qu'ils sont interdépendants les uns des autres.

En effet, les progrès économiques dans le domaine de l'exploitation des ressources naturelles minérales dans le monde sont généralement conditionnés par trois choses : la géologie, les innovations technologiques et la croissance démographique.

I.4.1 - L'Afrique, un continent privilégié géologiquement au détriment des autres

La géologie a une part extrêmement importante dans l'économie minière mondiale parce qu'elle est la discipline source qui permet de mettre en évidence tous ces réservoirs de pétrole et toutes ces mines de cuivre, de titane, de bauxite et de colombo-tantalite connues aujourd'hui sur la planète. La géologie est la science qui étudie la terre alors que c'est justement la terre qui contient toutes les roches dans lesquelles se trouvent l'ensemble des métaux précieux recherchés et tous les sédiments dans lesquels se cachent le pétrole et le gaz.

Cependant, tous les pays du monde et les cinq continents de la planète n'ont pas les mêmes caractéristiques et les mêmes avantages géologiques. En clair, ils n'ont pas le même potentiel et les mêmes réserves de matières premières minérales et énergétiques. Certains ont des sous-sols riches en métaux précieux tandis que d'autres en ont de très pauvres. Certains ont exploité la majeure partie des ressources minières et pétrolières de leur sous-sol comme c'est le cas pour beaucoup de pays occidentaux tandis que d'autres ne les ont pas encore exploités et suffisamment mis en valeur. C'est dans ce dernier cas que se situe le continent africain.

La particularité de l'Afrique est qu'elle possède non seulement un sous-sol riche en minerais mais qui n'a pas encore été énormément exploité et valorisé. Certaines régions d'Afrique sont d'ailleurs qualifiées de *zones de scandales géologiques* du fait de la forte concentration de minerais de tout genre et de tout type en un seul endroit du monde. C'est l'exemple de la République Démocratique du Congo parmi tant d'autres. Il ressort de cette analyse que l'Afrique est un continent privilégié sur le plan géologique. C'est aussi l'une des raisons pour laquelle ce continent attire la convoitise de plusieurs investisseurs du secteur des matières premières minérales et énergétiques.

La virginité géologique de l'Afrique est un atout mais aussi une force indispensable qui va certainement compter dans l'avenir pour l'économie mondiale grâce à ses grandes ressources minières et pétrolières.

I.4.2 - L'Afrique et les richesses de son sous-sol au cœur des innovations technologiques dans le monde

L'innovation technologique joue également un rôle déterminant dans la recherche des minerais. Il serait injuste d'ignorer l'apport de la technologie dans ce secteur d'activité. Ce n'est pas un hasard si le siècle présent, c'est-à-dire, le XXIème siècle est connu comme l'ère des nouvelles technologies.

En effet, depuis le début des années 2000, nous assistons à l'explosion des innovations technologiques avec l'arrivée des Smartphones, des tablettes connectées et des produits High-techs de nouvelle génération. Et toutes ces innovations technologiques sont compatibles à des applications diverses et utiles dans tous les secteurs d'activités, notamment, dans la communication, l'agriculture, l'informatique, l'environnement, la défense, la sécurité, l'industrie, la banque et d'autres secteurs d'avenir à forte rentabilité financière. En d'autres termes, aujourd'hui, le monde connait une révolution technologique sans précédant. Tous les domaines d'activités ont une tendance à s'accommoder aux nouvelles technologies dans leurs méthodes de travail. Là où des manœuvres étaient effectuées par des hommes de façon manuelle il y a quelques décennies en arrière, de nos jours, des outils informatiques, des logiciels spécialisés et des appareils connectés ont pris le relais. Des taches numériques remplacent de plus en plus des tâches humaines comme si la technologie occupait progressivement des postes réservés jadis aux hommes.

Le XXIème siècle est donc effectivement celui des nouvelles technologies. Cette mise à jour numérique de tous les secteurs d'activité se fait de façon accélérée. A ce rythme, les entreprises qui accusent du retard sur les progrès technologiques dans leur domaine d'opérations courent le risque de rater de nombreuses parts de marché de plus en plus complexes à obtenir et de perdre de la compétitivité sur l'échiquier national et international.

Il est vrai que la montée en force du numérique dans l'économie et les différents secteurs d'activité est une avancée remarquable pour le monde mais il est aussi important de noter que toute révolution ou innovation technologique nécessite également de trouver de nouveaux minerais de qualité et en quantité suffisante pour satisfaire aux besoins du moment. C'est cela que traduit le schéma des cycles économiques du célèbre statisticien Kondratieff (Figure 3) qui a fait cette remarque au cours de ces travaux sur le sujet.

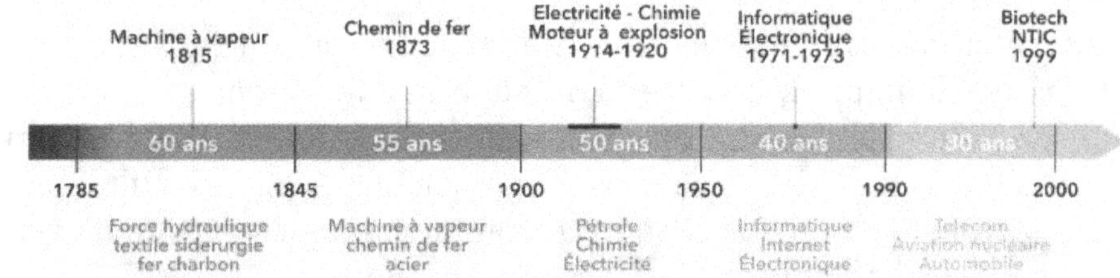

Figure 3 : Les cinq cycles de *Kondratieff* de 1975 à 2000 modifié avec des périodes d'industrialisations et d'innovations technologiques associées à la découverte de minerais

En considérant ce schéma, vous comprenez aisément qu'il existe un lien certain et indiscutable entre les innovations technologiques, l'industrialisation et les ressources minières. Et si l'on parle d'industrialisation, on fait mention indirectement au développement. En conclusion, on peut donc dire qu'il y a une passerelle entre le développement et la découverte de nouveaux minerais. En plus, les travaux de Crowdon publiés en 2008 montrent aussi une superposition de la courbe du prix du cuivre corrigée de l'inflation à celle du cycle de Kondratieff de 1770 à après 1990. Tous ces arguments permettent donc de mieux appréhender l'importance des minerais dans la construction du développement.

Mais où trouve-t-on le lithium utile au bon fonctionnement des batteries de nos Smartphones ? Il me semble que c'est en Afrique.

Où ressort-on le coltan et le cobalt sans lesquelles les Iphones et les Ipads d'Apple ne peuvent fonctionner ? Sans risque de me tromper, c'est bien en Afrique.

Où trouve-t-on l'aluminium de la bauxite et le fer utiles à la construction des chemins de fer, des nouvelles voitures connectées et multifonctionnelles, indispensables à l'édification des mégastructures ou des gratte-ciels des pays occidentaux et du Moyen-Orient ? Il me semble que c'est toujours en Afrique.

Où trouve-t-on le tungstène et le titane utiles au blindage des armes de guerre, des véhicules et des avions militaires ? Je crois que c'est encore en Afrique qu'ils sont extraits.

Autant il y aura de nouveaux Smartphones fabriqués, autant les besoins en lithium, en cobalt et en coltan augmenteront. Autant il y aura de nouvelles centrales nucléaires créées ou conservées en fonction, autant les besoins supplémentaires en uranium augmenteront. Tant que le monde connaîtra ce progrès vertigineux en innovation technologique, les besoins en minerais et en métaux précieux ne cesseront de s'accroître et l'Afrique sera de plus en plus sollicitée pour les richesses de son sous-sol.

I.4.3 - L'Afrique, un continent avec une croissance démographique dynamique et une population très jeune

De nombreuses personnes ne le savent pas mais la croissance démographique a aussi une part significative dans la recherche des minerais. Plus la population mondiale augmente, plus la demande en ressources énergétiques augmente. Il faudra plus de carburant pour faire fonctionner nos voitures et plus de kérosène pour faire voler nos avions. Cela veut dire que les besoins en pétrole et en gaz devront à leur tour augmenter puisque ce sont ces matières premières minérales qui permettent de produire du carburant pour les voitures et du kérosène pour les avions.

Selon l'Institut national d'études démographiques (INED), les Nations Unis ont confirmé que le chiffre des sept milliards d'habitants sur la terre a été atteint le 31 octobre 2011. Cette donnée a été obtenue grâce aux recensements et aux informations sur l'effectif de la population de tous les pays du monde. Les tendances démographiques mondiales montrent que la terre sera peuplée d'environ huit milliards d'habitants en 2025 et 10 milliards d'habitants aux alentours de 2050 (Figure 4). Cela sous-entend que la demande en ressources énergétiques (pétrole, gaz...) et en minerais de façon générale devra augmenter également d'ici 2050 pour s'adapter aux besoins de cette population mondiale qui ne cesse de grandir à défaut de provoquer une grande crise économique et sociale jamais connue auparavant.

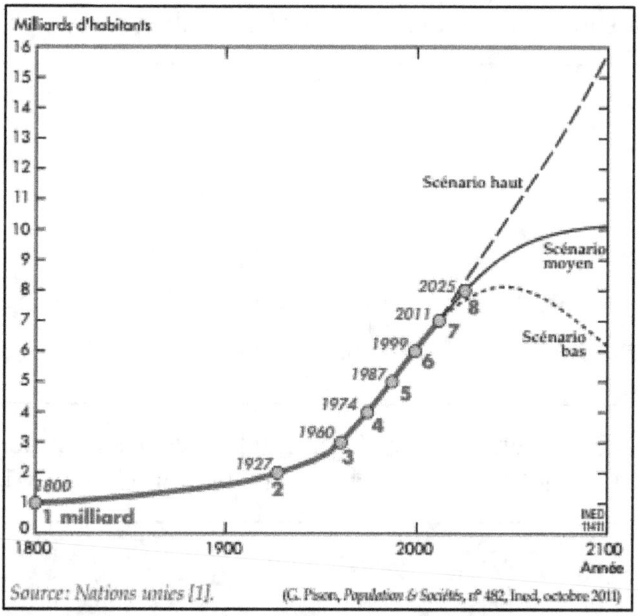

Figure 4 : Evolution de la population mondiale depuis 1800 et projections jusqu'en 2100 (PISON Gilles, Nation Unies, Octobre 2011)

Dans tous les cas, il faudra trouver des zones d'approvisionnement en ressources énergétiques alors que les réserves et les gisements miniers et pétroliers qui les produisent sont de moins en moins disponibles à l'heure actuelle.

L'Afrique fait partie de ces continents de la planète dont l'influence démographique sera incontestable d'ici une ou deux décennies car elle contribue déjà énormément à cette démographie galopante du monde. Selon la carte de fécondité du monde (Figure 5), l'Afrique et l'Asie joueront les premiers rôles dans la croissance démographique mondiale à venir avec un taux de natalité élevé par rapport aux autres continents. Les progrès en matière de santé sont en grande partie responsables de la démographie évolutive et croissante observée actuellement sur ces deux continents. Les avancées de la médecine dans la prévention contre les épidémies et la lutte contre le sida ont considérablement réduit le taux de mortalité en Afrique.

C'est cette nouvelle donnée qui encourage et dynamise la croissance démographique sur ce continent avec un taux de natalité nettement supérieur au taux de mortalité (Tableau 1).

Pays	Population totale (en milliers)	Taux de natalité	Taux de mortalité	Espérance de vie	Taux de mortalité infantile	Nombre d'enfant(s) par femme	Taux de croissance	Population de 65 ans et plus (en milliers)
AFRIQUE	1 194 638	34,2	9,8	59,5	58,6	4,48	23,9	42 101
AMÉRIQUE LATINE ET CARAIBES	636 631	17,1	6,0	75,5	15,9	2,10	10,2	49 987
AMÉRIQUE SEPTENTRIONALE	364 041	12,9	8,3	79,6	5,5	1,94	8,0	55 169
ASIE	4 426 377	16,8	7,2	72,1	28,1	2,14	9,3	341 313
EUROPE	743 393	10,6	11,8	76,7	5,4	1,60	0,3	130 976
OCÉANIE	39 897	16,6	6,8	78,1	19,3	2,36	13,5	4 824
MONDE	7 404 978	18,8	8,0	70,7	34,0	2,47	10,8	624 370

Source : World Population Prospects. Nations Unies. 2015

Tableau 1 : Perspectives démographiques des continents en 2016 (World Population Prospects, Nation Unies, 2015)

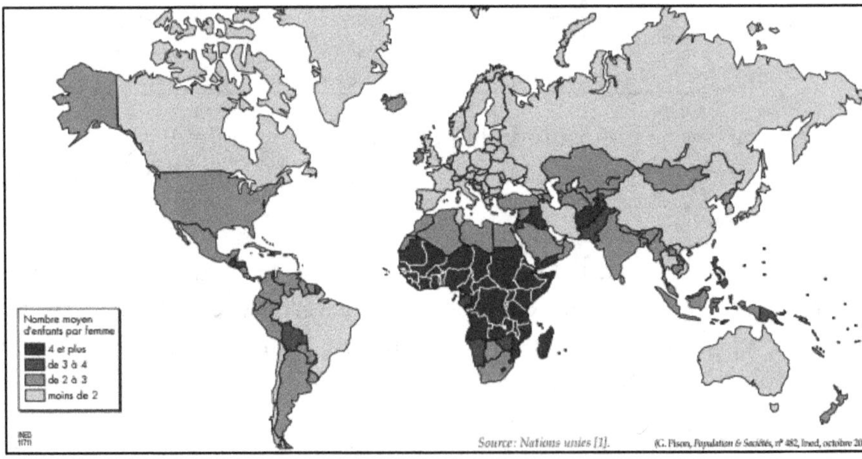

Figure 5 : Carte de la fécondité dans le monde en 2010 (PISON Gilles, Nation Unies, Octobre 2011)

La démographie est un facteur indéniable de croissance et n'est pas une cause de pauvreté comme plusieurs personnes le prétendent. C'est la preuve du dynamisme d'un pays. De nos jours, ce sont les grandes démographies qui gèrent le monde. Aujourd'hui, toutes les nations qui ont une forte démographie dans le monde possèdent également une forte croissance économique. La Chine qui a la plus grande démographie du monde est depuis presqu'une décennie, la 1ère puissance économique du monde. Le Nigéria qui détient la plus grande population d'Afrique vient de ravir la place de la 1ère puissance économique de l'Afrique à l'Afrique du sud. L'Inde qui a l'une des plus grandes démographies au monde après la Chine est l'un des premiers pays émergents sur la planète avec une croissance économique qui défie toutes les grandes nations de ce monde. Récemment, selon un rapport publié le 26 décembre 2017 par le Centre for Economics and Business Research (CEBR), un institut établi à Londres, l'Inde qui occupe actuellement le 7ème rang du classement des puissances économiques du monde, occupera la 5ème place en 2018 puis la 3ème en 2032. Ainsi, elle supplantera respectivement la France et le Royaume-Uni dans ce classement. C'est cette prévision que monsieur Douglas McWILLIAMS, le vice-président de CEBR a exprimé en ces termes :

« Malgré quelques revers passagers, l'économie indienne est en mesure de rattraper celles de la France et du Royaume-Uni en 2018. Elle dépassera toutes les deux pour devenir la 5ème puissance économique en termes de dollars. »

Les conclusions de ce rapport qui ont été relayées par le journal français *ParisMatch* révèlent en plus qu'en 2018, trois des cinq plus grandes puissances économiques viendront de l'Asie, à savoir la Chine, l'Inde et le Japon. Elles vont plus loin en affirmant que les Etats-Unis, la 1ère puissance économique, seront doublés par la Chine en 2032 et cette dernière sera elle-même dépassée à son tour par l'Inde pendant la deuxième moitié de ce XXIème siècle. Tous ces pays possèdent un atout commun. Elles ont des grandes démographies.

Au regard de tous ces exemples, il est clairement établi que tout pays en croissance démographique est également une puissance économique future en construction. Une forte démographie est le signe d'une croissance économique en gestation car un pays est riche d'abord par la quantité et la qualité de ses ressources humaines. Il faut alors retenir de ce paragraphe que l'un des plus grands changements à venir sur la planète est l'accroissement de la population africaine.

Les études démographiques prédisent qu'en prenant en compte les chiffres de la population d'Afrique du Nord et ceux des personnes contaminées par le sida, la population africaine pourrait quadrupler en un siècle et passer de 800 millions d'habitants en 2000 à 3.6 milliards d'habitants en 2100. Cette réalité est d'autant plus pertinente que le rapport *Perspectives de la population, la révision de 2017* du département des Affaires économiques et sociales (DESA) de l'Onu publié le 21 juin 2017 révèle que :

« De 2017 à 2050, la moitié de la croissance de la population sera concentrée seulement dans neuf pays : l'Inde, le Nigéria, la République Démocratique du Congo, le Pakistan, l'Ethiopie, la Tanzanie, les Etats-Unis, l'Ouganda et l'Indonésie. »

Vous constatez que sur les neuf pays cités, cinq proviennent de l'Afrique. Cela vient confirmer que l'Afrique aura bel et bien l'une des plus grandes démographies à l'avenir.

Selon ce même rapport, la population mondiale atteindra les 9.8 à 10 milliards d'habitants en 2050 et environ 11.2 milliards à la fin du XXIe siècle, c'est-à-dire, autour de 2100. Il révèle également qu'un jeune sur trois, vivant sur la terre et d'âge compris entre 15 à 29 ans habitera en Afrique. Il récidive ainsi en affirmant que de 2017 à 2100, c'est en Afrique que la croissance démographique sera la plus importante. A titre d'exemple, la population nigériane passera de 191 millions à plus de 410 millions en 2030 pour ravir la 3ème place aux Etats-Unis après la Chine car l'Inde supplantera la Chine dès 2024. Avec une population actuelle de 1.3 milliards d'habitants soit 17% de la population mondiale et de 4.5 milliards d'habitants en 2050 soit 40% de la population mondiale, l'Afrique aura quasiment atteint ou dépassée la population de l'Asie qui aura diminuée de 60% à 46%, c'est-à-dire, passée de 4.5 milliards actuellement à seulement 4.8 milliards.

C'est face cette montée en puissance de la démographie africaine avec toutes ces conséquences économiques et sociales sur la stabilité de la planète que de nombreux dirigeants occidentaux pointent du doigt cette nouvelle donnée pour attirer l'attention des Africains, des économistes et des planificateurs en développement du monde entier.

Avec ce nouveau paramètre démographique qui est dynamique et difficile à maîtriser, il en découle clairement que les besoins mondiaux en matière d'énergie auront certainement un taux plus élevé en Afrique surtout que sa population est de plus en plus jeune, active ou en phase d'entrer sur le marché de l'emploi. Selon le Forum économique d'Afrique, chaque année, c'est plus de 20 millions de jeunes africains diplômés qui sortent des grandes écoles pour le marché du travail. Cela veut dire que toutes les années, c'est potentiellement 20 millions de jeunes intellectuels d'Afrique qui sont susceptibles d'occuper un emploi. Par conséquent, ce sont autant de nouveaux jeunes actifs qui sont en mesure de faire face à de nouvelles charges avec de nouveaux besoins en ressources énergétiques. Et pire, cette future réalité sociologique est d'autant plus à prendre au sérieux si ces jeunes sont appelés à fonder des foyers. Dans ce cas, il ne s'agira plus d'une seule personne concernée mais toute une famille avec au moins deux individus, de quoi augmenter davantage les besoins énergétiques du continent et du monde.

La conclusion de tous les propos que je viens de tenir n'est rien d'autre qu'il faudra plus de recherche et de découverte de minerais pour répondre à tous ces défis énergétiques à venir. Et l'Afrique est doublement concernée par cette future problématique. Non seulement elle possèdera l'une des plus grandes populations du monde mais dans le même temps, elle est en bonne position pour mobiliser et concentrer tous les investissements futurs du domaine minier et pétrolier qui devront servir à résoudre les problèmes énergétiques du monde. En plus des Occidentaux qui ont des besoins énormes en énergie, les populations africaines devront s'ajoutées à cette longue liste qui ne désemplit jamais depuis plus d'un siècle.

Dans son livre intitulé *Quels métaux pour demain ?*, monsieur Michel JEBRAK, professeur des sciences de la terre à l'université du Québec à Montréal au Canada soutient que la consommation en produits minéraux d'un Occidental pendant sa vie est de 15 tonnes en sel, de 64 grammes en minerai d'or, de cinq tonnes en minerai de fer, de plus de 1350 barils de pétrole, de 266 tonnes en charbon, de 440 kilogrammes en minerai de nickel, de 240 tonnes en roche et en sable et de 18 tonnes en ciment.

Si nous prenons aussi en compte la population asiatique qui est sensée conduire la tête du peloton avec l'Afrique dans les années à venir sur le plan démographique, il y a de forte chance que le monde soit vite secoué par des pénuries en ressources énergétiques le moment venu. Car comme l'Afrique, de nombreux pays asiatiques tels que la Chine et la Corée du Sud font désormais partie de la courte liste des pays émergents avec l'apparition de nouvelles classes moyennes et riches qui n'hésitent pas à démontrer leur nouveau statut par des dépenses et des achats souvent abusifs. Tout ceci est la preuve de la bonne santé économique de ces pays ou de ces continents autrefois qualifiés de pauvres mais désormais appelés nations ou territoires émergents avec de nouvelles classes sociales et un pouvoir d'achat en net progression.

I.4.4 - L'Afrique n'est pas un pays mais un continent avec une grande superficie et un énorme potentiel miner et pétrolier

Plusieurs leaders d'opinion font beaucoup d'erreurs dans leurs interprétations lorsqu'ils essayent de comparer les territoires du monde qui détiennent les ressources minières et pétrolières les plus importantes. Généralement, ils confrontent le potentiel en matières premières minérales de l'Afrique à celui des grands pays producteurs du monde comme les Etats-Unis, la Chine, la Russie, l'Australie, le Brésil, la France, l'Inde ou encore le Canada en omettant que l'Afrique est un continent avec une grande superficie et n'est pas un pays avec un territoire plus réduit. Or, celui qui parle de matières premières minérales fait allusion aux terres disponibles ou aux sous-sols accessibles, c'est-à-dire, à des grands espaces en termes de superficie ou de surface. Cela implique qu'à cause de sa grande superficie et de son large territoire avec un sous-sol immensément riche, l'Afrique a de forte probabilité de détenir qualitativement et quantitativement plus de matières premières minérales que ces pays pris individuellement.

Selon le site internet de recherche Wikipédia, l'Afrique a une superficie évaluée à 30 415 873 km^2 alors que les Etats-Unis, la Chine, la Russie, l'Australie, le Brésil, la France, l'Inde et le Canada ont des superficies estimées respectivement à 9 834 000 km^2, 9 597 000 km^2, 17 100 000 km^2, 7 692 000 km^2, 8 516 000 km^2, 643 801 km^2, 3 287 000 km^2 et 9 985 000 km^2. Au regard de ces chiffres, l'Afrique est plus grande en superficie que les Etats-Unis, la Chine et le Canada associés. Elle fait environ deux fois la superficie de la Russie et plus de 30 fois celle de la France. Il n'est donc pas juste de comparer l'Afrique à un pays sur le plan minier.

De surcroit, vous ne trouverez aucun pays africain sans une matière première minérale prépondérante car ils en possèdent tous et parfois plusieurs ressources minières se font la compétition dans le même pays pour obtenir le taux le plus élevé de minerais ou de produits miniers exportés.

Et si on prend en compte la diversité des ressources minières et la quantité de ces dernières sur les terres africaines, c'est-à-dire, celles de tous les pays africains rassemblés, elles sont hautement supérieures à celles de tous les autres pays producteurs associés du monde. Il en ressort aussi clairement que l'Afrique n'est pas comparable à un pays même au niveau de l'abondance en matières premières minérales.

C'est pour toutes ces raisons certainement incomplètes mais oh combien importantes à savoir que l'Afrique suscite tant d'intérêt dans toutes les organisations internationales, dans tous les milieux diplomatiques et sur tous les marchés commerciaux de la planète. L'Afrique mérite donc une attention particulière. Elle mérite d'être prise au sérieux. C'est de toutes ces données prometteuses qui ont alerté la Banque mondiale et toutes les autres institutions internationales. Elles n'avaient pas détecté le superbe potentiel de l'Afrique auparavant et n'avaient pas vu son arrivée soudaine sur la scène internationale. Elles en sont conscientes désormais.

Maintenant que le décor est planté, il est bien d'assimiler brièvement quelques notions de géologie fondamentale et les différents types de minerais rencontrés sur la terre pour entrer dans le vif du sujet. Cette partie de ce livre est très importante car votre aptitude à maîtriser les termes géologiques et géophysiques de base que j'aborderai, facilitera la compréhension de mes propos pour la suite.

CHAPITRE II
QUELQUES NOTIONS DE GEOLOGIE ET LES GRANDS ENSEMBLES GEOLOGIQUES DU MONDE

Les termes *minerai*, *substance minérale, gisement, réserve, ressource minérale, mine, anomalie, occurrence minérale, gîte minéral, indice*, *gîtologie*, *géochimie, métallogénie, teneur, tonnage et réservoir* sont des mots qui seront utilisés très souvent dans cet ouvrage pour décrire les caractéristiques du potentiel minier et pétrolier du sous-sol de certains pays africains.

Il est donc judicieux à ce stade du livre d'en parler et de définir les grands types de gisements et de minerais observés à la surface du globe terrestre. C'est un préalable nécessaire pour aborder les grands ensembles géologiques et les notions fondamentales des géosciences qui gouvernent l'exploration minière et pétrolière.

La géologie reste une science multidisciplinaire qui possède plusieurs branches interdépendantes. Cependant, de toute cette panoplie de disciplines, la plus connue et la plus utile pour le développement de nos pays et de nos sociétés est la géologie économique.

II.1 - A la découverte de la géologie économique

II.1.1 - Qu'est-ce que la géologie économique ?

La géologie économique est un domaine des sciences de la terre qui étudie les raisons des variations des cours des matières premières minérales en faisant le lien avec la découverte de nouveaux gisements, l'extraction des minerais qu'ils contiennent et leur utilisation pour les besoins de la société.

C'est grâce à la géologie économique qu'il est possible d'établir des courbes qui montrent l'évolution du prix d'une matière première minérale comme le cuivre ou le fer sur environ un siècle. C'est encore la géologie économique qui permet de corréler ces courbes aux grandes crises économiques et sociales connues dans le monde et d'en déduire les causes et les conséquences sur l'économie mondiale.

C'est aussi cette branche de la géologie qui valide les études de faisabilité et de rentabilité des projets miniers et pétroliers au regard des fluctuations des prix des matières premières minérales à exploiter.

Enfin, c'est par la géologie économique qu'il est possible de faire des prévisions sur le long terme au sujet de la disponibilité de réserves de matières premières minérales pour combler les besoins en métaux et en ressources énergétiques de l'humanité dans les années à venir.

De tout ce qui précède, il ne serait pas injuste de conclure que la géologie économique est au cœur de tous les efforts consentis sur le terrain et au laboratoire par les géologues d'exploration minière et pétrolière.

II.1.2 - La géologie économique aujourd'hui et demain

Comme je l'indiquais précédemment, la prédiction est l'un des rôles phares de la géologie économique. Ce domaine des sciences de la terre consiste non seulement à déterminer la période dans laquelle le monde se trouve aujourd'hui sur la question de l'offre et de la demande d'une matière première minérale mais surtout, il permet de se projeter avec assurance dans l'avenir pour prédire si cette ressource minérale sera toujours disponible dans les 10 ou 15 prochaines années, voire plus. C'est ainsi que le prix du baril de pétrole est suivi aujourd'hui à longueur de journée dans les bourses et sur les marchés internationaux et que l'on n'est capable de déterminer en avance ce qui sera sa valeur dans les semaines ou les mois à venir. Cette prédiction est possible en prenant en compte l'actualité mondiale du moment et les offres des pays producteurs de pétrole ou membres de l'Organisation des pays exportateurs de pétrole (OPEP).

Aussi, le concept de la substitution des matières premières minérales onéreuses et rares par d'autres substances minérales plus accessibles et moins couteuses tire son origine de la géologie économique.

En effet, c'est sur la base des principes de la géologie économique que des études comparatives sont effectuées sur les coûts des matières premières minérales en ayant à l'idée de les échanger ou de les remplacer par d'autres substances minérales pour la fabrication d'un produit dans lequel ils sont employés.

Une telle démarche permet dans ce cas de réduire les coûts de production de ce produit et de pallier ainsi à un éventuel accès difficile à cette substance minérale indispensable pour la conception de ce produit.

Pour illustrer mes propos, un exemple clair et simple peut-être approprié. Faisons une étude comparative des coûts de production si on utilise le platine, l'or et l'aluminium pour la réalisation des catalyseurs des voitures de nouvelle génération. L'idée est de remplacer le platine, métal très cher et rare qui entre dans la fabrication de ces catalyseurs par l'or, un métal également très cher mais pas facile à trouver ou par l'aluminium, substance minérale moins chère et plus accessible.

Devant un tel cas d'étude, la première chose observée par le géologue économiste est le prix du gramme de ces différentes matières premières minérales. En mai 2017, les prix du gramme de platine, de l'or et de l'aluminium étaient respectivement évalués à 20.99 euros, 36.77 euros et 0.17 centime d'euro. Face à de telles données, il est évident que le reflexe normal d'un bon géologue économiste n'est pas de substituer le platine par l'or mais plutôt par l'aluminium qui est moins coûteux. L'incidence de cette décision sera sans aucun doute une diminution considérable du coût de production des catalyseurs qui dépend fortement du prix des matières premières minérales qui les composent.

En vérité, les échanges entre ces trois métaux ne sont pas possibles mais je les ai juste utilisés comme exemple pour servir d'illustration. Néanmoins, il existe bien dans la réalité de nombreuses substitutions entre substances minérales dans les chaînes de production industrielle. Ce sont ces types de spéculations régulières et dynamiques sur les coûts évolutifs et souvent instables des matières premières minérales qui ont lieu tous les jours sur les marchés financiers.

Cette énième démonstration vient donc justifier l'importance de la géologie économique dans l'économie mondiale d'aujourd'hui et de demain compte tenu du fait qu'elle s'intéresse profondément aux fluctuations des cours des matières premières minérales qui influencent fortement l'équilibre des économies des pays producteurs.

Cependant, pour parler avec consistance et assurance de la géologie économique, il est nécessaire dans un premier temps, de maîtriser tous les concepts liés aux gisements et aux minerais qu'ils contiennent. Dans un second temps, il est important de répertorier les lieux ou les zones stratégiques de la surface de la terre où il est fort probable de les rencontrer et enfin de connaître l'utilité de ces substances minérales pour la société, c'est-à-dire, leur valeur économique.

Les matières premières minérales sont rencontrées et concentrées dans différents types de gisements et les minerais qui les composent sont repartis en plusieurs classes selon leur nature, leur origine, leurs propriétés et leurs utilités économiques.

II.2 - Les différents types de gisements selon le processus de minéralisation

II.2.1 - Définition d'un gisement et de quelques termes associés

Un *gisement* est un endroit ou une zone de la terre où la concentration ou l'accumulation d'une substance minérale utile à la société est anormalement forte et susceptible d'être exploitée économiquement.

Un *gîte minéral* est une concentration ou une accumulation de substance minérale utile pour la société, répertoriée en un endroit donné des parties superficielles de la terre. Gisements et gîte minéraux possèdent donc la même définition et sont équivalents.

Une *ressource minérale* est la quantité totale de substance minérale contenue dans un gisement et capable d'être extraite ou pas.

Par contre, une *réserve* définit la quantité de substance minérale qu'on peut effectivement extraire grâce aux moyens technologiques de production en vue d'en tirer un profit économique. Cela veut dire que les ressources minérales sont toujours plus importantes en volume que les réserves car le taux de récupération des substances minérales n'atteint jamais les 100%. Il en reste toujours dans le gisement après l'exploitation par défaut de moyens de production parfaits en termes de récupération.

On distingue les *réserves probables*, les *réserves prouvées* et les *réserves possibles*.

Par définition, une *réserve prouvée ou « 1P »* est la quantité de substance minérale d'un gisement qui est susceptible d'être récupérée à 90% dans le futur en tenant compte des données géologiques connues et des conditions techniques et économiques du moment (Figure 6) tandis que *réserve probable ou « 2P »* et *réserve possible ou « 3P »* ont exactement la même définition mais possèdent des taux de récupération de substance minérale respectifs de 30% et 10%.

Ces trois concepts illustrent très bien l'ensemble des réserves de pétrole, de gaz et de charbon observés dans les Etats producteurs du monde.

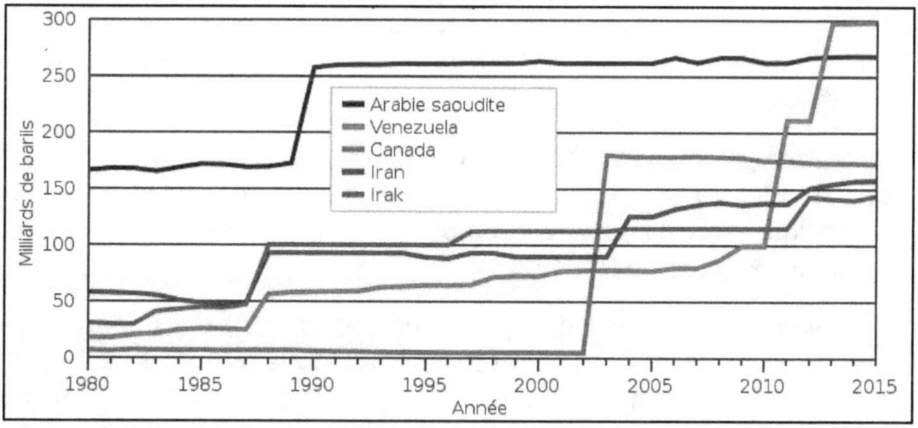

Figure 6 : Réserves prouvées dans les 5 plus grands pays détenteurs de réserves de Pétrole de 1980 à 2015
(Administration de l'Information Energétique des Etats Unis, Delphi 234, 6 novembre 2014)

A la différence d'une réserve, un *réservoir géologique* est une roche suffisamment poreuse et perméable pour être imprégnée de fluides (pétrole, l'eau, gaz) et servir de réceptacle pour ces derniers. Généralement, ces roches ont pour caractéristique d'être recouvertes de couches imperméables pour éviter l'échappement ou la migration des fluides. C'est l'exemple des réservoirs pétroliers (calcaires, dolomies, grès) et des réservoirs d'eaux minérales (calcaires karstiques, granite) appelés également aquifères.

Une *anomalie* est un comportement anormal du sous-sol en un endroit donné de la surface de la terre en comparaison à l'environnement qui l'entoure. Il existe des anomalies géophysiques (magnétiques, gravimétriques, sismiques) et géochimiques. C'est d'ailleurs grâce à ces différents types d'anomalies que des cartes qui identifient et délimitent les gîtes minéraux ou les gisements sont établies par les géologues et les géophysiciens d'exploration.

Une *occurrence minérale* est une anomalie révélée, c'est-à-dire, une concentration minérale dans laquelle les minéraux qui forment le gisement sont visibles à l'œil nu.

Un *indice* est une anomalie ciblée et identifiée lors d'une prospection ou d'une campagne d'exploration et dont les analyses sont capables de fournir des résultats positifs avec la mise en évidence d'un gisement contenant des substances minérales exploitables immédiatement ou ultérieurement indépendamment du contexte économique.

La *gîtologie* est cette branche des sciences de la terre qui a pour objet l'étude des gisements de minerai exploitable et d'intérêt économique avec la prise en compte des impacts environnementaux engendrés par leur exploitation.

La *géochimie* est une discipline des géosciences qui applique les outils et les principes de la chimie à l'étude de la terre, des sédiments et à l'explication des processus géologiques. C'est un domaine indispensable tant au niveau de la recherche minière que pétrolière.

La *métallogénie* est quant à elle, une branche de la géologie dont le but est d'étudier les différents mécanismes de formation des gisements métallifères et de mettre en place des méthodes et des outils de prospection employés par les géologues d'exploration minière.

Plusieurs types de classement des gisements sont connus dans la sphère géologique en fonction de leur contexte géodynamique et tectonique de formation, de leur mode de production, de leur profondeur de mise en place et de plusieurs autres critères.

Pour cet ouvrage, j'aborderai les gisements dont l'unique critère de classification est basé sur le processus de minéralisation des substances minérales contenues dans les roches.

II.2.2 - Classification des gisements en fonction du processus de minéralisation

Une partie non négligeable des grands gisements connus dans le monde actuellement se sont formés et ont été classifiés grâce à leur processus de minéralisation. De cette classification découlent trois types de gisement dans lesquels se trouvent l'essentiel des gîtes minéraux de la planète et notamment, ceux du continent africain. Ce sont les gisements issus de processus magmatiques, hydrothermaux et sédimentaires.

II.2.2.a - Les gisements issus de processus magmatiques

Ce sont des gisements qui proviennent de deux grands groupes de roches formées suite au processus de refroidissement du liquide magmatique lors de sa remontée depuis le manteau terrestre jusqu'à la surface. Ces deux grandes familles de gîtes minéraux sont les gisements basaltiques mafiques et les gisements granitiques felsiques.

II.2.2.a.1 - Les gisements basaltiques mafiques

Ce sont des gisements constitués de roches issues d'un magma dont les composantes principales sont des minéraux tels que la silice, le fer et le magnésium.

C'est l'exemple de la roche dénommée *basalte* et de la famille des roches basaltiques. Ces minéraux donnent systématiquement une couleur sombre aux roches qui composent les gisements basaltiques mafiques.

Ce type de gisement est rencontré au fond des océans et à proximité des volcans, c'est-à-dire, non loin des points chauds et des zones de séparation des plaques continentales dont les illustrations les plus connues sont les dorsales océaniques.

C'est dans cette catégorie de gisement que se trouvent les plus grands minerais métalliques, à savoir le cuivre, le zinc, l'or, l'argent, le plomb, le diamant, le chrome, le fer etc.

II.2.2.a.2 - Les gisements granitiques felsiques

Ce type de gisements contient des roches formées par un magma qui est constitué essentiellement des minéraux silicatés que sont le quartz, les feldspaths, les amphiboles et les micas. C'est l'exemple de la roche appelée *granite*, de la famille des roches granitiques et des feldspathoïdes qui sont des roches composées majoritairement de Feldspath. C'est justement l'ensemble de ces minéraux qui donnent la couleur claire aux roches que renferment les gisements granitiques felsiques.

Lors de la remontée du magma, ces principaux minéraux silicatés cristallisent assez rapidement à l'approche de la surface terrestre et les substances minérales métalliques restent dans le liquide magmatique résiduel car ils sont incompatibles et de ce fait, ils ne peuvent pas entrer dans la composition minéralogique des minéraux silicatés. C'est ce liquide riche en minéraux métalliques qui sera entraîné par les fluides hydrothermaux pour former des roches issues de ce processus ou cristallisera pour former des pegmatites ou des filons minéralisés d'or, de cuivre, de plomb, de fer, d'étain, de zinc, d'argent, de chalcopyrite et des métaux rares et très prisés tels que le lithium, le césium.

Ces gisements se trouvent dans les zones de rencontre de deux plaques continentales, c'est-à-dire, soit dans les zones de subduction qui confrontent une plaque continentale et une plaque océanique soit dans les zones de collision qui opposent deux plaques continentales. Puisque ces phénomènes géologiques et géodynamiques ont pour conséquence la formation des chaînes de montagne et des volcans, ces gisements et leurs minerais proliféreront dans ces zones.

II.2.2.b - Les gisements issus de processus hydrothermaux

Comme leur nom l'indique, ce sont des gisements formés à partir des fluides géologiques hydrothermaux d'où le terme *hydro* pour *eau ou fluide* et le terme *therma* pour *température*. Ce sont des fluides qui circulent dans les profondeurs de la terre à travers des failles ou des fissures disséminées dans le sous-sol pour constituer des gisements ou des amas de minerais associés à des filons, des brèches, des pegmatites, des porphyres, des schistes et à des minéraux de gangue comme les quartz et les calcites.

Ces liquides géologiques sont très actifs dans les premiers 10 kilomètres de l'enveloppe superficielle de la terre. Puisqu'ils sont généralement de très haute température, les substances métalliques qu'ils contiennent auront tendance à précipiter ou à cristalliser à l'approche de la surface terrestre où les températures sont de plus en plus basses à cause de l'air ambiant. Ces fluides de nature et d'origine diverses vont conditionner les types de minerais générés et leur milieu de dépôt.

Premièrement, ils peuvent provenir des liquides résiduels des magmas granitiques riches en éléments métalliques que j'ai évoqués dans le paragraphe précédent.

Deuxièmement, ils peuvent également prendre la forme d'ébullitions dans lesquelles les éléments métalliques sont entretenus et protégés par les liquides surchauffés. L'ébullition n'est pas uniquement une expérience vécue en cuisine. C'est aussi un phénomène géologique car elle survient lorsque le magma ou les fluides géologiques chauds et d'une température moyenne de 500°C arrivent brusquement en surface et subissent soudainement une diminution de pression.

Troisièmement, ces fluides géologiques se retrouvent dans la nature sous forme de gaz volcaniques qui servent aussi à déplacer les métaux d'un endroit à un autre malgré leur poids considérable.

Ensuite, ces fluides géologiques s'identifient également dans les sources hydrothermales riches en éléments métalliques qui sont produites au niveau des dorsales océaniques ou des rifts médio-océaniques suite aux forts courants de convection du magma observés dans le manteau.

J'expliquerai tout ces termes géologiques quelques peu étranges pour certains dans le chapitre suivant pour simplifier la compréhension de mes propos à tous mes lecteurs.

Enfin, ces fluides sont aussi mis en évidence dans les eaux salées qui accompagnent les gisements de pétrole et de gaz rencontrées dans les bassins sédimentaires. A la différence des précédents fluides hydrothermaux, ces eaux salées sont de basses températures.

De tout ce qui précède, on peut donc déduire que les gisements issus des processus hydrothermaux seront localisés de préférence, dans les environs des édifices volcaniques et parfois même à l'intérieur de ces derniers via les dépôts de sulfures trouvés à proximité des rides médio-océaniques et des zones d'extensions de la croute océanique. Ces gisements seront rencontrés aussi dans certains bassins sédimentaires. C'est donc dans ce contexte géologique que sont formés les gisement de cuivre, d'étain, de tungstène, de soufre, de plomb, de fluorine, d'or, de zinc, de platine, de barytine, d'argent et d'uranium identifiés aujourd'hui dans la majorité des pays d'Afrique.

II.2.2.c - Les gisements issus de processus sédimentaires

Les gisements qui ont pour origine des processus sédimentaires sont également très répandus. Leur exploitation et leur vente représentent les plus grands sujets de la géologie économique et certainement les plus importants chiffres d'affaires de l'économie mondiale.

Ces gisements sont constitués par l'altération physique, chimique ou biologique des roches existantes sur le continent en éléments résiduels. Ces derniers sont ensuite transportés et déposés dans des bassins sédimentaires par des agents atmosphériques comme les eaux diluviennes ou le vent pour produire des gisements plus tard. C'est grâce à ce procédé que sont formés les plus grands gisements de pétrole et de gaz enregistrés dans toutes les régions d'Afrique et du monde.

C'est la raison pour laquelle j'ai commencé mes propos par dire que les gisements issus des processus sédimentaires sont les plus remarquables en valeur économique. Toutes les nations du monde connaissent aussitôt une crise lorsqu'elles ne sont pas approvisionnées ne serait-ce pendant une seule journée en pétrole pour le fonctionnement de leurs stations de carburant. Avec les hydrocarbures, ce type de gisement est au cœur des échanges énergétiques, économiques et environnementaux qui affectent le monde.

Dans les chapitres suivants, je parle brièvement de la formation des gisements de pétrole et de gaz. Il y a de nombreux gisements d'hydrocarbures en Afrique. J'en ferai le sujet principal dans un autre ouvrage.

A côté des hydrocarbures, il existe plusieurs autres gisements provenant des mécanismes sédimentaires. C'est le cas des gisements de diamants et des dépôts de métaux stratégiques tels que le titane, l'or et l'étain observés sur certaines plages d'Afrique et du monde.

Le rôle de l'altération est indispensable dans l'édification des gisements provenant des processus sédimentaires car c'est aussi ce phénomène géologique qui produit les fameuses latérites dans lesquels se forment les plus grands gisements de bauxite d'où est extrait l'aluminium.

En surface, ces latérites de couleur rougeâtre et très résistantes à l'érosion, représentent d'énormes gisements de fer identifiés dans toute l'Afrique. Au fond des océans, elles constituent également l'une des plus grandes sources de fer, de nickel et de manganèse à travers les nodules polymétalliques.

Ce bref aperçu des gisements d'origine sédimentaire témoigne de leur rôle prédominant dans la classification des gisements en fonction de leur processus de minéralisation.

II.3 - Les différents types de minerais

II.3.1 - Définition d'un minerai et de quelques termes associés

Un *minerai* est un matériau solide et naturel qui possède une substance minérale solide, liquide ou gazeuse, utile pour les besoins de la société, indispensable au progrès de l'humanité et dont l'exploitation procure des bénéfices économiques.

Une *substance minérale* est l'élément constitutif de base d'un minerai. C'est un minéral, un cristal ou un élément chimique qui a une valeur économique et dont l'ensemble constitue un minerai utile à la société.

La *teneur* fait allusion au pourcentage de substance minérale récupérable dans le minerai qui forme le gisement. Elle a une connotation qualitative.

La *teneur de coupure* est la teneur minimum nécessaire pour que le gisement soit économiquement rentable.

Le *tonnage* définit la dimension, le volume ou la géométrie du gisement ou du gîte minéral. Il a une connotation quantitative. Il peut être défini aussi comme une réserve.

Une *mine* est un gisement exploitable économiquement selon les conditions (sécurité, stabilité politique et social du pays producteur, coût des matières premières minérales, coût de production et du transport des minerais) du moment et dont le minerai possède une teneur et un tonnage qui ont une valeur commerciale non négligeable.

Un projet minier se fait en plusieurs phases :

Premièrement, des travaux préliminaires de recherches scientifiques sont réalisés. C'est la phase de documentation. Elle consiste à recenser les minéralisations identifiées dans la zone à investiguer lors des travaux ultérieurs.

Deuxièmement, l'exploration de la zone d'investigation est faite par des compagnies minières nationales ou internationales. Cette phase commence par l'acquisition des concessions minières et des permis de recherches dans l'objectif de découvrir des gisements.

Troisièmement, lorsqu'un gisement est découvert, cette phase consiste à construire la mine qui va encadrer son exploitation. Elle englobe le développement de la mine (cités minières, infrastructures socio-économiques), son extension et la préparation des installations (usines) nécessaires à la production de la mine.

A ces trois phases s'ajoutent la production effective de la mine avec l'extraction du minerai, le traitement des déchets miniers, la vente du minerai sur les marchés financiers et enfin la fermeture de la mine après son exploitation pour éviter des problèmes environnementaux. A défaut, elle est rénovée pour favoriser son éventuelle reprise par des investisseurs.

Il existe plusieurs classifications des minerais basées sur le type de minéraux et d'autres critères. Dans cette partie du livre, je m'intéresserai uniquement à celles qui sont fondées sur l'utilité ou l'intérêt économique des minerais.

II.3.2 - Classification des minerais en fonction de leur composition chimique

Les minerais sont des minéraux solides, liquides ou gazeux constitués d'éléments chimiques naturels rencontrés sur toute la terre. L'un des premiers critères d'identification d'un minéral ou d'un minerai est sa composition chimique. Chaque minerai a une composition chimique typique. Elle est donc la caractéristique de base qui permet de classer les minéraux et les minerais.

C'est ainsi qu'un célèbre chimiste dénommé Mendeleïev a réussi à établir un tableau dans lequel se trouve tous les éléments chimiques qui composent les minéraux recherchés par les explorateurs. C'est le tableau périodique des éléments chimiques ou tableau de Mendeleïev (Tableau 2).

En exemple, un minerai sera dit natif ou pur, lorsqu'il sera constitué principalement d'un seul et unique élément chimique du tableau périodique. Ainsi, l'or natif sera constitué uniquement de l'élément chimique *Au* qui est son symbole chimique.

A partir de ce tableau, une classification des éléments chimiques qui est indirectement celle des minéraux a été faite en fonction des propriétés chimiques de chacun de ces éléments. Il en ressort les groupes de minerais suivants : Les métaux alcalins, les métaux alcalino-terreux, les métaux de transition, les métaux pauvres, les halogènes, les gaz nobles, les lanthanides et les actinides.

Dans la présentation de ces classes d'éléments chimiques, je n'aborderai pas les définitions issues de la mécanique quantique mais plutôt celles provenant de la géologie pour faciliter la compréhension de tous les termes qui seront employés pour les décrire.

II.3.2.a - Les métaux alcalins

Les métaux alcalins sont les éléments chimiques de la 1ère colonne du tableau périodique, à l'instar de l'hydrogène (H). Ce sont des métaux brillants, mous, de faible dureté et qui ont une forte réactivité dans les conditions normales de température et de pression, notamment, lorsqu'ils sont exposés à l'humidité.

Il s'agit du lithium (Li), du sodium (Na), du potassium (K), du rubidium (Rb), du césium (Cs) et du francium (Fr).

Ils sont énormément utilisés dans l'industrie et la technologie.

II.3.2.b - Les métaux alcalino-terreux

Les métaux alcalino-terreux sont les éléments chimiques de la 2ème colonne du tableau périodique. Ce sont des métaux généralement de couleur blanc-argentée, brillants, très malléables et qui réagissent fortement à l'air libre.

Il s'agit du béryllium (Be), du magnésium (Mg), du calcium (Ca), du strontium (Sr), du baryum (Ba) et du radium (Ra).

Ils sont surtout employés dans l'industrie, dans le domaine militaire, pétrolier et technologique. De nos jours, le radium n'a plus d'usage car il est radioactif.

II.3.2.c - Les lanthanides

Les lanthanides sont les éléments chimiques de la 8ème ligne du tableau périodique. Ils prennent leur nom du lanthane qui est le 1er élément chimique de cette famille. En ajoutant le scandium (Sc) et l'yttrium (Y), les lanthanides appartiennent au fameux groupe des *terres rares* qui sont des espèces minérales indispensables aujourd'hui dans l'industrie technologique.

Ces métaux sont la plupart du temps brillants et possèdent un éclat argenté qui a tendance à s'assombrir en exposition à l'air libre.

En dehors de celles des métaux de transition, ils détiennent les températures de fusion et d'ébullition les plus élevées de l'ensemble des métaux et ont également une forte capacité à brûler dans l'air d'où, leur usage dans la confection des briquets.

Les 15 lanthanides identifiés sont le lanthane (La), le cérium (Ce), le praséodyme (Pr), le néodyme (Nd), le prométhium (Pr), le samarium (Sm), le gadolinium (Gd), le terbium (Tb), le dysprosium (Dy), l'holmium (Ho), l'erbium (Er), le thulium (Tm), l'ytterbium(Yb) et le lutétium (Lu).

Les lanthanides sont utilisés dans l'industrie nucléaire, pétrolière et contribuent énormément au développement de l'électronique.

II.3.2.d - Les actinides

Les actinides sont les éléments de la 9ème ligne du tableau périodique. Comme les lanthanides, ils tirent leur nom de l'actinium qui est le 1er élément de leur famille.

Ce sont des métaux lourds qui ont pour particularité d'être tous radioactifs. Le minerai le plus célèbre de cette famille est l'uranium. Avec le plutonium et le thorium, l'uranium fait partie des éléments principaux de l'industrie nucléaire. Les deux premiers éléments du groupe des actinides sont rencontrés à l'état naturel à la surface de la terre tandis que les autres éléments sont soit issus de la désintégration de l'uranium et du thorium soit synthétisés par l'industrie nucléaire. C'est l'exemple de l'actinium et du protactinium qui sont des produits de la désintégration de l'uranium et du thorium.

Ces actinides sont l'actinium (Ac), le thorium (Th), le protactinium (Pa), l'uranium (U), le neptunium (Np), le plutonium (Pu), l'américium (Am), le curium, le berkélium (Bk), le californium (Cf), l'einsteinium (Es), le fermium (Fm), le mendélévium (Md), le nobelium (No) et le lawrencium (Lr).

Compte tenu de leur radioactivité, les actinides sont énormément employés dans les réacteurs nucléaires et la fabrication des armes nucléaires.

II.3.2.e - Les métaux de transition

Les métaux de transition sont constitués des éléments chimiques de la colonne 3 à 11 du tableau périodique en prenant également en compte les lanthanides et les actinides.

Dans la colonne 12, seul le copernicium (Cn) ou ununbium (Unb) entre dans la famille des métaux de transition tandis que dans les colonnes 9, 10 et 11, respectivement le meitnerium (Mt), le darmstadtium (Ds) et roentgenium (Rg) ou unununium (Uuu) en font partie.

Les métaux de transition ont pour propriété d'être de très bons conducteurs. En raison de cette caractéristique, ils regroupent l'ensemble des métaux qui conduisent l'électricité. Ils ont également d'autres applications dans l'industrie technologique, militaire et dans d'autres secteurs d'activité que je détaillerai dans les chapitres à venir.

En plus de ceux déjà cités, c'est dans cette famille d'éléments chimiques que se trouvent les métaux les plus recherchés et les plus onéreux dans l'industrie minière, à savoir : l'or (Au), l'argent (Ag), le platine (Pt), le palladium (Pd), le nickel (Ni), le cobalt (Co), le fer (Fe), le vanadium (V), le cuivre (Cu), le titane (Ti), le manganèse (Mn), le chrome (Cr), le tungstène (W), le tantale (Ta), l'hafnium (Hf), le scandium (Sc), le zirconium (Zr), le niobium (Nb), le molybdène (Mo), le ruthénium (Ru), le rhodium (Rh), l'yttrium (Y), le technétium (Te), l'osmium (Os), l'iridium (Ir), le rutherfordium (Rf), le dubnium (Db), le seaborgium (Sg), le bohrium (Bh) et le hassium (Hs).

II.3.2.f - Les métalloïdes

Les métalloïdes sont des éléments chimiques retrouvés sur la diagonale de la colonne 13 à 17 du tableau périodique. Les éléments de cette famille ont des propriétés comprises entre celles des métaux et des non-métaux ou issues du mélange de chacune d'entre elles.

A la différence des métaux, les métalloïdes sont très fragiles et ne conduisent pas bien l'électricité d'où, leur classification dans le groupe des supraconducteurs ou des semi-conducteurs dans l'industrie de l'électronique et leur utilisation dans les alliages avec d'autres métaux.

Les métalloïdes identifiés sont le bore (B), le silicium (Si), le germanium (Ge), l'arsenic (As), l'antimoine (Sb), le tellure (Te) et l'astate (At).

II.3.2.g - Les non-métaux

Les non-métaux sont les éléments chimiques trouvés dans l'angle droit supérieur du tableau périodique et limités sur leur gauche par la famille des métalloïdes.

Comme leur nom l'indique, ce sont des minéraux qui ne sont pas métalliques d'où, l'absence d'élasticité, de malléabilité et de ductilité dans leurs propriétés car ce sont les caractéristiques physiques des métaux. Les non-métaux sont rencontrés à l'état gazeux, solide ou liquide.

Les non-métaux gazeux sont constitués de l'hydrogène (H), de l'hélium (He), de l'azote (N), de l'oxygène (O), du néon (Ne), du fluor (F), du chlore (Cl), de l'argon (Ar), du crypton (Cr), du radon (Rn) et du xénon (Xe). Les non-métaux solides sont composés du carbone (C), du soufre (S), du sélénium (Se), du phosphore (P) et de l'iode (I). Les non-métaux liquides ont pour unique représentant le brome (Br).

Après l'analyse complète des composantes du tableau périodique, ne soyez pas étonnés d'avoir remarqué l'absence du diamant qui n'est pas un élément métallique. En réalité, c'est un produit de la transformation du carbone sous une haute pression et une forte température. J'en parlerai largement dans le chapitre dédié à l'étude des pays africains qui sont dotés d'un potentiel diamantifère considérable.

L'une des propriétés pour laquelle les non-métaux sont beaucoup recherchés est leur forte capacité à être de très bons isolants thermiques et électriques. En plus, les propriétés des non-métaux résument la vie sur la terre.

En effet, toutes les composantes biologiques qui forment les êtres vivants sont constituées de molécules dont les atomes principaux sont l'hydrogène, l'oxygène, le carbone, l'azote et le phosphore. L'océan, l'atmosphère et la partie superficielle de la terre dénommée l'écorce terrestre sont composés pour plus de leur moitié d'oxygène. Par ailleurs, l'hélium et l'hydrogène constituent environ 99% des particules élémentaires (les protons, les neutrons et les électrons) dont l'ensemble forme la matière baryonique et la quasi-totalité du cosmos avec toutes les étoiles, les galaxies et les corps stellaires qu'elle comporte. Tout cela implique que les non-métaux renferment des éléments indispensables à la vie.

II.3.2.h - Les métaux pauvres

Les métaux pauvres sont des éléments du tableau périodique repartis de la colonne 12 à 16 et encadrés sur leur gauche par les métaux de transition et sur leur droite par les métalloïdes.

Contrairement aux autres métaux, leurs propriétés métalliques sont moins prononcées d'où, leur appellation *métaux pauvres*. Ce sont des métaux mous et fragiles aux contraintes mécaniques. Ils possèdent des températures de fusion moins élevées que celles des métaux de transition. Les métaux pauvres ont certes les mêmes domaines d'utilisation que les métaux de transition mais en plus, ils sont abondamment utilisés dans l'industrie automobile, aéronautique et dans le secteur immobilier, notamment, dans la construction des mégastructures.

Ces métaux pauvres sont l'aluminium (Al), le zinc (Zn), l'étain (Sn), le plomb (Pb), le cadmium (Cd), le mercure (Hg), l'indium, le gallium (Ga), le thallium (TI), le bismuth (Bi) et le polonium (Po).

II.3.2.i - Les halogènes

Les halogènes sont des éléments de la colonne 17 du tableau périodique. Ils ont pour caractéristique majeure d'avoir une grande réactivité avec les métaux pour donner des sels.

L'astate (At) qui est radioactif y est souvent classé mais il appartient en réalité à la famille des métalloïdes compte tenu de ses propriétés métalliques, ce qui n'est pas le cas des halogènes.

En raison de leur forte capacité à former des ions électronégatifs appelés *anions*, ils ont cette facilité à s'associer à des ions électropositifs dénommés *cations* pour former des corps moléculaires utilisés dans le domaine alimentaire avec le sel de table, sanitaire avec l'eau de javel, photographique avec les absorbants de lumière, pharmaceutique avec les composés iodés et énergétique avec les éléments composant les lampes à éclairer.

Dans la classe des halogènes sont identifiés le chlore (Cl), le fluor (F), le brome (Br), l'iode (I) et le tennesse (Ts) qui est radioactif.

II.3.2.j - Les gaz nobles

Les gaz nobles ou gaz rares sont des éléments de la colonne 18 du tableau périodique. Ce sont des gaz inodores, incolores et inertes chimiquement, c'est-à-dire, qui réagissent très peu. Grâce à cette propriété, ils sont sollicités dans de nombreux domaines.

Les gaz nobles connus sont l'hélium (He), l'argon (Ar), le krypton (Kr), le néon (Ne), le xénon (Xe) et le radon (Rn) qui est radioactif.

L'argon et le krypton sont employés comme gaz dans les ampoules à incandescence pour empêcher l'oxydation du filament de tungstène.

L'hélium est utilisé comme un gaz de plongée sous-marine pour circonscrire la toxicité de l'azote et de l'oxygène.

De façon générale, ces gaz nobles sont utilisés pour mesurer la radioactivité dans les compteurs Geiger. Ils sont également employés en métallurgie, notamment, dans la soudure pour isoler les métaux de l'air ambiant pendant leur section. Dans le cinéma, ils jouent un rôle important dans le fonctionnement des projecteurs et dans l'industrie automobile, ils contribuent à la confection des phares des voitures. Dans la médecine, ils servent de constituant gazeux pour les faisceaux ultraviolets des lasers à excimètre pour affiner l'imagerie médicale lors des chirurgies.

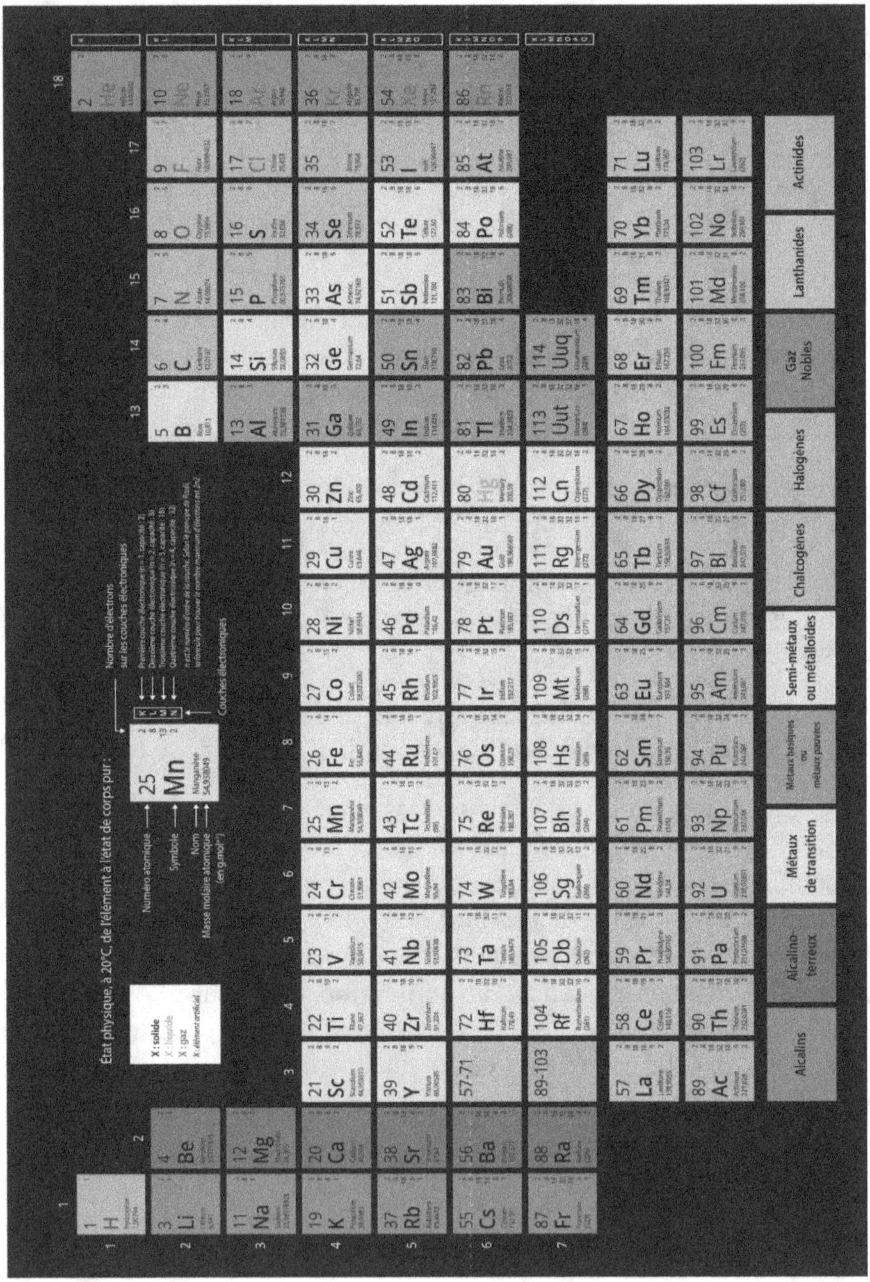

Tableau 2 : Tableau périodique des éléments

II.3.3 - Classification des minerais en fonction de leurs utilités économiques et de leur nature

La valeur marchande des minerais dépend fortement de leur utilité pour la société. Plus un minerai est indispensable dans un secteur d'activité porteur sur le plan économique, plus son coût sera élevé sur les marchés internationaux. En exemple, une cargaison de sable ou de gravier n'aura pas la même valeur marchande qu'un kilogramme de diamant ou qu'un lingot d'or parce qu'ils n'ont pas les mêmes utilités et les mêmes domaines d'application dans la société.

Je soutiens mes propos en prenant comme seconde illustration, les secteurs de l'énergie et des nouvelles technologies. Ils sont actuellement en vogue car ils détiennent les plus grands échanges commerciaux et les investissements économiques les plus élevés. Compte tenu des enjeux économiques qui ont cours dans ces domaines, les spéculations autour des matières premières minérales nécessaires à leurs activités sont importantes. Puisque la demande en minerais est très forte et en croissante évolution par rapport à l'offre, les coûts de ces derniers ne cessent de grimper.

Ainsi, les minerais utiles dans ces secteurs d'activité émergents n'auront donc pas les mêmes valeurs commerciales que ceux des secteurs d'activité moins rentables. Certains minerais sont donc plus importants et onéreux que d'autres.

Aussi, la rareté des minerais dans le sous-sol vient s'ajouter aux raisons mentionnées ci-dessus et contribue énormément à augmenter leur coût.

C'est en considérant tous ces paramètres que les minerais ont été également classifiés en fonction de leur utilité économique, de leur nature métallique ou non et de leur caractère stratégique (Tableau 3).

II.3.3.a - Les minerais métalliques

Les minerais métalliques sont des substances minérales qui contiennent des métaux. Ces composés métalliques peuvent être constitués essentiellement ou en partie de minéraux de fer pour former les métaux ferreux ou d'autres substances minérales métalliques dépourvues de fer pour donner des métaux non ferreux. Ils sont généralement identifiés dans la nature à l'état solide.

Les métaux sont caractérisés par plusieurs propriétés physiques. Il s'agit de la ductilité ou de la fragilité, de la malléabilité, de l'inaltérabilité, de la dureté, de la conductivité thermique, de la conductivité électrique, de la ténacité, de la densité du métal et du point de fusion du métal.

La *ductilité* d'un métal décrit son pouvoir à être étiré ou soumis à des contraintes sans se sectionner.

La *malléabilité* d'un métal désigne son pouvoir à être écrasé et aplati en feuillet. C'est le cas de l'or qui est le métal le plus ductile et le plus malléable. C'est d'ailleurs pour sa capacité à être réduit en feuillet qu'il sert d'ornement et de revêtement pour la rénovation des édifices et des statuts historiques des vieilles villes du monde comme ceux de Paris en France.

L'*inaltérabilité* est la capacité d'un métal à résister à la l'oxydation ou à la corrosion.

La *dureté* décrit la capacité d'un métal à résister à la pénétration.

La *conductivité thermique* désigne le pouvoir qu'a un métal à transmettre la chaleur alors que la *conductivité électrique* désigne sa capacité à conduire le courant électrique.

La *ténacité* est la propriété de propagation ou non des fissures engendrées dans un métal lorsqu'il a subi un choc.

La *densité* d'un métal est la masse de ce dernier par unité de volume.

Le *point de fusion* est la température à partir de laquelle le métal passe de l'état solide à l'état liquide. La densité et le point de fusion du métal dépendent respectivement de la masse volumique du corps de référence et de l'atmosphère de référence.

La spécificité des minerais métalliques provient aussi du fait que les métaux qui les composent sont extraits par chauffage ou par des solvants chimiques, ce qui peut engendrer des problèmes environnementaux car les déchets chimiques issus de ces deux procédés d'exploitation minière sont très souvent toxiques.

II.3.3.a.1 - Les métaux ferreux

Les métaux ferreux désignent soit le fer en tant que métal pur, soit un métal majoritairement composé de fer, soit les ferro-alliages dont l'acier et la fonte sont les produits principaux.

Les métaux ferreux sont très courants dans le sous-sol. Ils sont faciles à utiliser et se détériorent aisément en se rouillant suite à l'oxydation, ce qui en fait des métaux moins couteux que les autres.

Les métaux ferreux les plus connus sont le fer (Fe), le manganèse (Mn), le nickel (Ni), le cobalt (Co), le tungstène (W), le molybdène (Mo), le vanadium (V) et le Chrome (Cr).

II.3.3.a.2 - Les métaux non ferreux

Les métaux non ferreux désignent les métaux qui ne sont pas constitués de fer.

Contrairement aux métaux ferreux, ces métaux s'oxydent et s'altèrent moyennement. Ils sont plus couteux car sont très rares à trouver, de meilleure qualité et ont des domaines d'application diverses et plus remarquables.

Dans cette classe de métaux seront répertoriés les métaux précieux, les métaux de base, les métaux technologiques et les autres métaux qui n'entrent dans aucun des groupes précités.

II.3.3.a.2.1 - Les métaux précieux et semi-précieux

Les métaux précieux sont des substances minérales métalliques rares et qui ont une haute valeur économique. Le terme *précieux* décrit très bien l'importance économique et la qualité supérieure de ces métaux qui sont très prisés dans l'industrie minière.

Cependant, ce caractère précieux de ces métaux est relatif dans la mesure où, un métal sera plus ou moins précieux ou onéreux selon les équilibres entre l'offre et la demande pour s'approvisionner en cette substance minérale.

En clair, un métal aura tendance à être précieux si pour la période considérée, il est difficilement accessible tandis que la demande est de plus en plus forte. Le fait d'être précieux ne signifie donc pas forcément que ces métaux sont les plus chers.

Les métaux précieux principaux sont l'or (Au), le platine (Pt), l'argent (Ag), le palladium (Pd) et le rhodium (Rh). Généralement, ce sont des métaux qui font les beaux jours de la joaillerie et du secteur bancaire.

Il existe également des métaux semi-précieux qui sont certes moins recherchés que les métaux précieux mais tout de même aussi rares que les ces derniers. C'est le cas accessoirement du titane (Ti), du cuivre (Cu) et d'autres métaux de base et de haute technologie.

II.3.3.a.2.2 - Les métaux de bases

Les métaux de base sont des substances minérales communément utilisés. En clair, ils ont un emploi généralisé et répandu dans tous les domaines d'activité, notamment, dans l'industrie, la construction et l'électronique. En plus, ce sont des métaux peu coûteux et abondants dans la nature. Ils sont trouvés sans grands efforts dans le sous-sol en comparaison aux métaux précieux ou nobles tels que l'or (Au) et le platine (Pt) qui sont rares et onéreux.

Ce sont des métaux qui s'oxydent facilement, se ternissent assez rapidement et se corrodent aisément lorsqu'ils sont exposés à l'air libre ou à l'humidité.

Dans cette classe de métaux sont identifiés le cuivre (Cu), le zinc (Zn), le plomb (Pb), l'étain (Sn), l'antimoine (Sb) et le cobalt (Co). Certains y mettent également le nickel (Ni), l'aluminium (Al) et le fer. Associé au carbone, le fer servira à concevoir l'acier et la fonte.

Ainsi, le fer et l'aluminium seront les plus employés dans l'industrie puisqu'ils sont les plus abondants dans le sous-sol (5.6% pour le fer et 8.2% pour l'aluminium). Cependant, le fer a le pourcentage d'utilisation le plus élevé car son procédé de purification nécessite moins d'énergie et peu de moyens.

Moins abondants dans l'écorce terrestre, le cuivre, le zinc, le cobalt, l'étain et les autres métaux seront, en revanche, utilisés dans les autres domaines, notamment, dans l'électronique.

Compte tenu de leur utilisation courante, les métaux de base ont une importance significative pour l'économie mondiale. En exemple, les hausses ou les baisses des cours de l'acier, du cuivre ou du nickel ont des conséquences néfastes et des répercutions perceptibles sur l'économie mondiale avec des périodes d'instabilités financières observées sur les marchés boursiers.

II.3.3.a.2.3 - Les métaux technologiques : les terres rares et les autres métaux

Comme leur nom l'indique, les métaux technologiques sont des substances minérales qui sont au cœur de la confection de tous les produits associés au boom numérique de ces dernières années et de toutes les innovations technologiques du XXIème siècle.

C'est grâce aux métaux technologiques que sont nées ces nouvelles formes d'économie et de commerce en ligne via internet. Ces récentes économies qui comprennent plusieurs entreprises cotées sur les places boursières, en vogue sur tous les marchés financiers sont regroupées sous le terme de *nouvelle économie*. Elles sont portées par les métaux technologiques et font partie du quotidien de tous les citoyens du monde depuis les années 2000, c'est-à-dire, depuis l'entame du XXIème siècle.

Il s'agit des nouvelles technologies de l'information et de la communication (NTIC) avec la prolifération des produits High-techs et connectés. On y mentionne également les économies vertes avec le développement des nouvelles sources d'énergies respectueuses de l'environnement telles que l'éolienne, le solaire et la montée en puissance des véhicules électriques dans l'industrie automobile.

Les métaux technologiques principaux et les plus connus sont les *terres rares*. Loin d'être rares au regard de leur appellation, les terres rares sont abondants dans le sous-sol au même titre que les métaux de base que sont le cuivre et le zinc. Ils se trouvent d'ailleurs dix fois plus aisément que le plomb et cent fois plus fréquemment que l'argent qui est un métal précieux.

Ils sont appelés *métaux rares* grâce par trois faits. Le premier fait est la monopolisation de plus de 90% de la production mondiale de ces substances minérales par la Chine qui s'en sert comme une force géopolitique. Le deuxième fait est l'utilisation de la quasi-totalité de ces métaux dans l'industrie technologique qui est la plus prépondérante de notre siècle. Enfin, le troisième fait est la méconnaissance d'autres métaux capables de les substituer d'où, leur rareté et leur importance car la demande pour tous ses domaines d'applications est très forte par rapport à leur disponibilité.

Comme la plupart des métaux, les terres rares présentent un aspect métallique. Ils sont tendres, malléables, ductiles et très réactifs à haute température.

Les terres rares sont constituées du scandium (Sc), de l'yttrium (Y) et des quinze lanthanides que sont le lanthane (La), le cérium (Ce), la praséodyme (Pr), le néodyme (Nd), le prométhium (Pr), le samarium (Sm), le gadolinium (Gd), le terbium (Tb), le dysprosium (Dy), l'holmium (Ho), l'erbium (Er), le thulium (Tm), l'ytterbium(Yb) et le lutétium (Lu).

Sans ces terres rares, il n'y a pas de puces de Smartphones, d'écrans tactiles d'ordinateurs, d'écrans *LCD (Liquid Crystal Display)*, de lampes *LED (Ligtht Emitting Diode)*, de panneaux photovoltaïques ou solaires dans l'industrie technologique et de voitures électriques ou hydrides dans l'industrie automobile.

Sans ces terres rares, il n'y a pas de capteurs de radars et de sonars ni de systèmes d'armes et de ciblages dans le domaine militaire et sécuritaire. Dans le nucléaire, le prométhium (Pr) qui est un sous-produit de la fission de l'uranium (U) est projeté comme une source d'énergie et d'électricité dans l'aérospatiale.

Selon le Bureau de recherche géologique et minière (BRGM), la production mondiale de terres rares atteignait 144 000 tonnes pour une consommation de 120 000 tonnes en 2014 soit une rente d'environ 3.2 milliards d'euros, ce qui n'était déjà pas négligeable pour l'économie mondiale à l'époque. Aujourd'hui, ces chiffres sont certainement en hausses.

A ces terres rares précitées, il faut ajouter le gallium (Ga), le lithium (Li), le niobium (Nb), le platine (Pt), le titane (Ti) et le tantale (Ta) qui jouent un rôle tout aussi stratégique et pertinent dans l'hégémonie des nouvelles économies.

Justement, le tantale est l'un des métaux les plus recherchés dans la téléphonie à travers la *Colombo-Tantalite*, un minerai dont plus de 90% des réserves sont identifiées en Afrique. J'en parlerai longuement dans le chapitre à venir.

Toutefois, comme c'est le cas pour de nombreux métaux, l'extraction des terres rares et des autres métaux technologiques produit des déchets toxiques qui polluent l'environnement et sont parfois radioactifs. Malgré ce constat, les métaux technologiques sont toujours prisés au point d'être qualifiés par certains économistes et géologues comme les matières premières minérales de demain.

II.3.3.b - Les minerais non métalliques

Les minerais non métalliques sont des substances minérales qui ne contiennent pas de métaux. Ils sont généralement rencontrés à l'état solide, liquide ou gazeux dans le sous-sol.

Dans cette classe de minerais sont identifiés les combustibles minéraux, les pierres précieuses et fines, les minéraux industriels et les matériaux de construction. Ils sont donc de nature diverse et de composition minéralogique et chimique variées.

Autant que celle des minerais métalliques, l'exploitation des minerais non métalliques peut également avoir un impact sur l'environnement.

II.3.3.b.1 - Les combustibles minéraux ou énergétiques

Les combustibles minéraux sont des substances minérales ou des matières premières minérales solides (charbon, tourbe, houille, uranium), liquides (pétrole) ou gazeuses (gaz naturel), combustibles, riches en carbone (C) et constituées majoritairement d'hydrocarbures sauf l'uranium.

Les combustibles minéraux sont à l'heure actuelle, la plus grande source d'énergie dans le monde devant l'énergie nucléaire, solaire, éolienne, hydraulique, thermique et toutes les autres formes d'énergies identifiées. Ils fournissent 80% de l'énergie disponible à la surface de la terre. C'est la preuve que le monde et son économie sont dépendants à tous les niveaux des combustibles minéraux.

Aujourd'hui, un pays sans ressource minière et sans réserve énergétique est voué à une récession économique car la majorité des activités lucratives qui créent la croissance et le développement dans un pays ont des liens étroits avec les hydrocarbures qui sont des combustibles minéraux et énergétiques. Sans un approvisionnement quasi-permanent en carburant pour le fonctionnent des voitures, en kérosène pour des voyages d'affaires par avion, en gaz naturel pour la cuisine dans les ménages et le chauffage des habitations ou en charbon pour la production des usines ou des bateaux qui s'en servent encore, il n'y a pas d'activités industrielles et mercantiles. En plus, la majorité des outils en plastique qui ornent vos maisons ont une origine directe avec les minéraux énergétiques parce que le plastique est un produit dérivé du pétrole.

Les combustibles minéraux sont également des combustibles fossiles car ils sont non renouvelables contrairement aux autres formes d'énergies. Il est vrai que les organisations de protection de l'environnement sont des farouches opposants à leur exploitation mais dans le même temps, ces minerais sont tellement encrés dans le quotidien des peuples du monde qu'ils détiennent la plus grande part des échanges financiers sur les marchés des matières premières minérales.

Dans ce livre, j'accorde de nombreuses pages aux combustibles énergétiques, notamment, à leurs modes de formation et à leur zones d'occurrence parce qu'ils sont des minerais stratégiques pour tous les Etats du monde. De surcroit, ils sont au cœur de nombreux conflits entre les peuples et sont la cause de plusieurs guerres passées, en cours ou futures. Pour leur caractère vital et sensible, la majorité des gouvernements de la planète sont prêts à tous les sacrifices pour se procurer ces ressources énergétiques précieuses au point de constituer des réserves nationales utilisables sur le long terme. C'est d'ailleurs pour faire référence aux conflits liés au pétrole que plusieurs experts en géopolitique parlent du phénomène de la *malédiction du pétrole.*

En effet, ils ont constaté que tous les pays du tiers monde ou en voie de développement dans lesquels d'importants gisements de pétrole ont été découverts sont systématiquement confrontés à des guerres farouches. Ce n'est pas l'objet de cet ouvrage mais vous attesterez cette vérité dans un autre livre où je passerai en revue tous ces pays africains qui ont un sous-sol riche en pétrole et en gaz naturel.

Après les hydrocarbures, l'un des minerais énergétiques le plus répandu est l'uranium (U). Il est courtisé pour sa capacité à produire de l'électricité à travers les centrales nucléaires. C'est la matière première minérale principale de l'énergie nucléaire. Si plusieurs pays tels que la Corée du Nord ou l'Iran font une course à l'enrichissement en uranium pour posséder l'arme nucléaire ou la bombe atomique, certains pays comme la France subissent quotidiennement les revendications des défenseurs de l'environnement pour la fermeture des centrales nucléaires.

A l'inverse de la France, beaucoup de pays dépendent toujours de l'uranium et comptent s'en servir davantage pour profiter pendant longtemps encore de l'énergie nucléaire. Cet intérêt persistant pour l'uranium est prometteur car la demande ne cesse de croître depuis des décennies. Comme le pétrole, l'Afrique est le continent qui produit abondamment cette matière première minérale avec les fameux gisements d'uranium du Gabon et du Niger exploités par le groupe français Areva.

II.3.3.b.2 - Les gemmes, pierres précieuses et pierres semi-précieuses ou fines

Les gemmes sont des pierres fines, précieuses ou ornementales. Ce sont des substances minérales naturelles ou artificielles, non métalliques, dures, attirantes, éclatantes, colorées et pouvant servir d'accessoires de beauté à travers des colliers, des boucles d'oreilles, des bagues et d'autres produits de la joaillerie et du luxe.

Si le secteur des mines est tant considéré dans la sphère économique, c'est aussi grâce à ces pierres gemmes.

En effet, la découverte de quelques grammes de certaines pierres gemmes suffit à changer la classe sociale des personnes qui les ont trouvées ou à modifier positivement le destin économique des pays qui les possèdent.

Les gemmes sont de trois types : les pierres précieuses, les pierres semi-précieuses ou fines et les pierres organiques. Seules les deux premières citées, nous intéresserons dans le cadre de cet ouvrage.

II.3.3.b.2.1 - Les pierres précieuses

Les pierres précieuses sont des gemmes ou des minerais naturels non métalliques, dures, rares, de très bonne qualité et d'une beauté remarquable. Tels sont les critères pour faire partie de cette famille de minerais tant prisés dans la joaillerie, la bijouterie et l'orfèvrerie. Compte tenu de leurs caractéristiques exceptionnelles et hors du commun, certaines d'entre elles portent souvent le nom de joyau.

Les quatre pierres précieuses connues dans le domaine minier sont le diamant, le rubis, le saphir et l'émeraude. Evidemment, la plus répandue d'entre elles est le diamant.

Jusqu'à aujourd'hui, le diamant est l'objet de plusieurs conflits dans le monde car tous les miniers veulent se l'arracher tant les devises financières liées à sa vente sont considérables. Le diamant est un gage de richesse et d'honorabilité pour de nombreuses personnes sur cette terre. Quelle personne ne désirait pas avoir ne serait-ce quelques grammes ou quelques carats de diamant dans le collier qui orne son cou ou sur la bague qui scelle son alliance avec son conjoint ? Tous rêvent d'avoir du diamant dans un petit coin de leur maison. Malheureusement, c'est un minerai très rare et retrouvé dans des endroits particuliers. Et le continent africain fait d'ailleurs partie de ces rares territoires qui le possèdent en quantité et en qualité suffisante. C'est aussi pour cette raison que l'Afrique est le continent le plus confronté *aux diamants et aux marchands de sang* pour faire allusion à tous ces conflits liés à l'exploitation du diamant et à tous ces lobbies qui s'en servent pour acheter et vendre des armes de guerre. Ils attisent ainsi, les divisions entre les peuples africains.

Le diamant est donc un véritable sujet en géologie économique et en géopolitique.

Dans la suite du livre, je reviens sur son importance pour l'économie minière et ce qu'il peut apporter en termes de ressources financières à des continents sous-développés comme l'Afrique. Ses pays en ont tant besoin pour leur développement socio-économique.

II.3.3.b.2.2 - Les pierres semi-précieuses ou fines

Les pierres fines appelées autrefois pierres semi-précieuses représentent toutes les gemmes qui ne font pas partie des quatre pierres précieuses précitées. Le fait qu'elles soient dites *fines* ne signifie pas qu'elles soient plus belles que les pierres précieuses mais plutôt que leur coût est moins élevé que ces dernières.

Il est clair qu'une pierre précieuse recherchée et célèbre comme le diamant n'a pas la même valeur économique que l'ensemble des pierres fines mais elles ont néanmoins une valeur économique non négligeable. Ce n'est pas un hasard si elles étaient appelées pierres semi-précieuses dans un passé récent.

Avec les pierres précieuses, les pierres fines font également les plus belles pages du luxueux domaine de la joaillerie et des gemmologues.

Les pierres fines sont nombreuses et les principales d'entre elles sont la tourmaline, le zircon, la topaze, le grenat, la jade, le béryl, la calcédoine, l'onyx, la tanzanite, la turquoise, la malachite, la citrine, l'agathe, l'améthyste, lc quartz et bien d'autres encore.

II.3.3.b.3 - Les minéraux industriels

Les minéraux industriels sont des matières premières minérales naturelles nécessaires à la conception de produits vitaux couramment utilisés par les hommes. Par définition, ce sont également des minéraux qui ont une valeur économique mais ne sont pas des minerais énergétiques, des métaux et des pierres gemmes.

Les domaines d'usage de ces minerais sont répertoriés dans de nombreux secteurs industriels tels que le bâtiment, les travaux publics, la pharmacie, le traitement de l'eau, la papeterie, la cosmétique, la verrerie, la céramique, la sculpture, la peinture, l'agriculture, l'aéronautique, l'automobile et même l'électronique.

Les minéraux industriels sont nombreux et diverses. Parmi ceux-ci sont identifiés le calcaire, le gravier, la chaux, le talc, l'argile, la silice, la dolomie, le marbre, le sel, le gypse, le kaolin, la diatomite, la bentonite, le quartz, la potasse, le phosphate, le borate, l'andalousite, et le sable.

Les exemples d'applications des minéraux industriels sont multiples.

Dans le bâtiment et les travaux publics, l'argile et le calcaire constituent la matière première de l'industrie de la cimenterie. C'est un secteur dynamique car si vous faites le tour du monde en passant par les pays développés ou sous-développés, vous verrez que des travaux publics sont en cours de réalisation de façon permanente. Le sable et l'argile en combinaison avec le ciment permettent de fabriquer des briques et même de la céramique avec des carrelages et des tuiles qui servent à construire de beaux bâtiments. En exemple, le papier est composé à 50% de carbonate de calcium (calcaire), de talc, de kaolin, de bentonite et de sel.

Dans l'agriculture, le phosphate contribue à la confection d'engrais chimique pour amplifier la production agricole sur toute la planète. Compte tenu de la croissance de la démographie mondiale, les engrais et les minéraux industriels qui les composent ont une importance indéniable qui ne s'estompera pas de si tôt car les enjeux pour le futur sont considérables et ont une dimension globale.

Dans le domaine alimentaire, la chaux et la diatomite sont utilisées pour filtrer l'eau potable et d'autres produits destinés à la consommation humaine.

Dans le domaine de la santé, le gypse sert à la fabrication des moules dentaires ou des plâtres employés dans le domaine médical pour la cicatrisation des grands blessés des hôpitaux.

Derrière toutes les fonctions de cette catégorie de minéraux, il y a de véritables industries et de grandes compagnies qui occupent un rang honorable dans le monde très concurrentiel du commerce. Pour preuve, monsieur Aliko DANGOTE, l'homme d'affaires le plus riche d'Afrique fait fortune dans l'industrie du ciment sur tout le continent africain à tel enseigne qu'il a les territoires européens et américains dans sa gibecière de conquête de nouvelles clientèles et de nouveaux marchés. Les minéraux industriels ont donc une place spéciale dans la géologie économique et dans le secteur minier.

II.3.3.b.4 - Les matériaux de construction

Les matériaux de construction sont également des substances minérales non métalliques employées exclusivement dans le domaine de la construction, c'est-à-dire, dans les bâtiments et les travaux publics (BTP). Certains d'entre eux font aussi partie des minéraux industriels.

Ils sont retrouvés généralement dans des gisements ou des gîtes minéraux dénommés *carrières*. Ces carrières sont soit à l'air libre soit souterraines. Ainsi, les carrières de sable marin, lacustre ou fluviatile, d'argile, de calcaire, de grès, de granulat de béton et de gravier sont très prisées. En particulier, les carrières de gravier qui sont le produit du concassage et de la transformation du granite sont très recherchées. Tous les experts en BTP vous le diront.

L'immobilier est l'un des secteurs sûrs, durables et rentables en termes d'investissement car la majorité des édifices prennent de la valeur avec le temps. Si vous prenez le temps de recenser les problèmes récurrents auxquels sont confrontés tous les pays riches ou pauvres du monde, vous constaterez que le problème de l'accès au logement arrive en première ligne. De Paris à New-York, en passant par Lagos et Tokyo, les besoins en logement sont nombreux. C'est d'ailleurs pour cette raison que la multiplication des projets immobiliers ne s'arrête pas. Or, celui qui parle de projet immobilier pense forcément à la construction de nouveaux bâtiments d'où, un besoin permanent et régulier en matériaux de construction.

Cette réalité est d'autant plus vraie que les BTP représentent le secteur d'activité qui embauche continuellement. Des entreprises françaises comme Vinci construction, Bouygues immobilier, Eiffage construction, Bolloré qui opèrent dans ce secteur, font partie des groupes cotés en bourse. Ils possèdent des actions qui ne cessent de croître pour attester du dynamisme économique de ce domaine d'activité et de la nécessité vitale et incontournable des matériaux de construction pour le développement de nos villes modernes et de nos pays.

II.3.4 - Les minerais stratégiques

Les minerais stratégiques sont des substances minérales naturelles rares, inégalement reparties à la surface de la terre, onéreuses, difficiles d'accès mais pourtant indispensables pour l'avenir et le développement d'un Etat sur le plan économique, industriel, technologique, scientifique et militaire. Ce sont les matières premières du futur et des siècles à venir.

Ces minerais concernent les domaines régaliens, sensibles, stratégiques et vitaux d'un Etat. Ils permettent de garantir la sécurité intérieure et extérieure d'un Etat mais aussi sa sécurité énergétique.

En clair, un minerai est dit *stratégique* s'il respecte les quatre critères suivants qui sont certainement non exhaustifs. Premièrement, son utilité est indispensable pour l'industrie civile et militaire. Deuxièmement, son approvisionnement dépend fortement d'autres pays. Troisièmement, ses réserves et ses gisements se trouvent dans un environnement où le contexte économique et sécuritaire est sensible et instable. Enfin, les zones d'approvisionnement sont moins nombreuses.

Les minerais stratégiques sont des ressources minières dont les enjeux sont multiples et importants pour accroître l'économie de la planète et maintenir la paix dans le monde. Cependant, ils ne sont pas faciles à maîtriser et à acquérir compte tenu des paramètres géostratégiques, politiques et sécuritaires qui entourent les zones dans lesquelles ils sont trouvés. Ces minerais sont donc très rares alors que les pays développés ont la volonté d'affermir leurs réserves et faciliter leur accès à ces ressources naturelles stratégiques. Cela crée indirectement, un engouement constant, concurrentiel et explosif entre les Etats autour de ces matières premières minérales d'où, leur caractère stratégique.

Aujourd'hui, celui qui contrôle les minerais stratégiques et qui en possède des réserves nationales considérables, contrôle aussi de façon incontestable, le monde et son économie. C'est le cas de la majorité des pays développés.

En effet, bien que plusieurs pays développés n'aient pas suffisamment de gisements de minerais stratégiques, ils détiennent néanmoins les plus grands stocks de ces minerais. Ils les ont acquis auprès des Etats producteurs qui sont généralement des pays du tiers monde, notamment, des Etats d'Afrique. C'est pour cela qu'un grand nombre de ces pays développés ne sont ni surpris, ni déstabilisés ou encore moins effrayés par l'arrivée soudaine d'une crise économique ou énergétique aussi violente soit-elle. Généralement, ils résistent très bien à ces chocs économiques car leurs importantes réserves en minerais stratégiques leurs procurent les moyens nécessaires et adéquats pour sortir la tête de la conjoncture malgré sa sévérité.

Contrairement à certains continents, l'Afrique est l'un des rares territoires de la planète qui possède des grands gisements de minerais stratégiques. Cependant, elle n'a aucune politique d'approvisionnement et de stockage de ses matières premières minérales sur le long terme alors que toutes les nations du monde lui font la cour pour assurer et garantir leur indépendance énergétique en renfonçant leurs réserves. Ces nations développées ont compris que l'anticipation et la projection dans l'avenir sur le sujet sensible des minerais stratégiques est le seul moyen de prévenir d'éventuelles faillites et des crises économiques dans le futur.

Les pays occidentaux ne sont pas que des sociétés de consommation mais bien au-delà, ils ont élaboré de véritables politiques énergétiques et géostratégiques qui les maintiennent parmi les grandes puissances économiques et militaires du monde. Grâce à leurs réserves de minerais stratégiques, ils sont opérationnels et performants dans tous les domaines qui révolutionnent la vie des hommes au XXIème siècle.

Les minerais stratégiques sont regroupés en deux familles de substances minérales : Les métaux stratégiques et les minerais énergétiques que j'ai évoqué précédemment.

Dans le groupe des métaux stratégiques sont répertoriés les métaux technologiques tels que les *terres rares* que j'ai abordé dans les paragraphes ci-dessus et d'autres métaux comme le gallium (Ga), le lithium (Li), le niobium (Nb), le platine (Pt), le titane (Ti), le tantale (Ta), germanium (Ge), hafnium (Hf), indium (In), rhénium (Re), sélénium (Se), tellure (Te), bismuth(Bi), le cobalt, le tungstène (W), le mercure (Hg), le magnésium (Mg), le graphite (C) et le plomb (Pb).

Certes, cette liste n'est pas exhaustive mais sans ces métaux, il serait quasiment impossible que l'industrie technologique atteigne ce niveau de développement qui ne cesse de croître. Aucun jour ne passe sans une innovation technologique et sans la création d'une nouvelle application compatible aux Smartphones.

L'un des secteurs témoins de cette dépendance aux métaux stratégiques est bien celui des nouvelles technologies de l'information et de la communication (NTIC). La prolifération des Smartphones et des appareils connectés en est la preuve.

En effet, les principaux éléments qui composent les batteries des Smartphones sont le lithium, le cobalt et le coltan (Figure 7) qu'on retrouve dans la Colombo-Tantalite. Il est bon de savoir que les plus grands gisements de ces métaux précités sont identifiés en Afrique. Aujourd'hui, l'importance des outils de communication dans les renseignements généraux de nos Etats ou dans nos échanges téléphoniques, nous permettent d'estimer leur présence quasi-permanente dans notre quotidien et toute la place occupée par les métaux stratégiques dans nos habitudes. Ceci est tellement vrai que de nos jours, c'est presqu'un miracle pour des personnes accros aux Smartphones de s'en priver ne serait-ce pendant une heure. Les exemples de secteurs d'activité et d'applications qui utilisent ces métaux stratégiques sont légions.

L'autre catégorie de minerais stratégiques est répertoriée dans la famille des minerais énergétiques avec le pétrole, le gaz, le charbon et l'uranium sans lesquels, il n'y pas de production d'énergie et d'activités économiques.

Si le temps d'une journée, vous manquez d'approvisionner en carburant les stations d'essences d'un quelconque pays du monde comme c'est le cas très souvent lors des grèves des routiers ou des professionnels du secteur des hydrocarbures, vous verrez que dans les heures suivantes, c'est toute l'activité économique qui ralentira ou s'arrêtera si le problème n'est pas résolu dans un bref délai. Et cela, sans prendre en compte la contestation générale et la tension sociale qui en découleront car dans un laps de temps, la population n'hésitera pas à prendre les rues pour réclamer un accès facilité à ces besoins de première nécessité que sont le carburant, le gaz, l'eau et l'électricité.

Selon vous, pourquoi la Corée du Nord fait-elle tant peur à la communauté internationale ? Pourquoi fait-elle de façon régulière, des essais nucléaires au risque de violer les frontières maritimes, aériennes et terrestres de ses pays voisins ? Pourquoi l'enrichissement en uranium fait-il tant de polémique lorsque l'Iran s'engage sur cette voie contre l'aval de la communauté internationale ? Eh bien ! Parce que tous ces pays souhaitent avoir la bombe atomique dont l'uranium est le minerai principal.

Aujourd'hui, le fait de détenir l'arme nucléaire est stratégique pour tous les Etats du monde. C'est le gage d'une entrée certaine dans la très restreinte liste des pays les plus puissants du monde. Si vous prêtez attention aux données géopolitiques, économiques et militaires, vous discernerez que tous les pays puissants sur le plan économique, le sont également sur le plan militaire. C'est le cas de la majorité des pays du G8 qui sont les huit premières puissances économiques du monde, à savoir les Etats-Unis, le Japon, l'Allemagne, le Royaume-Uni, la France, la Russie, l'Italie, le Canada et des pays émergents du BRICS pour désigner le Brésil, la Russie, l'Inde, la Chine et l'Afrique du Sud.

Tout cela montre clairement le caractère stratégique de ces minerais énergétiques.

Le monde n'est pas encore prêt à se séparer de ces minerais stratégiques malgré les langues qui prédisent leur épuisement puisqu'ils contribuent encore énormément aux Etats influents. Avant la découverte d'autres minerais stratégiques de substitution, il reste donc des décennies de dépendance mondiale à ces matières premières minérales qui simplifient la vie des hommes en société.

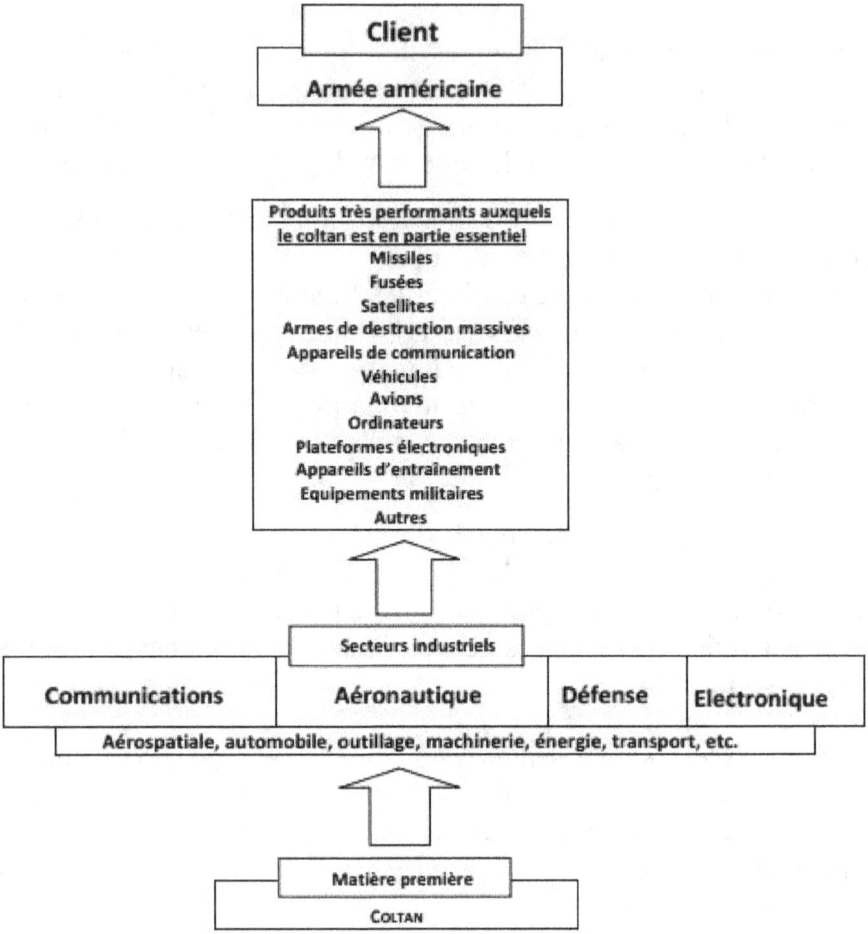

Figure 7 : La route commerciale du coltan congolais
(Patrick Martineau, 2003)

Minerais métalliques	Métaux métalliques ferreux	Métaux ferreux	Magnétite
			Chrome
			Nickel
			Pyrite
			Hématite
			Chalcopyrite
			Sphalérite
			Ilménite
			Manganèse
			Wolfranite
			Pentlandite
	Métaux métalliques non ferreux	Métaux précieux	Or
			Paladium
			Platine
			Argent
		Métaux semi - précieux	Titane
			Cuivre
			Zinc
			Lithium
			Cobalt
		Métaux de base	Plomb
			Zinc
			Etain
			Cuivre
		Les métaux technologiques	Terre rares
			Lithium
			Coltan (Columbite-Tantalite)
			Cobalt
			Titane
		Autres métaux	Aluminium (Bauxite)
Minerais non métalliques	Combustibles minéraux et énergétiques		Pétrole
			Uranium
			Gaz
			Charbon
			Houille
	Pierres précieuses		Diamant
			Rubis
			Saphir
			Emeraude
	Pierres semi - précieuses ou fines		Zircon
			Topaze
			Turquoise
			Tourmaline
			Grenat
	Minéraux industriels		Argile
			Phosphate
			Silice (Sable)
			Gypse
	Matériaux de constructions		Sable
			Graviers
			Argiles
Minerais stratégiques	Minerais énergétiques		Pétrole
			Gaz
			Uranium
	Métaux stratégiques		Titane
			Cobalt
			Acier (Aluminium, Fer…)
			Cobalt
			Terre rares
			Coltan (Columbite-Tantalite)
	Autres		Hélium

Tableau 3 : Classification des minerais selon leur utilisation et leur caractère stratégique

II.4 - Quelques notions de géologie fondamentale et historique

II.4.1 - L'échelle des temps géologiques

Les sciences de la terre possèdent une échelle de temps particulière. Celle-ci ne correspond pas à notre échelle historique qui prend ses fondements sur les évènements déroulés avant et après la mort de Jésus-Christ, il y a 2000 ans. Il ne faut donc pas confondre ces deux échelles de temps.

L'échelle des sciences de la terre est dénommée aussi *l'échelle des temps géologiques* (Figure 8). C'est elle qui sert de référence pour situer chronologiquement les évènements géologiques dans le temps grâce aux datations. Elle sert également de repère pour localiser certains gisements pétroliers et miniers dans le temps d'où, l'importance de la connaître soigneusement pour mieux positionner ces derniers dans l'espace spatial et temporel du globe terrestre.

La répartition spatiale donne la position (x et y) des événements géologiques à la surface de la terre tandis que la répartition temporelle donne leur profondeur (z) ou encore leur position dans le temps. C'est justement ce positionnement temporel des événements géologiques qui est imagé par l'échelle des temps géologiques.

Sur le plan géologique, l'âge de la terre est divisé en éons, en ères, en périodes, en époques et en étages.

Un éon est composé d'ères. Une ère est constituée de périodes. Une période est sectionnée en époques et enfin, une époque est scindée en étages etc.

Selon les géologues, la terre s'est mise en place il y a environ 4.6 milliards d'années avec la subdivision suivante :

Premièrement, l'*éon hadéen* qui représente l'histoire de la terre depuis sa création jusqu'à l'apparition des premières formes de vie entre 4.6 et 3.6 milliards d'années.

Deuxièmement, l'*éon archéen* pendant lequel vivaient des cyanobactéries et des stromatolithes entre 3.8 et 2.5 milliards d'années.

Troisièmement, l'*éon protérozoïque* caractérisé par les premiers organismes unicellulaires et multicellulaires appelés les eucaryotes et les premiers fossiles à coquilles entre 2.5 milliards d'années et 540 millions d'années.

Enfin, l'*éon phanérozoïque* qui est marqué par l'explosion de la vie de 540 millions d'années jusqu'à nos jours. C'est l'éon actuel. Il représente seulement 1/10ème de l'âge de la terre mais dans le même temps, c'est le plus important. Contrairement aux précédents, il concerne non seulement notre civilisation et surtout, il intéresse les miniers et les pétroliers qui s'en servent pour référencer et repérer leurs gisements dans le temps. C'est donc l'éon contemporain.

L'éon phanérozoïque est divisé en trois ères à savoir, le Paléozoïque ou Primaire identifié de 540 à 250 millions d'années, le Mésozoïque ou Secondaire répertorié entre 250 millions et 65 millions d'années et le Cénozoïque ou Tertiaire/ Quaternaire qui part de 65 millions d'années à nos jours. Le Quaternaire est souvent reconnu comme la dernière ère car c'est l'actuelle et elle continue jusqu'aujourd'hui.

La vie sur la terre a très souvent engendré des polémiques dans le monde scientifique car deux théories s'affrontent au sujet de son apparition. Il s'agit des théories du fixisme ou créationnisme et de l'évolutionnisme.

Le *fixisme* ou *créationnisme* est la théorie selon laquelle, les espèces ou les êtres vivants (hommes, animaux, végétaux) sont apparus tels qu'ils sont aujourd'hui. Cette théorie basée sur la Bible a été mise en place par Georges CUVIER. Ce dernier soutient qu'il existe un être suprême, en l'occurrence Dieu, qui a créé de façon instantanée la vie sur la terre.

De l'autre côté, la théorie de l'*évolutionnisme* stipule que les êtres vivants ne sont pas le résultat d'une main divine mais celui de l'évolution des espèces vivantes dans le temps. Ils sont le produit d'une sélection naturelle. C'est la théorie mise en place par Charles DARWIN.

En ce qui me concerne, je suis un adepte du créationnisme ou fixisme car je crois qu'au-dessus des hommes, il existe un être supérieur qui a tout créé. Selon moi, l'homme ne saurait être le produit d'une quelconque évolution ou d'une prétendue adaptation d'un être vivant qui serait étranger à son espèce tant sur le plan morphologique que psychologique.

En effet, selon le principe de la reproduction, toute espèce se reproduit selon son espèce. En plus, pendant que certaines personnes comparent l'espèce humaine à des descendants d'animaux, il est bien de rappeler que l'homme est un esprit possédant une âme et habitant dans un corps, c'est-à-dire, un être vivant qui détient un corps, une âme et un esprit. En revanche, les animaux ne possèdent qu'un corps et une âme d'où, leur différence d'avec l'être humain. Ce n'est pas le sujet de ce livre mais il était bien d'en parler brièvement dans ce paragraphe pour ouvrir des pistes de réflexion et éclairer les personnes qui s'y intéressent.

Ainsi, certaines disciplines des sciences de la terre auront pour but de situer temporellement les événements géologiques. C'est le cas de la paléontologie.

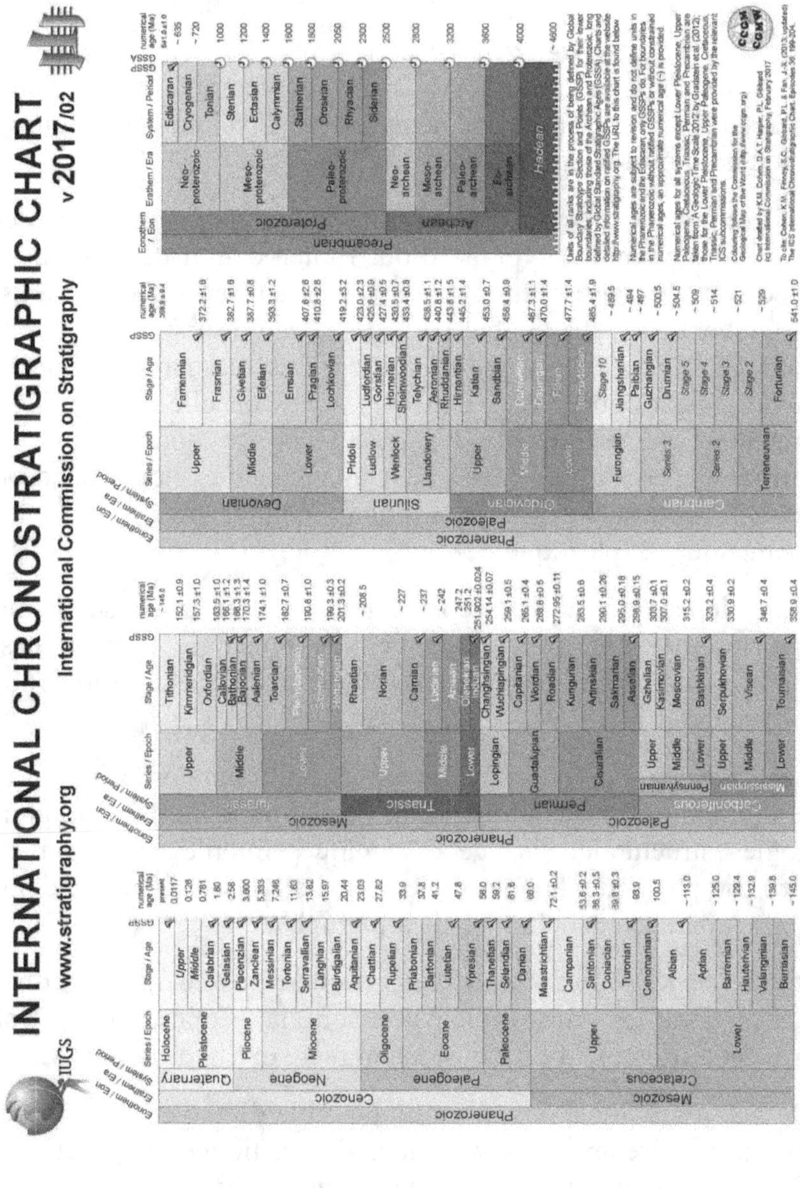

Figure 8 : Charte chronostratigraphique internationale ou échelle des temps géologiques (ICS et al. 2016)

II.4.1 - Une diversité de disciplines pour le même objectif

Les *sciences de la terre* dénommées également *géosciences* sont des domaines d'études qui requièrent de nombreuses connaissances en sciences mathématiques, physiques, biologiques et chimiques en plus de la géologie.

En exemple, les roches sont composées de minéraux qui possèdent une formule chimique typique d'où, l'intervention de la chimie. Le sous-sol est composé d'êtres morts souvent fossilisés ou vivants qui appartiennent au règne animal ou végétal, ce qui implique d'avoir des notions en biologie pour les identifier. Les ressources minières ou pétrolières sont concentrées dans des zones où elles constituent des gisements. Les réserves de ces gisements ont donc besoin d'être quantifiées et évaluées précisément avant leur exploitation d'où, la nécessité d'avoir des bases non négligeables en sciences mathématiques et physiques.

Les sciences de la terre représentent un pôle interdisciplinaire et multidisciplinaire. Elles sont le lieu de rencontre entre toutes les disciplines citées précédemment et les sciences géologiques et géophysiques.

Les *sciences géologiques* comprennent plusieurs branches à savoir, la stratigraphie, la paléontologie, la géochronologie, la tectonique, la géologie structurale, la géodynamique interne et externe, la géographie physique, la pétrologie, la métallogénie, la minéralogie, la cristallographie, la géochimie, la cartographie etc.

Les *sciences géophysiques* quant à elles, possèdent aussi diverses branches dont les trois principales sont la géophysique pétrolière (marine et terrestre), la géophysique minière et l'hydro-géophysique.

De nos jours, il est davantage impossible d'étudier les sciences de la terre sans faire appel à des notions de positionnement spatial d'où, le besoin incontournable d'avoir un savoir de pointe en topographie et en systèmes d'informations géographiques (SIG), notamment, en télédétection et en géomatique.

Toutes ces disciplines concourent au même objectif et ont pour but commun de mieux connaître le sous-sol et ses ressources minières.

II.4.1.a - Les méthodes de datation des couches géologiques

En géologie et surtout dans la recherche pétrolière et minière, il est indispensable de dater les évènements géologiques les uns par rapport aux autres pour reconstituer la géographie et le climat du passé. On parle respectivement de *paléogéographie* et de *paléoclimat*. C'est l'objet de la *géochronologie* qui étudie l'ensemble des méthodes de datation employées pour dater les roches et les différents évènements de l'histoire de la terre. Elle fonde ses analyses sur les observations actuelles. C'est ce que traduit un célèbre adage en géologie qui dit :

« Il faut se baser sur les observations actuelles pour expliquer les évènements du passé. »

En guise d'exemple, comment a-t-on pu discerner l'existence des hydrocarbures dans des régions désertiques comme le Sahara alors que du fait de la sècheresse, rien ne montrait ou ne présageait à première vue, la possibilité d'y trouver de si grands gisements de pétrole et gaz ?

C'est la connaissance et le repérage d'indices géologiques prouvant l'existence de la mer ou d'un océan dans le désert à des époques anciennes qui permettent de déduire qu'il y a eu des dépôts de sédiments et de matières organiques jadis. Ce sont ces dépôts qui ont atteint le stade de la maturation au fil des années sous l'effet de la température et de la pression pour générer le pétrole et le gaz. C'est donc en considérant et en analysant ces évènements géologiques du passé que les zones désertiques sont identifiées aujourd'hui comme des régions potentielles de recherches pétrolières. Ainsi, pour repérer ces évènements géologiques passés, c'est-à-dire, les situer les uns par rapport autres et connaître leurs dates relatives ou absolues respectives, deux techniques s'offrent aux géologues. Il s'agit de la *chronologie relative* et de la *chronologie absolue*.

II.4.1.a.1- Les méthodes de datation relative : la stratigraphie et la paléontologie

Par définition, la *chronologie relative* permet de donner l'âge d'une couche ou d'une strate géologique par rapport à une autre en se basant sur des méthodes paléontologiques et des méthodes physiques telle que la stratigraphie.

II.4.1.a.1.1- La stratigraphie : une méthode de datation aux principes universelles et aux divisions indispensables aux prospecteurs miniers et pétroliers

Reconnue dans la catégorie des méthodes physiques, la *stratigraphie* étudie la superposition, les recoupements et les discordances des couches.

Cette méthode est basée sur quatre principes très importants pour l'industrie minière et pétrolière. Il s'agit du principe de recoupement, du principe de l'horizontalité primaire, du principe de la superposition et du principe de la continuité.

Le *principe de recoupement* stipule qu'une roche qui recoupe une autre est nécessairement plus jeune que celle qu'elle recoupe (Figure 9).

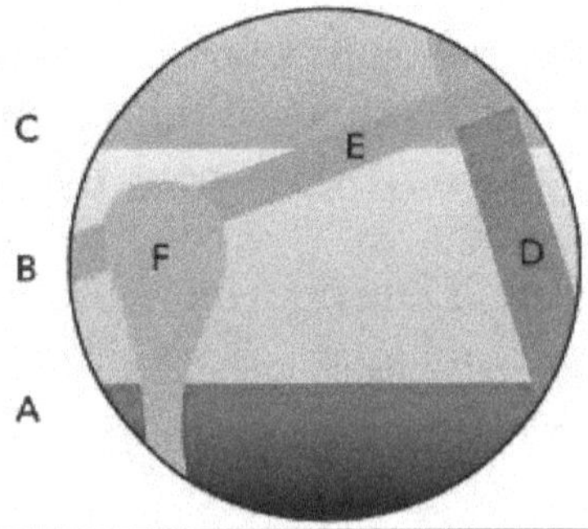

Ici, l'âge relatif des couches A,B et C est donné par le principe de superposition. Les intrusifs D, E et F sont plus jeunes que les couches sédimentaires horizontales dans lesquelles ils se sont introduits. De plus, comme le dyke E recoupe le dyke D et que l'intrusif F recoupe le dyke E, on déduit que F est plus jeune que D, même si ces deux dykes ne se recoupent pas : l'ordre d'intrusion est donc D, E et finalement F.

Figure 9 : Principe de recoupement

Le *principe de l'horizontalité primaire* dit que les couches sédimentaires se déposent toujours de façon horizontale dans un premier temps (Figure 10).

Le *principe de la superposition* indique que les couches se superposent les unes sur les autres, ce qui veut dire que les couches qui sont au-dessus sont plus jeunes que celles qui sont en-dessous (Figure 10).

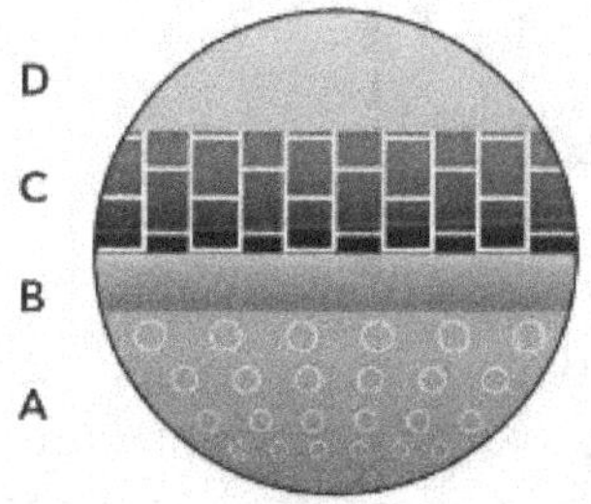

Le concept de Steno (1669) qui présente deux principes intimement liés apparaît simpliste, mais il est fondamental : les couches sédimentaires se sont d'abord déposées à l'horizontale (principe de l'horizontalité primaire) : les couches se sont superposées les unes sur les autres, ce qui implique que celle qui est en-dessous d'une autre est plus vieille que cette dernière (principe de la superposition).

Figure 10 : Principe de l'horizontalité primaire et de la superposition

Le *principe de la continuité* mentionne que dans une région non disloquée (perturbée, remaniée ou déstructurée), une couche sédimentaire n'évolue pas latéralement de façon brusque. Cette couche sédimentaire est caractérisée par son faciès (ensembles des caractères minéralogiques, structuraux et paléontologiques qui reflètent les conditions de sédimentation). Elle a une répartition géographique continue et uniforme. Cependant, il est possible que cette dernière évolue progressivement et latéralement (Figure 11).

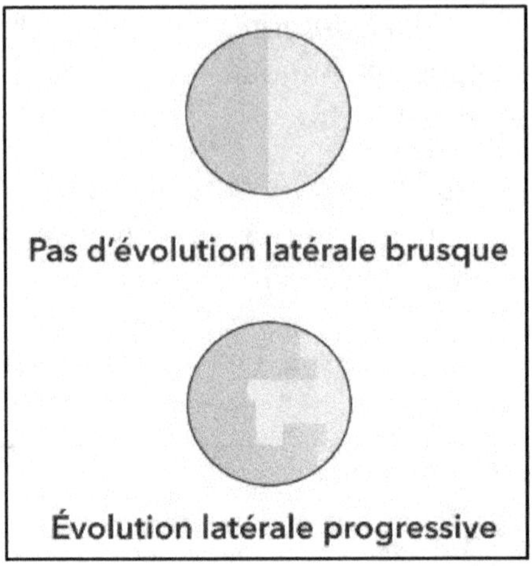

Figure 11 : Principe de la continuité

Le principe de continuité sera très utile dans mon développement sur les potentialités pétrolières de l'Afrique car il intervient dans la compréhension des concepts géologiques de la tectonique des plaques et des différentes théories qui expliquent les mouvements des plaques continentales à l'échelle globale. J'en parlerai longuement dans les paragraphes à venir.

La stratigraphie est une branche de la géologie qui a un vocabulaire typique et varié avec des termes basiques à assimiler pour comprendre la géologie minière et pétrolière. Strate, structure, texture, débit, schistosité, diaclase, lentille, lithologie et lithostratigraphie en sont quelques exemples.

Par définition, une *strate* est une couche de terrain isolée par des joints de stratification horizontaux (Figure 10). Une strate peut être aussi appelée couche, banc, niveau, lit, assise ou horizon.

Une *stratification* est un agencement ou un ensemble de couches ou de strates. C'est une pile de dépôts successifs et horizontaux de sédiments.

Une *structure* correspond à l'arrangement des grains au niveau microscopique. Les grains sont observables uniquement au microscope.

Contrairement à la structure, une *texture* traduit l'arrangement des grains au niveau macroscopique. Dans ce cas, les grains qui forment la roche sont visibles à l'œil nu.

Un *débit* est la tendance d'une roche ou d'une strate à se débiter ou à se scinder suivant des plans préférentiels appelés plans de clivage ou de faiblesse des minéraux.

Une *schistosité* est le débit d'une roche en feuillet. Elle peut être observée dans une roche soumise à de fortes contraintes. Dans ce cas, la schistosité est oblique à la stratification. Cependant, certaines roches possèdent à l'origine, une schistosité parallèle à la stratification. C'est l'exemple des schistes et des micaschistes avec leur structure en feuillet héritée des micas. Ce dernier entre dans leur composition et est un minéral à débit feuilleté.

Une *diaclase* est une cassure provoquée par des rotations localisées des strates. Elle est observée surtout dans les roches dures. Ces fissures sont généralement perpendiculaires aux strates.

Une *lentille* est une irrégularité de stratification de taille variable, de l'ordre du décimètre à l'hectomètre. En exemple, les stratifications littorales sont des alternances de lentilles superposées ou imbriquées.

La *lithologie*, connue également sous le nom de *pétrographie*, est l'étude de la nature et de la composition des strates ou des couches (Figure 11). Elle étudie aussi l'association des minéraux qui forment une roche depuis sa genèse jusqu'à son milieu de dépôt.

En revanche, la *lithostratigraphie* est l'étude de l'agencement ou de l'empilement des couches ou des strates sur le plan géométrique et lithologique. En résumé, la lithologie porte ses analyses sur la composition interne d'une strate tandis que la lithostratigraphie oriente ses travaux sur une pile de strates.

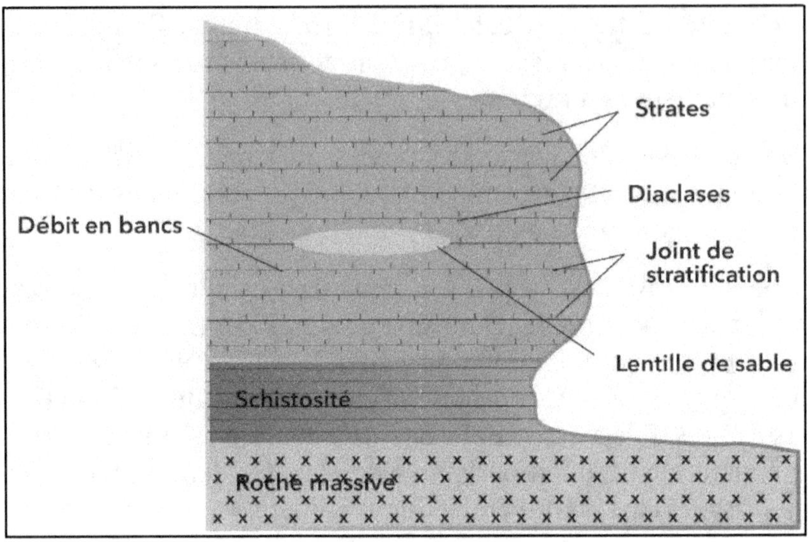

Figure 10: Exemple de stratification

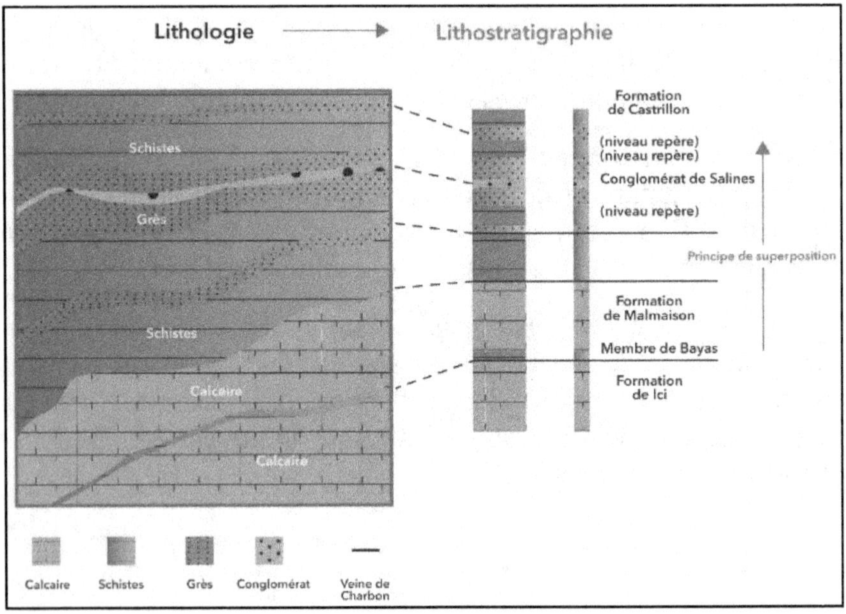

Figure 11: Exemple de lithostratification

En plus des principes stratigraphiques, il existe trois divisions en stratigraphie qui servent à dater les couches géologiques les unes par rapport aux autres en se basant sur leur contenu en fossiles : c'est la *paléontologie stratigraphique*. Il s'agit des divisions lithostratigraphiques, biostratigraphiques et chronostratigraphiques.

Si vous faites une visite dans toutes les compagnies pétrolières ou minières, vous verrez que chacune d'entre elles possède au moins un service qui est dédié à ces études stratigraphiques. Sans elles, aucune corrélation des systèmes pétroliers ou miniers ne peut se faire entre deux pays voisins ou distants, mieux encore, entre les côtes de deux continents actuellement éloignés mais autrefois liés comme l'Afrique et l'Amérique latine.

Contrairement aux deux autres, la *division lithostratigraphique* s'intéresse uniquement à la nature des strates sans prendre en compte leur contenu en fossiles. Ainsi, la plus petite division lithostratigraphique est la strate. Un *membre* est constitué de plusieurs *strates*. Une *formation* est formée de plusieurs membres et un *groupe* est composé de plusieurs formations.

La *division biostratigraphique* étudie le contenu des strates en fossiles et sa division de base est la *biozone*.

La *division chronostratigraphique* consiste à étudier des ensembles de strates auxquels sont attribués des intervalles de temps fondés sur les divisions géochronologiques données par l'échelle des temps géologiques (Figure 8). L'unité de base de cette division est l'*étage*. Cette unité est toujours définie en fonction d'une strate témoin ou type dénommée la *stratotype*. C'est pour cette raison que tous les noms donnés aux étages font référence à la zone géographique où la stratotype a été identifiée pour la première fois. Généralement, ces noms sont suivis du suffixe *-en* ou *-ien* en français ou *-an* ou *-ian* en anglais. Ainsi, dans la suite de cet ouvrage, vous constaterez que des ensembles de couches géologiques sont appelés *Tarkwaiens* ou *Eburnéens* pour faire allusion respectivement à la ville de Tarkwa au Ghana et à la terre d'Eburnie de Côte d'Ivoire où leurs stratotypes ont été décrits pour la première fois à quelques exceptions près.

Comme la biozone, l'une des divisions inférieures à l'étage est la *chronozone*. Elle est définie par un ou plusieurs fossiles types dénommés aussi *fossiles-guides*. Une *série* comporte plusieurs étages. Un *système* est constitué de plusieurs séries. Un *érathème* comprend plusieurs systèmes et un *éonthème* est composé de plusieurs érathèmes.

Pour illustrer mes propos, sur la base des quatre principes stratigraphiques évoqués précédemment, il est possible de donner la chronologie relative des événements géologiques du schéma ci-dessous (Figure 12).

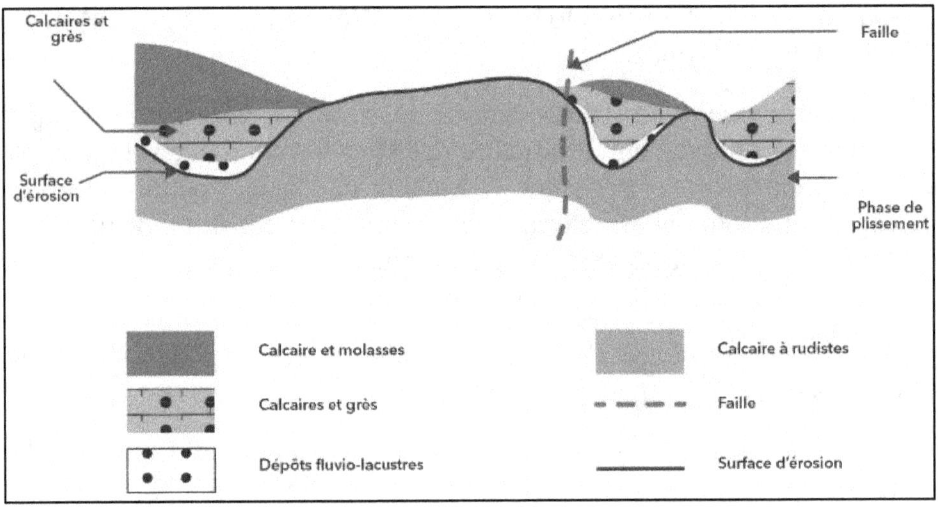

Figure 12 : Chronologie relative des évènements géologiques

L'analyse du schéma montre que les couches de calcaires et de grès sont au-dessus de la surface d'érosion. Cela permet de dire selon le *principe de la superposition des couches* que les dépôts de calcaires et de grès sont postérieurs à la surface d'érosion.

La faille recoupe la surface d'érosion et les terrains plissés. Cette remarque permet également d'affirmer selon le *principe de recoupement* que la faille est postérieure à la surface d'érosion et à la phase de plissement.

La surface d'érosion et les couches de calcaires et de grès déposées préalablement de manière horizontale sont désormais plissées. On en déduit qu'elles sont antérieures à la phase de plissement.

En conclusion, ces différents évènements géologiques se sont produits selon l'ordre suivant :

Premièrement, la mise en place de la surface d'érosion.

Deuxièmement, le dépôt des calcaires et des grès.

Troisièmement, l'arrivée de la phase de plissement.

Quatrièmement, l'apparition de la faille.

II.4.1.a.1.2 - La paléontologie : une méthode de datation incontournable pour les pétroliers

La *paléontologie* est une branche de la géologie qui consiste à identifier les fossiles renfermés dans les roches et à reconstituer l'histoire de l'évolution de la vie sur terre. Connaissant l'époque pendant laquelle un fossile a vécu et son milieu de vie, il est possible d'avoir une idée de l'âge du sédiment dans lequel il a été trouvé. Les conditions environnementales dans lesquelles se sont effectués ces dépôts sédimentaires peuvent être aussi connues.

En effet, pour chaque ère, période ou époque, il existe des fossiles types ou fossiles-guides appelés spécifiquement des *marqueurs stratigraphiques* (Figure 13). Ils doivent avoir une large répartition géographique d'ordre régional ou mondial et une courte période d'existence pour être considérés comme des fossiles-guides. En exemple, les trilobites et les graptolithes sont des fossiles qui vont caractériser le Primaire ou Paléozoïque. Les ammonites, les oursins, les dinosaures et les bélemnites vont distinguer le Secondaire ou Mésozoïque. Les gastéropodes vont identifier le Tertiaire ou Cénozoïque. Enfin, les fossiles des vertébrés (homo sapiens…) et les traces du retour des glaciations vont représenter le Quaternaire. Ce sont tous des macrofossiles et de ce fait, ils sont de moins en moins recherchés par les pétroliers.

L'industrie pétrolière va plutôt s'intéresser aux microfossiles parce qu'ils sont de petite taille et donc faciles à prélever lors des forages d'exploration. C'est l'objet de la *micropaléontologie*.

Ces fossiles ne sont observables qu'avec des appareils optiques sophistiqués comme les loupes binoculaires et les microscopes optiques et électroniques. Les pétroliers font ensuite une interprétation biostratigraphique des sédiments prélevés en analysant les microfossiles, les grains de pollens et de spores actuels et les palynomorphes anciens pour déterminer l'âge relatif des couches géologiques.

Il existe plusieurs catégories de microfossiles qui sont de très bons fossiles stratigraphiques et d'excellents marqueurs géologiques pour les pétroliers. Ce sont les microfossiles calcaires, les microfossiles siliceux et d'autres fossiles qui ne sont pas classifiés.

Parmi les microfossiles calcaires sont identifiés les foraminifères, les ostracodes vivant dans l'eau douce et salée, les calpionelles et les coccolithophoridés vivant dans la mer. Ces derniers possèdent une plaque protectrice appelée coccolithe dont le dépôt à leur mort constitue des boues calcaires ou de la craie.

Dans les microfossiles siliceux, on retrouve les radiolaires et les diatomées.

Aux précédents s'ajoutent d'autres fossiles tels que les conodontes, les dynophycées et les pollens qui proviennent d'organismes continentaux et donnent des renseignements importants sur l'écologie des milieux, notamment, celle du Quaternaire.

En considérant leur milieu de vie, le fait de trouver soit un ostracode soit un coccolithophoridés ou encore un pollen dans un sédiment, permet de savoir si les dépôts se sont effectués soit dans un environnement d'eau douce, soit en milieu marin ou encore en milieu continental. Ainsi, il est possible de déterminer non seulement l'âge des couches géologiques puisque ce sont des fossiles-guides mais aussi le paléoenvironnement, la paléoécologie, le paléoclimat et la paléogéographie en combinant les données lithologiques, biostratigraphiques et géochimiques issues des forages d'exploration.

Il faut aussi retenir également que la stratigraphie, la géochronologie et la paléontologie forment le grand domaine de la *géologie historique*.

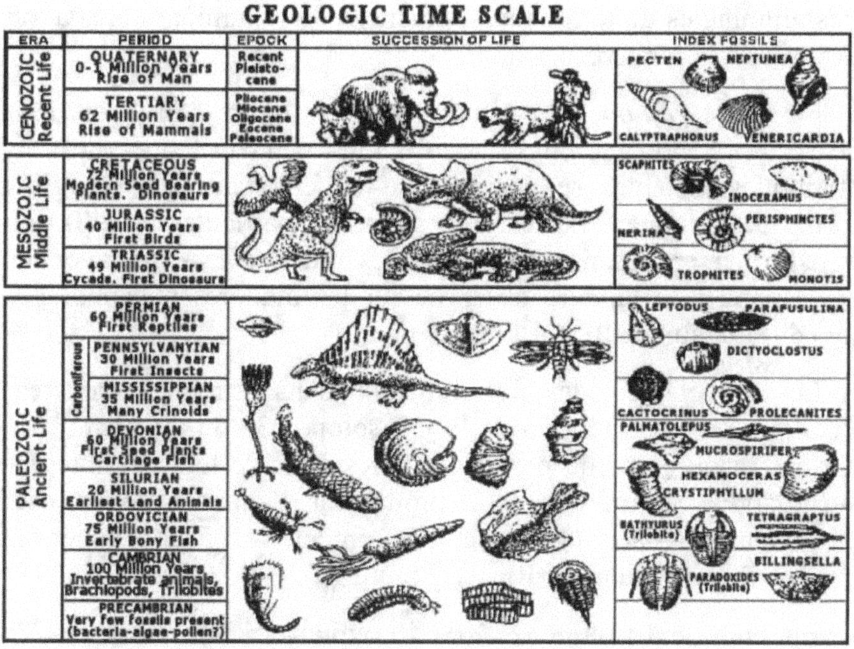

Figure 13: Echelle des temps géologiques associés aux fossiles-guides ou marqueurs stratigraphiques

II.4. 1.a.2 - Les méthodes de datation absolue : la radiochronologie et la datation au carbone 14

La *Chronologie absolue* permet de dater les évènements géologiques en leur attribuant un âge. Elle est basée sur plusieurs méthodes, à savoir la radiochronologie, la datation au carbone 14, la thermoluminescence et la résonnance du spin électronique. La plus répandue est la radiochronologie. Elle est utilisée pour dater les évènements géologiques très anciens, c'est-à-dire, ceux de plus de 10 millions d'années tandis que les autres méthodes citées précédemment servent à dater des évènements géologiques plus récents (Figure 14).

La *radiochronologie* est fondée sur la mesure de la radioactivité des substances minérales contenues dans les roches et les strates. La radioactivité fut découverte en 1896 par Henri BECQUEREL (1852-1908) pendant ses travaux sur la phosphorescence qui est un processus naturel au cours duquel les matières phosphorescentes (les aluminates de terres rares) émettent de la lumière après avoir été exposées à la lumière.

Le terme *radioactivité* fut inventé par Pierre CURIE en 1898. Il décrit un phénomène physique et naturel pendant lequel, des noyaux atomiques instables se désintègrent en émettant de l'énergie sous forme de rayonnements variés (rayons ou particules α et β) pour se transformer en des noyaux atomiques plus stables. Ce rayonnement correspond à la lumière observée sur les matières phosphorescentes lors des travaux de BECQUEREL.

Les radioéléments les plus dominants dans les roches terrestres sont l'isotope 238 de l'uranium (^{238}U), l'isotope 232 du thorium (^{232}Th) et surtout l'isotope 40 du potassium (^{40}K). Lors de leurs désintégrations successives, ces radioéléments produisent d'autres isotopes instables et disséminés dans la nature, notamment, les isotopes de radium (^{226}Ra...) et du radon (^{222}Rn...) (Figure 15).

En plus de l'isotope 238 de l'uranium (^{238}U), l'isotope 235 de l'uranium (^{235}U) est l'un des radioéléments les plus utilisés par l'homme et trouvé dans la nature en concentration très faible. C'est la concentration de cet isotope qui est modifiée par des techniques d'enrichissement en uranium pour fabriquer la bombe atomique et produire l'énergie nucléaire utile à la fourniture d'électricité.

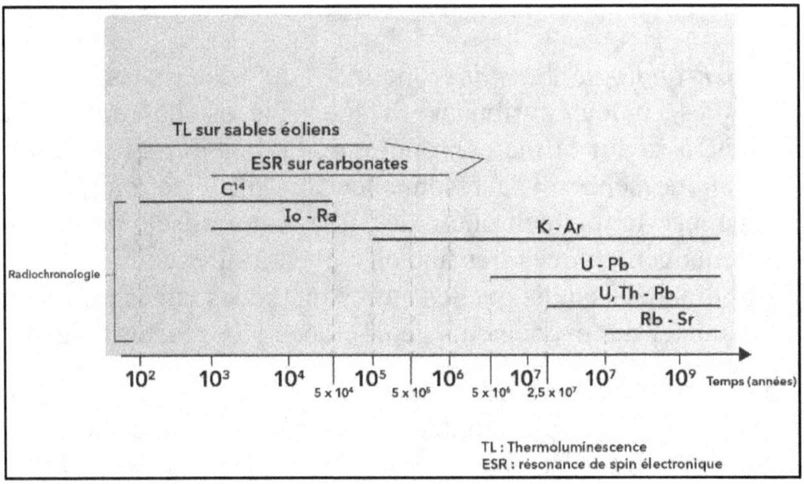

Figure 14: Plage d'utilisation des méthodes de datation absolue

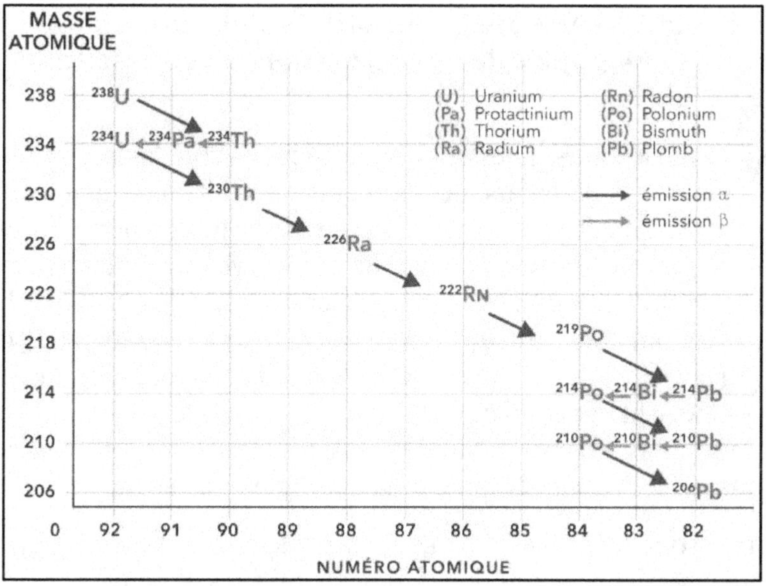

Figure 15: Etapes successives de la désintégration de l'uranium (^{238}U) en plomb (^{206}Pb) avec émission de particule β et α

Le *radiocarbone* ou l'*isotope 14 du carbone (^{14}C)* est un autre radioélément qui est produit dans la haute atmosphère par des rayons cosmiques en interaction avec l'azote (N). Par la suite, il se détruit par désintégration radioactive au même taux auquel il est produit en haute atmosphère. Cela entraine un équilibre dynamique qui maintient constant la concentration du carbone 14 dans l'air et les êtres vivants qui le respirent. Ainsi, lorsqu'un être vivant (organisme ou humain) est mort, la concentration du carbone 14 dans ses tissus baisse et permet de dater précisément le moment de sa mort. C'est ce procédé qui est utilisé dans l'industrie pétrolière, minière et archéologique pour dater les évènements géologiques, les roches, les couches géologiques et les fossiles lorsque leur âge est inférieur à cent mille ans.

II.4.1.b - Des disciplines utiles à l'identification et à la cartographie des gisements miniers et pétroliers

Nombreuses personnes sont heureuses de voir les premiers lingots d'or et les beaux carats de diamants produits par une compagnie minière. Plusieurs sont fiers d'assister à la production des premiers barils de pétrole par une compagnie pétrolière mais elles ignorent que c'est l'aboutissement d'un long processus d'études et de recherches. Et justement, ces travaux impliquent l'intervention de diverses disciplines des géosciences telles que la tectonique, la géologie structurale, la géodynamique interne et externe, la géographie physique, la géomorphologie, la topographie, la climatologie, l'hydrologie, l'océanographie et la géologie marine etc.

Elles sont toutes, des outils indispensables à la cartographie et à l'estimation des réserves des gisements miniers et pétroliers.

II.4.1.b.1 - La tectonique et la géologie structurale : une vue des gisements miniers et pétroliers de l'échelle globale à l'échelle microscopique

La *tectonique* est la branche de la géologie qui étudie des déformations de l'écorce terrestre et les phénomènes géologiques qui les produisent.

Les causes de ces déformations sont généralement des séismes, des formations de chaînes de montages, des failles et des plissements.

La tectonique s'intéresse aussi à la description des déformations (leur nature, leur géométrie et leur chronologie relative), à la cinématique des déformations (les mouvements à l'origine de ces déformations et leur progression dans le temps) et aux mécanismes de déformation (les forces ou contraintes à la base de ces mouvements et les processus de déformation des roches).

Elle étudie également l'histoire des mouvements et des déformations qui ont formé une région (Figure 16). Les études tectoniques se font généralement à une grande échelle, c'est-à-dire, à l'échelle régionale ou globale. Cette démarche scientifique est aussi suivie par les pétroliers et les miniers qui font préalablement, une étude tectonique régionale pour comprendre les systèmes pétroliers et miniers des zones qu'ils souhaitent explorer.

Dès lors, pour comprendre aisément les raisons pour lesquelles l'Afrique a toutes ces potentialités minières et pétrolières, il va falloir assimiler les concepts tectoniques. Il va falloir également comprendre que l'Afrique a des atouts géologiques et tectoniques qui la favorisent contrairement aux autres continents de la planète. C'est justement pour faciliter la compréhension de mes écrits que j'aborde tous ces termes géologiques et techniques à ce stade du livre parce qu'ils seront utiles dans la suite.

Il serait maladroit de parler de la tectonique sans évoquer les fameux concepts géologiques de la *théorie de la tectonique des plaques* et de la *dérive des continents*. Ce sont des sujets très importants en tectonique et dont je parlerai largement dans la suite de cet ouvrage.

Ainsi, l'analyse et la connaissance de la tectonique d'une région permet de mieux assimiler et maîtriser les résultats de l'étude structurale des roches rencontrées dans ladite région.

En effet, les observations géologiques faites sur les roches à petite échelle ne sont que le résultat des contraintes et des déformations subies par les ensembles géologiques à grande échelle.

C'est un principe universel. Autant l'homme est la somme de tout ce qu'il a subi et vécu dans son enfance par son éducation, par ses expériences passées positives ou négatives, autant les roches enregistrent depuis leur genèse, à l'échelle microscopique et granulaire, toutes les influences des évènements géologiques qu'elles ont connu à l'échelle régionale. C'est cela l'objet de la géologie structurale.

Comme la tectonique, la *géologie structurale* est l'étude des déformations subies par les roches et des contraintes qui en sont la cause mais à plus petite échelle. Les formes produites par ces contraintes sont appelées *structures* à l'échelle de la roche (Figure 17) et les arrangements internes des grains sont désignés *microstructures* à l'échelle du minéral ou à l'échelle granulaire (Figure 18). C'est de là que vient la *microstructurale*, une branche de la géologie structurale qui s'intéresse à la déformation des minéraux pendant leur croissance cristalline.

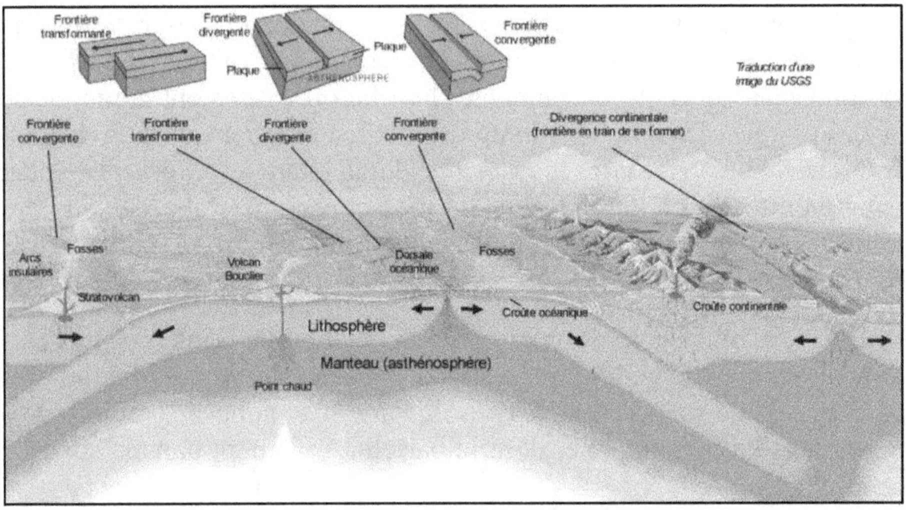

Figure 16: Mouvements aux limites des plaques tectoniques (Image modifiée d'United States Geological Survey (USGS))

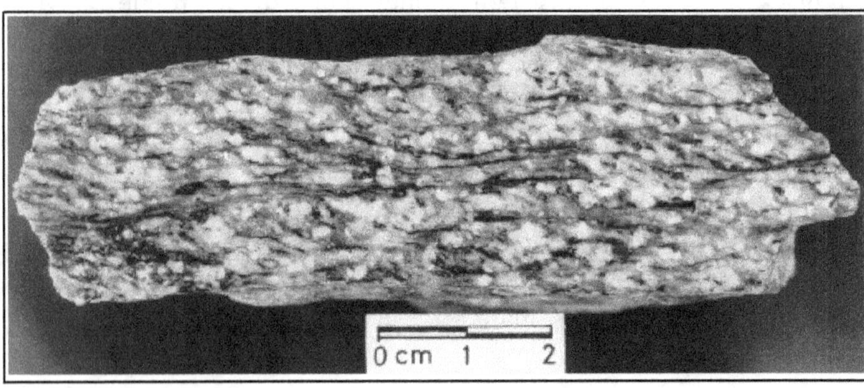

Figure 17: Structures S/C (Schistosité/ Cisaillement) observées dans un granite déformé à l'échelle de la roche
(Cours de Géologie structurale, faculté des Sciences et Techniques de l'université Jean Monnet de Saint-Etienne)

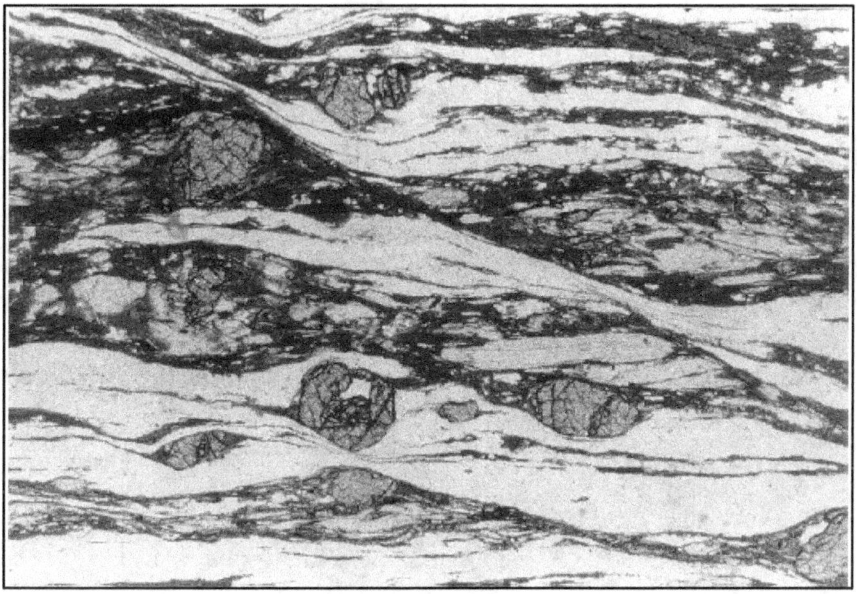

Figure 18: Microstructures S/C (Schistosité/ Cisaillement) observées dans un schiste à grenat à l'échelle granulaire ou microscopique
(Cours de Géologie structurale, faculté des Sciences et Techniques de l'université Jean Monnet de Saint-Etienne)

II.4.1.b.2 - La géodynamique interne et externe : connaître l'intérieur de la terre pour comprendre les processus de formation des gisements miniers et pétroliers à la surface de la terre

La *géodynamique* s'intéresse aux phénomènes géologiques actuels qui affectent la surface terrestre (géodynamique externe) ou les profondeurs de la terre (géodynamique interne). Les phénomènes géologiques internes forment des reliefs tandis que ceux qui sont externes les détruisent.

Par définition, la *géodynamique interne* étudie non seulement les processus internes de la terre mais aussi leurs effets mécaniques en surface. Les séismes, les chaînes de montagnes, les volcans, l'ouverture et la formation des océans sont la conséquence des mouvements des plaques, c'est-à-dire, de la tectonique des plaques. Cependant, les plaques continentales ne se déplacent pas de façon fortuite mais grâce au dynamisme qui contrôle le centre de terre d'où, la nécessité de connaître la structure interne de la terre (Figure 19).

En effet, ce dynamisme terrestre est produit par le flux thermique engendré par la chaleur dégagée lors de la désintégration des éléments radioactifs composant les roches. Cette énergie thermique se transforme ensuite en énergie mécanique via des courants de convection qui déplacent les plaques. Dès lors, certaines plaques auront tendance à converger pour former des *plaques convergentes*. D'autres s'éloigneront pour donner des *plaques divergentes* tandis que certaines se cisailleront pour engendrer les *plaques transformantes* (Figure 16).

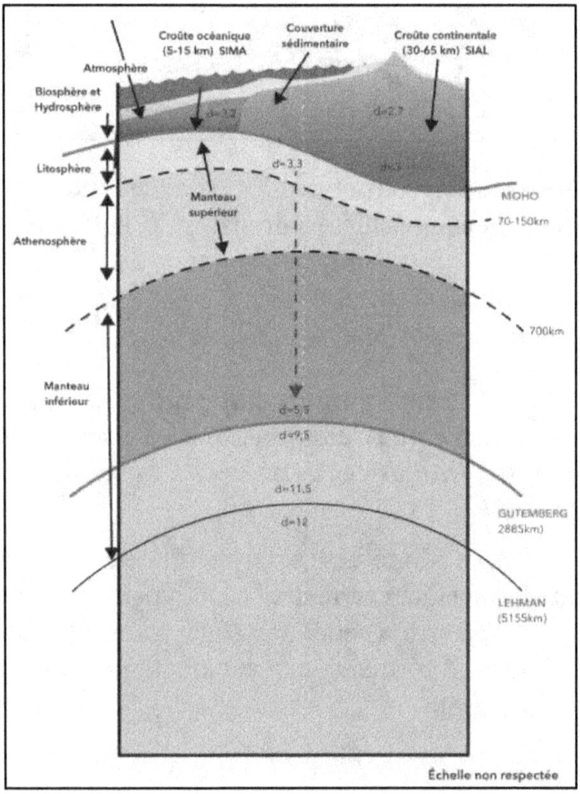

Figure 19 : Structure interne de la terre
(d : densité, en rouge : les discontinuités, SIMA : Silicium et Magnésium, SIAL : Silicium et Aluminium)

Ainsi, chaque mouvement des plaques produira des types de reliefs et des phénomènes géologiques spécifiques. Les plaques convergentes donneront naissance aux chaînes de montagnes, aux fosses océaniques et aux séismes tandis que les plaques divergentes produiront les dorsales océaniques et les plaques transformantes entraîneront des séismes.

La *géodynamique externe* étudie la structure et l'évolution des enveloppes externes de la terre que sont la lithosphère, l'hydrosphère, l'atmosphère et la biosphère (Figure 19). Elle prend en compte l'action de tous les agents externes qui modèlent la surface de la terre. Ces agents sont la pluie, le vent, les glaciers, les êtres humains etc.

La *lithosphère* est l'enveloppe solide la plus superficielle de la terre tandis que l'hydrosphère et l'atmosphère sont des enveloppes fluides.

L'*hydrosphère* est l'enveloppe liquide (mer, fleuve, océan, rivière, lac…) qui couvre près de 60% de la surface de la terre alors que l'*atmosphère* est l'enveloppe gazeuse qui l'enveloppe.

L'atmosphère et l'hydrosphère permettent la vie sur la terre et contribue ainsi, à former la dernière enveloppe terrestre appelée la *biosphère*. C'est l'enveloppe vivante représentée par les végétaux et la matière organique.

La géodynamique externe est caractérisée par les phénomènes externes que sont l'érosion, la sédimentation et la diagénèse. Ces dernières font appel au cycle de l'eau et au cycle géologique (Figure 20) sachant qu'il existe aussi des cycles pour le carbone (C), l'hydrogène (H) et l'azote (N).

Ecclésiaste 1 : 9, un célèbre verset biblique dit en partie ceci :

« ...Il n'y a rien de nouveau sous le soleil. »

De même, ces cycles sont répétitifs et participent au dynamisme et à l'équilibre terrestre. La morphologie et l'image modelée des paysages actuels sont la conséquence de ces trois phénomènes externes précités.

L'*érosion* est le mécanisme de destruction des paysages et des reliefs par le vent, l'eau (pluie, marée, neige, glace, tsunami, cyclone…) ou les activités humaines. Ces derniers sont les agents externes de l'érosion. Elle est caractérisée par l'altération qui regroupe l'ensemble des processus physiques (la température, le gel-dégel, les activités humaines), chimiques et biochimiques (les effets des activités biologiques) provoquant la désagrégation des roches situées à la surface de la terre. C'est d'ailleurs à la suite de l'altération de ces roches que se forment les différents types de sols.

Le sol est donc un produit de l'altération des roches qui est composé d'une partie minérale (les fragments issus de l'altération mécanique de la roche) et d'une partie organique (les débris végétaux). Ces sols sont ensuite transportés et déposés dans des bassins sédimentaires par des agents externes : C'est la *sédimentation*.

Ces sédiments vont subir un ensemble de processus physico-chimiques et biochimiques à partir desquels ils seront transformés en roches sédimentaires sous l'effet de la température et de la pression liées aux sédiments sus-jacents. C'est au cours de ce processus que les roches sédimentaires produisent du pétrole et du gaz : C'est la *diagénèse*.

J'en parlerai avec plus de détails dans les paragraphes dédiés à la formation des hydrocarbures.

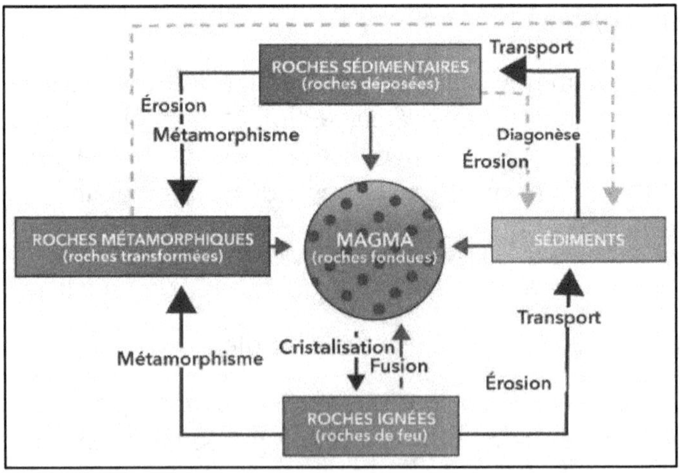

Figure 20 : Cycle géologique

Les roches et les paysages subissent continuellement le cycle géologique d'où, l'importance de la géodynamique externe dans la formation des gisements miniers et pétroliers.

Comme vous le savez, certaines parties de l'Afrique, notamment, la zone tropicale humide est sujette à une grande pluviométrie qui a pour conséquence le développement d'importants bassins sédimentaires. Ces derniers sont prisés par l'industrie pétrolière car ce sont des zones où se déposent majoritairement les sédiments qui produiront des hydrocarbures après leur maturation.

La partie désertique du continent africain n'est pas en marge de cette réalité géologique puisque d'énormes bassins sédimentaires s'y sont développés grâce aux dépôts des sédiments par le vent et par l'action de l'océan qui y existait jadis. C'est donc une zone très convoitée également et c'est la raison pour laquelle elle est le siège de plusieurs conflits. Qui contrôlera ces territoires ? Qui en seront les maîtres incontestables? Pourquoi tant d'intérêt pour une zone désertique quand on sait qu'il est très difficile pour des hommes d'y vivre à cause des conditions climatiques extrêmes qui y règnent ?

C'est l'une des problématiques à laquelle j'essaierai de répondre tout au long de ce voyage que j'effectue avec vous dans ce livre.

Pour vous donner déjà quelques éléments de réponse, observez attentivement la prospérité financière, la croissance économique et le niveau de développement atteints en quelques années par certains pays du golfe persique et du Moyen-Orient comme le Qatar, l'Arabie saoudite, les Emirats Arabes Unis et le Koweït. Leur essor vient sans doute de l'exploitation de leurs ressources pétrolières alors qu'ils sont tous situés en plein désert. Par ricochet, selon plusieurs sources concordantes et grâce aux données scientifiques, il est probable que les régions désertiques de l'Afrique possèdent ce même potentiel minier et pétrolier. C'est cela qui suscite beaucoup d'espoir sur le plan économique et social pour les pays africains concernés.

Je parlerai plus tard des ressources minières des régions désertiques d'Afrique et j'aborderai l'analyse de leurs potentiels pétroliers dans un autre ouvrage.

Ainsi, la conséquence directe de l'action des agents externes à la surface de la terre est l'édification de reliefs divers avec des formes et topographies multiples.

II.4.1.b.3 - La géographie physique : une branche des géosciences au cœur de l'exploration minière et pétrolière

La *géographie physique* est une composante de la géographie (Du grec *Géo = Terre* et *Graphein = Description* ou *Etude*) dont l'objet est la description de la surface ou des paysages actuels de la terre et de leurs modelés sans la prise en compte des activités humaines qui concernent la géographie humaine.

Elle comporte de nombreuses branches parmi lesquelles sont identifiées la géomorphologie, la climatologie, l'hydrologie, l'océanographie et la pédologie. Ces branches sont toutes des disciplines stratégiques pour l'exploration minière et pétrolière.

II.4.1.b.3.1 - La géomorphologie et la topographie : des indicateurs extérieurs de gisements miniers et pétroliers

La *géomorphologie* (Du grec *Géo = Terre, Morpho = Forme et Logos = Science, Loi*) étudie les formes des reliefs et les formations associées. Elle décrit, nomme, mesure et explique les formes des reliefs. Elle prévoit également leur évolution.

La topographie est l'un des domaines les plus importants de la géomorphologie.

La *topographie* (Du grec *Topos = Lieu, Graphein = Description* ou *Dessin*) est une technique de prise de mesures de distances et d'angles puis de leur représentation sur un plan ou une carte pour dessiner les formes des reliefs et décrire les détails observés sur le terrain. Ainsi, grâce aux courbes de niveau et aux côtes d'altitudes qui leurs sont associées (Figure 21), il est simple de reconstruire la topographie et la géomorphologie d'un paysage (Figure 22 & 23).

En plus, avec la progression des nouvelles technologies, il est désormais possible d'arriver à ces mêmes fins à partir des images satellites. En exemple, un système d'information géographique (SIG) tel que la télédétection permet de mettre en évidence la géomorphologie des fonds marins (Figure 24).

Dès lors, c'est à partir de la géomorphologie et à la topographie des reliefs d'une zone que sont établies les cartes géologiques qui servent de support aux études minières ou pétrolières. Elles sont donc la base de la cartographie. Sans carte, il n'y a pas de support pour une étude géologique spatiale. Par conséquent, il n y aura pas de gisement pétrolier ou minier connu géographiquement.

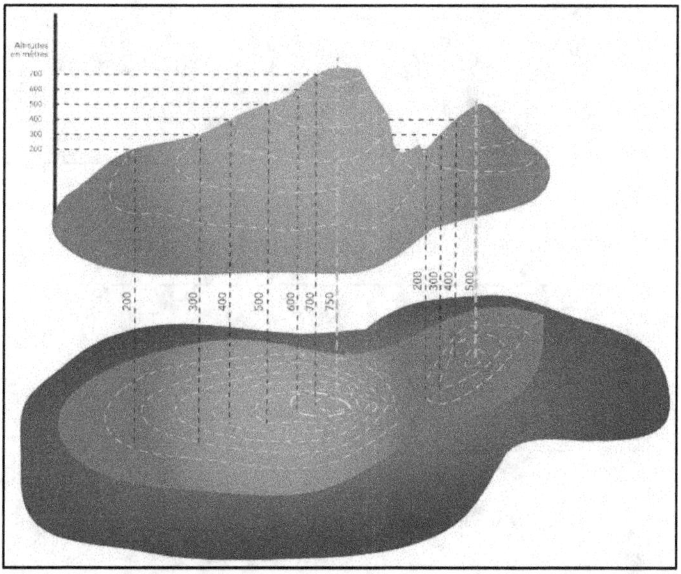

Figure 21 : Etablissement d'une carte à partir des courbes de niveau

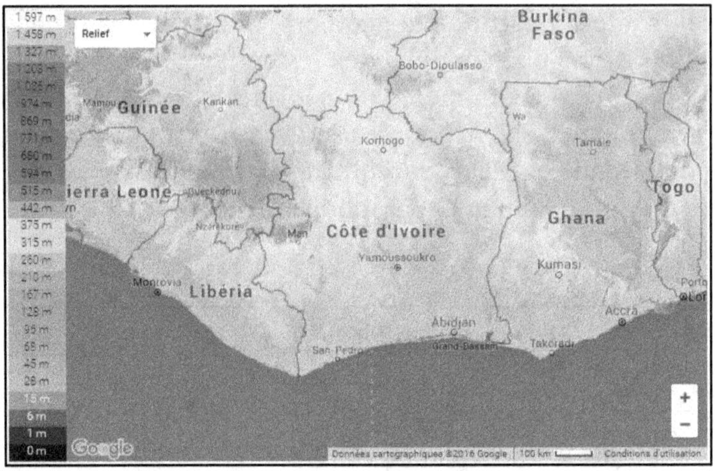

Figure 22 : Géomorphologie des reliefs de la Côte d'Ivoire en Afrique de l'Ouest (Crédit Image Google 2016)

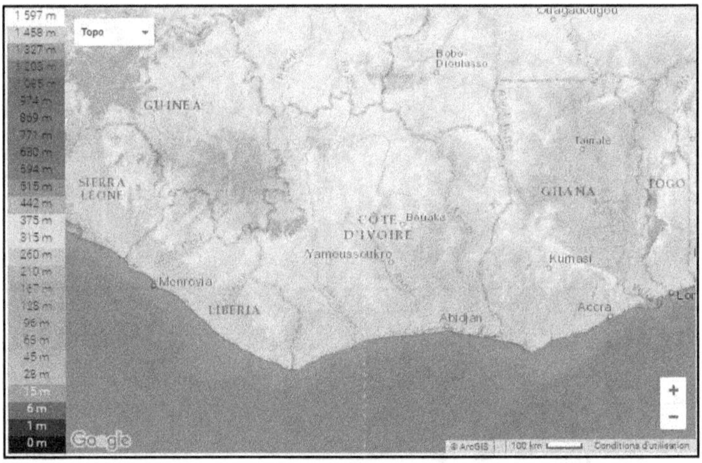

Figure 23 : Topographie des reliefs de la Côte d'Ivoire en Afrique de l'Ouest (Crédit Image Google 2016)

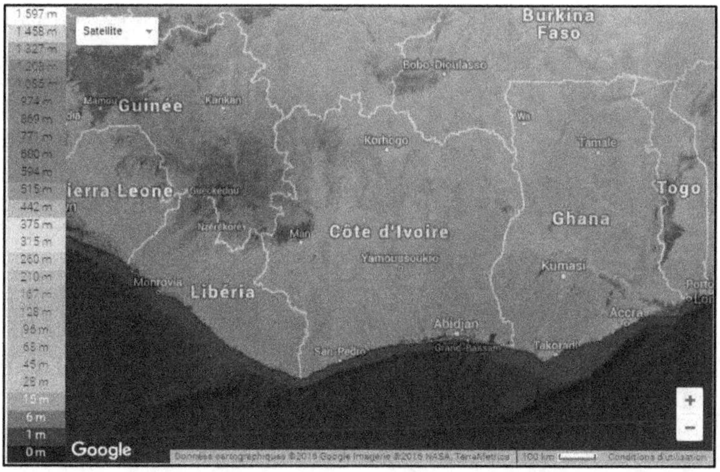

Figure 24 : Géomorphologie des reliefs de la Côte d'Ivoire en Afrique de l'Ouest via les images satellites (Crédit Image Google 2016)

II.4.4.b.3.2 - La climatologie : un rôle déterminant dans les analyses paléontologiques des forages pétroliers et miniers

La *climatologie* est un pan de la géographie physique qui s'intéresse au climat, c'est-à-dire, à la succession des conditions météorologiques sur une longue période.

Généralement, le climat ne varie pas beaucoup ou change très pcu dans une région du globe terrestre sur un siècle à l'échelle historique.

Cependant, à l'échelle géologique qui s'étend sur des millions d'années, les variations climatiques sont remarquables. C'est ainsi que les paléontologues, à travers la paléoclimatologie, sont capables de reconstituer le climat qui préexistait il y a plusieurs millions d'années en analysant au laboratoire, les sédiments issus des forages pétroliers. C'est par l'entremise de la paléoclimatologie que nous savons aujourd'hui que la Scandinavie a connu plusieurs périodes glaciaires. C'est grâce à elle que nous savons désormais que la terre a subi de nombreuses éruptions volcaniques qui ont entrainé l'extinction de plusieurs espèces animales comme les dinosaures.

II.4.1.b.3.3 - L'hydrologie : une science indispensable pour la sédimentation dans les bassins sédimentaires et l'injection d'eau dans les réservoirs pétroliers

L'*hydrologie* (Du grec *Hydro = Eau* et *Logos = Science, Loi*) est l'étude du cycle de l'eau (Figure 25). C'est la science qui traite des interactions et des échanges entre l'atmosphère, la surface de la terre et le sous-sol.

De tous ces domaines, l'hydrologie de surface et l'hydrologie souterraine sont les plus utiles dans l'exploration et l'exploitation minière et pétrolière.

L'*hydrologie de surface* étudie les ruissellements, les phénomènes d'érosion, les écoulements des cours d'eau (fleuve, rivière…) et les inondations. Or, l'érosion et ses agents jouent un rôle fondamental dans la sédimentation des sols et des matières organiques qui est indispensable à la formation et à la localisation des hydrocarbures.

L'*hydrologie souterraine* ou *hydrogéologie* étudie les ressources en eau du sous-sol, leur exploitation, leur protection contre les polluants et leur renouvellement.

Elle fait partie de la géologie économique car tout comme l'or, le diamant et le pétrole, l'eau est aussi une ressource naturelle qui génère beaucoup de revenus pour les entreprises qui la commercialisent.

Pour preuve, voyez la vitesse avec laquelle sont vendus les packs de bouteilles d'eau disponibles dans la majorité de nos supermarchés.

En plus, dans l'exploitation pétrolière, il arrive très souvent aux foreurs d'injecter de l'eau dans les réservoirs pour augmenter la pression et faciliter la remontée des hydrocarbures dans les puits de production. Cette pratique nécessite des connaissances en hydrogéologie.

Pendant une exploitation minière, il est aussi possible de rencontrer une nappe phréatique. Dans ce cas, il faut également avoir des connaissances suffisantes en hydrogéologie pour ne pas affecter ou polluer l'eau de cette nappe qui est destinée à la consommation.

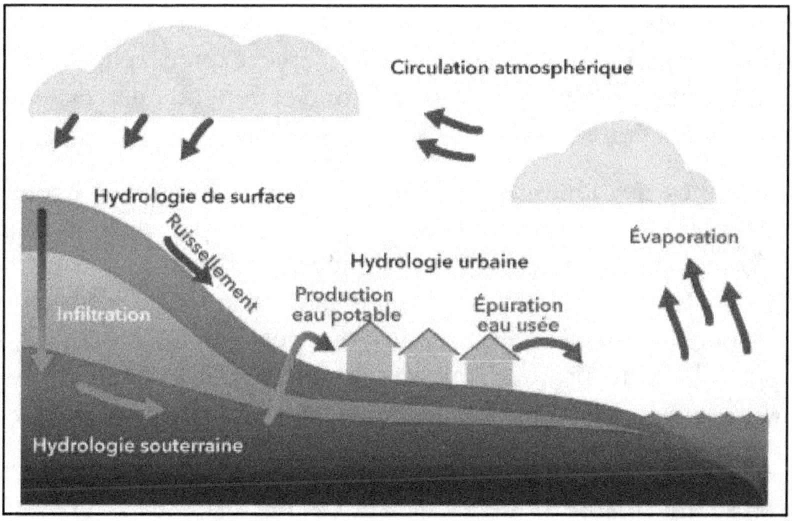

Figure 25: Cycle de l'eau et branches de l'hydrologie

II.4.1.b.3.4 - L'océanographie et la géologie marine : deux disciplines au centre de l'exploration minière et pétrolière en mer

Par définition, l'*océanographie* est la description des océans. Elle est différente de l'océanologie. Elle est très importante car la majorité des ressources pétrolières se trouve en milieu marin, c'est-à-dire, dans les océans.

Un célèbre adage dit ceci :

« La qualité de la performance dépend de la qualité de la préparation.»

De même, une meilleure connaissance des milieux marins et une maîtrise des ressources des océans permettent aux entreprises pétrolières de rentabiliser leurs investissements malgré les risques encourus.

Des quatre branches de l'océanographie, seules l'océanographie physique et la géologie marine sont abordées dans cet ouvrage.

L'*océanographie physique* étudie les caractéristiques physiques des océans telles que les vagues, les marées et les courants marins.

Elle est très utile dans l'installation des plateformes pétrolières puisqu'elle permettra de connaître la force exercée par les courants marins sur les structures de la plateforme et évitera ainsi, des accidents et des marées noires.

Vous êtes des témoins des conséquences écologiques irréversibles et des pertes en vies humaines engendrées par des accidents de plateformes pétrolières. Un exemple récent est l'explosion le 20 Avril 2010 de *Deepwater horizon.* C'était une plateforme pétrolière louée par la société pétrolière anglaise Britanic petroleum (BP) pour le forage du puits le plus profond, en offshore (en mer), dans le golfe du Mexique, une zone économique exclusive *(ZEE)* des Etats-Unis.

Le bilan de cet accident fut désastreux avec 11 morts, 17 personnes blessées, une marée noire et des effets négatifs sur l'écosystème et l'économie locale suite au déversement de 4.9 millions de barils de pétrole, soit 780 millions de litres. Au moment où j'écris ce livre, la plateforme repose à 1500 mètres de profondeur et peut toujours laisser s'échapper des litres supplémentaires de pétrole en cas d'instabilité.

L'explosion de cette plateforme n'était pas due aux courants marins mais j'ai voulu donner un aperçu des dégâts que peuvent entraîner des accidents de plateformes pétrolières et l'importance de bien connaître les milieux marins et leurs structures.

Le plateau continental, le talus, le glacis continental, la plaine abyssale et la crête médio-océanique ou dorsale océanique sont les cinq structures dont sont équipés les fonds marins (Figure 26).

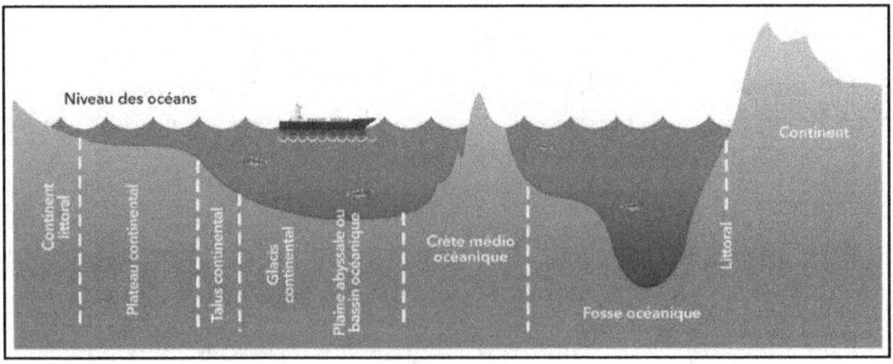

Figure 26: Morphologie du fond des océans

Le *plateau continental* est le prolongement du continent sous les océans. C'est la partie immergée de la bordure du continent. Il a une profondeur de 200 mètres en moyenne en-dessous du niveau de la mer. En mer peu profonde, des gisements pétroliers sont très souvent trouvés sur le plateau continental et des plateformes pétrolières y sont souvent installées, notamment, les plateformes pétrolières fixes (Figure 27).

Ces plateformes pétrolières sont fixées sur le fond des océans et sont reliées de manière rigide aux têtes de puits et aux pipelines. Elles sont de quatre types : la *jacket-deck,* la *gravitary platform,* la *compliant tower* et la *jack-up rig.*

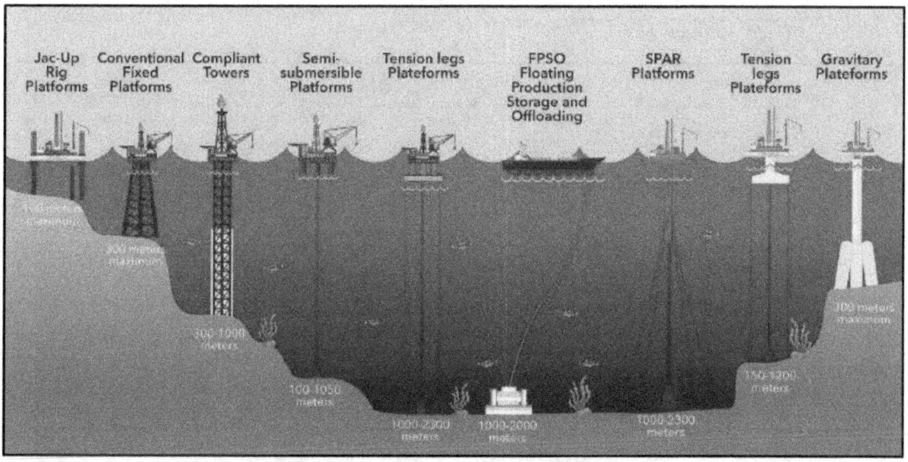

Figure 27: Type de plateformes pétrolières en fonction de la structure océanique et dc la profondeur

Le talus ou *la pente continentale* ou encore *zone bathyale* est la zone de transition entre le continent et l'océan. C'est donc la zone intermédiaire entre le plateau continental à 200 mètres de profondeur en moyenne et la plaine abyssale comprise entre 4000 et 5000 mètres de profondeur en moyenne.

La pente du talus continental peut atteindre 1 à 5° selon les régions. Les sédiments issus de l'érosion des continents sont transportés jusqu'au talus continental. Ensuite, ils se déposent dans la plaine abyssale en formant aux pieds du talus, le glacis continental (Figure 28). Si le transfert des sédiments est assez brutal, il peut engendrer les fameux *tsunamis* dont les conséquences sont bien connues.

Les embouchures des fleuves sur les océans peuvent entailler fortement les talus continentaux et provoquer des canyons sous-marins. C'est le cas du grand canyon sous-marin observé au large des côtes de la Côte d'Ivoire.

Pour des gisements découverts à des profondeurs supérieures à 300 mètres, des plateformes mobiles ou flottantes avec des têtes de puits reliées par des conduites flexibles sont installées en mer. Il en existe également quatre types : Les *Tension legs platforms (TLP),* les *SPAR platforms,* les *plateformes semi-submersibles* et les *Floating production storage an offloading (FPSO).*

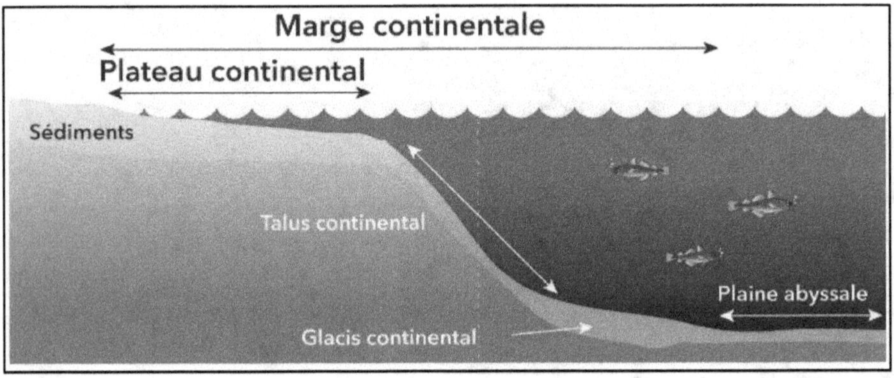

Figure 28: Talus et glacis continental

La *plaine abyssale* est l'étendue plane de la zone abyssale océanique. C'est le grand fond marin avec une profondeur comprise entre 5000 et 6000 mètres en moyenne.

Contrairement au plateau continental, la plaine abyssale est bordée à ses extrémités par une *dorsale océanique* ou *une fosse océanique.*

Malgré la grande profondeur de la plaine abyssale, elle a une importance capitale en géologie économique.

En effet, les champs pétroliers les plus prometteurs sont en offshore profond, c'est-à-dire, à plus de 5000 mètres de profondeur. C'est le cas de la majorité des gisements pétroliers découverts en contexte de marge continentale abrupte, notamment, le champ pétrolier *Jubilée,* mis en évidence dans les eaux ghanéennes.

Dans les marges continentales abruptes, le plateau continental n'est pas assez développé. Le passage du plateau continental aux eaux très profondes se fait brutalement et rapidement. Lors de mon passage à Total Exploration et Production (E&P) au centre scientifique et technique Jean FEGER (C.S.T.J.F.) de Pau en France, j'ai travaillé sur des blocs pétroliers situés à la frontière maritime que se partagent le Ghana et la Côte d'Ivoire, dans ce même contexte géologique et en offshore profond. Je n'en dirai pas plus en raison de la clause de confidentialité dont la majorité des salariés de Total et des compagnies pétrolières du monde font l'objet. Cependant, il est clair que la recherche pétrolière se tourne dans cette dernière décennie, de façon irréversible, vers l'offshore profond et les zones marines difficilement accessibles.

En plus des hydrocarbures, la plaine abyssale a un intérêt minier non négligeable parce qu'elle est aussi le siège des *nodules polymétalliques* appelées également *nodules de manganèse*. Ce sont des concrétions rocheuses en forme de cercles concentriques d'hydroxydes de fer et de manganèse autour d'un noyau. Ils s'accumulent généralement aux alentours des sources hydrothermales. Ce sont des minerais recherchés pour leur intérêt économique et leur richesse en manganèse (27 à 30 %), en nickel (1.25 à 1.5%), en cuivre (1 à 1.4%), en cobalt (0.2 à 0.25%), en fer (6%), en silicium (5%), en aluminium (3%), en titane, en calcium, en magnésium, en potassium, en sodium, en baryum, en oxygène et en hydrogène.

Une *crête médio-océanique* ou *dorsale océanique* est un relief énorme isolé au centre des océans. Elle désigne une ou plusieurs chaînes de montagnes sous-marines connectées entre elles et longues de 35 000 à 56 000 kilomètres en moyenne.

Elle se forme lors de la séparation de deux plaques océaniques. Cette séparation engendre une tranchée qui se remplit aussitôt du magma (roche fondue ou liquide visqueux provenant de la fusion partielle à haute température et à haute pression de la croute et du manteau terrestre) qui provient des profondeurs de la terre. C'est cette réalité naturelle que traduit le célèbre adage qui dit :

« La nature a horreur du vide. »

Au contact de l'eau de l'océan, le magma se solidifie pour former la roche.

Ainsi, les crêtes médio-océaniques sont non seulement des zones de divergence ou de séparation des plaques terrestres mais aussi, des zones de séismes de faible magnitude.

La *sismologie* qui étudie de la répartition terrestre des séismes montre une concentration de ces derniers aux frontières des plaques tectoniques, notamment, au niveau des dorsales océaniques (Figure 29).

Figure 29: Carte mondiale de la localisation des séismes (Ecole Normale Supérieure de Lyon, modifiée)

La transition du continent vers l'océan se fait de façon graduelle. La profondeur évolue soit progressivement, pour former une marge continentale passive avec un plateau continental étendu et aux reliefs peu accentués soit brutalement, pour former une marge continentale active avec une structure de l'écorce terrestre qui n'est pas continue. Ce dernier cas est celui de certaines côtes de l'Afrique de l'Ouest et de l'Amérique du Sud.

Bien qu'ayant été longtemps méprisées par l'industrie pétrolière au détriment des *marges continentales passives,* les *marges continentales actives* sont désormais dans le viseur des pétroliers depuis la découverte d'importants champs pétroliers en contexte de marge continentale active abrupte dans les eaux d'Afrique de l'Ouest et d'Amérique du Sud. L'exemple le plus marquant est celui du fameux champ *Jubilée* que j'ai évoqué précédemment. Il a été mis en évidence en 2007 dans les eaux marines et conflictuelles localisées à la frontière entre le Ghana et la Côte d'Ivoire (Figure 30).

En effet, depuis le 14 décembre 2010, le Ghana a procédé à la mise en route de l'exploitation de *Jubilée* situé à 60 kilomètres des côtes, à l'Ouest du pays. Ces réserves sont estimées à 1.8 milliards de barils. La compagnie britannique Tullow oil (34,7% des parts) et ses partenaires, les Américains Anadarko (23,49%) et Kosmos energy (23,49%) sans oublier la Compagnie nationale pétrolière ghanéenne (CNPG) avec 13,75% des parts, prévoyaient de produire 120 000 barils par jour (bpj) avant l'été 2011 et 250 000 bpj en 2014 avec la mise en exploitation des gisements *Enyenra* et *Tweneboa*.

Le gisement *Jubilée* devrait générer 400 millions de dollars pour les comptes de l'Etat ghanéen en 2011 puis atteindre un milliard de dollars en pleine production. Selon les estimations, pour un baril de pétrole vendu à 75 dollars, l'exploitation de ce gisement entre 2012 et 2030 rapporterait 20 milliards de dollars au Ghana.

De surcroit, des statistiques récentes attribuent au pays, une énorme réserve de gaz naturel évaluée à plus de 22 milliards de mètre cube.

En 2007, une autre découverte en contexte de marge continentale abrupte a été également faite sur les côtes brésiliennes. Il s'agit de l'immense gisement dénommé *Tupi*.

Les côtes occidentales de l'Amérique du Sud et de l'Afrique de l'Ouest sont de véritables exemples de marges continentales actives abruptes. Elles ont un important potentiel qui suscite de nombreux espoirs d'où, l'afflux actuel et le grand intérêt des pétroliers pour ces zones marines dans cette dernière décennie.

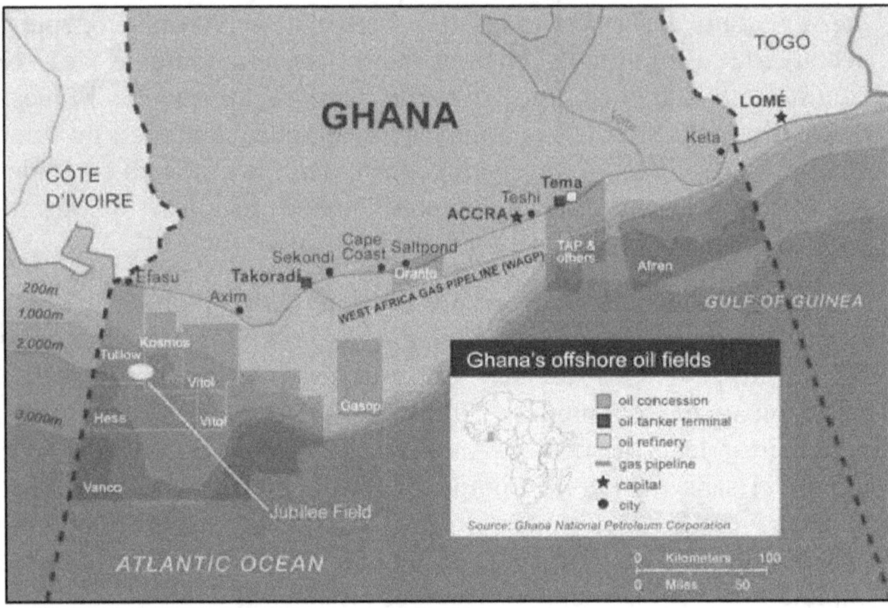

Figure 30: Le gisement pétrolier *Jubilée* à la frontière marine conflictuelle entre le Ghana et la Côte d'Ivoire (Matthieu Pellerin, 2011)

La *géologie marine* est l'une des plus importantes disciplines en géologie économique car elle s'intéresse non seulement aux structures géologiques de la mer et des océans mais aussi à leurs ressources minières et pétrolières. Elle se charge également de la reconstitution historique des milieux océaniques par la cartographie des fonds marins. Ses sujets concernent aussi la connaissance et la protection de l'environnement et des écosystèmes marins.

Justement, la connaissance de l'environnement marin permet de prévoir le type de bassin sédimentaire que rencontreront les pétroliers dans leur compagne d'exploration et la vitesse de sédimentation des dépôts. En exemple, les *deltas* ou *bassins deltaïques* sont des bassins sédimentaires caractérisés par des dépôts rapides appelés *turbidites*.

Les *deltas* ont la forme d'un triangle ou de la lettre grecque Δ d'où ils tirent leur nom. L'un des plus grands bassins pétroliers de type deltaïque est le *delta du Niger*. Il regroupe l'essentiel des champs pétroliers du Nigéria. C'est grâce aux gisements du bassin deltaïque du Niger que le Nigéria est aujourd'hui, l'une des premières puissances économiques d'Afrique et le 1er producteur de pétrole d'Afrique subsaharienne. Ce n'est pas un hasard si la région du delta du Niger est réputée pour ses conflits sociaux et guerriers depuis des décennies. Ces grandes réserves de pétrole en sont la cause.

La géologie marine a de véritables sujets de recherche qui méritent beaucoup d'attention. Pour ma part, il n'est pas normal que la topographie et la géomorphologie de la lune soient mieux connues que celles des fonds océaniques.

II.4.1.b.3.5 - La pédologie : base de la géochimie lors de l'exploration minière

La *pédologie* (Du grec *Pedon* = *Sol* et *Logos* = *Science, Loi*) est la science qui étudie les sols, leur formation et leur évolution. Cette étude est possible grâce aux interactions réciproques et permanentes entre les phases solides, liquides et gazeuses des sols.

Hormis ces nombreuses applications, la pédologie joue un rôle considérable dans l'industrie minière. Puisque le sol est le produit de l'altération des roches qui contiennent souvent des concentrations d'or, de diamant et de cobalt, la pédologie sera au cœur de l'exploitation des minerais. Elle sera donc indispensable pour la mise en valeur des gisements aurifères (or) trouvés en Afrique de l'Ouest, notamment, au Mali, au Burkina Faso, en Côte d'Ivoire etc.

Ainsi, des prélèvements dits *levés géochimiques* sont parmi les premières opérations réalisées par les miniers en phase d'exploration d'un site. Ils permettent de connaître la composition chimique des éléments qui constituent le sol et d'en faire plus tard, une carte qui révèlera la présence ou pas de traces ou d'indices d'or en exemple.

Après avoir posé l'essentiel des bases fondamentales des géosciences, nous entrerons dans le vif du sujet dans le chapitre suivant. Dans cette dernière partie du livre, vous verrez comment l'Afrique est riche de ses ressources minérales. Je rappelle que cet ouvrage traite exclusivement le potentiel minier du continent africain. Un autre ouvrage complémentaire qui viendra à sa suite, abordera uniquement les ressources pétrolières de l'Afrique.

CHAPITRE III
L'AFRIQUE, UN CONTINENT AUX RESSOURCES MINIERES EXCEPTIONNELLES

L'Afrique est un continent bien connu pour ses ressources minières et ses gisements qui regorgent des substances minérales rares et stratégiques pour les économies des pays du monde. Son énorme potentiel minier n'est pas un hasard car elle a des prédispositions naturelles et géologiques qui la favorisent et en font une exception sur le plan minier en comparaison aux autres continents.

Aucun pays africain n'est pauvre. Chaque pays possède au moins une matière première minérale. Même les pays africains les plus mal classés sur le plan économique, détiennent des ressources minières stratégiques pour le développement et l'émergence des Etats les plus puissants du monde. Dans ce chapitre, je passerai en revue l'essentiel d'entre eux. Ils sont tellement nombreux sur le continent africain à avoir un sous-sol riche qu'un livre ne suffira jamais pour les décrire entièrement. A travers mon argumentation, vous comprendrez de vous-même les raisons pour lesquels je soutiens et reste convaincu que l'Afrique est le continent de demain avec des ressources minières qui contrôleront l'économie mondiale du futur.

Monsieur Benoît LA SALLE, un homme d'affaires canadien vivant en Afrique depuis plus de 20 années disait lors d'un séminaire sur la géopolitique minière organisé le 11 décembre 2014 à l'université de Montréal par le professeur Michel JEBRAK, les propos suivants :

« L'Afrique aujourd'hui, c'est le futur. L'Afrique, c'est la Chine d'il y a 20 années. C'est en Afrique que tout va se passer... C'est bien de parler du plan Nord au Canada pour développer les ressources minières mais il faut plutôt parler du plan Ouest parce que dans les 10 ou 15 pays d'Afrique de l'Ouest, il y a des plans Nord dans chaque pays. »

Les milieux diplomatiques savent cette vérité au sujet de l'Afrique, les hommes d'affaires le pressentent et les économistes le prévoient. D'ailleurs, chaque jour, ils affûtent leurs armes pour ne pas rater ce rendez-vous avec l'histoire récente et le futur glorieux de ce territoire du monde. L'Afrique sera bel et bien le continent de demain, c'est-à-dire, l'eldorado du futur sur le plan économique.

Toutes ces mines d'or, de diamants, de cuivres d'Afrique et ces nombreux autres minerais proviennent de plusieurs types de roches étudiées par les géologues.

La *pétrologie* (Du grec *Petro = Roche* et *Logos = Science, Loi*) est la discipline qui étudie les roches en s'intéressant aux mécanismes physiques, chimiques et biologiques à l'origine de leur formation et de leur transformation.

Tous les gisements que vous verrez à la surface de la terre sont soit d'origine magmatique, soit d'origine sédimentaire soit d'origine métamorphique. Dans cet ouvrage, je parlerai particulièrement des deux premiers.

III.1- Les gisements et mines d'Afrique liés aux roches magmatiques

Les *roches magmatiques* ou *roches ignées* ou encore *roches éruptives* sont des roches issues du refroidissement du magma lors de sa remontée du manteau vers la surface de la terre. Ce processus se fait avec ou sans la cristallisation des minéraux qui composent le magma.

Selon la profondeur de cristallisation des minéraux, sont définies les roches magmatiques dites *plutoniques* ou *intrusives* formées en profondeur, les roches magmatiques dites *filoniennes* ou *péri-plutoniques* formées en semi-profondeur par injection du magma dans les fissures créées dans la roche encaissante et enfin, les roches magmatiques dites *volcaniques*, *effusives* ou *extrusives* formées à la surface de la terre.

Il existe des classifications typiques des roches magmatiques selon la granulométrie, la composition chimique, la composition minéralogique, la coloration, le degré de saturation en quartz etc. Néanmoins, la reconnaissance et la détermination d'une roche magmatique peut se faire aussi à partir de la structure de la roche (taille des minéraux), de la nature et du pourcentage de chacun des minéraux principaux de la roche. Ainsi, sur la base de ces critères, un classement non exhaustif des roches magmatiques a été défini par un chercheur dénommé STREICKEISEN (Figure 31).

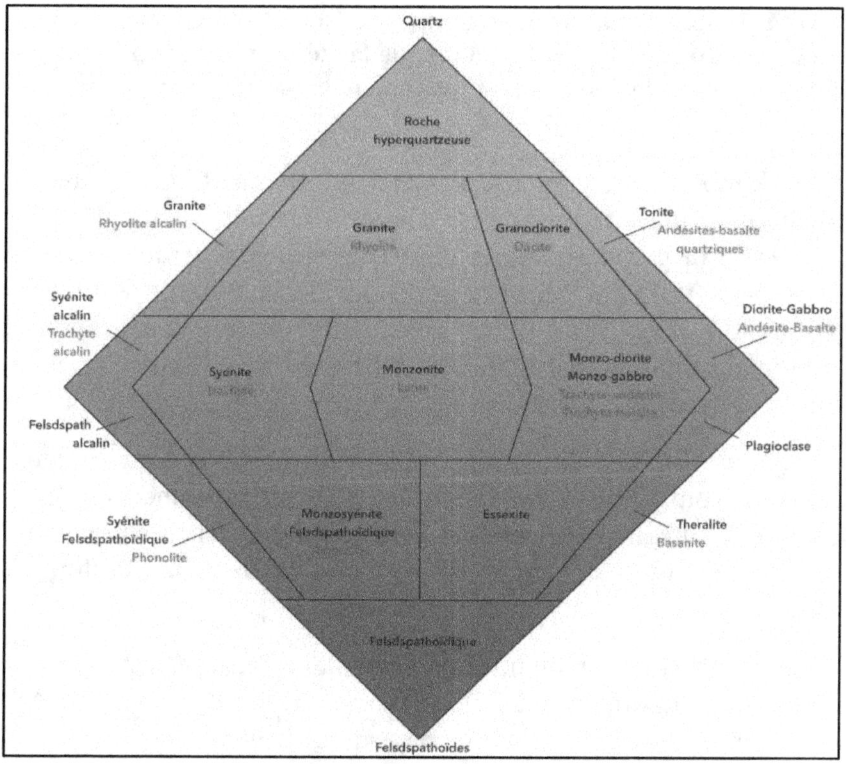

Figure 31: Classification des roches magmatiques de Streckeisen modifiée

Les roches magmatiques sont indispensables dans la recherche minière puisqu'elles servent de *roche-mère* pour les minerais métalliques et les pierres précieuses. Cela veut dire qu'à l'origine, c'est dans ces roches que se forment et se trouvent tous ces minerais d'or, de diamants, d'uranium, de tungstènes, de titanes avant de se répandre dans la nature et constituer de grands gisements miniers de référence mondiale.

Plusieurs roches magmatiques sont connues en Afrique pour leur minéralisation. C'est le cas de la kimberlite pour le diamant, de la pechblende pour l'uranium ou des péridotites pour le nickel.

III.1.1 - Les diamants de l'Afrique du Sud, du Botswana, du Lesotho, de la Namibie, de la Centrafrique, de la République Démocratique du Congo, de la Côte d'Ivoire, du Ghana, de la Sierra Léone et de l'Angola

La kimberlite est la roche-mère du diamant. C'est une roche volcanique, ultramafique, potassique, riche en éléments volatiles (eau (H_20) et gaz carbonique (CO_2)) et de composition ultrabasique (silice $SiO_2 < 45\%$). Elle tire son nom de la ville de Kimberley en Afrique du Sud. C'est dans cette ville créée expressément pour l'exploitation du diamant que la kimberlite a été découverte et décrite pour la première fois.

La majorité des kimberlites diamantifères se trouve dans des diatrèmes (pipes) ou des dykes qui sont le signe d'une mise en place brutale du magma. Elles sont généralement rencontrées dans les régions de croute continentale ancienne et dans les cratons d'âge archéen.

Les kimberlites diamantifères sont identifiées dans plusieurs pays d'Afrique, notamment, en Côte d'Ivoire, en Sierra Léone, en Afrique du Sud, au Botswana et d'autres pays du continent.

En 2005, la production mondiale de diamant était estimée à 173.5 millions de carats. Au classement des 10 premiers pays producteurs figuraient six pays africains dont le Botswana, la République Démocratique du Congo et l'Afrique du Sud qui occupaient respectivement le 2ème, le 4ème et le 5ème rang (Tableau 4).

Pays	Carats (en millions)	Pourcentage de production
Russie	38 000	21.9
Botswana	31 890	18.4
Australie	30 678	17.7
République Démocratique du Congo	27 000	15.6
Afrique du Sud	15 775	9.1
Canada	12 300	7.1
Angola	10 000	5.8
Namibie	1 902	1.1
Chine	1 190	0.7
Ghana	1 065	0.6
Autre pays	3 700	2

Tableau 4: Production mondiale de diamant en 2005

Ces statistiques sont la preuve que l'Afrique est le principal fournisseur de diamant dans le monde. En plus, il ne faut pas oublier que certains pays comme la Centrafrique ne font même pas encore partie de ce classement alors que leur potentiel en diamant est incontestable et avéré.

C'est ce que révélait récemment le site internet *Wikileaks* à travers un document du ministère des Mines, du Pétrole, de l'Energie et de l'Hydraulique de la Centrafrique intitulé *Aperçu sur le potentiel minier de la République Centrafricaine*.

En effet, la quasi-totalité des préfectures et des départements de la Centrafrique possèdent des gisements de diamants (Figure 32) en plus de la présence bien remarquée d'autres minerais non moins importants comme l'or, la colombo-tantalite et l'uranium etc. Ne soyez donc pas étonnés que de tels pays riches de leur sous-sol mais si pauvres financièrement, soient tout le temps en proie à des instabilités et confrontés à des guerres et à des crises socio-ethniques.

Ce que plusieurs ignorent et surtout les Africains, c'est que tous ces conflits observés dans la majorité des pays producteurs de matières premières minérales attisent la division des peuples africains au profit des marchands de minerais et des commerçants de pierres précieuses. Tapis dans l'ombre, ces derniers provoquent ou encouragent des crises sociales parce qu'ils en ont besoin pour effectuer leurs opérations en toute tranquillité dans le dos des populations autochtones qui s'entredéchirent et ne se doutent de rien. Hélas ! Cette stratégie économique est possible avec la collaboration de certains gouvernants qui servent d'intermédiaires et de passerelles pour la promotion et la vente des diamants de guerres. Que leurs opérations soient légales, légitimes ou pas, cela a peu d'intérêt car en phases d'instabilités et en périodes de guerres, ces Etats africains n'ont pas les moyens et la priorité de contrôler la quantité des substances minérales extraites de leur sous-sol. Par conséquent, cela entraine des fuites énormes de capitaux vers l'étranger alors que de tels apports financiers pouvaient servir au développement.

Non ! L'Afrique n'a pas besoin d'utiliser les mannes financières générées par l'exploitation du diamant de son sous-sol pour l'achat d'armes qui serviront à l'autodétruire lors des conflits futurs et à aggraver son sous-développement. L'Afrique a besoin de ces fonds pour construire des classes d'écoles primaires dans lesquelles seront formés les élites de demain, pour bâtir des amphithéâtres dans l'intention de désengorger les universités qui n'en peuvent plus du trop plein d'étudiants, pour créer de nouvelles chambres dans le but d'accueillir décemment et avec plus de commodité le plus grand nombre de malades dans les hôpitaux. L'Afrique a besoin de ces revenus financiers pour équiper ses blocs opératoires qui possèdent tout sauf les outils essentiels pour les soins de première nécessité et d'urgence.

Non ! L'Afrique n'a pas besoin d'utiliser les bénéfices issus de ce minerai précieux qu'est le diamant pour entretenir des groupes armés dont la majorité des combattants sont très souvent des jeunes, c'est-à-dire, les espoirs futurs du continent en termes de ressources humaines. Au contraire, l'Afrique a besoin de paix, de stabilité et d'un bon environnement autour des affaires pour rattraper son retard économique et social.

L'argent produit par les diamants du sang a longtemps alimenté et aidé au fonctionnement de nombreux groupes rebelles qui ont commis beaucoup d'atrocités en Afrique. Des organisations militaires telles que l'Union nationale pour une indépendance totale de l'Angola (UNITA) et le Front révolutionnaire uni (RUF) en Sierra Léone ont été longuement pointées du doigt à ce sujet. C'est ce qui est ressorti d'une assemblée générale tenue par l'Onu en décembre 2000. En deuxième exemple, récemment, des rapports d'enquêteurs onusiens et d'experts indépendants ont portés des accusations sur des anciens chefs de guerres de plusieurs rébellions en Afrique de l'Ouest contre leur enrichissement illicite et rapide à partir des diamants exploités artisanalement dans les zones qui étaient de leur ressort et non sous le contrôle du gouvernement d'alors. Tout ceci pour dire que les méthodes n'ont toujours pas changées et demeurent les mêmes malgré le fil des années et la succession des décennies et des générations.

La Sierra Léone a connu la guerre de 1991 à 2002 avec des dégâts inoubliables. Les chiffres font état de plus de 75 000 morts pour certains ou 120 000 morts pour d'autres avec deux millions de déplacés, soit à peu près, la moitié de la population estimée à 4.5 millions à cette époque.

Mais quel a été le moteur de cette énième guerre injuste et atroce dont ce pays d'Afrique a fait l'objet ? Eh bien ! C'est la découverte du premier diamant de Sierra Léone en 1930 pendant la période coloniale.

Tout est parti de la question du contrôle de l'exploitation de ces diamants et de la bataille du monopole de l'industrie diamantifère sierra léonaise qui opposait la prestigieuse compagnie De Beers et les autochtones, c'est-à-dire, les nationaux.

En effet, en 1935, les autorités coloniales qui administraient la Sierra Léone à l'époque, avaient octroyées l'exploitation des diamants à la compagnie De Beers sur une durée de 99 années. Cette attribution était exclusive et sans partage comme c'était le cas dans les premiers secrets accords de défense et de sécurité qui liaient certains pays africains et la France, le pays colonisateur. En aparté, je rappelle que ces accords notifiaient de nombreuses clauses dont l'une des plus célèbres stipulait l'attribution exclusive de la quasi-totalité des ressources minières du sous-sol de ces pays à l'ancienne puissance coloniale d'où, leur caractère secret et confidentiel. Seuls quelques initiés et certains responsables politiques peuvent y avoir accès.

Cependant, quelques années plus tard, les autorités coloniales ont décidé d'ouvrir ce secteur en mettant en place un programme de vente de licences d'exploitation minière dédié aux autochtones. Cette décision ne fut pas du goût de la compagnie De Beers qui voyait apparaître de nouveaux concurrents alors qu'elle avait le monopole de ce lucratif secteur d'activité sur environ un siècle.

Ce changement qui a été une mauvaise nouvelle pour De Beers et une bonne nouvelle pour les nationaux n'empêchera pas le développement d'activités minières parallèles et illicites. Ainsi, en 1956, on estimait à 55 000, le nombre de mineurs travaillant de façon illégale à Kono, la région diamantifère la plus riche de la Sierra Léone, avec environ 55 millions de carats extraits pour une valeur de 15 milliards de dollars entre 1930 et 1999. Clairement, ces chiffres démontrent la grandeur des réserves de diamants de la Sierra Léone. Malheureusement, les autochtones n'ont pas suffisamment profité de ces licences. C'est plutôt la communauté libanaise, bien investie dans le commerce en Afrique, qui a acquis l'essentiel de ces titres miniers.

Dès lors, l'arrivée de monsieur Steven SIAKA comme premier ministre sierra léonais en 1968 ne fera qu'empirer les rancœurs des compagnies minières puisqu'il encouragera les activités minières illicites. Il placera l'industrie minière au cœur de sa politique et favorisera des amis engagés dans ce secteur, à savoir l'homme d'affaires libanais Jamil. Il finira par nationaliser De Beer qui sera désormais De Beer leone selection trust (SLST). C'est d'ailleurs cette énième décision qui provoquera la frustration de la multinationale.

Si vous ne le savez pas, jusqu'à aujourd'hui, la multinationale De Beer détient à travers ses filiales environ 60% des ventes et des exportations de diamants dans le monde, soit plus de la moitié du marché mondial du diamant. Elle contrôle également la production des grands pays fournisseurs de diamants comme l'Afrique du Sud, le Lesotho, la Namibie etc.

De l'accumulation de tous ces faits, quand la guerre éclate en Sierra Léone, l'enjeu est le contrôle des mines de diamants. C'est pourquoi les combats les plus sanglants se sont déroulés aux alentours des régions diamantifères du pays. Les enjeux financiers étaient tellement énormes que les compagnies minières entretenaient indirectement des relations avec des compagnies d'armements comme Sandlines ou Executive outcomes. Ces dernières avaient pour rôle d'armer les différentes parties en guerre pour que des frères africains s'entretuent pendant que l'extraction des diamants de leur sous-sol se faisait en toute tranquillité.

Selon des sources historiques, c'est d'ailleurs Executive outcomes qui fournira la logistique en armements au nouveau pouvoir militaire en place après l'éviction de monsieur Steven SIAKA pour neutraliser les assauts du Front révolutionnaire uni (RUF). Par la suite, en guise de remerciements de la part des nouvelles autorités sierra léonaises, l'entreprise minière canadienne qui a introduite Executive outcomes auprès du pouvoir en place, s'est vue octroyer une concession minière de diamant à exploiter sur 25 années.

De même, en 1998, monsieur Tejan KABA a eu besoin des services de Sandline via des compagnies minières intéressées par le diamant sierra léonais pour accéder au pouvoir.

Durant toute cette période de conflits qui ont affecté la Sierra Léone de 1991 à 2002, les armes et les diamants transitaient par le Libéria, un pays voisin. Ces transactions se faisaient sous la supervision de monsieur Charles TAYLOR qui fut d'abord, le chef des rebelles du Front national patriotique du Libéria (FNPL) puis le président du Libéria de 1997 à 2003. Ce rôle lui a valu son arrestation en 2006 et sa condamnation, récemment, par la cour pénale internationale (CPI) pour crimes contre l'humanité et crimes de guerre. La cour a conclu qu'il a soutenu des groupes rebelles sierra léonais en échange de diamants. C'est ainsi que les diamants du sang ont fait leur entrée sur la scène politico-économique en Sierra Léone.

J'ai tenu à revenir sur ces faits historiques et malheureux pour dire que l'Afrique n'est pas maudite. C'est sa richesse minière qui lui cause tous ces malheurs. Il faut maintenant qu'elle en soit consciente et grandisse en maturité pour ne pas s'adonner aussi facilement à la guerre car le crédo privilégié des marchands de sang, c'est l'adage suivant :

« Il faut diviser pour mieux régner. »

Ces marchands de sang ne changent pas de méthodes depuis plusieurs décennies puisqu'elles fonctionnent toujours. Cependant, ce qui est dommage, c'est que les peuples africains tombent toujours dans ces mêmes pièges économico-géostratégiques. C'est cette ligne de pensée que plusieurs personnes soutiennent en disant :

« On ne change pas une équipe qui gagne ou une stratégie qui marche. »

Pour illustrer mes propos au sujet de l'inattention des populations africaines face aux propositions de conflits qui lui sont faites pour exploiter indirectement ses ressources minières, prenons une image toute simple. C'est l'exemple d'une souris qui voit son père tué par un appât positionné dans le local à poubelle. Le lendemain, sans réfléchir, cette dernière se fait également tuer dans les mêmes conditions, par le même appât installé au même endroit. De façon imagée et juste, c'est ce même piège économico-géopolitique et géostratégique qui est tendu aux pays africains depuis des décennies et qu'ils ont du mal à éviter. Malheureusement, ils font toujours la même erreur en y tombant et en cédant aux démons de la guerre.

Il est donc temps que l'Afrique comprenne qu'elle a plus de prix que ce qu'elle s'en donne elle-même. Pendant qu'elle se méprise et s'apitoie sur son sort, certains ont vu son potentiel depuis les périodes coloniales. Ils savent ce qu'elle vaut. Ils sont d'ailleurs prêts à parier sur l'Afrique et à démontrer ce que ce continent est apte de faire s'il découvre toutes ses capacités et les exploite.

Comme en Sierra Léone, les diamants du sang ont eu les mêmes conséquences en Angola.

En effet, ils ont permis à l'UNITA, dirigé par monsieur Jonas SAVIMBI, de s'autofinancer avec l'achat d'armes de guerre de courte et longue portée et de livrer une guerre sans répit au gouvernement angolais pendant près de 27 années, c'est-à-dire, de 1975 à 2002. Les preuves sur les liens qui existaient entre les diamants et le financement de l'UNITA étaient tellement avérés qu'en 2000, monsieur Paolo LUKAMBA dit *Gato*, le secrétaire général de cette organisation rebelle affirmait en ces mots :

« Nous n'avons pas de problème pour écouler les diamants et financer avec notre effort de guerre. »

De telle déclaration atteste que si les richesses du sous-sol africain servaient effectivement au développement de ce continent et au bien-être de ses populations, pour le cas de l'Angola, ce serait 27 années de constructions d'infrastructures et d'actions sociales qui auraient été ainsi gagnées dans la course au développement. Beaucoup de personnes l'ignorent mais même les pays dits riches, continuent de se développer sur le plan infrastructurel. Les travaux publics sont visibles partout et sont les moteurs qui font battre le cœur de toutes les grandes capitales occidentales.

Les traces des diamants du sang sont aussi visibles en République Démocratique du Congo, en Côte d'Ivoire, en Centrafrique et dans d'autres pays africains. En exemple, la République Démocratique du Congo possède environ 30% des réserves de diamants du monde. En 2001, à l'issu d'investigations dans ce pays, un groupe d'expert de l'Onu tiraient les conclusions suivantes en ces termes :

« Les principaux motifs du conflit en RDC sont devenus l'accès à cinq ressources minérales (parmi lesquelles le diamant) ainsi que le contrôle et le commerce de ces matières. La richesse de la RDC suscite une convoitise à laquelle il est difficile de résister du fait de l'anarchie et de la faiblesse de l'autorité centrale. L'exploitation des ressources naturelles de la RDC par les armées étrangères revêt aujourd'hui, un caractère aussi bien endogène qu'exogène. Le pillage, l'extorsion et la constitution d'associations de criminels sont devenus choses courantes dans les territoires occupés. Ces organisations, qui ont des ramifications et des liens dans le monde entier, constituent un grave problème de sécurité auquel la région va maintenant devoir faire face.»

Ces propos relayés dans de nombreux articles et ouvrages, notamment, dans *le diamant dans la géopolitique africaine* de monsieur Jean François ORRU et ses coauteurs, sont des témoignages écrits qui démontrent que tout le monde politique et économique est conscient du potentiel diamantifère de l'Afrique.

A cause des réserves diamantifères impressionnantes contenues dans le sous-sol de ces pays d'Afrique, les populations africaines subissent le martyr et des conflits non désirés à longueur de journée. Ce sont toutes ces mésaventures qui poussent les jeunes africains à prendre de plus en plus, la route de l'immigration vers l'Occident pour fuir la souffrance, la misère et les guerres. Paradoxalement, la plupart d'entre eux ne savent rien de ces réserves de minerais et n'en profitent pas. Pourtant, elles sont les causes des malheurs de ce continent. En lieu et place de ces beaux colliers faits de carats de diamants qui ornent les cous des femmes de la haute bourgeoisie des pays développés, ce sont aussi d'autres femmes et enfants en Afrique qui perdent l'usage de leur cou ou sont mutilés à vie pour cette pierre précieuse.

Il est donc temps que l'Afrique se réveille de son sommeil qui dure depuis les indépendances des années 60 pour enfin comprendre qu'elle doit prendre son destin en main. Ce continent doit dire non aux guerres tribales, aux divisions ethniques et aux conflits politiques qui n'apportent pas de valeur ajoutée au développement à court terme. Au contraire, ils engendrent des retards incessants et parfois irréversibles qu'il faudra rattraper sur le long terme.

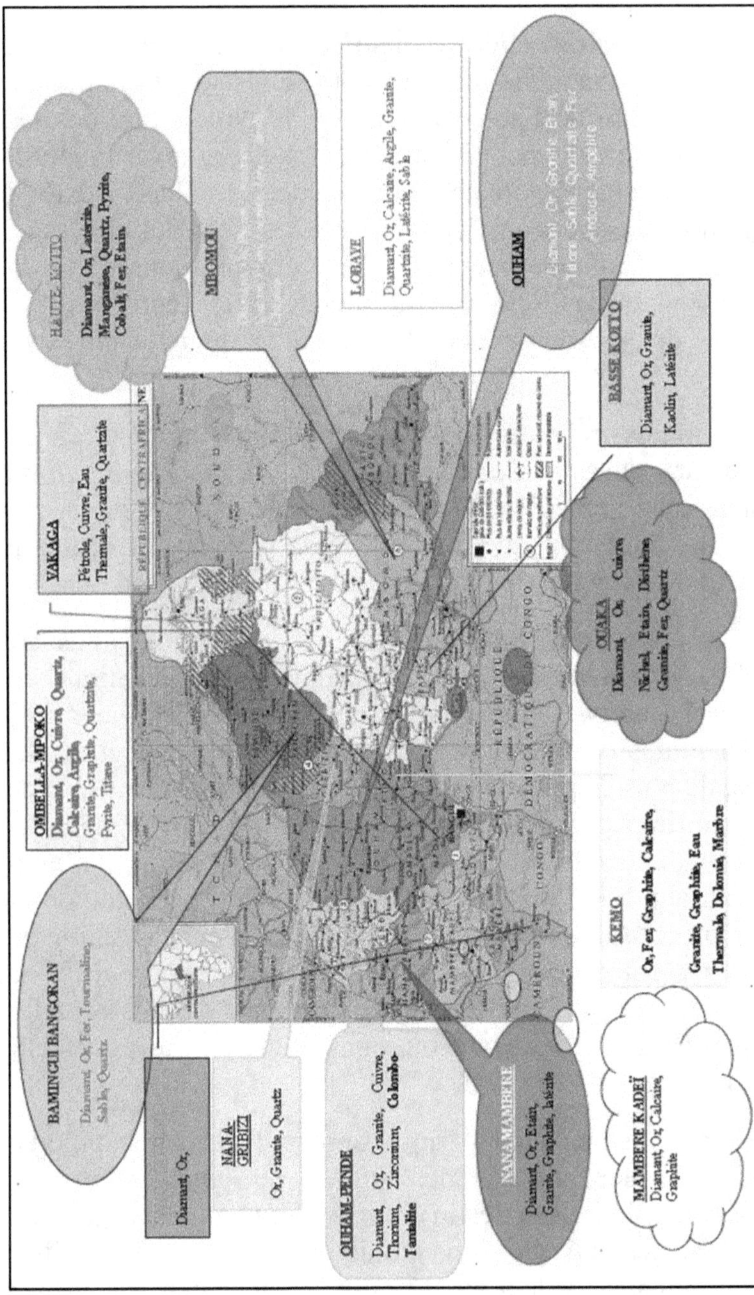

Figure 32: Ressources minérales de la Centrafrique par préfecture (Ministère des Mines, du Pétrole, de l'Energie et de l'Hydraulique de la Centrafrique)

Il existe plusieurs types de gisements qui conditionnent l'extraction du diamant. Dans la nature, on rencontre les gisements primaires, les gisements secondaires et les gisements marins. J'aborderai les deux derniers types de gisements dans la suite de l'ouvrage.

Les *gisements primaires* correspondent à ceux que j'ai décrits au début de ce chapitre. Ils sont composés de pipes comprenant des roches kimberlitiques qui sont des roches magmatiques ultrabasiques, très compactes et généralement de couleur sombres. Ces kimberlites sont très souvent observées dans des anciennes cheminées volcaniques. Elles sont donc mises en place par l'éruption des roches volcaniques et contiennent des diamants expulsés entre 150 et 300 kilomètres de profondeur. Ces gisements primaires vont aboutir à deux types de mines, à savoir les *mines à ciel ouvert* et les *mines souterraines*.

Ces deux types de mines sont très développés en Afrique du Sud avec des profondeurs pouvant atteindre plus de 1000 mètres. C'est l'exemple de la mine emblématique *Big Hole* à Kimberley et de la mine souterraine *Premier* localisée à environ 40 kilomètres de Pretoria.

Les diamants se forment à environ 200 kilomètres de profondeur. Une telle donnée montre que la profondeur d'environ un kilomètre ou plus à laquelle les diamants sont extraits suite à leur expulsion est négligeable en comparaison à celle de leur formation. Néanmoins, elle n'est pas à mépriser à l'échelle humaine. Si les hommes sont capables d'aller chercher un morceau de pierre comme le diamant à une telle profondeur, cela veut dire que cette ressource minérale a une importance capitale pour l'économie. En plus, sa formation et ses origines sont exceptionnelles.

En effet, le minéral qui donne cette étincelante pierre brillante, éclatante et transparente est le graphite. Ce dernier provient lui-même du charbon organique (houille). Graphite et charbon sont opaques et respectivement de couleur noir-grise et noire sachant que le diamant est transparent et d'une blancheur raffinée. Cette correspondance permet donc de conclure que le diamant tire son origine du charbon, c'est-à-dire, du carbone qui est sa composante chimique principale.

C'est une leçon de vie qui pourrait susciter de l'espoir chez plusieurs personnes. A travers ce processus de métamorphose du charbon en diamant, la nature nous enseigne ainsi que tout est possible.

En fait, le diamant est un cristal de carbone (C) pur. C'est de là qu'il tire sa dureté et son éclat car le carbone est dur à l'état naturel ou synthétique. Pour preuve, les meilleurs casques des motards sont faits en carbone parce qu'ils peuvent mieux résister aux chocs violents en cas d'accident. Ce sont ces qualités et ces applications qui justifient la rareté du diamant dans la nature.

Comme je l'avais expliqué précédemment, le diamant se forme dans des conditions extrêmes, c'est-à-dire, dans le manteau supérieur, à environ 200 kilomètres de profondeur (Figure 33), entre 1300 et 2000 °C et sous une pression énorme estimée à 75 tonnes par cm^2. Pour vous donner un ordre de grandeur, cette pression correspond au poids exercé par 75 tonnes de matériaux sur une surface de un centimètre par un centimètre. Je ne suis pas sûr qu'une telle pression soit couramment visible à la surface de la terre. C'est à de telles conditions de températures et de pressions liées à la profondeur et au gradient géothermique que le carbone est soumis constamment dans le sous-sol. Ces conditions extrêmes ne lui donnent pas d'autres choix que de subir des transformations car dans la nature, les matériaux changent ou s'adaptent en fonction des évènements qui les affectent. C'est un principe naturel qui est aussi valable pour l'espèce humaine.

Le traitement subi par le carbone liquide sous l'écorce terrestre permet à ce dernier de cristalliser pour laisser place aux superbes cristaux de diamants après un passage intermédiaire à l'état de graphite.

Au-delà de tout ce processus de formation déjà extraordinaire, il semblerait selon plusieurs études que les diamants les plus durs soient ceux qui ont subi les conditions les plus extrêmes lors de leur formation. De même tous les Etats et tous les hommes qui parviennent souvent au sommet ont généralement traversé des moments difficiles de préparations et d'épreuves. A voir ce que la nature nous enseigne, pensez-vous que l'Afrique, avec tout ce qu'elle subit comme tragédies et souffrances restera éternellement à ce stade ? Eh bien Non !

Rassurez-vous, ce continent défrayera la chronique et émergera d'ici peu à l'image du charbon ou du carbone qui subit toutes ces conditions difficiles pour donner un diamant éclatant et brillant après le graphite.

S'il m'est permis de m'exprimer ainsi, je dirai de façon soutenue que l'Afrique est au stade du graphite, c'est-à-dire, dans la chambre de préparation. Elle se trouve dans la saison où on pressent l'avènement d'un essor économique imminent. C'est la phase dans laquelle toutes les initiatives géostratégiques, économiques et les circonstances se réarrangent pour l'émergence de l'Afrique. Les signes sont visibles et perceptibles au regard des données économiques annuelles des institutions financières de Bretton woods. Je peux donc attester que le destin proche de ce continent est plein d'espoir. Il y a encore de nombreuses raisons de croire au développement de l'Afrique.

Pour revenir au processus de formation du diamant, l'étape suivante est la montée des cristaux vers la surface à travers des éruptions volcaniques et des incursions de magma dans les fissures de l'écorce terrestre. Puisque le diamant a du mal à résister aux températures supérieures à 1500°C, il est protégé par une roche appelée *kimberlite*, ce qui lui permet de ne pas se volatiliser lors de l'éruption volcanique. Cependant, des études ont également montré que les diamants se forment avant la roche-mère kimberlitique qui les porte.

Enfin, quand le magma se refroidit, la colonne magmatique qui contient le diamant est dénommée *pipe kimberlitique*. C'est cet objct géologique qui sera l'indice le plus recherché par les miniers pour ressortir ce minerai. Ces pipes kimberlitiques sont des gisements primaires de diamants. Dès lors, lorsque les volcans sont érodés par les agents atmosphériques, les *gisements secondaires* se forment. Même s'il existe d'autres roche-mères diamantifères telles que les harzburgites et les éclogites, les kimberlites restent les principales.

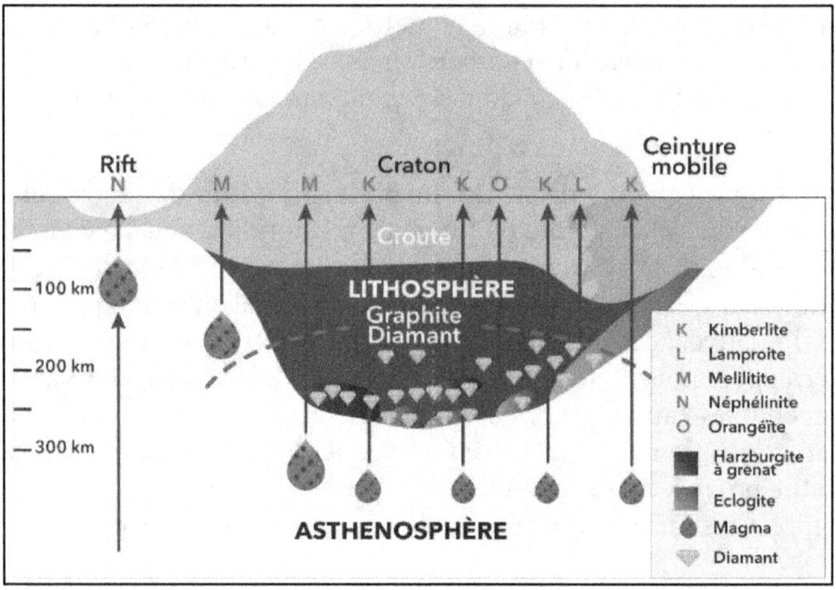

Figure 33: Processus de formation du diamant

En plus des éruptions volcaniques, les diamants se mettent aussi en place à travers les fissures trouvées dans les cratons géologiques. C'est pour cette raison que toutes les régions et les pays d'Afrique munis d'un craton géologique comme l'Afrique de l'Ouest, l'Afrique Centrale, l'Afrique de l'Est et l'Afrique Australe sont riches en diamant.

Les pays de l'Afrique de l'Ouest comme la Sierra Léone et la Côte d'Ivoire, de l'Afrique Centrale tels que la République Démocratique du Congo et la Centrafrique, de l'Afrique de l'Est comme le Kenya et le Rwanda et de l'Afrique Australe, à savoir l'Afrique du Sud, la Namibie, le Lesotho et le Botswana ne sont pas riches en diamant par hasard car ils possèdent des cratons géologiques qui sont de véritables réceptacles de ressources minières.

Le craton de l'Afrique Centrale est dénommé le *craton du Congo*. Celui de l'Afrique Australe est appelé le *craton du Kalahari*. Celui de l'Afrique de l'Est est nommé le *craton nilotique* et enfin, celui de l'Afrique de l'Ouest porte le nom de *craton ouest africain*.

Des pseudos cratons tel que le *métacraton du Sahara* qui couvre l'Afrique du Nord (ROCCI, 1965 et GIRESSE) a été identifié mais il reste moins prépondérant en termes de richesses minières en comparaison aux quatre principaux cratons africains (Figure 34).

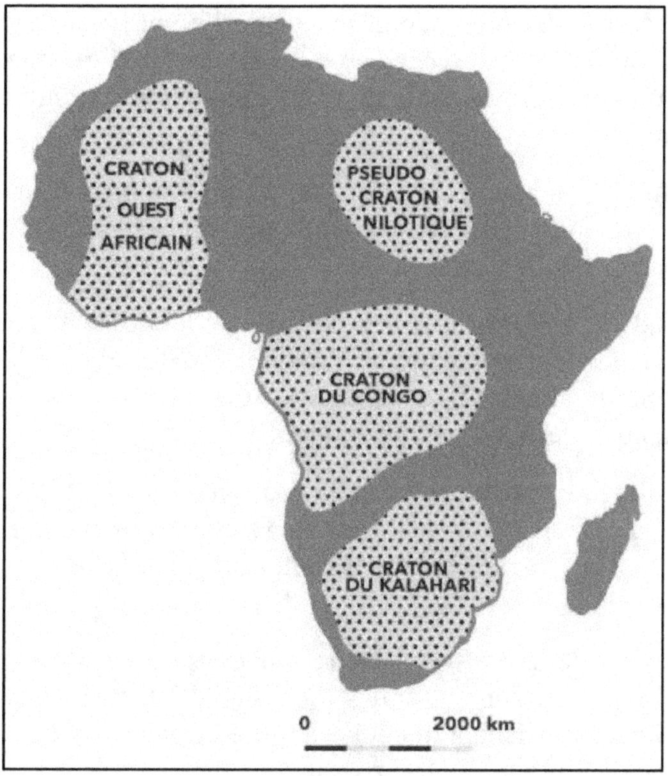

Figure 34: Quatre principaux cratons géologiques de l'Afrique

Les cratons africains sont généralement constitués de roches anciennes dont l'âge est très souvent supérieur à 2.5 milliards d'années. Elles sont dites *roches archéennes* ou de l'éon archéen dans ce cas.

Quand leur âge est compris entre 1.6 et 2.5 milliards d'années, elles sont dénommées *roches du Protérozoïque Ancien* ou *Moyen*. Elles sont appelées *roches du Néoprotérozoïque* ou du *Protérozoïque Supérieur* lorsque leur âge est compris entre 1.6 milliard et 800 millions d'années.

Cependant, en ajoutant l'éon hadéen qui précède l'éon archéen et en prenant également en compte l'éon protérozoïque, l'ensemble des roches de ces trois éons sont regroupées sous le terme de *roches précambriennes* ou *roches du Précambrien.*

Pour donner un ordre de grandeur de l'emprise des cratons sur la richesse minière de l'Afrique, il est bien d'évoquer quelques statistiques du Bureau de recherche géologique et minière (BRGM) datant de 2003.

Selon ces données, environ 60% en valeur de la production mondiale du diamant est originaire des roches précambriennes des cratons africains.

98% de l'or, 75% du fer et 92% du nickel de l'Afrique en termes de productions et de réserves proviennent des roches anté (avant) 1.6 milliard d'années, c'est-à-dire, de celles d'âge archéen et protérozoïque des cratons du continent.

52% de la production mondiale de chrome de 1998 et 90% du chrome d'Afrique ont été extraits respectivement du craton du Kalahari et des roches anté 1.6 milliard d'années des autres cratons africains.

99% des platinoïdes d'Afrique qui constituent 85% des réserves mondiales proviennent aussi des roches anté 1.6 milliard d'années des cratons africains sachant que 93% d'entre elles sont issues uniquement de la période du Paléoprotérozoïque.

Toutes ces statistiques démontrent l'importance des cratons géologique dans la notoriété du potentiel minier de l'Afrique. Je reviendrai plus loin sur l'impact de ces cratons géologiques dans l'édification de la richesse minière de ce continent.

III.1.2 - L'uranium du Niger, du Gabon, de la République Démocratique du Congo, de la Centrafrique et de la Namibie

La pechblende (De l'allemand *Pech = Porteur de malchance* et *Blend = Roche*) est la roche-mère de l'uranium. C'est une roche composée majoritairement de l'uraninite (oxyde d'uranium).

La pechblende est rencontrée aussi dans les mines d'argent (Ag) et dans plusieurs pays d'Afrique où l'uranium est exploité. C'est le cas du Niger, de la République Démocratique du Congo, de la Namibie, de la Centrafrique et du Gabon. Les gisements d'uranium pourraient donc être classés dans la catégorie des gisements d'origine sédimentaire mais j'en parle dans cette partie parce qu'il est aussi associé à des minerais rencontrés dans des gisements d'origine magmatique.

Il est injuste de parler d'uranium en Afrique et dans le monde sans mentionner les gigantesques et durables gisements du Niger, notamment, ceux identifiés à Arlit, à Aïr et à Imouraren et exploités par la multinationale française Areva.

En 2011, Areva était le 2ème producteur d'uranium dans le monde et le fournisseur principal de ce minerai aux centrales nucléaires françaises. Le Niger est le 4ème producteur d'uranium dans le monde avec 9% du marché mondiale derrière le Kazakhstan, le Canada et l'Australie qui détiennent respectivement 36%, 17% et 11% des parts du marché.

Le Niger fournit environ 40% de l'uranium utilisé dans les centrales nucléaires françaises, ce qui fait que ce pays d'Afrique occupe une place stratégique sur le plan militaire, économique et géopolitique pour son ancien pays colonisateur. Comme preuve des relations géostratégiques qui lient ces deux pays, la France exploite l'uranium du Niger depuis la période des indépendances. Elle doit la confection de sa bombe nucléaire au Niger et une grande partie de l'énergie fournie par ses centrales nucléaires à l'uranium produit par Areva depuis plus de 40 années sur les terres de ce petit pays pauvre d'Afrique. Areva opère depuis 1972 au Niger et l'Etat français détient 80% des parts de cette entreprise. Il faut savoir que l'uranium sert de combustible aux centrales nucléaires pour produire de l'énergie, notamment, de l'électricité. C'est ainsi que 75% de l'électricité de la France provient des centrales nucléaires.

Le gisement d'Arlit est la principale mine d'uranium du Niger. Il est exploité par la Société des mines de l'Aïr (SOMAIR) détenue à 64% par Areva et à 36% par l'Etat nigérien. En 2012, cette mine a produit environ 3065 tonnes d'uranium.

La mine à ciel ouvert d'uranium d'Imouraren située entre le Sahel et le Sahara est l'une des plus importantes du monde. Elle sera la 2ème plus grande mine d'uranium du monde et la 1ère d'Afrique selon Areva qui la concession minière en compagnie de la Société du patrimoine des mines du Niger (SOPAMIN), de la société sud-coréenne Kepco et de l'Etat du Niger. Ils possèdent respectivement 56.65%, 23.35%, 10% et 10% des parts. Cette mine est localisée à 80 Kilomètres au Sud d'Arlit, à 180 kilomètres d'Agadez et à l'Ouest du massif rocheux Aïr.

Ce gisement est prometteur au regard de ses dimensions. D'après les données d'Areva, cet impressionnant projet minier devrait se répandre sur une longueur de 8 kilomètres et une largeur de 2.5 kilomètres soit 200 km^2 sachant que la profondeur est comprise entre 110 et 170 mètres. En plus, le minerai a une teneur moyenne de 0.8 kg d'uranium par tonne. Selon les prospecteurs d'Areva, en pleine exploitation, la mine d'Imouraren devrait produire environ 5000 tonnes d'uranium par année sur une période allant au-delà de 35 années.

Ce n'est pas un hasard si le sahel et le Sahara qui occupent le Nord du Niger, sont en proie à la terreur des groupes djihadistes tels qu'Al-Qaïda au Maghreb islamique (AQMI), le Mouvement pour l'unicité et le Djihad en Afrique de l'Ouest (MUJAO) et les rebelles touaregs. Aussi, ce n'est pas un hasard si cette zone sahélo-saharienne s'apparente aujourd'hui, à un camp militaire avec la mission dite *Balkane* des forces armées françaises et de ses alliés.

Tous les experts géologues savent que cette région est riche en uranium et en minerais de façon générale. Précisément, celle de l'Aïr posséderait les plus grandes réserves d'uranium au monde. Chaque année, c'est environ 4500 tonnes d'uranium en forme de poudre qui sont extraits du sous-sol nigérien. Pour rappel, le *Sahel* est la zone de transition floristique et climatique entre les zones de savanes du Sud et les zones désertiques du Sahara au Nord de l'Afrique.

Il est vrai que l'uranium rapporte beaucoup de devises à ceux qui l'exploitent mais dans un autre sens, cette exploitation n'est pas sans conséquence pour les pays producteurs.

En effet, la particularité de ce minerai est sa radioactivité. Cette dernière peut être trouvée dans l'eau, dans l'air et dans le sol, c'est-à-dire, partout. En exemple, l'exploitation des *Yellow cake* qui sont des minerais bruts d'uranium en forme de poudre, nécessitent environ huit millions de m^3 d'eau par année pour le traitement des 3000 tonnes de minerais extraits de la mine d'Arlit. Ce procédé de production a contaminé la plus grande nappe phréatique fossile de cette région qui était si stratégique puisqu'elle est en zone désertique. L'air et l'eau n'ont pas été épargnés car, après avoir été exposés pendant plus de 40 années à l'air libre, ces déchets radioactifs ont eu un temps suffisant pour se répandre dans l'air et polluer les terres au détriment des populations nomades ou sédentaires et surtout des Touaregs qui peuplent cette région.

Selon des mesures effectuées par la Commission de recherche et d'information indépendante sur la radioactivité (CRIIRAD), certaines eaux de consommation contiendraient 10 fois plus que la valeur annuelle autorisée en éléments radioactifs pour un homme. La valeur admise par l'Organisation mondiale de la santé (OMS) est fixée à 0.1 millisievert par année.

Ce constat est très alarmant dans la mesure où les populations nigériennes sont assez pauvres et ne profitent pas suffisamment de l'exploitation de l'uranium depuis des décennies.

En 2010, l'uranium représentait près de 70% des exportations du Niger mais il ne contribuait qu'à hauteur de 5.8% au PIB de ce pays, ce qui n'est pas profitable économiquement. De surcroit, ces chiffres montrent que bien qu'étant la principale source de revenus du Niger, l'uranium n'était pas payé à sa juste valeur à l'Etat nigérien. Pendant que les redevances des compagnies exploitantes à l'Etat du Canada et du Kazakhstan avoisinaient les 13%, celles du Niger étaient à 5.5% durant des décennies. C'est la raison pour laquelle, l'Etat nigérien a récemment exigé une redevance minière de 12% à Areva dans les nouveaux contrats d'exploitation.

En considérant cette longue histoire minière qui est celle du Niger en matière de production d'uranium, la normale aurait voulu que ce pays soit développé mais contre toute attente, il occupe la dernière place au classement mondial de l'indice en développement humain (IDH) du programme des nations unies pour le développement (PNUD). Ce constat supplémentaire et ahurissant conduit à se poser des questions légales et légitimes pour comprendre les problèmes très souvent communs de sous-développement qui affectent étrangement la majorité des pays producteurs africains.

Pourquoi le Niger n'arrive-t-il pas à amorcer son développement social et économique après tant d'années d'exploitations minières ? Depuis leur installation dans ce pays du Sahel, les compagnies exploitantes ont-elles effectuées suffisamment d'actions sociales en faveur des populations pour aider le gouvernement nigérien dans sa tâche ? Voilà des questions qui méritent d'avoir des réponses pour mieux cerner les problèmes du Niger et de ces pays producteurs africains en général.

En plus du Niger, le Gabon possède également des gisements d'uranium à Oklo, près de Franceville, dans la province du Haut-Ogooué. C'est le seul endroit du monde où des fossiles de réacteurs nucléaires naturels ont été mis en évidence. C'est ce que les chercheurs ont dénommé *le phénomène Oklo*.

En effet, en 1972, alors qu'il effectue des travaux sur des échantillons de roches de la mine d'uranium d'Oklo, au laboratoire de l'usine d'enrichissement en uranium de Pierrelatte en France, le physicien français Francis PERRIN découvre des traces de réactions nucléaires avec des produits de fissions qui justifient l'existence d'un réacteur nucléaire naturel. Bien qu'étant de faible puissance en comparaison à ceux réalisés dans les centrales nucléaires par l'homme, force est de constater que ces gisements font du Gabon, un producteur d'uranium en Afrique et dans le monde depuis 1956.

D'autres pays en Afrique emboîtent aussi le pas au Niger et au Gabon pour l'importance de leurs gisements d'uranium.

En exemple, pendant la deuxième guerre mondiale, c'est l'uranium produit à partir de la pechblende de la mine de Shinkolobwe au Congo belge, actuelle République Démocratique du Congo, qui a permis d'expérimenter et de construire les premières bombes atomiques.

La Centrafrique et la Namibie possèdent également des gisements d'uranium et plusieurs traces et indices d'uranium ont été mis en évidence dans d'autres pays africains.

Tout ceci n'est donc qu'un aperçu des ressources en uranium que regorgent l'Afrique car son sous-sol est riche et n'a pas encore révélé tout son potentiel minier.

III.1.3 - Le tungstène et l'étain du Zimbabwe, du Rwanda, de la République Démocratique du Congo, du Nigéria et du Maroc

Du suédois *Tung* = *Lourd* et *Sten* = *Pierre*, le tungstène traduit une *pierre lourde* en français. Il a pour roche-mères, les intrusions de granitoïdes qui sont des roches magmatiques. Cependant, la wolframite est le minerai principal dans lequel se trouve le tungstène.

Les gisements de tungstènes sont rencontrés dans les granitoïdes tels que les filons de quartz à wolframite associés aux leucogranites et les porphyres à molybdène.

Il faut savoir également que la majorité des gisements de tungstènes sont exploités indirectement pour l'étain. Ce dernier est aussi désiré par les miniers. Le tungstène et l'étain ont des propriétés exceptionnelles.

Le tungstène est très prisé pour sa dureté et sa résistance à la chaleur. C'est un métal qui est apte à résister dans les conditions extrêmes. C'est d'ailleurs pour ces qualités qu'il est utilisé pour le blindage des appareils militaires, les alliages industriels et la confection du filament des ampoules domestiques. En plus, c'est le tungstène qui confère aux téléphones portables leur fonction de vibration.

L'un des importants gisements de tungstènes en Afrique se trouve au Zimbabwe, dans la province centrale de Mashonaland, au Nord d'Harare, la capitale. Il s'agit du projet minier *Garahanga Karoi*. Après les forages d'exploration et l'analyse des échantillons, les réserves de ce gisement ont été estimées à 80 000 tonnes de tungstène pur, réparties initialement sur 300 hectares puis étendues sur 600 hectares à long terme. Pour rentabiliser ce gisement, la compagnie African compass international (ACI) qui détient la licence d'exploitation envisageait de produire 50 tonnes de tungstène lors de la première année d'exploitation puis 100 tonnes, les années suivantes.

L'étain est beaucoup utilisé dans les alliages avec le plomb et le zinc. Il est souvent associé au cuivre pour former le bronze. Il est aussi l'un des composants principaux des circuits électroniques imprimés.

Le tungstène et l'étain étaient souvent associés au coltan ou considérés comme ses minerais primaires puisqu'ils se retrouvaient aux mêmes endroits. En aparté, il est bien de savoir que les 2/3 des minerais de coltan sont identifiés en République Démocratique du Congo, précisément, dans les provinces du Nord Kivu, du Sud Kivu et du Maniema. Ces riches régions minières sont localisées à l'Est du pays et non loin de la frontière partagée avec le Rwanda.

De nombreux gisements de tungstènes et d'Etains sont connus en Afrique, notamment, au Maroc, dans la région des grands lacs qui comprend la République Démocratique du Congo, le Congo-Brazzaville, le Rwanda, le Burundi et dans d'autres pays d'Afrique centrale.

En 2014, les productions d'étain du Rwanda (9ème producteur mondiale), de la République Démocratique du Congo (10ème producteur mondiale) et du Nigéria (12ème producteur mondiale) s'élevaient respectivement à quatre tonnes pour les deux premiers pays cités et à une tonne pour le dernier.

III.1.4 - Le titane de la Sierra Leone, de l'Afrique du Sud, du Mozambique, de Madagascar, du Sénégal, du Kenya et de l'Ethiopie

La syénite aussi bien que le granite et les granitoïdes sont des roches magmatiques qui contiennent des quantités non négligeables de titane. C'est l'un des métaux les plus recherchés parce qu'il a des propriétés physiques hors du commun.

Il a une forte ductilité et est très résistant au feu d'où, son utilisation dans le domaine militaire pour la confection des sous-marins et des outils nécessitant un blindage particulier. En plus, il est très résistant à la corrosion et a un grand pouvoir couvrant qui dure dans le temps. Ces propriétés spécifiques lui confèrent son emploi dans le domaine aéronautique et aérospatiale car il représente 5 à 9% de la masse des avions mais aussi dans l'horlogerie. Le titane entre dans la composition des explosifs. C'est pour cela que certains experts estiment que la guerre fait augmenter la demande de titane qui croît de 4 à 5% chaque année. C'est l'un des métaux les plus compatibles à l'or et au platine.

La majorité des roches et des minéraux de la croute terrestre contiennent du titane. La plus grande partie du titane est trouvée sous forme d'oxyde de titane, notamment, dans le rutile, l'ilménite, l'anatase et dans d'autres minerais.

C'est un minerai hautement stratégique. De nombreux pays africains possèdent des gisements de titanes et en sont de grands producteurs. C'est le cas de l'Afrique du Sud, 2ème producteur mondial et dont les exportations s'élevaient à 800 millions de dollars en 2012, du Mozambique, du Cameroun, de Madagascar, du Kenya, de la Sierra Léone, du Sénégal et de l'Ethiopie.

La Sierra Léone possède les plus grandes réserves de titane du monde. Elles sont exploitées par l'entreprise américaine Sierra rutile limited (SRT). En 2013, sa production de rutile qui est aussi celle du titane a atteint 25 000 tonnes.

Des études récentes sur le site minier *Gangama Dry* ont mis en évidence une possible production de 83 000 tonnes de rutile, de 46 000 tonnes d'ilménite et de 9 500 tonnes de zircon exploitables sur environ six années. C'est une excellente opportunité pour l'économie de ce pays surtout qu'en 2015, sa production de titane représentait 25% de la production mondiale.

Le Cameroun n'est pas en marge de ce dynamique potentiel titanifère de l'Afrique car il détient la 2ème plus grande réserve de titane du monde après celle de la Sierra Léone. Il s'agit du gisement d'Akonolinga situé dans le centre du pays avec des réserves évaluées à 300 millions dc tonnes et reparties sur 30 000 km^2.

L'Afrique du Sud possède dans le Cap, sur la côte sauvage de Xolobeni, un gisement qui est considéré comme la 10ème réserve mondiale de titane selon la compagnie australienne Mineral commodities (MRC). Cette dernière envisage de l'exploiter. Ce gisement s'étend sur 22 kilomètres de long et 1.5 kilomètre de large avec une production annuelle espérée de 450 000 tonnes de minerai de titane.

En 2014, le Kenya a effectué sa première production de titane qui s'évaluait à 7 000 tonnes en un seul trimestre d'exploitation de la mine de Kwalé par la compagnie Likoni base resources limited.

De même au Mozambique, en un seul trimestre de l'année 2014, la production de titane a augmenté de 40% avec une production de 86 000 tonnes réalisée par la compagnie irlandaise Kenmare resources.

Au Sud de Madagascar, c'est un gisement de 221 millions de tonnes d'ilménite donc de minerai titanifère, qui a été évalué par la compagnie indienne Rio Tinto sur environ 62 km^2. Elle y exploite déjà du titane. Concernant le potentiel minier de ce même gisement, la compagnie minière Varun parle plutôt de 266 millions de tonnes de sables de métaux lourds dont fait partie le titane et d'autres métaux stratégiques tels que les terres rares et le tungstène. Ce gisement serait exploitable sur au moins 40 années.

En Côte d'Ivoire, alors étudiant en licence de géologie, j'ai effectué un stage de terrain dans la région de Toumodi, au Centre du pays. Au cours de nos prospections et de nos recherches, il était aisé de trouver des minéraux de rutiles sur le sol et le long des routes. Cela pour dire que les exemples de gisements titanifères sont légions en Afrique.

D'ailleurs, toutes ces statistiques viennent confirmer que le sous-sol africain est bondé de minerais utiles pour le monde. L'Afrique est donc une terre minière. Ce continent est un grenier minier pour toute la planète.

Quand on mesure tous les défis auxquels sont confrontés la majorité des pays producteurs africains, si seulement 1% des chiffres d'affaires des compagnies minières servait aux actions de développement, la face de ce continent serait radieuse et ses populations seraient heureuses. Hélas ! Cela n'est pas toujours le cas parce que l'extraction minière reste un business dans lequel la loi du profit à tous les prix est la règle universelle.

III.1.5 - Le cuivre de la Zambie, de la Namibie et de la République Démocratique du Congo

Les basaltes sont des roches magmatiques ultrabasiques dans les zones poreuses desquels, se trouvent des minerais de cuivres suite aux interactions entre les solutions hydrothermales et les minerais de fer. La majorité des grands gisements de cuivres est conçue par ce procédé. C'est d'ailleurs pour cette raison que l'un des principaux minerais de cuivre est la chalcopyrite ($CuFeS_2$). C'est un sulfure double (35% de sa masse) composé de cuivre (34,5%) et de fer (30,5%). Même si le cuivre a d'autres roche-mères tels que les grès et les schistes qui sont des roches sédimentaires, le basalte peut être considéré comme l'une de ses roche-mères principales. Le cuivre étant très souvent associé au fer, cela sous-entend que le basalte est aussi une roche-mère pour le fer.

Le cuivre est recherché pour sa très grande conductivité électrique et thermique, sa résistance à la corrosion et sa forte capacité de recyclage.

Grâce à ces trois caractéristiques, il est l'un des métaux les plus utilisés dans le domaine de l'électricité, de l'électronique et dans le secteur en vogue des télécommunications. Aujourd'hui, ce sont tous ces circuits et ces câbles en cuivre des microprocesseurs dont sont équipés nos ordinateurs, nos téléphones et nos tablettes qui nous permettent de mieux communiquer sur internet.

En plus, le cuivre a d'autres applications et non des moindres. Il utile dans la construction et la plomberie pour la tuyauterie du gaz et de l'eau qui alimentent nos maisons. Dans le transport aérien, ferroviaire, naval et routier, il contribue à la conception des réservoirs et des outils électromécaniques des voitures, des trains, des navires et des avions. Dans l'industrie, le cuivre est intégré dans les outils électromécaniques des usines et de leurs équipements. Dans le domaine culinaire, il sert à la fabrication des ustensiles de cuisine. Dans l'architecture, il est un élément essentiel du squelette des édifices citadins et des mégastructures. Enfin, dans le domaine bancaire, il intervient dans la conception des pièces de monnaie comme celle d'un euro dont le centre en blanc est formé de cupronickel.

En un mot, que serait aujourd'hui, l'ensemble des activités humaines et des chaînes industrielles sans l'utilisation du cuivre ? C'est un métal vital pour l'existence et le bien-être des hommes sur la terre.

De nombreux pays africains, notamment, la Zambie, la République Démocratique du Congo et la Namibie sont connues pour leurs gisements de cuivres.

La Zambie est le 1er producteur africain de cuivre. Le fameux gisement dénommé *Copper belt* (ceinture du cuivre) qui est localisé dans le district de Kolwezi fait la fierté de la République Démocratique du Congo. En 2013 et 2015, la République Démocratique du Congo qui a pour objectif d'égaler la Zambie en terme de production avait extrait respectivement 920 000 et 995 805 tonnes de cuivre. Ces chiffres ont été atteints malgré les problèmes récurrents d'électricité qui surviennent dans le Katanga et dont les effets immédiats sont le ralentissement de la production.

En plus de ces nombreuses mines déjà en exploitation dans tout le pays, le groupe minier canadien Ivanhoe mines a découvert en 2016, l'un des plus grands gisements de cuivre du monde et d'Afrique. Il est localisé dans la ceinture du cuivre du Katanga, dans la partie Sud de Kamoa, à 25 kilomètres environ à l'Ouest de Kolwezi et à 270 kilomètres de Lubumbashi.

En effet, c'est suite aux résultats positifs d'une exploration test effectuée dans la zone de Kakula que monsieur Robert FRIENDLAND, président d'Ivanhoe mines a fait cette déclaration relayée dans le journal *Jeune Afrique* du 12 Août 2016 en ces termes :

« Des découvertes ont déjà établi que Kamoa est le plus grand gisement de cuivre de haute qualité encore inexploité dans le monde. Maintenant, nos derniers résultats de forage indiquent que Kakula, dans la partie Sud du projet Kamoa, pourrait se révéler être la découverte de cuivre la plus importante d'Afrique. »

En complément, selon les études de faisabilité réalisées, le gisement Kakula pourrait produire environ 6.1 millions de tonnes de concentré de cuivre sur 24 années soit 254 000 tonnes par année. De surcroit, le cuivre de ce gisement est de très bonne qualité avec une teneur de 3.59 à 8.11% et une teneur de coupure comprise entre 1 et 2.5%.

Pour mieux comprendre l'immensité des réserves de cuivres de la République Démocratique du Congo, il est important de mentionner aussi que le gisement de Kamoa qui contient celui de Kakula, a été découvert en 2007 et détiendrait 45 millions de tonnes de cuivre pur. Sa production est prévue dès 2018.

En 2015, la Zambie était le 8ème producteur mondial de cuivre et le 2ème d'Afrique avec une production de 711 715 tonnes. Elle doit son grand potentiel cuprifère à plusieurs mines dont celles de Mopani, dans la ville de Mufulira située à 300 kilomètres de Lusaka, la capitale. Exploité par la compagnie multinationale suisse Glencore, ce gisement fournit chaque année, environ 1/4 du cuivre extrait de la ceinture du cuivre.

En principe, tout le cuivre tiré du sous-sol de cette ville suffirait à développer cet infime territoire d'Afrique mais malheureusement, ses populations sont extrêmement pauvres. De surcroit, nombreuses d'entre elles souffrent de problèmes respiratoires liés à l'exploitation du cuivre. C'est d'ailleurs ces urgences sanitaires et humanitaires qui ont conduit deux journalistes français, Audry GALLET et Alice ODIOT, à réaliser un documentaire diffusé le 5 mai 2011 sur la chaîne *France 5* et intitulé *Zambie : à qui profite le Cuivre ?* Elles ont effectué cette démarche pour signaler le fossé qui sépare l'exploitation des ressources minières de ces villes africaines et leur développement économique et social.

Le constat à ce sujet est flagrant parce que les taux de croissance vertigineux, annoncés très souvent sur les médias par les gouvernants, ne suivent pas généralement le développement des villes minières et ne sortent pas leurs populations de la misère. Pour conforter mes propos, lorsque j'étais étudiant à l'institut de Physique du globe de Paris de l'université Paris 7, j'avais effectué une présentation sur l'impact environnemental de l'exploitation des mines de cuivres en Zambie. J'ai pu me rendre compte que ces populations zambiennes souffraient de leur richesse sans pouvoir en profiter parce qu'elles étaient criblées de maux inimaginables provoqués par l'exploitation des mines de cuivres. Les maladies cutanées, digestives, respiratoires et la pollution des eaux souterraines sont l'apanage quotidien des populations.

Toujours à Mufulira, la compagnie Changfa mineral resources a obtenu l'accord du gouvernement pour la construction de la mine de Mokambo qui est la 2ème de la ville. Elle produira 3000 tonnes de cuivre par jour, de quoi accroître la production d'or rouge de la Zambie de 5.5% pour atteindre la barre symbolique des 1.5 million de tonnes en 2017.

A côté des gisements de cuivres de la République Démocratique du Congo et de la Zambie qui sont les plus importantes d'Afrique, d'autres gisements ont été mis en évidence, notamment, le gisement de Haib. Il est localisé au Sud de la Namibie dans la région de Karas. Il a été découvert en 1950 par Rio Tinto et Falconbridge.

Ce gisement est exploité par la compagnie canadienne Teck resources limited et posséderait des réserves gigantesques de cuivres et de molybdènes porphyriques.

Tous ces exemples de gisements de cuivres d'Afrique ne sont qu'un faible aperçu de tout le potentiel cuprifère de ce continent. Si je m'en tenais à cet exercice, je ne finirai jamais de passer en revue les gisements de cuivres du continent car ils sont nombreux et découverts en permanence sur tout le continent.

III.1.6 - Le zinc de la Namibie, du Burkina Faso, de la Zambie, de la République Démocratique du Congo, de l'Afrique du Sud et du Maroc

Les minerais de zinc sont généralement associés au plomb, à l'argent et au cuivre. Ils sont très souvent extraits ensembles. Il en découle que les roche-mères du plomb, de l'argent et du cuivre sont aussi celles du zinc. C'est le cas des basaltes et d'autres roches magmatiques ultrabasiques. Le principal minéral des gisements de zinc est la blende (ZnS). Il est connu aussi sous le nom de sphalérite. C'est le sulfure le plus abondant à la surface de la terre. Le zinc a également pour roche-mère, les pegmatites et les filons hydrothermaux qui sectionnent de nombreuses roches pendant leur remontée vers la surface.

Les gisements de zinc les plus prépondérants en Afrique sont répertoriés au Burkina Faso et en Namibie. Cependant, il en existe d'autres en République Démocratique du Congo, en Zambie, en Afrique du Sud et au Maroc.

L'un des gisements de zinc les plus prometteurs d'Afrique et du monde est celui de Perkoa au Burkina Faso. C'est la 1ère mine de zinc de l'Afrique de l'Ouest. Cette énorme réserve de zinc est exploitée par la compagnie Nantou mining Burkina Faso SA, la compagnie suisse Glencore, l'australien Blackthorn resources et l'Etat du Burkina Faso. Elle est située dans la province du Sanguié, au Centre-Ouest du Burkina Faso et à 135 kilomètres à l'Ouest de Ouagadougou, la capitale.

Les études de faisabilité de ce gisement estiment ses réserves de zinc à 6.3 millions de tonnes avec des teneurs à 14.5% soit 913 000 tonnes de zinc exploitables sur environ 12 années. A long terme et à l'issu du développement de la mine, les compagnies exploitantes prévoient de produire un concentré de plomb-argent.

Une autre grande mine de zinc exploitée par les compagnies Glencore et Trévali fait la fierté de l'Afrique. Il s'agit de la mine de Rosh Pinah en Namibie. Ce gisement est localisé dans la région de Karas, à 800 kilomètres au Sud-Ouest de Windoek, la capitale. Ses réserves sont évaluées à 14 millions de tonnes d'or à 2% et de zinc à 8%. On en déduit des réserves approximatives de zinc estimées à 1.2 million.

Tous ces chiffres ne cessent de démontrer que l'Afrique à beaucoup à revendre sur le plan minier. Par conséquent, elle sera certainement d'ici peu de temps, le continent le plus influent de la planète sur le plan économique et géopolitique.

III.1.7 - Le plomb de la République Démocratique du Congo, de la Zambie, de la Namibie, du Burkina Faso, du Zimbabwe et de l'Afrique du Sud

Le plomb est un métal parfois associé au cuivre, au zinc et à l'argent avec lesquels, il partage les mêmes roches-mères, à savoir les roches ultrabasiques dont le basalte. Composée de sulfures de plomb, la galène (PbS) est le principal minéral qui constitue les gisements de plomb. Sa masse contient 86% de plomb. Même si l'anglésite ($PbSO_4$) et la cérusite ($PbCO_3$) sont aussi identifiées comme des porteurs de plomb, ce dernier représente moins de 10% de leur masse en comparaison à la galène.

Une faible partie du plomb trouvée dans l'environnement provient de la décomposition radioactive de l'uranium. C'est de là qu'il tire sa toxicité. Aujourd'hui, en raison de son caractère toxique, il est interdit dans les tuyauteries de distribution d'eau potable depuis 1995 en France et dans d'autres pays occidentaux.

Il est aussi proscrit dans les éléments constitutifs des peintures, des ustensiles de cuisine, des aliments, des produits cosmétiques et dans d'autres produits de consommation.

Le Plomb n'a pas que des caractéristiques néfastes. Il a aussi des qualités avantageuses parce qu'il est très utilisé pour sa grande malléabilité, sa ductilité et sa résistance à la corrosion.

C'est pour tous ses fabuleux atouts qu'il était beaucoup employé pour la fabrication des conduites dans le domaine de la plomberie et de l'assainissement. Le plomb est utilisé comme un matériau principal des toitures car il atténue les rayons x et les rayons γ en servant de protection contre les radiations.

En raison de sa grande résistivité électrique et de son bas point de fusion, il est très souvent sollicité pour la réalisation des fusibles dans le secteur de l'énergie électrique.

Dans le domaine militaire, compte tenu de sa toxicité, le plomb a longtemps été utilisé pour la confection des munitions de guerre et de chasse.

Dans l'imprimerie, en alliage avec l'étain et l'antimoine, le plomb sert à faire les caractères d'imprimerie.

Cependant, l'une des plus grandes applications du plomb est connue dans le domaine de l'électronique.

En effet, comme le cobalt (Co) et le lithium (Li) que j'aborderai dans les prochains paragraphes, le plomb contribue énormément à la réalisation des accumulateurs électriques appelés *batteries*. Ce sont ces accumulateurs qui permettent le fonctionnement des téléphones et des automobiles de nouvelles générations, à savoir les Smartphones et les voitures électriques et hybrides. En exemple, les Etats-Unis qui font partie des trois premiers consommateurs et producteurs de plomb dédient environ 85% de leur production à la fabrication des batteries.

Ainsi, cette application stratégique entraine dans cette dernière décennie, l'ascension des cours du plomb sur le marché des métaux. Elle provoque aussi un recyclage soutenu de ce métal en Afrique et en Chine du fait de leur énorme consommation en produits automobiles et téléphoniques. En 2004, 72% de la consommation du plomb produit était destinée à l'industrie et à l'automobile. Ces deux secteurs consommaient respectivement 19% et 53% du plomb produit.

Actuellement, le plomb est exploité à partir des minerais qui contiennent du zinc, du cuivre et de l'argent. Néanmoins, les deux derniers métaux ont généralement des proportions plus grandes. Il en ressort que tous les grands gisements de cuivre, de zinc et d'argent identifiés en Afrique sont également des porteurs d'importantes réserves de plomb. C'est le cas dans toute la ceinture du cuivre de la République Démocratique du Congo et de la Zambie, au Burkina Faso, en Namibie mais aussi dans d'autres pays d'Afrique comme le Zimbabwe et l'Afrique du Sud.

III.1.8 - L'argent du Maroc, de la République Démocratique du Congo, de la Zambie, du Mozambique, du Zimbabwe et de l'Afrique du Sud

L'argent fait partie de la grande famille des métaux précieux comme l'or et le platine. Il partage très souvent les mêmes roche-mères que le zinc, le plomb, le cuivre, l'aluminium ou même l'or. De ce fait, il est aussi rencontré dans les basaltes.

Compte tenu des liens qui existent entre l'argent et ces métaux, 40% de sa production provient des mines d'argents proprement dites, 30% émanent des mines de zinc et de plomb, 20% viennent des mines de cuivres, 7% découlent des mines d'or et 3% sont issus des mines d'aluminium.

L'argent est un métal ductile et malléable avec un éclat blanc qui en fait sa particularité d'où, son utilisation récurrente dans le domaine de la joaillerie et de l'orfèvrerie pour la confection des bijoux.

Pour sa conductivité électrique qui est meilleure que celle du cuivre, l'argent est abondamment utilisé dans le domaine de l'électronique et de l'électricité. Lorsqu'il est cloisonné entre deux feuilles de papier mylar, il sert dans les contacts électriques des claviers d'ordinateurs. Il est aussi indispensable dans les cartes mères des ordinateurs.

De nos jours, en considérant la place qu'occupent les ordinateurs dans la majorité des foyers de la planète et dans tous les secteurs d'activité du monde, nous voyons l'importance de l'argent dans notre quotidien et la nécessité de le trouver constamment pour répondre à la forte demande du secteur de l'électronique.

En plus, la bonne résistance de ce métal précieux lui vaut d'être prisé dans le secteur de la mécanique automobile et aéronautique puisqu'il est utilisé dans les vilebrequins des locomotives diésel et dans les roulements à billes des turbines.

Aujourd'hui, y a-t- il une famille ou une enseigne de prêt-à-porter dans le monde qui ne possède pas un miroir ? Evidemment qu'ils sont très peu sans doute.

En effet, la fine couche brillante qui permet à l'homme de voir sa silhouette dans le miroir et se mirer lors de ses maquillages provient principalement d'une solution de nitrate d'argent.

Le troisième domaine d'application du minerai d'argent après la joaillerie et l'électronique est la photographie. En fait, les films et les papiers photographiques sont constitués essentiellement d'halogénures d'argent qui ont pour propriété caractéristique d'être sensibles à la lumière. Même si la demande d'argent est en forte chute avec l'avènement des appareils photographiques numériques, ce domaine occupe toujours une place importante pour la consommation de ce métal précieux et onéreux.

Dans le secteur de la musique et de la sonorisation, l'argent est employé dans la confection des instruments musicaux. En exemple, il fait de formidables membranes ou de très bonnes bobines pour l'usage des tweeters des haut-parleurs.

Dans la sphère bancaire, l'argent est utilisé pour frapper des pièces de monnaie et des médailles.

Plusieurs pays africains sont des producteurs d'argent. Le Maroc est le 1er producteur en Afrique et le 16ème au niveau mondial en prenant en compte sa production qui était estimée à 255 et 277 tonnes respectivement en 2013 et en 2014. Le Maroc doit cette performance minière à l'une des plus grandes mines d'argent d'Afrique. Elle est localisée dans le Haut Atlas marocain, face au mont Ablan, dans la ville d'Imiter. Cet important gisement exploité depuis 1969 par la Société métallurgique d'Imiter (SMI), filiale du groupe Managem, produit plus de 240 tonnes d'argent par année. Pour attester le dynamisme de cette mine, la SMI a obtenu un chiffre d'affaires de 74 millions d'euros en 2010, ce qui place le Maroc, sans grande concurrence, à la tête des pays producteurs d'argent en Afrique.

Ce gisement qui vient s'ajouter aux mines d'argent en production dans toute la ceinture du cuivre du Congo et de la Zambie ainsi qu'en Afrique du Sud, au Zimbabwe et au Mozambique, ne fait que confirmer le riche potentiel minier du continent africain.

III.1.9 - Le nickel de Madagascar, de l'Afrique du Sud, du Botswana, de la Côte d'Ivoire, du Burundi et du Cameroun

L'harzburgite et la dunite sont des roches ultrabasiques qui jouent le rôle de roche-mère pour le nickel. C'est le processus d'altération de ces roches qui aboutit à l'expulsion du nickel qu'elles contiennent. En raison de sa teneur élevée en nickel, la garniérite est l'un des principaux minéraux dans lequel se refugie cette substance minérale stratégique.

Le nickel est un métal aux multiples caractéristiques. Il est dur, ductile, malléable, résistant à l'oxydation et à la corrosion. Toutes ces propriétés physiques lui donnent la possibilité d'être utilisé dans la confection des pièces de monnaie, notamment, dans les pièces d'un et de deux euros et certaines pièces de monnaie américaines et canadiennes.

Le nickel est couramment associé au cobalt (Co) avec lequel, il constitue de très bons alliages connus sous le nom de *superalliages*. Ces superalliages sont employés pour la construction des turboréacteurs et des moteurs d'avions dans le domaine de l'aéronautique.

L'Afrique fait partie des grands producteurs de nickel du monde. Plusieurs pays africains en sont des exportateurs. C'est le cas de l'Afrique du Sud, 10ème producteur mondial et de Madagascar, 12ème producteur mondial. Leurs productions s'élevaient respectivement à 55 000 et 37 000 tonnes en 2014.

Au nombre des réserves de nickel les plus remarquables du monde et d'Afrique est cité le gisement de Nkomati. Il est localisé dans la province de Mpumalanga en Afrique du Sud. Selon les études de la compagnie russe Norilsk nickel, 1er producteur mondial de nickel et African rambow minerals, les réserves de Nkomati sont estimées à 241 millions de tonnes de nickel à 0.35%. A ces minerais en forme de sulfures s'additionne la présence de platinoïdes, de cuivres, de cobalts et de chromites. Cette mine de nickel est exploitable jusqu'en 2017.

A Nkomati s'ajoute le gisement de nickel de Tati au Botswana avec un potentiel nickélifère évalué à 239 millions de tonnes à 0.22%.

Le rang occupé par Madagascar dans le classement des pays producteurs de nickel n'est pas un hasard. Ce pays détient dans sa région Est, une mine de nickel et de cobalt qui emploie plus de 9000 personnes quand les prix de ces matières premières minérales sont élevés. C'est le gisement d'Ambatovy qui devrait produire annuellement, 60 000 tonnes de nickel et 6 000 tonnes de cobalt sur environ 30 années. Pour faire face aux enjeux économiques et stratégiques qui accompagnent l'exploitation de ce gisement, madame Daniella RANDRIAFENO, ancienne ministre des Mines de Madagascar n'a pas hésité à dire en 2012, lors de l'inauguration de ce projet minier, les mots suivants:

«Ambatovy, c'est l'assurance d'un développement économique social. La concrétisation d'années d'efforts politiques pour développer le secteur minier. Une chance pour le pays.»

Quelque temps après, c'est la Banque mondiale qui monte au créneau en affirmant ces propos dans un rapport datant d'octobre 2012 :

« Le PIB malgache devrait connaître une croissance plus forte dès cette année, reflétant le démarrage du projet Ambatovy. Néanmoins, il ne devrait pas y avoir d'effets favorables à court et moyen terme sur l'emploi et les conditions des ménages. »

C'est une preuve supplémentaire qui démontre clairement, la valeur ajoutée de l'exploitation des ressources minières pour le développement des pays producteurs africains même si leurs populations n'en profitent pas toujours.

Le Burundi joue également sa part dans la production de nickel. Le 8 décembre 2016, c'est monsieur Joseph BUTORE, vice-président chargé de l'économie du Burundi qui annonçait la découverte d'un gisement de nickel à Musongati, dans la province de Rutana. Ces réserves sont évaluées à 180 millions de tonnes. Toujours au Burundi, un autre gisement de 90 millions de tonnes de nickel a été identifié à Waga-Nyabikere dans la province de Karusi. Ces deux gisements sont exploités par la compagnie Burundi mining metallurgy (BMM), des investisseurs nationaux, l'Etat Burundais et des organisations non gouvernementales (ONG). Ils se partagent les parts.

Plusieurs autres gisements de nickel sont répertoriés en Afrique, notamment, dans la localité de Sipilou, à l'Ouest de la Côte d'Ivoire où, une réserve de métaux de base a été estimée à 259 millions de tonnes par la compagnie suisse Glencore.

Au Cameroun, ce sont les gisements de Lomié et de Nkamouna qui ont été mis en évidence avec une réserve de 68 millions de tonnes de nickel à 0.66%, de cobalt à 0.26% et de manganèse à 1.48%.

Au risque de ne pas finir de les citer, je m'arrêterai sur ces quelques exemples de gisements de nickel en Afrique puisque la liste est longue et ne fait que se rallonger au fil des années.

Pour toutes les personnes qui doutaient encore du potentiel minier de cette partie du monde, ces chiffres viennent attester que l'Afrique est bel et bien un continent riche.

III.1.10 - Le platine de l'Afrique du Sud et du Zimbabwe

La pyroxénite est une roche magmatique ultrabasique. Elle est l'une des principales roches-mères des minerais de platine. Le platine est un métal prestigieux qui est très souvent associé à d'autres métaux précieux comme l'or et le palladium. Cependant, on peut le trouver aussi au voisinage du fer, du cuivre et du nickel.

Le platine est une substance minérale noble, très appréciée dans le domaine de la joaillerie compte tenu de sa résistance à l'abrasion et au ternissement. Il ne s'oxyde pas et ne s'altère pas à l'air libre. Une telle stabilité chimique attire les experts de la mode et représente un atout exceptionnel pour les professionnels de la bijouterie.

Le platine est un métal multifonctionnel. Il est utile sur le plan militaire puisqu'il contribue à la conception des explosifs. Il est également employé dans l'imagerie avec un apport considérable dans les tirages photographiques.

Son utilité s'apprécie aussi dans le secteur énergétique car il intervient dans le raffinage du pétrole à travers les catalyseurs au platine.

Aujourd'hui, compte tenu de sa rareté, le platine est un métal plus précieux que l'or. Il est avéré qu'environ 20% des produits manufacturés dans le monde contiennent au moins une quantité de platine d'où, son importance incontestable.

En 2005, l'Afrique constituait à elle seule, environ 77% de la production mondiale de platine sachant que les réserves actuelles de platine sur la terre sont estimées à 13 000 tonnes seulement.

Actuellement, l'Afrique du Sud est le 1er producteur de platine. Sa production annuelle varie entre 50 et 60 tonnes alors que la production mondiale de platine est de 230 tonnes par année. C'est la preuve qu'elle mène les débats sur les marchés du platine.

Elle possède 80% des réserves de platine dans le monde et constitue environ 90% de la production mondiale avec la Russie. L'Afrique du Sud doit à trois mines, sa notoriété sur le marché international du platine.

La première qui emploie plus de 70 000 personnes est représentée par l'ensemble des cinq mines du bassin de Rustenburg. Elles sont localisées dans la région de Marikana, précisément, dans la ceinture du platine, au Nord de l'Afrique du Sud, à 100 kilomètres de Johannesburg. A ce jour, ce sont les plus grands gisements de platine du monde. Ces mines sont exploitées par Impala platium, Lonmin et Anglo american platium (Amplats) qui est le numéro un mondial du platine.

La deuxième est la mine d'Eland située au Nord-Ouest du pays. Elle était exploitée par la multinationale suisse Glencore qui a annoncé sa fermeture en octobre 2015 suite à des problèmes financiers.

La troisième est la mine d'Union. Elle est également exploitée dans le Nord du pays par Amplats qui envisageait de la fermer comme certaines mines de Marikana suite à plus de cinq mois de grève des salariés. Ces revendications ont eu des conséquences économiques profondes sur la vie de la compagnie.

En plus de l'Afrique du Sud, le Zimbabwe est l'un des plus importants producteurs de platine. Il occupe le 2ème rang sur le continent et dans le monde. Il détient la 2ème plus grande réserve de platine du monde après l'Afrique du Sud et avant la Russie. Le Zimbabwe a atteint ce statut grâce à plusieurs gisements, notamment, celui de la mine de Darwendale située à 70 kilomètres de Harare, la capitale. Ce gisement est exploité par la compagnie russo-zimbabwéenne Rushchrome mining. C'est l'un des plus grands de la planète avec des réserves prouvées de platine avoisinant 19 tonnes et 775 tonnes d'autres substances minérales métalliques.

En juillet 2016, la Reserve bank of Zimbabwe (RBZ) a révélé que le pays a produit pour le premier semestre environ 4.321 tonnes de platine, soit une hausse de 43% en comparaison à la production du premier semestre 2015 qui s'élevait à 2.030 tonnes.

Voilà d'autres preuves du dynamisme minier du Zimbabwe, de l'Afrique du Sud et bien au-delà, de toute l'Afrique.

III.1.11 - Le lithium du Mali, du Zimbabwe, de la Namibie, de l'Afrique du Sud, du Rwanda et de la République Démocratique du Congo

Le lithium est un métal alcalin mou et de couleur gris-argentée. Compte tenu de sa haute réactivité, il est difficile de le trouver à l'état natif ou métallique dans le milieu naturel mais plutôt sous forme de composés ioniques. Pour cela, il est dit du lithium qu'il est un métal qui n'aime pas se balader seul dans la nature puisqu'il a pour coutume de s'associer à d'autres éléments pour maintenir sa stabilité.

A l'état métallique, le lithium réagit et s'oxyde rapidement au contact de l'eau et de l'air en passant de la couleur gris-argentée à une teinte gris-foncée puis noire d'où, sa conservation dans de l'huile minérale pour le protéger.

Malgré ce fait, des roches-mères susceptibles de contenir des concentrations non négligeables de lithium et rentables économiquement existent. C'est le cas de la pegmatite qui est une roche magmatique avec de grands cristaux de taille supérieure à 20 mm et dont la composition est comparable à celle du granite avec des quartz, des feldspaths et des micas comme composants principaux et des minéraux accessoires. Les pegmatites forment très souvent des filons dans le voisinage des plutons granitiques. Ainsi, comme sa roche-mère, le lithium se trouvera également dans des filons.

Le lithium est une impureté des sels d'autres métaux alcalins. C'est le motif pour lequel dans la nature, il est répertorié sous forme de chlorures dans les saumures (solution aqueuse d'un sel, généralement, le chlorure de sodium : sel de cuisine, saturé et à forte concentration) issues des vieux lacs salés continentaux et des eaux géothermales des champs pétroliers.

Le lithium est aussi exploité sous forme de silicates dans le spodumène (silicate de lithium et d'aluminium), dans la pétalite et dans les pegmatites.

Il est également trouvé dans l'hectorite qui est une argile provenant de l'altération hydrothermale du tuf (roche constituée par des cendres volcaniques) et dans la jadarite (un borate, c'est-à-dire, un minéral composé d'atome de bore et d'oxygène).

Le lithium est le 33ème élément le plus abondant dans la croute terrestre après le nickel, le cuivre et le tungstène. Il est le métal le plus léger car il a la plus faible masse moléculaire, la plus basse densité et possède une masse volumique (0.534g/cm^3) qui est inférieure de moitié à celle de l'eau. Cette propriété physique lui permet d'être le seul métal capable de flotter sur les huiles d'hydrocarbures et l'eau. Cependant, c'est le solide qui a la plus grande chaleur massique.

Il est fortement recherché par l'industrie minière parce qu'il a des multiples emplois. Il est nécessaire pour la fabrication des verres et des céramiques. Ce secteur consommait 35% de la production de lithium en 2014.

Le lithium est aussi un métal de haute technologie. De ce fait, il est utile dans le domaine des technologies de l'information et de la communication. Avec le cobalt, il est l'un des composants principaux des piles et des batteries lithium-ion dont sont équipés nos ordinateurs portables et nos téléphones mobiles depuis 1992.

En effet, le lithium sert d'anode de batterie compte tenu de son fort potentiel électrochimique. En 2000, ce secteur représentait 9% de la consommation de lithium et en 2014, il absorbait 31% du lithium produit. Aujourd'hui, la demande de lithium dans ce domaine est de plus en plus forte car les batteries au lithium représentent 66% du marché des batteries rechargeables et cette tendance n'est pas prête à s'arrêter de si tôt. Les raisons qui me poussent à faire une telle affirmation se trouvent dans la dynamique évolutive observée cette dernière décennie, dans l'industrie automobile avec la fabrication des voitures hybrides ou essentiellement électriques. Elles doivent leur fonctionnement à ces batteries faites de lithium. En 2015, à l'échelle mondiale, le nombre de voitures hybrides et électriques susceptibles d'utiliser des batteries au lithium rechargeables était estimé à cinq millions soit 10% des nouvelles voitures fabriquées.

En plus, le secteur de l'informatique n'est pas en marge puisque le nombre d'ordinateurs ne cesse de croître sur le marché. Aujourd'hui, la majorité des ordinateurs fabriqués par Toshiba, Dell, HP, Microsoft et toutes ses grandes compagnies de l'électronique fonctionne grâce aux batteries conçues avec le lithium. Tous les téléphones confectionnés par Samsung, Apple, Sony et toutes leurs applications mobiles intégrées, sont fonctionnels grâce aux batteries de lithium.

Avez-vous déjà compté le nombre de fois que vous chargez votre téléphone ou votre ordinateur dans la journée ? C'est impressionnant ! Nous le faisons tous à longueur de journée. N'en témoignent l'usage abusif des nombreuses applications qui sont créées par centaine chaque jour. A cela s'ajoutent les heures passées sur les réseaux sociaux qui contribuent énormément à décharger les batteries de nos téléphones et même, à les user. D'ailleurs, aujourd'hui, nos téléphones portables ont perdu leur fonction première qui consistait à effectuer des appels téléphoniques au profit de l'accoutumance aux applications, aux jeux et aux réseaux sociaux.

Le lithium est aussi employé dans la conception des graisses lubrifiantes, dans la production de caoutchouc et de thermoplastique et dans la métallurgie de l'aluminium.

Dans le domaine pharmaceutique, il intervient dans la chimie fine pour lutter contre les troubles du sommeil, la nervosité, les scléroses et d'autres maladies.

Le peroxyde de lithium est utilisé pour extirper le dioxyde de carbone de l'air, notamment, dans les milieux restreints et confinés tels que les sous-marins et les navettes spatiales.

Dans la physique nucléaire, le lithium est indispensable dans les réactions nucléaires pour la production du tritium qui sert à la fusion nucléaire.

Dans l'aéronautique, les alliages lithium-aluminium servent à fabriquer des pièces d'aéronefs dont celles de l'avion de guerre français dénommé *Rafale*.

Selon l'United State Geological Survey (USGS), les réserves mondiales de lithium sont évaluées à 25 millions de tonnes.

Ces chiffres son contestés par d'autres groupes de recherches. Cependant, tous sont unanimes pour dire que ces réserves ne suffiront pas à satisfaire la demande dans les secteurs en vogue de l'informatique et de l'automobile.

Pour exemple, en 2003, le coût de la tonne de lithium avoisinait les 300 dollars et en 2008, il atteignait 3000 dollars.

En Afrique, les principaux gisements de lithium se trouvent au Zimbabwe, au Mali, en Afrique du Sud, en Namibie, en République Démocratique du Congo, au Rwanda et au Sénégal.

Au Zimbabwe, la mine à ciel ouvert de Bikita est le gisement de référence en lithium avec une teneur à 4.45% et une production de 33 000 tonnes par année.

Au Mali, un gisement de lithium dénommé Goulamina a été mis en évidence au Sud du pays à Bougouni. Il s'étend en affleurement sur 700 mètres de long et est profond de 150 mètres. Selon les premières études de la compagnie minière australienne Birimian limited, les reserves du gisement Goulamina sont comprises entre 15 et 18 millions de tonnes avec des teneurs en lithium qui oscillent entre 1.8 et 2.2% et un taux de récupération expérimental à 6.7%. Compte tenu du caractère stratégique et attrayant du lithium, en 2016, l'Etat a reçu une proposition d'achat du gisement Goulamina pour un montant de 107.5 millions de dollars. Cette mine sera construite en 2019 et sa production débutera en 2021. Elle donne beaucoup d'espoir au Mali parce qu'elle va nécessiter un investissement compris entre 86.9 et 142 millions de dollars. Monsieur Greg WALKER a confirmé son potentiel minier en disant ceci en octobre 2017 :

« L'étude de préfaisabilité qui s'est basée sur les ressources minérales indiquées actuelles, prouve que Goulamina est potentiellement un projet solide, tant techniquement qu'économiquement… »

Le projet Goulamina aura une durée de vie de 9 à 14 années.

Au-delà de l'Australie, un pays comme la Chine qui est le 1er consommateur de lithium, n'hésitera pas à investir dans de tels projets vu qu'elle est une grande nation productrice de batterie au lithium.

III.1.12 - Le coltan de la République Démocratique du Congo, du Rwanda, du Burundi et de l'Ouganda : une matière première minérale qui attire le monde

Le coltan est un minéral de couleur noire ou brun-rouge. Il est formé par la combinaison de deux minéraux, à savoir la colombite et la tantalite.

Le nom *coltan* est justement une abréviation provenant des diminutifs de ces deux minéraux : *col* pour *colombite* et *tan* pour *tantalite*. De ce métal est retiré le nobium ou colombium et le tantale.

Le coltan est un métal stratégique pour les pays développés mais aussi pour les pays producteurs en voie de développement, notamment, certains pays africains.

Le coltan porte également l'appellation *minerai du sang* comme le diamant compte tenu des nombreuses polémiques, des trafics divers et des conflits interminables qui se concentrent préférentiellement dans les zones où ses gisements ont été identifiés.

Justement, les plus importants gisements de coltan sont localisés en Afrique Centrale, précisément, en République Démocratique du Congo, dans la région du Kivu. Cette région possède 60 à 80% des réserves mondiales de coltan. C'est aussi l'une des causes pour lesquelles, le Kivu est fortement perturbé sur le plan social depuis deux décennies. Son instabilité est donc liée à tous les enjeux géopolitiques, géostratégiques et économiques qui s'y développent. La présence de coltan dans son sous-sol suscite des passions parfois démesurées et meurtrières. Sans le vouloir, le Kivu est aujourd'hui un centre de jeu, de bataille et de conquête géopolitique et économique pour toutes les grandes compagnies minières issues des pays développés.

Les enjeux et les intérêts générés par le coltan sont tellement importants et stratégiques qu'ils dépassent les limites de la République Démocratique du Congo.

En effet, le monde est attiré par cette matière première minérale d'avenir. Imaginez un instant que les Etats-Unis, la France, la Chine, le Royaume-Uni et même l'Inde concentrent et déploient toute leur énergie sur un seul pays pour s'approprier un trésor dont le monopole suffirait à assurer pendant des décennies leur développement ? C'est ce contexte géostratégique qui est celui de la République Démocratique du Congo et de la région du Kivu depuis des décennies.

Pour marquer son caractère hyper attractif et vital, le coltan est aussi appelé l'*or gris* puisque depuis 2001, son coût ne cesse de grimper vu la forte demande qui entoure sa production et la dimension stratégique de ses réserves pour les Etats. Aujourd'hui, cette matière première minérale est tellement prisée sur le marché international que son exploitation est plus rentable que celle de l'or.

Il fut une période au cours de laquelle, le kilogramme de coltan était vendu à 500 dollars mais actuellement, il a augmenté de plus de 2000%.

Alors, pourquoi le coltan est-il si stratégique et recherché? Pourquoi toutes les grandes puissances du monde veulent se l'approprier ? Ses propriétés physiques exceptionnelles permettent de répondre à ces questions.

En effet, le tantale qui est extrait du coltan est recherché pour sa forte résistance à la corrosion et à la chaleur. Ces qualités en font une substance minérale très utilisée sur le plan militaire pour la conception des fusées et des missiles.

Au plan aéronautique, ces propriétés typiques du coltan sont mises à profit dans la constitution d'alliages de cobalt et de nickel qui permettent de fabriquer des réacteurs d'avions et de produire de l'acier.

Au plan nucléaire, le coltan sert de revêtement aux échangeurs de chaleur. Ce sont des dispositifs des centrales nucléaires qui ont pour fonction de transférer l'énergie thermique d'un fluide à un autre sans les mélanger. Ce flux thermique se fait uniquement à travers la surface d'échange qui les sépare.

Un autre secteur accro au coltan est celui de l'électronique. Il monopolise 60 à 80% de la production du tantale. C'est donc le domaine principal qui absorbe la majorité du coltan produit.

Si les Etats-Unis, la France, la Chine, l'Inde, la Russie et tous les pays occidentaux ne cachent pas leur volonté d'acquérir incessamment le coltan et à tous les prix, c'est parce qu'ils se soucient en permanence de leurs populations et de leur développement économique et technologique.

En vérité, ils veulent garantir et pérenniser le développement des nouvelles technologies de l'information et de la communication (NTIC) dans leur nation pour le bien-être et l'épanouissement social de leurs populations. Ils ont compris que le monde actuel est contrôlé par ceux qui maîtrisent les canaux de communication via les NTIC. Sur ce point, il ne faut pas oublier que le coltan est classé dans le groupe des métaux stratégiques de haute technologie.

Dans ce XXIème siècle qui est l'ère du numérique, le coltan est un élément essentiel des appareils informatiques et électroniques connectés. La preuve vient de son emploi insurmontable dans la fabrication des microprocesseurs d'ordinateurs, des condensateurs de téléphones portables et d'appareils photographiques numériques etc.

Il doit aussi sa notoriété à son taux de fusion élevé et à sa grande densité énergétique. Ces dernières contribuent significativement à la régulation de la tension et à la conservation de l'énergie électrique dans les petits volumes. C'est d'ailleurs pour cette raison que le coltan est largement utilisé dans le processus de miniaturisation des appareils numériques de nouvelle génération.

Vous avez sûrement du coltan dans un coin de votre maison. Il fait partie de votre quotidien. Vous l'utilisez certainement par inadvertance. En ce moment, vous avez peut-être du coltan dans vos mains parce que le support électronique ou la tablette tactile avec laquelle vous lisez ce livre contient sans doute du coltan.

Nous sommes dans l'ère des nouvelles technologies de l'information et de la communication. La force et l'hégémonie des NTIC proviennent des innovations en produits High-techs tels que les Smartphones, les Iphones et de nombreux autres appareils connectés. Toutes les entreprises spécialisées dans ces nouvelles technologies numériques de pointe sont les principaux acheteurs du coltan. Parmi elles, sont identifiées des grandes multinationales de la téléphonie, de l'imagerie et des jeux vidéos, à savoir Motorola, Apple, Alcatel,

Nokia devenue Microsoft, Samsung, Bayer, Nikon, NEC, Bouygues, SFR, Orange, Sony qui a conçu la PlayStation 3 etc.

En exemple concret, pendant l'année 2000, c'est justement la pénurie mondiale et l'augmentation du coût du coltan qui a empêché la production en quantité suffisante de la Playstation 2 de Sony.

Le coltan était considéré auparavant comme un minerai secondaire de l'étain jusqu'à ce qu'il soit un minerai recherché en priorité pour son caractère stratégique. Il a pour roche-mère, les granitoïdes, au même titre que l'étain.

Il est aussi un minerai composite constitué de plomb, de niobium, de l'uranium 238 et du thorium 232. Ces minerais accessoires lui confèrent une radioactivité à laquelle sont exposés des petits exploitants locaux. Ces derniers l'exploitent de façon artisanale au péril de leur vie, par méconnaissance des risques qu'ils encourent. C'est le cas au Kivu, en République Démocratique du Congo, le principal grenier de coltan dans le monde. Dans cette région, des enfants miniers sont soumis quotidiennement à ce désastre environnemental et sanitaire.

C'est cela que Judith PRATT, une journaliste espagnole, a tenté de mettre en évidence par l'intermédiaire des photos (Figure 35) prises en pleine exploitation artisanale de coltan à Rubaya, dans le Nord-Kivu. Sur ces clichés, on peut voir des jeunes mineurs mis à contribution dans des galeries peu consolidées au péril de leur vie. D'ailleurs, ces photos ont fait le tour du monde et je ne pouvais m'empêcher de les mentionner car elles parlent d'elles-mêmes.

Même si l'Australie est désignée officiellement comme le pays qui fournit 80% de la production du coltan avec des chiffres à prendre avec des pincettes, les initiés savent qu'officieusement, c'est la République Démocratique du Congo qui mène les débats de la production mondiale de ce minerai.

Etrangement, selon un rapport de l'Onu, le Rwanda, le Burundi et l'Ouganda qui n'exploitent pas le coltan sur leur territoire en sont des producteurs. Comment est-ce possible ? Y a-t-il un réseau parallèle qui exploite le coltan pour le compte de ces pays frontaliers de la République Démocratique du Congo ?

D'après ce même rapport, ces pays entretiennent et profitent des conflits qui affectent les régions productrices de coltan de la République Démocratique du Congo pour acheter et mettre sur le marché, des tonnes du coltan extraits de son sous-sol.

Les conclusions du rapport de l'Onu ne sont pas loin d'être confirmées au regard des statistiques de la Banque nationale du Rwanda (BNR). Les données de la BNR révélaient que les recettes enregistrées pour le seul minerai de coltan avoisinaient 134.5 millions de dollars en 2014 alors que l'addition des recettes de tous les autres minerais exportés dans la même période, atteignait à peine 226.2 millions de dollars.

A la suite de ces chiffres, monsieur Imane EVODE, secrétaire d'Etat aux Ressources naturelles du Rwanda, à travers une interview accordée à *KT Press*, indiquait que le Rwanda avait pour ambition d'atteindre la barre symbolique des 400 millions de dollars de recette provenant des minerais exportés en 2017. En plus, il précisait que cette performance aurait pour conséquence immédiate, la création de 600 000 emplois directement liés à ces activités minières.

Si nous considérons les chiffres des recettes rwandaises sur l'exportation du coltan, il est légitime de se poser plusieurs questions sur l'origine de ce minerai puisque ce pays ne possède pas de grands gisements de coltan mais plutôt, la République Démocratique du Congo.

En effet, depuis la découverte du coltan dans cette région et la mise en évidence de son caractère stratégique et technologique, des conflits multiples, avec plus de 20 groupes armés, ne cessent de proliférer dans le Kivu. Des statistiques non exhaustives font état de plus de huit millions de morts avec des femmes violées, mutilées, des famines et de nombreux déplacés qui fuient ces zones productrices de coltan. Cependant, la demande de coltan et les différentes offres et séries de téléphones et d'ordinateurs de dernière génération continuent de croître malgré l'état de crise et d'urgence permanent observé depuis plus d'une décennie, dans cette région d'Afrique.

La solidarité et la culture africaine souhaiteraient que des voisins africains ne profitent pas des malheurs du frère d'en face pour s'enrichir mais ce n'est pas le cas entre la République Démocratique du Congo et ses pays limitrophes.

Cette réalité est sue de tous, cependant, elle dure depuis de nombreuses années par l'égoïsme de certains gouvernants, de multiples multinationales et de plusieurs hommes d'affaires tapis dans l'ombre.

Si le coltan exploité servait à l'épanouissement des populations congolaises, personne n'aurait crié au scandale. Seulement, le drame vient du fait que les retours financiers de l'exploitation de ce minerai de haute valeur ne vont pas dans la poche des modestes citoyens congolais mais dans celles de quelques personnes privilégiées. Les recettes de la vente du coltan ne se voient pas dans leur quotidien car elles croupissent à longueur de journée sous le poids de la misère et n'ont même pas le minimum pour vivre décemment. En un mot, elles survivent en dessous du seuil de pauvreté.

Hélas ! Le décor économique et le sous-développement exacerbé de la République Démocratique du Congo est triste tout en étant aussi paradoxal. Malgré toutes ses richesses, la République Démocratique du Congo que certains appellent *pays-continent* ou *pays de scandale géologique* en raison de sa grande superficie et de ses importantes matières premières minérales, est classée comme un *pays pauvre très endetté (PPTE),* 57 années après son indépendance en 1960. Tel est le constat parce qu'elle n'a jamais eu le contrôle sur les minerais de son sous-sol comme plusieurs pays producteurs africains.

Pourquoi des entreprises telles que Microsoft, Apple et Samsung parviennent au fil des années, à avoir des chiffres d'affaires en croissance alors que la République Démocratique du Congo et toute l'Afrique Centrale où elles prennent le coltan, n'arrivent pas à amorcer leur développement économique et social ?

Le jour où le monde économique et politique apporteront une réponse franche et conséquente à cette question, avec une prise en compte sans langue de bois de tous les paramètres géopolitiques et financiers, le soleil du changement se lèvera sur plusieurs pays africains en voie de développement et leurs populations vivront mieux.

Figure 35 : Conditions difficiles d'exploitation artisanale du coltan par les populations à Rubaya dans le Nord-Kivu en République Démocratique du Congo (Judith PRATT)

III.1.13 - Le cobalt de la République Démocratique du Congo, de la Zambie, du Cameroun, du Botswana, du Maroc, de l'Afrique du Sud et de l'Ouganda

La péridotite est une roche plutonique ultrabasique dont la plus fréquente est l'harzburgite. Elle est une roche-mère pour le cobalt mais aussi pour d'autres métaux stratégiques. Elle s'altère généralement par hydratation pour donner une roche appelée la serpentinite. Pour trouver des gisements de cobalt, il va donc falloir rechercher ces familles de roches.

Actuellement, le cobalt fait partie des huit premières matières minérales stratégiques du monde. Il tient son importance de la qualité de ses propriétés physiques, à savoir sa résistance à la corrosion et sa ductilité. Ces dernières favorisent son emploi dans les alliages de prothèses dentaires et dans les superalliages à base d'acier qui sont utiles à la conception des pièces de turbines à gaz et des réacteurs d'avion. Grâce à elles, le cobalt est aussi sollicité dans les carbures pour la réalisation des matériaux de coupes dit *aciers rapides*. Aujourd'hui, 75% de la production du cobalt est utilisée pour fabriquer des alliages et de l'acier.

En plus, ses grandes propriétés chimiques lui permettent d'être employé comme un agent catalyseur dans les peintures, les encres et dans l'industrie pétrolière et chimique. Il sert aussi à la fabrication des pneus et des colles.

Du fait de ses propriétés magnétiques, le cobalt est utilisé comme un puissant aimant et comme un matériau de fabrication des outils qui permettent des enregistrements sur des bandes magnétiques.

En ce moment, les domaines en vogue et en ascension dans l'utilisation du cobalt sont ceux de l'électronique et de la télécommunication.

En effet, au même titre que le lithium, le cobalt est employé dans les accumulateurs de type lithium-ion, c'est-à-dire, dans les batteries de nos téléphones portables, nos ordinateurs et nos appareils électroniques de dernière génération.

En réalité, l'une des deux électrodes de ces batteries est composée de dioxyde de cobalt ($LiCoO_2$). Cela veut dire que la dynamique croissante du marché du lithium est aussi celle du cobalt.

De nos jours, les batteries lithium-ion ont une place considérable sur le marché de l'électronique avec toutes ces innovations High-techs. Les tablettes Androïdes, les séries d'Iphones et de Smartphones se succèdent au fil des années, ce qui augmente par conséquent, la demande de cobalt. Aujourd'hui, le domaine des NTIC représente environ 30% de la consommation du cobalt. Ne dit-on pas que nous sommes dans l'ère des nouvelles technologies de l'information et de la communication (NTIC)?

Dans l'industrie automobile, avec la montée en puissance des véhicules hybrides et électriques qui requièrent des batteries rechargeables, un nouveau marché prometteur s'ouvre pour le cobalt. Selon les statistiques, la consommation du cobalt devrait doubler en moins de dix années pour atteindre 76 000 tonnes en 2025. Si la batterie d'un Iphone nécessite 5 à 10 grammes de cobalt raffiné, celle d'une voiture électrique requiert environ 15 000 grammes, c'est-à-dire, 15 kilogrammes. En 2016, le coût de la tonne de cobalt raffiné a varié assez rapidement entre 20 000 et 26 000 dollars.

Ainsi, face à ce besoin permanent et évolutif de cobalt, la question qu'on peut légitimement se poser est de savoir où trouve-t-on en abondance cette importante substance minérale ? Eh bien ! Sans risque de me tromper, c'est encore l'Afrique qui possède la majorité des réserves de cobalt dans le monde. En 2005, sa production représentait à peu près 56% de la production mondiale.

Le cobalt se trouve dans notre environnement, à savoir dans l'eau, dans l'air, dans le sol et dans tous les écosystèmes parce que les gaz d'échappement des voitures et des avions en possèdent aussi. De même, les mines de cobalt et les fumées qui proviennent de la combustion du charbon et du pétrole dégagent des particules de cobalt dans l'atmosphère. Ce minerai a donc de nombreux avantages mais il possède aussi des inconvénients et des limites qui peuvent être nuisibles à la santé de l'homme.

En effet, le cobalt détient des isotopes radioactifs, notamment, le cobalt 60. Cela sous entend qu'il peut être cancérogène d'où, la nécessité de prendre des précautions pour son exploitation. Malheureusement, la plupart du temps, ce n'est pas le cas dans plusieurs mines d'Afrique exploitées de façon artisanale par les populations locales. Elles s'exposent ainsi à des irradiations radioactives aux conséquences néfastes pour la santé et souvent irréversibles à court et à long terme.

En République Démocratique du Congo, c'est à peu près 100 000 à 150 000 creuseurs artisanaux qui prennent ce risque chaque jour par méconnaissance des dangers auxquels ils s'exposent (Figure 36). Comme dans des mines de coltan, des enfants sont très souvent confrontés à ce même risque sanitaire car ils sont employés dans des mines de cobalt en République Démocratique du Congo. Pour attester mes propos, de nombreux reportages vidéo effectués sur le sujet sont encore disponibles sur Youtube et les différents moteurs de recherche. Ainsi, la chaîne française *RTL Info* a réalisé un reportage pertinent sur l'emploi des enfants dans les mines artisanales de cobalt. Dans cette vidéo, on entend un enfant soumis à ces travaux miniers au détriment de sa santé, dire ceci :

« Tous les matins, je me réveille et j'ai vraiment peur d'aller travailler. Tout me fait mal. »

Dans cette même vidéo, un homme adulte engagé dans cette mine artisanale de cobalt est interviewé. Il a un cou enflé. Ce symptôme montre qu'il est atteint de la maladie appelée communément goître. Comment a-t-il eu cette maladie ? Il l'explique en ces termes :

« On a juste bu de l'eau. Elle sortait naturellement de la roche. »

Un autre homme explique à son tour, les manifestations anormales qu'ils observent à la naissance de leurs enfants :

« Beaucoup de bébés naissent avec des infections graves. Ils naissent avec un corps couvert de boutons. »

Dans une autre vidéo accessible sur Youtube et publiée par le site www.infochretienne.com, on peut voir et entendre un enfant des mines de cobalt dénommé Dorsen, âgé de huit ans, tenir les propos suivants, après avoir travaillé sous la pluie aux ordres d'un contremaître :

« Quand je travaille, je souffre. Ma mère est déjà morte et je dois travailler toute la journée. »

Quant à Richard âgé de 11 ans, il ne manquera pas de dire ceci :

« Quand je me réveille le matin, je me sens très mal de savoir que je dois revenir encore ici. Tout me fait mal. »

Dans cette vidéo, on voit des enfants dont certains sont âgés de quatre ans, porter des sacs de cobalt et trier les grains extraits sans porter des gants, ce qui les expose à des infections cutanées et respiratoires dans l'indifférence de ceux qui achètent cette matière première minérale. De surcroît, ces enfants sont régulièrement menacés par leurs employeurs et travaillent plus de 12 heures par jour.

Figure 36 : Un creuseur descendant dans un puits foré artisanalement dans une mine de cobalt à Kawama en République Démocratique du Congo (Washington Post, 2016)

Il est vrai que l'Afrique est au centre de l'exploitation du cobalt et que je souhaite l'exploitation de ce minerai pour le développement social et économique de ce continent mais pas à n'importe quel prix. De telles entreprises doivent se faire selon la législation en vigueur, dans le respect de la vie et de la santé de ceux qui travaillent dans ces mines de cobalt, c'est-à-dire, dans un environnement hygiénique acceptable et conventionnel.

Des pays africains sont connus pour l'importance de leurs gisements de cobalt. Ils occupent une place honorable au classement des pays producteurs de cette substance minérale. C'est le cas de la Zambie qui fut le 1er producteur de cobalt dans le monde, de la République Démocratique du Congo qui possède dans la province du Katanga, plus de 50% des réserves de cobalt identifiées sur la planète.

Environ 60% du cobalt produit dans le monde provient du Sud de la République Démocratique du Congo, précisément, de la région de Kolwezi. Aujourd'hui, ce pays a ravi la place de leader de la production à la Zambie. Cet exploit est dû à ses exportations de cobalt qui sont passées de 26 168 tonnes en 2007 à 119 341 tonnes en 2013 selon la division des Mines et de la Géologie du gouvernement de la province du Katanga.

Parmi les grands gisements de cobalt de la République Démocratique du Congo, celui de Tenke Fungurume, au Sud-est du pays, sort du lot avec 136 millions de tonnes de cuivre et de cobalt. Il représente 13% des réserves mondiales de cobalt. Il a été racheté par la compagnie chinoise China molybdenum au groupe américain Freeport McMoran. Ainsi, cette mine fait de la Chine, l'une des premières consommatrices et productrices de cobalt puisqu'elle détient aujourd'hui, plus de 75% de la production de cobalt et est le leader de la fabrication des batteries lithium-ion. Plus de 90% du cobalt de la Chine provient de la République Démocratique du Congo. Les mines de Tilwezembe et de Kawama font également partie de la panoplie des gisements de cobalt connus dans ce vaste pays minier d'Afrique Centrale.

Sans être exhaustif sur la liste des pays africains qui hébergent cette ressource minérale dans leur sous-sol, pourraient s'ajouter le Cameroun, le Botswana, le Maroc, l'Afrique du Sud, l'Ouganda et la Zambie. En exemple remarquable, le Cameroun aurait dans son sous-sol, le plus grand gisement de cobalt jamais découvert dans le monde, à l'Est du pays, en zone forestière.

L'inventaire de tous ces gisements n'est pas inutile et fortuit. J'ai tenu à faire un zoom sur ces derniers, tout le long de cet ouvrage parce que ce sont des indicateurs de la richesse minière de l'Afrique et de son importance pour l'économie mondiale.

Premièrement, toutes ces données montrent clairement les motifs pour lesquels, les multinationales, les institutions financières internationales et certains Etats occidentaux ont tant d'intérêt pour l'Afrique au point de réaliser sa cartographie minière. Ils ont besoin de ses minerais pour continuer leur développement.

Deuxièmement, ces statistiques dévoilent aussi les raisons pour lesquelles, ces régions et pays producteurs africains sont sujets à de nombreux conflits récurrents et meurtriers depuis plusieurs décennies. En réalité, ils détiennent des matières premières minérales stratégiques pour tous les Etats. Dès lors, les puissances du monde souhaitent se les procurer à tous les prix et quelques soit les risques encourus.

En vérité, les ressources minières des pays africains intéressent le pays riches du monde. Et si les Africains ne savent pas quoi en faire en tant que pays pauvres ou en voie de développement, les pays développés savent très bien ce qu'ils peuvent en faire. Pour preuve, quelques années après qu'ils aient acheté ces tonnes de cobalt dans les mines d'Afrique, ces substances minérales stratégiques reviennent à la vente aux populations africaines sous forme d'ordinateurs, de tablettes, de Smartphones de Samsung, d'Iphone d'Apple, de voitures de General Motors et d'appareils électroménagers LG (Figure 37).

Malgré tous ces faits assez paradoxaux, je refuse d'être pessimiste au sujet de l'essor économique et du développement de l'Afrique. Je crois qu'il y a encore de l'espoir pour ce beau continent aux ressources minérales exceptionnelles et au potentiel minier énorme et insoupçonné.

Je vois des jours heureux pour ce continent dont l'avenir est prometteur même si aujourd'hui, tout n'est que pleurs et désolations dans certaines régions minières et dans plusieurs pays producteurs d'Afrique.

En effet, l'Afrique se lève progressivement de sa misère et de ses galères. Il suffit de regarder les statistiques et les rapports économiques des institutions financières internationales sur l'Afrique pour faire ce constat et comprendre que les lignes sont en train de bouger sur le continent.

En plus, de nouvelles classes sociales émergent en Afrique au fil des années. Les mentalités changent positivement et migrent vers l'entreprenariat et de nouveaux business tels que la création des startups et les ventes en ligne ou e-commerces avec l'utilisation des réseaux sociaux à des fins commerciales et marketings.

Au regard de tous ces faits, il faudra donc assurément compter avec l'Afrique dans un futur proche.

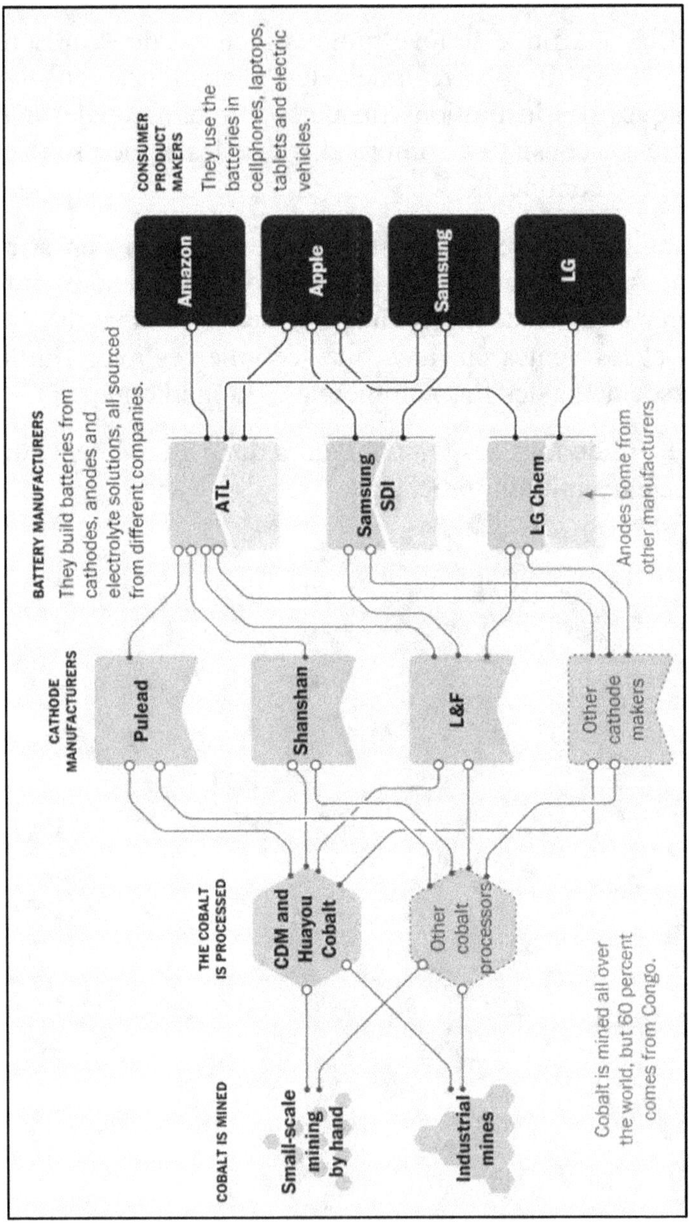

Figure 37 : Le chemin du cobalt de votre batterie
(Washington Post, 2016)

III.1.14 - L'or de l'Afrique du Sud, de la Zambie, du Ghana, du Mali, de la Côte d'Ivoire, du Burkina Faso, de la Guinée, du Sénégal, du Zimbabwe, de la République Démocratique du Congo et de la Tanzanie

L'or est un métal précieux et noble de couleur jaune d'or comme son nom l'indique. C'est un minerai pur et dense. Il est le plus ductile des métaux et est très souvent identifié grâce à son fort éclat en exposition au soleil. Du fait de sa mollesse et de sa malléabilité, il est facile à modeler et à travailler, ce qui lui vaut d'être utilisé depuis l'antiquité, dans l'embellissement des parures et des bijoux et comme pièce de monnaie.

C'est un métal chimiquement inerte et stable car il ne réagit pas par oxydation avec l'air et l'eau dans les conditions normales de température et de pression (CNTP).

Cette propriété indispensable lui permet de conserver son aspect brillant pour lequel, il est tant chéri et prisé dans la joaillerie qui a pour valeurs fondamentales, l'éclat, le luxe et l'esthétique.

Le nom *Or* avec son symbole chimique *Au* proviennent du latin *Aurum* d'où est tiré l'adjectif *aurifère* qui qualifie tout corps contenant de l'or.

Les roches ultrabasiques telles que les basaltes sont des roches-mères pour l'or comme elles le sont aussi pour l'argent et d'autres métaux. Dans le basalte, l'or se trouve sous forme d'inclusions à l'état natif. Les filons sont également des roches-mères pour l'or. Au Nigéria, l'or est trouvé dans certains granites.

L'or n'est pas seulement identifié dans des roches magmatiques mais aussi, dans des roches sédimentaires ou dans des dépôts alluvionnaires issus de l'érosion des roches-mères magmatiques. Dans ces dépôts alluvionnaires, l'or prend la forme de poudres, de sables aurifères ou de grains de taille plus ou moins considérable appelés *pépites d'or*. J'en parlerai dans les paragraphes à venir lorsque j'aborderai les minerais liés aux roches sédimentaires.

L'or a toujours été l'objet de la convoitise des hommes depuis le début de l'humanité. Dans les temps antiques, l'Egypte qui était la puissance mondiale, a livré une bataille pour conquérir la Nubie. Cette dernière qui était localisée en Afrique fut connue comme le pays de l'or. Jusqu'aujourd'hui, l'or reste donc un métal précieux et stratégique recherché par les hommes et surtout les pays développés. C'est d'ailleurs pour cette cause que la demande en or reste toujours très forte de génération en génération.

De même, au XIXème siècle, le monde a connu ces fameuses périodes que certains ont désigné *la fièvre de l'or* ou encore *la ruée vers l'or* appelée *Gold rush* en anglais. Ces pans de l'histoire de l'exploitation de l'or ont été vécus en 1885 en Afrique du Sud et en 1725 au Brésil, à Minas Gérais.

Ces époques peuvent paraître lointaines mais depuis 2000 ans, bien avant Jésus-Christ, les mines d'or faisaient déjà partie du quotidien des hommes. Cette vérité peut se vérifier dans la majorité des livres saints dans lesquels, l'or était très souvent offert aux dignitaires et aux rois en guise de don, d'honneur ou de remerciement. Ce minerai est donc indispensable pour notre civilisation.

En plus de ses caractéristiques chimiques, l'or a des propriétés physiques exceptionnelles. Il est le troisième métal qui conduit mieux le courant après l'argent et le cuivre.

Du fait de son excellente conductivité électrique et thermique, sa bonne résistance à la corrosion, sa grande ductilité et son caractère inaltérable et inoxydable en environnement ambiant, l'or est très utilisé dans l'électronique et l'informatique pour réaliser les contacts électroniques en plaquage très mince et les connexions des processeurs d'ordinateurs. Cela veut dire qu'il y a des traces d'or dans nos ordinateurs et nos tablettes. Néanmoins, son emploi dans ces domaines est freiné compte tenu de sa cherté due à sa rareté.

Dans le domaine de la joaillerie, l'or est l'élément principal des alliages. Ainsi, dans le jargon de joaillerie, on distingue l'or proprement dit avec au moins 18 carats (750‰ ou plus) d'or et les alliages d'or qui possèdent moins de 18 carats d'or sachant qu'un carat équivaut à 0.2 gramme.

Dès lors, en fonction des métaux auquel il est associé et leur proportion, l'or aura une couleur typique.

En exemple, l'or jaune contient 75% d'or, 12.5% d'argent et 12.5% de cuivre. L'or rose est composé de 75% d'or, 20% de cuivre et 5% d'argent. L'or blanc ou gris comporte de l'or, de l'argent et du palladium. Quant à l'or rouge, il est constitué d'or et de cuivre tandis que l'or bleue renferme de l'or et du fer.

Malgré ses innombrables secteurs d'utilisation, l'or est plus utilisé dans le secteur bancaire à travers la *thésaurisation.*

Ce terme traduit une technique qui permet de garder son argent et ses actifs hors des circuits économiques en les stockant dans des lingots d'or sécurisés dans les lieux les plus secrets et les mieux gardés des banques, c'est-à-dire, dans leurs coffres forts.

Ainsi, en 2010, à l'échelle mondiale, les banques centrales ont cumulées environ 27 113 tonnes d'or dont 40% dans les banques européennes et 30% dans les banques des Etats-Unis sachant que 15 000 tonnes seraient stockées en Inde sous le couvert de l'épargne privée. En plus, la Chine avait montré sa volonté de porter ses réserves d'or à 5000 tonnes.

Les banques détiennent le quart du stock d'or produit à l'échelle mondiale. En 2004, selon l'Association mondiale des producteurs d'or, le trophée de la banque détenant le meilleur stock d'or était attribué à la Réserve fédérale des Etats-Unis avec 8100 tonnes d'or. Ensuite, venait la Banque de France avec 2451 tonnes puis la Banque nationale suisse avec 1350 tonnes d'or et enfin, la Banque d'Angleterre qui possédait 312 tonnes d'or.

Dans ce cas, l'or représente une épargne de précaution contre d'éventuelles crises économiques tant sur le plan national que mondial. C'est la raison pour laquelle, l'or est coté en bourse, notamment, dans les bourses de New York, de Londres et de Tokyo. Grâce à qualité spéculatives, il sert de baromètre financier et d'outil de contrôle pour attester de la bonne ou de la mauvaise santé de l'économie mondiale. Ainsi, en période d'incertitude économique, l'or voit sa valeur augmenter pour servir de valeur refuge face aux crises boursières. Ce fut le cas pendant la crise économique qui avait secoué le monde après l'attentat des tours jumelles du World Trade Center à New York, aux Etats-Unis puisque le coût de l'once (24 à 33 grammes) d'or avait atteint 1921.17 dollars US.

L'Afrique fait partie des continents dont la production d'or est la plus considérable. Cette vérité est justifiée par les récents classements mondiaux des pays producteurs d'or, notamment, ceux des sites internet www.*24-carats.fr* et www.*or-argent.eu.*

En effet, depuis plusieurs années, des pays comme le Ghana (10ème producteur mondial avec 86 tonnes en 2009, 8ème avec 100 tonnes en 2010, 9ème avec 104.8 tonnes en 2013 et 6ème avec 104.1 tonnes en 2014) ou l'Afrique du Sud (4ème avec 198 tonnes en 2009, 4ème avec 198 tonnes en 2010, 6ème avec 179.4 tonnes en 2013 et 167.9 tonnes en 2014) font partie des 10 premiers producteurs d'or de la planète.

L'Afrique du Sud est le 1er producteur d'or en Afrique. Même si elle n'est plus le 1er producteur mondial, ses réserves prouvées sont estimées à 6000 tonnes par l'USGS.

Pour preuve, dans le top 10 des plus grandes mines d'or du monde, l'Afrique du Sud classe deux de ses nombreux gisements. Il s'agit de la mine d'or de Tau Tona à Carletonville exploitée par la compagnie sud-africaine AngloGold ashanti avec une production de 792 000 onces en 2011 et de la mine d'or souterraine de Vaal river à Klerksdorp administrée également par AngloGold ashanti avec une production de 831 000 tonnes en 2011. Dans ce classement réalisé par le site internet www.*orobel.biz* en 2015, ces deux mines occupent respectivement le 7ème et le 8ème rang.

Tau Tona qui veut dire *grand lion* en dialecte local sud-africain est aussi une mine d'or souterraine de plus de 3.9 kilomètres de profondeur avec une production moyenne de 15 tonnes d'or par année.

Le Ghana appelé auparavant *Côte d'or* pour sa richesse en or, est le 2ème producteur africain d'or après l'Afrique du Sud. Il a une production en forte croissance avec le dynamisme de la mine de Tarkwa qui est la plus grande du pays. Ses réserves prouvées d'or sont estimées à 1400 tonnes. En 2014, c'est environ 17.4 tonnes d'or qui ont été extraites de la mine de Tarkwa.

Dans le classement des 20 premiers producteurs mondiaux d'or, des pays comme la Tanzanie (15ème avec 52 tonnes en 2013 et 15ème avec 50.8 tonnes en 2014) et le Mali (17ème avec 49.2 tonnes en 2013 et 17ème avec 48.6 tonnes en 2014) qui détient la grande mine de Sadiola ont fait leur apparition.

En République Démocratique du Congo, la mine d'or à ciel ouvert et souterraine de Kibali dénommée Kibali goldmines est l'une des plus grandes d'Afrique et du monde. Elle a nécessité un investissement de 2.5 milliards de dollars et est localisée au Nord-est du pays dans le Haut Uélé. Elle est exploitée par la compagnie britannique Randgold resources, AngloGold ashanti et l'Etat congolais qui possèdent respectivement 45%, 45% et 10% des parts.

D'après les études réalisées, les réserves prouvées de Kibali s'élèveraient à 329 tonnes d'or et leur exploitation qui a commencé en 2013 devrait continuer jusqu'en 2031. Sur les 12 premières années, c'est environ 17 tonnes d'or que les exploitants espèrent extraire par année.

Kibali n'est pas une ville ordinaire. Elle est stratégique pour cette région d'Afrique pour l'importance de ses gisements. En réalité, c'est une ville frontalière entre la République Démocratique du Congo, la Centrafrique, le Sud Soudan et l'Ouganda. C'est la raison pour laquelle, elle est très souvent affectée par des conflits guerriers liés aux actions des groupes rebelles qui règnent dans cette région.

Environ 34 pays sur les 54 que compte le continent africain sont des producteurs d'or. Même si certains pays comme la République Démocratique du Congo (35.8 tonnes en 2014), le Soudan (31.9 tonnes en 2014), le Burkina Faso (38.9 tonnes en 2014), le Zimbabwe (23.9 tonnes en 2014), la Guinée (23.5 tonnes en 2014), la Côte d'Ivoire (17.6 tonnes en 2014), l'Egypte (11.7 tonnes en 2014), l'Ethiopie (11.5 tonnes en 2014), la Mauritanie (10.1 tonnes en 2014), le Sénégal (8.6 tonnes en 2014), la Zambie (4.8 tonnes en 2014) et Madagascar (3.3 tonnes en 2014) ont des productions encore faibles en comparaison aux deux géants africains du domaine, force est de reconnaître que des efforts sont effectuées par ces pays pour accroître leur production annuelle.

En considérant le nombre de pays africains producteurs d'or, il serait injuste de minimiser l'apport du continent africain dans la croissance de l'économie mondiale.

Aujourd'hui, après le pétrole, le commerce de l'or fait partie des cinq premiers marchés et chiffres d'affaires du domaine minier car il représente environ 65 milliards de dollars par année. Ces 34 pays africains produisent environ 600 tonnes d'or par année, soit le quart de la production mondiale. En plus, l'Afrique possèderait la moitié des réserves prouvées d'or existant dans le monde. Il serait donc logique de conclure que c'est un continent stratégique dans l'industrie de l'or.

Ces dernières décennies, compte tenu de la main d'œuvre moins coûteuse et bon marché en Afrique et de l'augmentation du prix de l'or, des multinationales investissent de façon accélérée, dans le domaine aurifère, notamment, en Afrique de l'Ouest et en Afrique Centrale. Malheureusement, elles le font parfois, au détriment du bien-être de certaines populations locales qui sont contraintes au déplacement puisque l'exploitation des mines nécessite très souvent leurs délocalisations vers d'autres zones d'habitation.

Toutes ces raisons non exhaustives fondent l'intérêt des multinationales et des Etats puissants pour ce continent.

Je ne cesserai de dire dans ce livre que les Africains sont les seules sur cette terre, qui ignorent les richesses contenues dans les profondeurs de leur sous-sol.

Ils sont les seuls à ne pas savoir que le sol sur lequel ils marchent chaque jour et vaquent à leurs occupations, recèle d'innombrables ressources minières.

Ils sont les seuls à sous-estimer l'immensité des ressources financières qu'ils peuvent en tirer, pour impulser le développement de leurs pays respectifs et améliorer les conditions de vie de leurs populations qui ne rêvent que d'un lendemain meilleur.

Il n'y a rien de plus frustrant pour une personne, un peuple ou un Etat de savoir qu'il détient des richesses, des atouts, des potentialités ou des moyens financiers et de ne pas pouvoir en profiter quand le besoin se présente. Sans prendre le risque de me tromper ou de me fourvoyer, c'est exactement le cas du continent africain dont les terres sont si riches mais les peuples sont si pauvres. Quel paradoxe! Quelle tragédie! Ce continent est-il maudit ? Non ! Je ne le pense absolument pas.

Les raisons de cette mésaventure sont loin des considérations mystiques et des mystères maléfiques dont l'Afrique est experte. Elle trouve plutôt ses origines dans la géopolitique, dans l'économie et dans le manque d'un leadership de qualité en Afrique.

Sur ce dernier point monsieur Matthew ASHIMOLOWO, pasteur et homme d'affaires anglo-nigérian disait lors d'une conférence à Paris, en France, ceci:

« Le challenge du tiers monde n'est pas l'absence de ressources mais l'absence d'un leadership de qualité.»

Je crois qu'il a dit vrai et je suis absolument d'accord avec ses propos. Les bidonvilles sont nombreux dans les grandes villes d'Afrique et la pauvreté est palpable et visible. Plus d'une personne se demande où va l'argent de l'or produit en Afrique puisque la majorité des peuples africains vivent en dessous du seuil de pauvreté et dans une grande misère. Les dirigeants des pays africains jouent-ils leur rôle dans le partage équitable des retombées financières de l'exploitation des ressources minières ?

Je vous laisse méditer sur cette citation et cette question qui expriment très bien ce besoin de leader intègre, difficile à trouver en Afrique et dans le monde. Aussi, elles traduisent cette souffrance des peuples autochtones des campagnes et des terroirs africains et ce cri de cœur des sans voix des villes d'Afrique qui aspirent uniquement à profiter des richesses de leur sous-sol pour une vie épanouie.

III.2 - Les Gisements et mines d'Afrique liés aux roches sédimentaires

Les *roches sédimentaires* sont une catégorie de roches issues de l'accumulation des sédiments qui se déposent généralement en couche ou sous forme de lits superposés pour former des strates. Bien que couvrant 90% de la surface de la terre, elles ne représentent que 5% du volume de la croute terrestre.

L'ensemble des processus physico-chimiques et biochimiques à travers lesquels les sédiments sont transformés en roches sédimentaires s'appelle la *diagénèse*.

Les roches sédimentaires sont aussi appelées *roches exogènes* puisqu'elles se sont formées à la surface de la croûte terrestre. Cependant, il est bien de considérer les roches sédimentaires *résiduelles* en dehors de cette famille car elles sont formées sur-place ou localement suite à l'altération de roches préexistantes dont certains éléments constitutifs ont été enlevés en solution par les eaux. C'est le cas des minerais comme la bauxite d'où est tiré l'aluminium et dont la Guinée, pays situé en Afrique de l'Ouest, est un grand producteur.

A la différence des roches exogènes, les *roches endogènes* se sont formées dans les profondeurs de la terre et sont d'origine magmatique ou métamorphique.

Les *roches métamorphiques* sont généralement des roches d'origine magmatique ou sédimentaire qui ont pour particularité d'avoir recristallisées en raison des changements de température et de pression en profondeur. Je ne les aborderai pas dans cet ouvrage vu qu'elles ont les mêmes minerais que les roches magmatiques et sédimentaires. Les gaz de schistes sont des exemples de minerais de roches métamorphiques.

Les roches sédimentaires ont un grand rôle sur le plan économique. Elles servent de refuges ou de roches de stockage pour certains minerais stratégiques et précieux tels que le pétrole, le gaz, le manganèse, l'uranium, l'or, le charbon, les matériaux de construction et d'autres substances minérales à forte valeur économique dont le monde ne peut se passer aujourd'hui.

Il existe plusieurs types de roches sédimentaires si l'on se base sur leur mode de formation et leur nature. Dans cette classification sont répertoriées les *roches détritiques* ou *clastiques* dans lesquelles sont distinguées les *roches détritiques terrigènes* et les *roches biodétritiques terrigènes*. A la différence des autres catégories de roches sédimentaires, les roches détritiques ou clastiques sont constituées de 50% de débris.

Par définition, les *roches détritiques terrigènes* sont le produit de l'accumulation des fragments de roches préexistantes, désagrégées et altérées par l'érosion. Elles représentent 80 à 90% des roches sédimentaires. Dans cette famille de roche se trouvent l'argile, le sable et le grès. Pour votre information, les sables et les grès sont de très bons réservoirs pour le pétrole et le gaz. Compte tenu de son imperméabilité, l'argile n'est pas forcément un bon réservoir pour les hydrocarbures. Néanmoins, il joue le rôle de ciment et de moyen d'étanchéité pour les réservoirs de pétrole.

En milieu continental, les dépôts détritiques forment des alluvions et en milieu marin ou océanique, ils forment des turbidites. Justement, ces turbidites sont de plus en plus recherchées dans l'industrie pétrolière car ce sont des couches géologiques typiques des bassins sédimentaires profonds qui ont un fort potentiel pétrolifère. Leur importance dans l'exploration pétrolière a été démontrée et prouvée dans plusieurs bassins sédimentaires africains, notamment, dans le Golfe de Guinée.

Les *roches biodétritiques* ou *biogéniques* sont des roches détritiques dont les débris sont constitués par des squelettes d'organismes vivants appelés *bioclastes*.

Les *roches pyroclastiques* et les *roches physico-chimiques* constituent les deux catégories de roches biodétritiques.

Les *roches pyroclastiques* sont formées par l'accumulation des débris de roches projetées par des phénomènes naturels comme les volcans. C'est le cas des cendres, des tufs, des lapilis et des cinérites qui peuvent être plus ou moins modifiés par l'effet des courants d'eau.

Quant aux *roches physico-chimiques* ou *biogènes*, elles sont constituées par l'accumulation et la transformation de la matière organique (MO) sous l'effet de la température, de la pression liée à la profondeur d'enfouissement des sédiments et de l'activité des micro-organismes. Les exemples les plus célèbres de roches physico-chimiques sont le pétrole et le gaz même si jadis, le charbon occupait une place tout aussi prépondérante.

Compte tenu de l'importance du gaz et surtout du pétrole pour le continent africain, je me dois de faire un aparté sur le processus de formation de ce minerai appelé grossièrement, *or noir*.

Depuis des décennies, le pétrole et le gaz sont l'objet des convoitises des hommes forts de la géologie économique et des géants du secteur des hydrocarbures. De même, les Etats du monde ne sont pas en marge puisqu'ils ont tous besoin de pétrole et de gaz pour fonctionner.

En effet, je me suis rendu compte que plusieurs Africains affirment haut et fort que leur continent est riche sans savoir, d'où vient cette richesse et comment celle-ci s'est mise en place. C'est aussi l'une des raisons fondamentales pour laquelle j'ai décidé d'écrire ce livre. Le but était d'apporter ma modeste contribution à la promotion du sous-sol africain et surtout, à l'éradication de l'ignorance qui gangrène la majorité des populations africaines sur le sujet.

Une célèbre citation tirée de la Bible, notamment, au verset 6 du chapitre 4 du livre d'Osée dit ceci :

« Mon peuple est détruit, parce qu'il lui manque la connaissance…»

Cette phrase est pleine de vérité et trouve tout son sens quand on essaie de l'appliquer au continent africain. En vérité, l'Afrique est le seul continent de la planète qui ignore son potentiel et sa richesse aussi bien sur le plan culturel, démographique, social, scientifique, géopolitique et économique.

C'est aussi le seul continent du monde qui minimise l'importance de la projection dans l'avenir à travers des plans de développement clairement définis et des projets exécutables sur plusieurs années. L'Afrique ignore qu'avoir de telles méthodes de travail permet d'atteindre des objectifs de développement dont le point d'achèvement est fixé dans 10, 20, 30 ou 50 années comme le font la majorité des continents développés et des pays occidentaux. Et cela, l'Afrique n'en fait pas autant.

Quand certains pays africains engagent ces grands projets infrastructurels de développement, ils ne persistent pas jusqu'à leurs matérialisations. Les projets avortés sont tellement courants en Afrique que lorsque l'un d'entre eux est achevé, il paraît extraordinaire pour les populations alors que de telles réalisations font partie de la normalité de la gouvernance politique. C'est ainsi qu'un pays comme la Côte d'Ivoire a du mal à faire le transfert effectif de ses institutions politiques vers la ville de Yamoussoukro pourtant, cette cité a été désignée capitale politique du pays depuis 1983. Jusqu'aujourd'hui, ce projet salutaire pour ce pays prend du retard parce qu'il n'est pas poursuivi par les gouvernements suivants.

En effet, c'est un projet qui nécessite des infrastructures de grandes envergures, une paix durable et surtout, une continuité dans la poursuite des actions de l'Etat. Monsieur Félix Houphouët BOIGNY, le premier président de la Côte d'Ivoire, a pris ce décret et entamé les travaux du transfert de la capitale jusqu'à sa mort. A sa suite, ses prédécesseurs n'en n'ont pas fait une priorité alors que ce projet est planifié depuis des décennies. Dès lors, l'arrêt des travaux est un frein au développement et un manque de projection dans l'avenir comme je l'indiquais tantôt. Tout cela, pour dire que la projection est importante et incontournable pour le développement d'un pays ou d'un continent. L'Afrique doit donc s'y mettre si elle veut accélérer son développement.

Pour revenir au commentaire de cette citation biblique mentionnée plus haut, il faut savoir qu'un peuple instruit ne réagira jamais comme un peuple non instruit. Il aura des comportements positifs et des aptitudes aiguisées qui serviront au développement de sa communauté et à l'épanouissement de ses concitoyens. La différence se verra par les actions qu'il produira au quotidien car, toutes les nations qui prospèrent aujourd'hui, ont aussi des populations très éduquées. C'est la connaissance et l'éducation qui ont fait la différence. C'est pour cela qu'en plus de la projection dans le futur, l'un des grands combats que l'Afrique devra gagner pour son émergence et son développement est celui de l'éducation et de la formation de sa jeunesse et de ses élites.

L'Afrique peut faire des bonds en matière de développement si elle se remet en cause, apprend de ses erreurs et s'appuie sur certains de ces atouts, à savoir ses ressources minières exceptionnelles et ses ressources humaines innombrables.

Comme dit le fameux adage :

« Celui qui veut aller loin doit ménager sa monture. »

De même, puisque l'Afrique veut aller loin, elle doit éduquer ses populations, assainir ses finances publiques par une gestion efficiente des gouvernants, concevoir des projets innovants sur le court et le long terme et faire l'inventaire de ses ressources minières dans l'objectif de mieux les exploiter pour son développement.

L'Afrique doit absolument connaître ses potentialités et ses atouts pour savoir ses limites et ce qu'elle est capable de faire. C'est ainsi qu'elle pourra augmenter son capital de confiance pour s'imposer dans le monde.

L'Afrique doit travailler sur ces points pour tirer le meilleur de ses atouts et maximiser ses énormes potentialités en latence car elle vaut plus que son visage actuel.

III.2.1 - Les stratégiques pétroles et gaz des pays d'Afrique

III.2.1.a - Comment se forment le pétrole et le gaz ?

Le pétrole et le gaz sont des produits de la transformation de la matière organique et des sédiments détritiques transportés et déposés dans les bassins sédimentaires qui sont représentés par les fonds océaniques ou les milieux continentaux aptes à accueillir les sédiments convoyés.

En plus du carbone (C) et de l'hydrogène (H), les sédiments accumulés dans les bassins sédimentaires contiennent de l'azote (N) et de l'oxygène (O).

Ainsi, cette matière organique va subir une oxydation pour éliminer le peu d'oxygène qu'elle possédait. Dès lors, elle évoluera dans des conditions anoxiques, c'est-à-dire, sans oxygène (O_2). Dans de telles conditions, on dit que la matière organique est dans un *milieu anaérobique*.

Dans ce contexte, des bactéries dites *anaérobiques*, c'est-à-dire, qui vivent avec peu ou pas d'oxygène, viennent récupérer l'oxygène (O) et l'azote (N) des matières organiques (CHON) pour leur métabolisme et laissent le carbone (C) et l'hydrogène (H) : C'est la *dégradation biochimique de la matière organique* (Figure 38). Le produit de cette dégradation est la formation du *kérogène* qui est un hydrocarbure primaire mais immature.

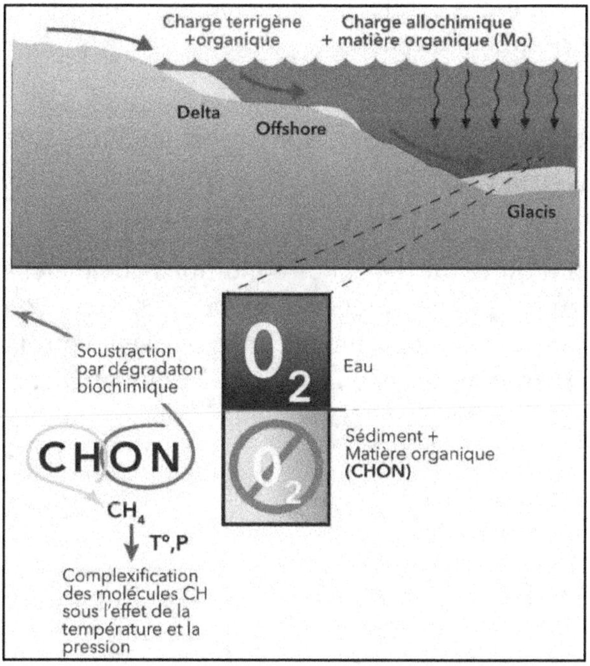

Figure 38: Dégradation biochimique de la matière organique

Dès cet instant, carbone (C) et hydrogène (H) s'unissent pour former les fameux *hydrocarbures* (HC).

Le premier hydrocarbure formé est le méthane ou le gaz naturel (CH_4) parce qu'il est issu de la dégradation biochimique et se met en place à de faibles profondeurs.

Avec l'enfouissement, au-delà de 1000 mètres, le méthane formé est exposé à la température et à la pression. Il subit donc des modifications moléculaires qui complexifient sa composition chimique : C'est la *dégradation thermique* (Figure 39).

A 2000 mètres de profondeur, le kérogène se transforme partiellement en huile (pétrole) et en gaz.

Entre 2000 et 3000 mètres, il produit plus d'huile avec une augmentation de la production de gaz à 2500 mètres. Cependant, la production d'huile s'arrête à 3500 mètres tandis que celle du gaz continue à croître.

Au-delà de 4000 mètres, l'huile et le gaz sont désagrégés et détériorés en raison de la forte température due au gradient géothermique qui stipule que la température augmente avec la profondeur.

Tout ceci montre qu'il y a des conditions adéquates de profondeur, de température et de pression pour une production maximale d'hydrocarbures. C'est pour cela que les pétroliers emploient certaines expressions comme *la fenêtre à huile ou à gaz*, pour désigner l'intervalle de profondeur dans lequel se forment respectivement, l'huile ou le gaz.

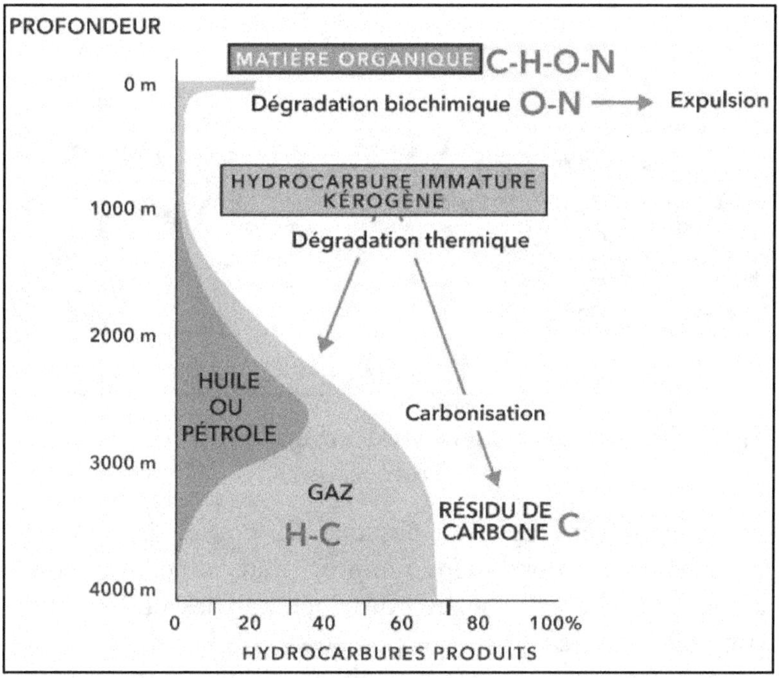

Figure 39: Formation du pétrole et du gaz en fonction de la profondeur d'enfouissement et du gradient géothermique

Néanmoins, en fonction de la zone d'exploration, les conditions de formation des hydrocarbures peuvent varier.

En effet, certaines régions peuvent avoir un magmatisme très actif qui augmente la température du sous-sol de façon anormale et donc diminue exceptionnellement, la profondeur de maturation des hydrocarbures. Dans ce cas, l'huile formée prend la forme de gouttelettes qui imprègnent la roche-mère (calcaire, sable, grès…).

Suite à la circulation de l'eau dans des roches ou à des fissures (failles…), l'huile contenue dans la roche-mère migre pour s'accumuler dans une *roche-réservoir* : C'est *la migration* (Figure 40).

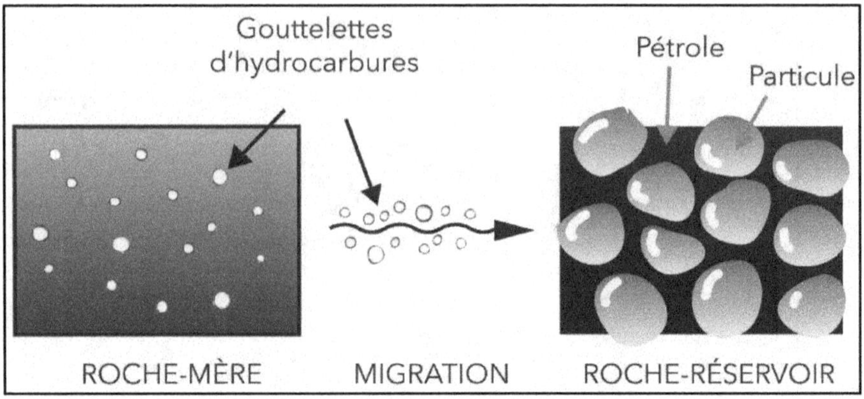

Figure 40: Migration de l'hydrocarbure d'une roche-mère à une roche-réservoir

Pour les pétroliers, ce n'est pas une fin en soi de voir une huile formée dans une roche-mère, migrer dans une roche-réservoir. Il faut plutôt qu'elle est stockée ou piégée par des failles, des diapirs (intrusion de dôme de sel) ou des plis géologiques avec une alternance de couches perméables et imperméables qui assurent l'étanchéité du réservoir. Ceci permet d'arrêter le processus de migration de l'huile qui s'accumulera et donnera naissance à un gisement de pétrole ou de gaz : C'est *le piégeage* (Figure 41).

Vous avez sans doute entendu parler du phénomène de l'osmose qui illustre très bien le processus du piégeage. Si ce n'est déjà le cas, il faut savoir que c'est un principe physiologique qui stipule que de deux solutions liquides de concentrations différentes et séparées par une membrane semi-perméable, il y a toujours une migration de la solution la moins concentrée vers la plus concentrée. Dans sa version inverse ou normale, ce phénomène s'applique au sens figuré, dans presque tous les domaines des sciences naturelles, notamment, dans la géologie pétrolière.

En fait, les fluides représentés par le pétrole et le gaz vont se déplacer des endroits de forte pression vers ceux de faible pression dans l'objectif de remonter vers la surface. Ainsi, ils s'accumulent dans la partie haute du réservoir où ils sont stoppés par des couches imperméables telles que les argiles ou par des failles et d'autres discontinuités géologiques.

Vu que les fluides qui proviennent de la roche-mère sont un mélange d'eau, d'huile et de gaz, il se produit une séparation naturelle de ces trois composantes en fonction de leur densité. Les moins denses auront tendance à être au-dessus des plus denses. En respectant ce principe physique, le gaz (densité : 0.6) se positionnera sur l'huile (densité : 0.8) puis viendra l'eau (densité : 1) en dernière position. C'est de cette façon que se forment les *gisements d'hydrocarbures*.

Cependant, il arrive parfois que les *roches couvertures (argiles...)* appelées aussi *roches barrières* ne soient pas suffisamment imperméables pour empêcher la remontée des hydrocarbures en surface, ce qui entraine des fuites vers la surface connues sous le nom de *suintements d'hydrocarbures*.

Arrivés en surface, ces hydrocarbures sèchent et se consolident pour donner du *bitume*. C'est ce phénomène qui est mis en évidence au Canada avec les fameux gisements de sables bitumineux. C'est aussi le cas dans le Sud-est de la Côte d'Ivoire où des traces de sables bitumineux ont été observées dans la localité d'Eboinda située à 26 kilomètres de la ville d'Adiaké.

En fonction de la zone géologique et des conditions de maturation de la matière organique, certains gisements auront des quantités plus ou moins importantes de gaz ou de pétrole de meilleure qualité. Justement, le pétrole du continent africain, notamment, celui du golfe de Guinée, est réputé comme une huile de très bonne qualité. Il est même comparé au *Brent* qui est une qualité excellente de pétrole extrait en mer du Nord, dans les eaux marines norvégiennes.

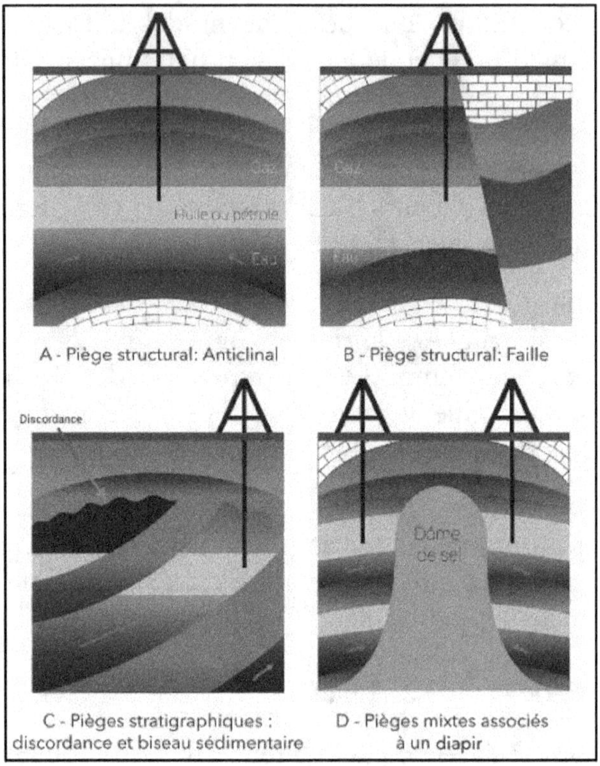

Figure 41: Différents types de pièges d'hydrocarbures, A : Piège structural (Anticlinal), B : Piège structural (Faille), C : Pièges stratigraphiques, D : Pièges mixtes associés à un diapir

Au même titre que les schistes et les shales bitumineux qui contiennent environ 4 à 50% de bitume, les sables bitumineux sont exploités dans certains pays du monde. Cependant, ils restent des hydrocarbures non conventionnels (Figure 42) parce que leur exploitation n'est pas préconisée du fait des dommages collatéraux qu'elle engendre sur l'environnement.

En réalité, leur extraction nécessiterait l'utilisation de procédés plus ou moins néfastes pour l'environnement selon les écologistes et les environnementalistes. Ils estiment que de fortes quantités d'énergies sont utilisées pour extirper les hydrocarbures contenus dans la roche, ce qui a forcément des conséquences environnementales considérables.

Dès lors, faut-il exploiter ces ressources énergétiques indispensables pour notre société au détriment de la sauvegarde de l'environnement à céder en bon état à nos enfants et aux générations futures ?

Là se trouve la problématique à laquelle plusieurs gouvernements essaient de répondre sans heurter l'égo et les convictions profondes des défenseurs de l'environnement qui suivent l'actualité du secteur des hydrocarbures de près.

C'est un sujet pertinent, d'intérêt général et surtout, stratégique pour les Etats. C'est d'ailleurs, l'une des raisons pour lesquelles, il y a aussi autant de polémiques sur le plan politique, économique et social autour de la question de l'exploitation ou non du pétrole et du gaz de schiste. Cette dernière nécessite l'utilisation de la technique de forage dénommée *fracturation hydraulique* en français et *fracking* ou *massive hydraulic fracturing (MHF)* dans le langage anglo-saxon.

Ce procédé consiste à fracturer des roches-mères peu perméables et imprégnées d'hydrocarbures au moyen d'un fluide (eau, boue...) injecté à très haute pression à travers des puits de plus ou moins grande profondeur (jusqu'à quatre kilomètres parfois pour le gaz de schiste). L'injection continue de ce fluide permettra d'augmenter la fracturation de la roche et d'accroître sa macroporosité, ce qui facilitera la remontée des hydrocarbures par des canaux dédiés.

Les organisations de défense de l'environnement estiment qu'en plus des problèmes environnementaux liés à l'exploitation du pétrole et du gaz de schiste, les microséismes simulés lors de la fracturation hydraulique pourraient engendrer des séismes. Ils pensent et soutiennent clairement que la fracturation hydraulique est souvent à l'origine de certains grands séismes d'où, leur opposition à cette méthode d'extraction d'hydrocarbures.

De surcroit, l'énergie déployée et les importantes sommes d'argents misées pour les exploiter, entrainent un coût élevé du baril de pétrole donc, du prix à la pompe, ce qui n'est pas toujours bien accueilli par les consommateurs et la société civile.

Récemment, les Etats-Unis où l'exploitation du pétrole et du gaz de schiste est autorisée, ont connu ces problèmes.

En effet, plusieurs entreprises pétrolières se sont lancées dans leur exploitation en investissant énormément d'argents empruntés auprès des banques. Cependant, suite à la dernière baisse du coût du baril de pétrole, leurs investissements n'étaient plus rentables. Cela a donc entrainé irréversiblement, l'arrivée subite d'une crise économique sévère et mondiale avec des faillites d'entreprises américaines et occidentales qui y fondaient beaucoup d'espoirs.

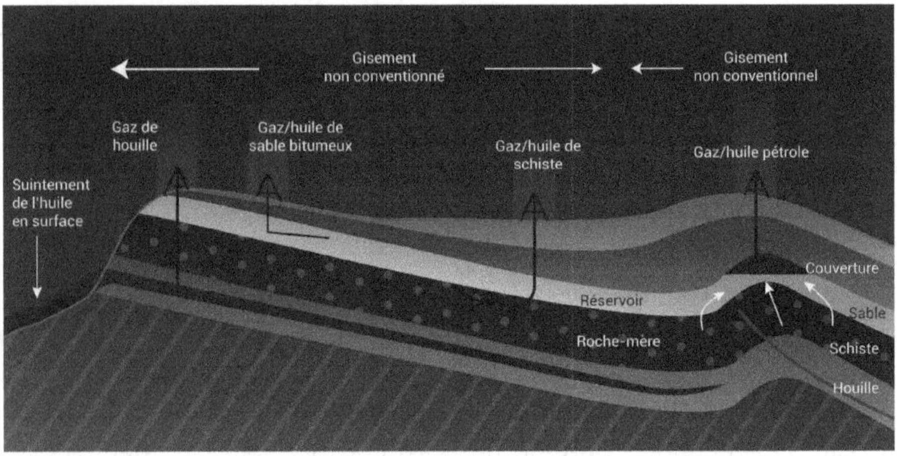

Figure 42 : Cohabitation entre les gisements de pétrole conventionnels et non conventionnels

Aujourd'hui, l'Afrique est l'un des hubs incontournables en matière de production pétrolière. Pendant que la demande mondiale de pétrole et de gaz croît au fil des années et que les réserves et les découvertes de nouveaux gisements sont en décroissance, l'Afrique subsaharienne et du Nord ont un potentiel pétrolier gigantesque et des gisements dont la production pourrait durer au moins 40 années selon les prévisions.

En réalité, ces dernières années, des pays africains intègrent le club fermé des pays producteurs de pétrole. En Afrique de l'Ouest, en plus du Nigéria, c'est le Ghana qui a rejoint le cercle restreint des grands pays africains producteurs de pétrole.

En 2010, la production pétrolière du Ghana atteignait 85000 barils par jour avec la mise en exploitation du champ pétrolier *Jubilee* dont les réserves sont estimées à deux milliards de barils de pétrole. J'en avais déjà parlé précédemment.

A cette liste s'ajoute désormais le Niger. En plus de ses ressources impressionnantes en uranium, ce pays a entamé l'exploitation du gisement pétrolier d'Agadem en 2012. Cela a été possible grâce à l'expertise des compagnies de droit nigérienne Cnpc-Niger-Petroleum SA et d'origine chinoise Cnodc qui en sont les concessionnaires. Ce gisement a une production journalière de 20000 barils de pétrole soit un million de tonnes par année.

Agadem est une ville située dans le désert du Sahara, au Nord-est du Niger, à environ 1400 kilomètres de Niamey, la capitale. Ce bloc pétrolier aurait des réserves estimées à 744 millions de barils de pétrole et possèderait plus de 16 milliards de mètres cube de gaz naturel.

En 2015, à la suite du Niger, le junior américain Kosmos energy a affirmé avoir découvert du pétrole au Sénégal grâce au forage Tortue-1 situé sur le permis C8 (Figure 43). Ce serait le plus important gisement de pétrole et de gaz découvert dans l'offshore profond de l'Afrique de l'Ouest, c'est-à-dire, à 4630 mètres de profondeur dans les eaux territoriales que se partagent le Sénégal et la Mauritanie. Avec un potentiel comparable à celui des réserves pétrolières du Nigéria, ce gisement s'étendrait de Kayar à Saint-Louis à la limite de la frontière mauritanienne. Il serait estimé à 15 milliards de pieds cubes d'après la compagnie pétrolière. Selon monsieur Andrew INGLIS, président de Kosmos energy, l'imagerie sismique met en lumière un gisement qui pourrait s'étendre sur 90 km^2 sachant que le forage a traversé 107 mètres d'hydrocarbures. C'est tout ce potentiel prometteur qui suscite tant d'espoir aussi bien chez les pétroliers que chez les autorités des deux pays concernés.

Dans la perspective d'une bonne affaire, Kosmos energy a signé en 2016, un mémorandum d'entente avec la Société des pétroles du Sénégal (Petrosen) et la Société mauritanienne des hydrocarbures et du patrimoine minier (Smhpm). Il en découle que les deux Etats bénéficieront chacun de 50% des revenus de l'exploitation de ce gisement pour une répartition équitable de la manne pétrolière. Les américains Kosmos energy et Chevron détiennent respectivement 60% et 30% du bloc C8.

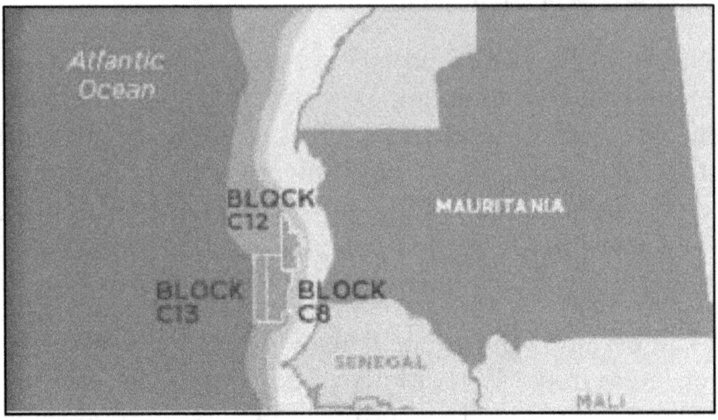

Figure 43 : Bloc pétrolier C8 exploité par les sociétés américaines Kosmos energy et Chevron au large des côtes du Sénégal et de la Mauritanie (Jeune Afrique, Charles Bouessel, 2015)

En Afrique de l'Est, récemment, de gigantesques gisements de gaz ont été découverts en Tanzanie et au Mozambique. Le premier gisement a été découvert en 2012. Il est à plus de deux kilomètres de profondeur. Ses réserves sont estimées à environ un milliard de barils de pétrole et 115 à 170 milliards de mètres cubes de gaz naturel. Le deuxième gisement identifié en Juin 2014 possèderait environ 46.5 milliards de mètres cubes de gaz naturel. Ils ont été localisés dans le champ de Rovuma, au large des côtes Sud de la Tanzanie, dans l'océan Indien par la société norvégienne Statoïl et l'américaine Exxon mobil.

La Tanzanie et le Mozambique se partagent le champ de Rovuma puisqu'il est situé dans les eaux territoriales des deux pays.

De surcroit, le 28 mars 2016, la société Dodsal hydrocarbons & energy basée à Dubaï, a annoncé avoir découvert dans le bassin de Ruvu et dans la région de Mbuyu, des gisements de gaz naturel estimés respectivement à 2.7 et 5.9 milliards de pieds cubes, ce qui propulse les réserves de la Tanzanie à 57 milliards de pieds cubes.

Le bassin de Ruvu est situé à 50 kilomètres à l'Ouest de Dar-es-Salam, la plus grande ville du pays.

Du fait de leurs gisements pétroliers communs, la Tanzanie et le Mozambique ont un destin lié en matière de recherche pétrolière. C'est pour cette raison qu'en 2012, le célèbre cabinet de conseils *Ernst & Young*, a qualifié l'Afrique de l'Est de prochain épicentre mondial du gaz avec le Mozambique et la Tanzanie en tête de ce nouvel eldorado des hydrocarbures. Plusieurs diplomates et hommes politiques des deux pays ont également fait des déclarations dans ce sens.

Ces découvertes apportent beaucoup d'espoir pour cette partie de l'Afrique.

Dans un premier temps, elles donnent un nouveau souffle à la production de gaz dans cette région et diversifient les zones de production sur le continent car jusque-là, l'Afrique de l'Ouest produisait 32% du gaz naturel en Afrique.

Dans un deuxième temps, de tels découvertes boostent la production de gaz de l'Afrique et ouvrent de nouvelles perspectives, notamment, dans l'exportation de gaz liquéfié vers le Moyen-Orient, la Chine, l'Europe et les Etats-Unis qui en sont de grands consommateurs. Il est clair qu'il y a des parts de marché à prendre dans ce secteur puisqu'en 2010, le Nigéria et la Guinée équatoriale ont exporté respectivement 39.3 et 8.28 millions de mètres cubes de gaz liquéfié.

Avec l'émergence de ces nouveaux gisements de gaz et cette nouvelle tendance à l'exportation, il est plus qu'impératif pour les pays producteurs africains, de s'équiper en raffinerie et en plateforme de transformation des produits pétroliers pour être compétitif et approvisionner les autres continents.

C'est ce rôle que la Côte d'Ivoire joue depuis plusieurs années en Afrique de l'Ouest. Le Benin l'a rejoint recemment. En Afrique de l'Est, ce rôle est pris en main par l'Ouganda qui sert d'intermédiaire à l'exportation vers d'autres continents pour le compte du Sud Soudan, du Rwanda, du Burundi etc.

Au regard de toutes ces statistiques, l'Afrique de l'Est a donc un potentiel pétrolier et gazier à ne pas négliger.

Comme preuve supplémentaire, depuis 2012, toujours en Afrique de l'Est, l'Ouganda a débuté l'exploitation du pétrole du Lac Albert découvert en 2006.

En effet, en 2012, la part de l'Afrique dans la production pétrolière mondiale était estimée à 12% soit environ 12 millions de barils par jour sachant que ses réserves ont augmenté entre 1980 et 2010. Elles sont passées respectivement de 53.4 à 132.1 milliards de barils. Ces chiffres impressionnants représentent uniquement les réserves connues. Ils ne prennent pas en compte les zones non explorées du continent. En d'autres termes, ces statistiques n'intègrent pas les données des gisements méconnus ou pas encore exploités.

D'ailleurs, je crois avec beaucoup d'optimisme que le continent africain cache d'énormes surprises sur son potentiel pétrolier quand on considère ses atouts et ses prédispositions géologiques. J'en parlerai largement dans les paragraphes à venir. C'est le motif pour lequel depuis quelques années, nous assistons à un défilé incessant, voire même, à une ruée des multinationales pétrolières (Total, Eni, British petroleum, Shell...) et des compagnies indépendantes (Canadian natural ressources, Anadarko, Tullow oil, Afren energy, Kosmos energy, Cove energy...) vers des régions d'Afrique ignorées autrefois. En vérité, les pétroliers ont vu leurs potentiels pétroliers. Ils ont compris aussitôt que l'avenir du monde en matière d'offres pétrolières, se trouve entre les mains des Africains.

De ce fait, de nombreux bassins sédimentaires sont en cours d'exploration sur les 1800 kilomètres de côte allant de la Guinée au Ghana, ce qui représente une bonne partie du golfe de Guinée. A cela s'ajoutent les bassins sédimentaires d'Afrique du Nord, les bassins intracontinentaux des pays du Sahel, ceux d'Afrique de l'Est qui ont été sous-estimés pendant de longues années et enfin, ceux de l'océan Indien autour de Madagascar et des îles environnantes.

Pour revenir aux roches sédimentaires, il faut savoir qu'elles sont stratégiques pour la formation du pétrole et du gaz, notamment, les roches biochimiques et les roches résiduelles.

Les *roches biochimiques* tirent leur origine de l'accumulation des minéraux (coquilles, tests, os) synthétisés par des micro-organismes. Les récifs coralliens édifiés par des organismes constructeurs appartiennent également à ce groupe. C'est la difficulté à déterminer la contribution des organismes vivants et des processus chimiques dans leur production qui a valu l'appellation *roches biochimiques* à ce type de roches sédimentaires. Les exemples de roches biochimiques les plus connus sont la craie et le calcaire. Le calcaire est une roche-mère ou roche-réservoir pour le pétrole compte tenu de sa porosité et de son réseau d'interstices très développés qui facilitent la migration des hydrocarbures.

A l'image des roches détritiques terrigènes, les *roches résiduelles* sont formées suite à l'altération d'une roche préexistante qui a perdu ses éléments composites par dissolution tout en s'enrichissant dans le même temps en d'autres minéraux. C'est l'exemple de la bauxite qui est le minerai typique de l'aluminium.

En se basant sur leur composition minéralogique, les roches sédimentaires comprennent plusieurs classes à savoir, les roches siliceuses, les roches carbonatées, les roches argileuses, les évaporites, les roches carbonées, les roches phosphatées et les roches ferrifères. Elles jouent un rôle prépondérant dans l'élaboration des gisements d'hydrocarbures.

Les *roches siliceuses* sont des roches sédimentaires composées principalement de silice (SiO_2). Elles se forment soit par précipitation due à une sursaturation, soit par bioprécipitation provoquée par des organismes (les radiolaires, les diatomées, les porifères…), soit par désagrégation des roches préexistantes. Ce dernier processus permet la formation des grès qui sont de très bonnes roches-réservoirs pour les hydrocarbures en raison de leur grande quantité de pores interstitiels.

Les *roches carbonatées* sont des roches sédimentaires constituées d'au moins 50% de carbonates. Le calcaire et la dolomie qui en font partie sont aussi d'excellentes roche-réservoirs pour les hydrocarbures.

Quant aux *roches argileuses,* ce sont des roches sédimentaires à grains très fins composées d'au moins 50% de minéraux argileux tels que les micas, les feldspaths, les chlorites et la montmorillonite qui ont tous une structure en feuillet d'où, leur appartenance à la famille minéralogique des phyllosilicates (du grec *Phyllo* qui veut dire *feuille* en français). Leur structure en feuillet réduit au maximum les pores interstitiels des roches argileuses, ce qui les rend presqu'imperméables. Elles ont donc un rôle déterminant pour les ressources en eaux du sous-sol et les réservoirs d'hydrocarbures car elles empêchent la migration et l'écoulement de ces fluides en servant de barrière.

Les *roches salines* ou *évaporites* désignent les roches sédimentaires composées de sels minéraux. Ce sont des roches à base de sel telles que l'halite ou le sel-gemme dédié à la consommation, le gypse et l'anhydrite. Les deux dernières citées sont les éléments principaux de la fabrication des plâtres dans le domaine médical. Quand les évaporites sont soumises à une forte pression, elles forment des diapirs de sel qui constituent des pièges pour le stockage des hydrocarbures (Figure 41).

Les *roches carbonées* sont des roches sédimentaires dont l'élément principal est le carbone. On retrouvera dans ce groupe, des substances minérales riches en carbone telle que le pétrole, le charbon et le gaz naturel.

Les *roches phosphatées* sont des roches sédimentaires qui contiennent une quantité plus ou moins considérable de phosphate. Les karsts en sont des exemples. Ils peuvent jouer le rôle de roche-réservoir pour l'eau et les hydrocarbures selon l'environnement.

Quant aux *roches ferrifères,* elles sont composées d'une quantité importante de minéraux de fer tels que l'hématite, la magnétite et la limonite. L'essentiel des minerais de fer proviennent de ces roches. J'en parlerai avec plus de détails dans les paragraphes à venir.

III.2.1.b - Où se forment le pétrole et le gaz ?

Le pétrole et le gaz ne se forment pas de façon fortuite et hasardeuse. Ils se mettent en place dans des zones préférentielles et dans des environnements spécifiques à la surface de la terre. C'est l'un des motifs pour lesquels, tous les pays n'en sont pas nantis et que certaines régions du monde possèdent plus de champs pétroliers que d'autres.

Les zones géologiques favorables à la maturation de la matière organique et aptes à porter des gisements d'hydrocarbures sont les *bassins sédimentaires.*

Ce sont des endroits de la planète où les sédiments se déposent en masse, s'accumulent et se retrouvent confinés. Dans de tels environnements contraignants, ces sédiments ont le temps de se transformer au fil des années, sous l'effet de la pression et de la température pour donner du pétrole ou du gaz.

III.2.1.b.1 - Les bassins sédimentaires : De véritables réceptacles de gisements de pétrole et de gaz?

Il est indécent de parcourir le thème des roches sédimentaires sans évoquer les bassins sédimentaires et sans parler des différents types de bassin sédimentaires susceptibles de contenir des hydrocarbures et des minerais (Figure 44).

Comme je l'indiquais précédemment, un *bassin sédimentaire* est un endroit où s'accumulent les sédiments. Cela sous-entend la création et la disponibilité d'un espace géologique marin ou continental. Cet espace est créé soit par enfoncement ou par effondrement de la base du bassin que les géologues appellent *subsidence*, soit par une augmentation du niveau marin appelée *transgression.*

Ainsi, en fonction des mécanismes qui provoquent la subsidence, deux types de bassin sont connus. Il s'agit des *bassins associés à des zones de divergence* et des *bassins associés à des zones de convergence*.

III.2.1.b.1.1 - Les bassins associés aux zones de divergence : L'exemple des bassins sédimentaires de la Somalie, du Soudan, du Ghana, de la Côte d'Ivoire, de la mer Rouge et du golfe d'Aden

Dans la grande famille des *bassins associés à des zones de divergence* des plaques tectoniques sont identifiés les rifts continentaux, les rifts océaniques et les marges passives ou bassins océaniques.

Les *rifts continentaux* sont bassins sédimentaires issus d'un étirement de la croute terrestre. Ils sont très souvent accompagnés de volcanisme (Figure 44A).

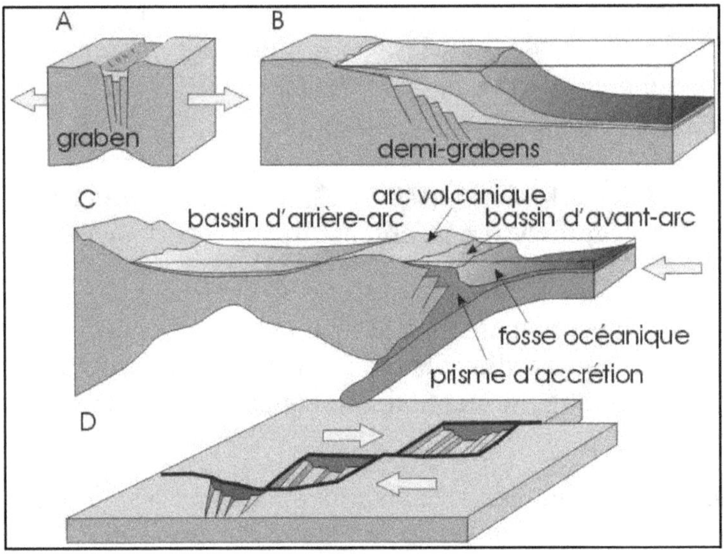

Figure 44: Bassin sédimentaire résultant du contexte tectonique (A : Rift continental B : Marge passive avec structuration en demi-grabens et bassin océanique C : Bassin d'arrière-arc, d'avant-arc et fosse océanique en zone de subduction D : Bassin lié à une faille transformante en décrochement dextre, université de Liège, faculté des sciences de Géologie)

Les rifts continentaux traduisent généralement, le commencement d'une phase d'ouverture qui peut évoluer plus tard vers une océanisation. C'est le cas du célèbre rift Est-africain qui affecte plusieurs pays, à savoir Djibouti, l'Ethiopie, l'Erythrée, le Kenya, la Somalie et la Tanzanie (Figure 45). Ces pays sont d'ailleurs de véritables réceptacles de ressources minières du fait de la présence de ce rift.

Le rift Est-africain est une zone stratégique. En plus d'être un carrefour de jonction entre plusieurs pays, il s'associe avec le golfe d'Aden et la mer Rouge pour former le triangle Afar. Quand on connait le potentiel pétrolier des pays du golfe qui ne sont pas très loin du triangle Afar et sont les 1er producteurs de pétrole au monde, il est aisé de comprendre les raisons pour lesquelles, cette région attire l'attention des pétroliers et des géopoliticiens.

En exemple concret, récemment, un gisement exceptionnel d'hélium a été découvert dans le rift tanzanien. J'en parlerai plus loin. En complément de ce gisement assez rare, s'ajoutent tous les champs pétroliers de la Somalie et du Soudan. Malheureusement, ces deux pays sont des victimes directes des richesses de leur sous-sol du fait des guerres interminables et des attentats injustifiés qui les affectent quotidiennement, depuis des décennies. Justement, le Soudan et la Somalie occupent des rangs honorables au classement des pays africains producteurs de pétrole. Dans la suite de ce livre, j'écrirai un ouvrage dédié aux ressources pétrolières de l'Afrique, notamment, à celles des pays de la corne de l'Afrique.

Malgré la famine et la pauvreté qui mortifient les enfants de ces pays, la Somalie et le Soudan sont extrêmement riches en hydrocarbures. C'est d'ailleurs pour ses richesses pétrolières que le Soudan, pays autrefois unique, a dû se scinder en Nord Soudan et Sud Soudan pourtant, ces deux nouveaux pays savent pertinemment qu'ils sont interdépendants et ont besoin l'un de l'autre pour vivre. Ils ont donc un destin lié sur le plan économique, politique, social, infrastructurel, sécuritaire, voire même, sur tous les plans.

En effet, je fais cette affirmation parce que la structure géoéconomique du Soudan est atypique. Le drame vient du fait que l'essentiel de ses gisements pétroliers se trouvent au Nord Soudan tandis que les raffineries utiles à leur traitement sont localisées au Sud

Soudan. A cela s'additionnent tous les pipelines et les gazoducs qui traversent ces deux Soudans dans toutes les directions et dans les deux sens pour les approvisionner en hydrocarbures. Cela veut simplement dire que la partie Nord du pays a effectivement besoin de la partie Sud et vis vexa.

Mais d'où vient alors cette idée de séparation des deux Soudans qui ne fait qu'augmenter les souffrances de leurs populations qui désirent vivre dans la paix et la cohésion sociale tout en profitant des richesses de leurs sous-sol ? Là se trouve l'énigme à laquelle doivent répondre mes lecteurs en général et les Africains en particulier, à travers ce livre.

Quant à la Somalie, il ne se passe une année sans qu'elle fasse l'actualité des médias occidentaux et internationaux sur le plan humanitaire puisque la famine y trouve toujours un terrain fertile.

Si vous voulez voir des enfants atteints de malnutrition encore au XXIème siècle, il va falloir faire un tour vers la Somalie qui connait très souvent la famine à cause de la sécheresse mais surtout, de la pauvreté car ce n'est pas le seul pays du monde qui est défavorisé par un climat sec. Pour lui venir en aide en cas de catastrophe et d'urgence humanitaire, ce sont des sacs de denrées alimentaires qui sont parachutés par voie aérienne et terrestre par l'Onu et ses différents organes. Hélas ! Face à l'impuissance du gouvernement somalien, c'est grâce à ce scenario courant que sont sauvés tous ces enfants qui meurent de faim dans les bras de leurs mères, elles-mêmes, affamées et affaiblies par le manque d'eau et d'aliments.

A ce triste décor humanitaire s'ajoutent les groupes djihadistes qui prolifèrent. C'est l'exemple des *chebabs* qui signifient *les jeunes* en arabe et d'autres organisations religieuses armées qui viennent assombrir davantage, le difficile quotidien de ces populations par des répétitifs attentats à la voiture piégée et des opérations militaires intempestives depuis 1991.

Ainsi, à défaut que le peu de ressources financières de l'Etat somalien serve à fournir le minimum vital à ses populations, son gouvernement se trouve bien obligé de s'équiper en armes pour tenir front à ces organisations terroristes comme si l'Afrique avait plus besoin de guerre que de développement social et économique.

Pourtant, la Somalie est un pays très riche en pétrole qui devrait normalement se suffire si les revenus de l'exploitation de ses gisements sont bien utilisés. Malheureusement, ce n'est pas le cas. Quel paradoxe !

En fait, le véritable enjeu de la déstabilisation et de l'instabilité de la Somalie et du Soudan est le contrôle de leurs ressources pétrolières. Tous les géopoliticiens et les géostratèges le savent très bien. Pour avoir effectué des travaux de recherches sur le rift Est-africain lors de mes études au laboratoire de sismologie de l'institut de physique du globe de Paris (IPGP) de l'université Denis Diderot (Paris 7), je peux confirmer que cette partie du continent africain est riche en hydrocarbures et en ressources minérales. Ce n'est pas un hasard si d'importantes bases militaires des pays les plus puissants du monde, sont édifiées dans cette zone de l'Afrique.

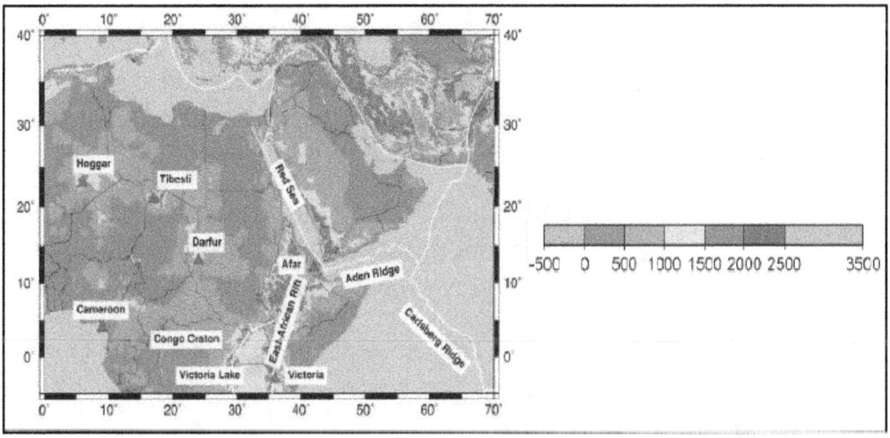

Figure 45: Carte de la corne de l'Afrique et du triangle Afar à l'intercession du rift continental Est-africain, du golfe d'Aden et de la mer Rouge délimitant les plaques nubienne, somalienne et arabique ; les triangles rouges indiquent les volcans ou points chauds et la légende désigne la topographie (D. Sicilia & al, 2008)

Quant aux *rifts océaniques*, ce sont des rifts continentaux envahis par la mer et donc susceptibles de recevoir des sédiments et capables de former un bassin sédimentaire. C'est le cas des rifts océaniques de la mer Rouge qui englobent les bassins sédimentaires de l'Egypte, du Soudan et de l'Erythrée et de ceux du golfe d'Aden qui comprennent les bassins de Djibouti et de la Somalie (Figure 46). Sans me répéter, tous ces bassins sont connus pour leur potentiel pétrolier.

Selon vous, pourquoi les navires pétroliers sont très souvent attaqués par les pirates somaliens ou soudanais sur les fameuses *routes du pétrole*, à savoir dans le golfe d'Aden ou sur la mer Rouge ? Pourquoi le Sinaï, non loin de l'Egypte, est le siège de conflits incessants entre l'*Etat islamique (Daesh)* et l'Etat d'Egypte au point où ce dernier était obligé, récemment, de renforcer sa puissance militaire par l'achat d'un navire sous-marin militaire et d'avions de guerre français ?

C'est justement pour contrôler ces bassins sédimentaires stratégiques pour le monde car ils sont riches en pétrole et en gaz. Il est important de savoir que dans le monde économique et géopolitique, personne ne s'intéressera à vous si vous ne suscitez aucun intérêt.

Personne ne s'intéresserait à cette zone de l'Afrique et à ses bassins sédimentaires s'ils étaient dépourvus de ressources minérales énergétiques, c'est-à-dire, de gisements d'hydrocarbures.

L'Afrique doit comprendre qu'elle est sous le feu des projecteurs parce qu'elle a un potentiel économique et géopolitique énorme avec d'importantes ressources minérales cachées dans son sous-sol.

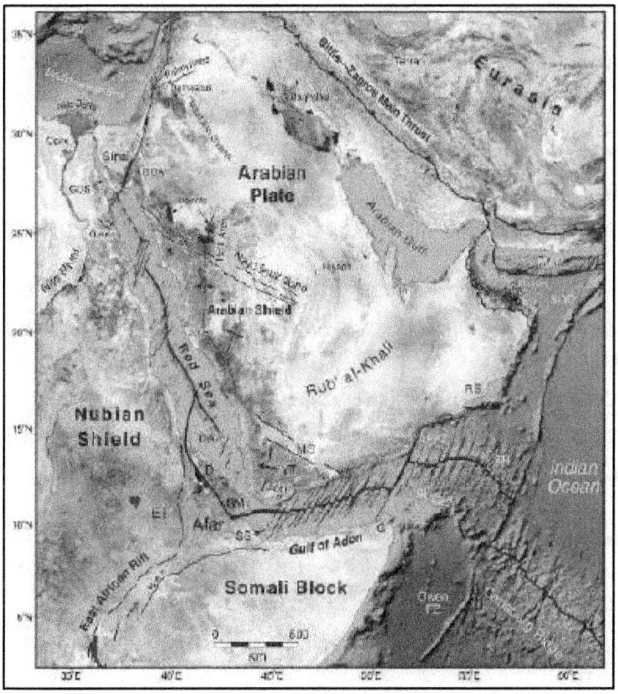

Figure 46: Figure synthétique d'imagerie Lansat (à terre) et d'interprétation bathymétrique (en mer) mettant en évidence les rifts océaniques qui affectent la corne de l'Afrique (Bosworth & al, 2005)

Les *marges passives* ou les *bassins océaniques* sont des stades suprêmes d'évolution des rifts continentaux avec une structure en demi-grabens et une croute océanique sur laquelle viennent s'accumuler d'énormes épaisseurs de sédiments d'origine continentale et océanique pour former un bassin (Figure 44B). J'en avais parlé précédemment, lorsque j'avais abordé la différence entre les marges continentales passives et les marges continentale actives.

L'essentiel des bassins sédimentaires à fort potentiel pétrolier de l'océan Atlantique, notamment, ceux des côtes de l'Afrique de l'Ouest et Centrale, sont des marges continentales passives avec des bassins océaniques bien développés pour la production de pétrole et de gaz.

III.2.1.b.1.2 - Les bassins associés aux zones de convergence : L'exemple des bassins sédimentaires de l'Algérie et de la Libye

Les *bassins associés à des zones de convergence des plaques* (Figure 44C) sont les fosses océaniques, les bassins d'arrière-arc ou bassins marginaux et les bassins d'avant arc ou d'avant-chaîne.

Les *fosses océaniques* sont des dépressions océaniques profondes rencontrées au niveau des zones de subduction. Elles sont caractérisées par des dépôts turbiditiques d'eau profonde et sont majoritairement localisées en Afrique du Nord. Ces bassins sont le résultat de la collision ou de la convergence de la plaque eurasienne (européenne) ou alpine et de la plaque africaine (méditerranéenne).

L'Afrique du Nord n'est pas en marge dans la contribution pétrolière de l'Afrique aux besoins énergétiques du monde. Si vous l'ignorez encore, vous devez désormais savoir que l'Afrique du Nord est la 1ère région pétrolière d'Afrique bien avant l'Afrique Subsaharienne.

Dans cet ouvrage, je parle en particulier, du potentiel minier de toutes les régions d'Afrique. Dans un autre livre à venir, je traiterai en long et en large, le potentiel pétrolier de l'Afrique du Nord et des autres régions d'Afrique. Néanmoins, j'aborde déjà quelques aspects du sujet pour vous donner un aperçu de la richesse pétrolière de l'Afrique.

Quand on considère le potentiel pétrolier de l'Algérie, de la Lybie, de la Tunisie et même du Maroc et de l'Egypte, il est facile de comprendre pourquoi cette zone de l'Afrique a connu récemment, cette fameuse période qu'on a appelée le *printemps arabe*.

Jusqu'aujourd'hui, c'est cette séquence géopolitique qui a entrainé la Libye dans un labyrinthe d'instabilités avec l'émergence de nombreux groupes armés et un Etat qui n'existe désormais que de nom. A qui profite ce désordre ? Les Libyens n'étaient-ils pas dans la réalité en paix ? Ne vivaient-ils pas mieux sous le régime de monsieur KADHAFI qualifié de dictatorial que sous le régime actuel qualifié de démocratique ? C'est le lieu de faire un break pour envisager des comparaisons entre le régime libyen d'alors et celui d'aujourd'hui.

Quand on sait que sous ce régime dictatorial, les Libyens recevaient mensuellement de leur gouvernement, des aides sociales tirées des revenus des hydrocarbures, pour financer leurs projets et subvenir à leurs besoins quotidiens, on peut s'écrier avec beaucoup de remords :

« Quel gâchis pour ce beau pays à l'économie jadis prospère ! »

Malheureusement, aujourd'hui, la déstabilisation de la Libye a des conséquences désastreuses et presqu'irréversibles. L'une des conséquences majeures de ce chaos géopolitique Libyen se traduit par le fait que ce pays est devenu un lieu de trafics de tout genre. C'est une zone de non droit avec une concentration importante de maîtres armés du grand banditisme et de seigneurs de guerre provenant des groupes terroristes tels qu'*Alkaida* et de l'*Etat islamique*.

De surcroît, ce désordre géostratégique macabre, orchestré en Libye, fait que cette grande nation d'Afrique est devenue une nouvelle autoroute vers l'eldorado occidental pour les jeunes africains désœuvrés et étouffés par la pauvreté. Aujourd'hui, La Libye est le point de départ des jeunes et braves ressources humaines africaines vers l'Occident. Ils bravent les dangers mortifères liés aux vagues et aux flots de la mer, sur des bateaux de fortunes, au péril de leurs vies, dans l'espoir d'un lendemain meilleur en Europe. Ils prennent tous ces risques parce qu'ils ont perdus tout espoir compte tenu de la mauvaise gestion des dirigeants africains et des conflits incessants et provoqués qui gangrènent l'Afrique depuis les indépendances des années 60.

Aujourd'hui, la Libye est entièrement détruite. Tout est à refaire dans ce pays. C'est seulement maintenant que les Libyens se rendent compte qu'ils ont faits une grosse erreur en étant les collaborateurs de ceux qui avaient pour ambition de rendre ingouvernable leur pays, pour mieux contrôler ses ressources énergétiques, notamment, ses importants champs de pétrole et de gaz.

Dans l'ouvrage à venir, j'aurai le temps de m'attarder sur les ressources pétrolières de la Libye pour vous démontrer comment ce pays a été naïf en bradant sa stabilité et sa paix sans laquelle il n'y a aucun développement. Heureusement que malgré cette mésaventure libyenne amère, certains pays producteurs africains ont compris la supercherie et évitent désormais, les conflits inutiles.

De plus en plus, ils se concentrent sur leur développement tout en préservant la paix et la sécurité dans leur pays. Il y a donc quelques lueurs d'espoirs.

En effet, en dépit de tout ces événements, force est de constater que depuis environ cinq années, les coups d'Etat en Afrique prospèrent de moins en moins et les mentalités des peuples africains sont en train de changer. Ces nouveaux faits sont des signaux d'alarme, voire même, des signes annonciateurs qui suscitent à nouveau de l'espoir. C'est sur la base de ces faits palpables que reposent mes grandes convictions au sujet du développement de l'Afrique. Au regard de ces nouvelles données, je pense toujours que l'Afrique sera absolument le continent de l'avenir. C'est une partie du globe terrestre qu'il ne faut pas négliger et avec laquelle, il faudra compter dans le conseil des nations émergentes. Cela arrivera dans très peu de temps. Le continent africain est en train de mûrir en abandonnant les raccourcis illégitimes et déstabilisateurs des coups d'Etat militaire pour accéder à la démocratie et au pouvoir. L'Afrique est sur le chemin si long, si périlleux mais si sûr de la maturité et du développement. C'est le prix à payer et l'une des voies incontournables par laquelle, l'Afrique parviendra à l'émergence et à la véritable indépendance économique pour la joie de ses populations.

Les *bassins d'arrière-arc* ou *bassins marginaux* sont mis en place par l'extension et l'ouverture d'une dépression océanique en arrière et parallèlement à un arc volcanique suite à la convergence de deux plaques due à une subduction. Lorsque le bassin se remplit de sédiments, il se transforme en mer marginale.

C'est justement un tel processus qui a abouti à la formation de la mer Méditerranéenne après la collision entre l'Afrique qui chevauchait l'Europe à l'Ouest et l'Europe qui chevauchait l'Afrique de l'Est. Cette collision est aussi à l'origine de la naissance des chaînes alpines. Aujourd'hui, il est impossible de parler de la mer Méditerranéenne sans mentionner les bassins sédimentaires à fort potentiel pétrolifère qu'elle contient. C'est le cas des bassins offshores algériens, tunisiens, libyens, marocains et même égyptiens.

Si vous m'avez très bien suivi jusqu'à ce stade, à travers la lecture de ce livre, désormais, vous comprenez assez mieux que le continent africain a toutes les prédispositions naturelles, c'est-à-dire, toutes les armes géologiques pour être une plaque tournante génératrice et productrice de ressources minérales utiles au bon fonctionnement des industries et à l'épanouissement des peuples du monde.

Tout ceci n'est qu'un bref aperçu des atouts géologiques de l'Afrique. Je les développerai avec des détails dans les paragraphes à venir. L'Afrique n'est pas pauvre en ressources minières. Elle en possède suffisamment pour son essor économique et social. Pour un continent dit du tiers monde et vilipendé pour son extrême pauvreté, c'est un privilège. Cependant, l'Afrique est pauvre en leaders intègres, capables de consolider la paix dans les Etats et formés pour fédérer et convertir tous les projets de société en action concrète de développement. Elle doit donc travailler dans ce sens, pour renforcer les qualités et les compétences de ces leaders.

Les *bassins d'avant arc ou d'avant-chaîne* sont quant à eux, le résultat de la poursuite de la subduction en collision continentale entre deux plaques. Cette collision provoque une augmentation de l'épaisseur de la plaque continentale supérieure et entraine en parallèle, une dépression en bassin dû à l'importante charge de sédiments qui provient de l'érosion de la chaîne. De tels bassins sont observés du coté européen de la mer Méditerranéenne.

III.2.1.b.1.3 - Les bassins associés aux zones de coulissement : L'exemple des bassins sédimentaires de la Côte d'Ivoire, du Ghana, du Togo, du Bénin et du Nigéria

Les *bassins associés à des zones de coulissement* des plaques continentales le long des failles transformantes (Figure 44D) se mettent en place à la faveur de changement directionnel de failles décrochantes. L'exemple typique de ces bassins est observé sur plusieurs côtes de l'Afrique de l'Ouest qui possèdent des marges continentales affectées par des failles transformantes. C'est le cas des bassins ivoiro-ghanéens qui sont contrôlés par les failles transformantes de la *Romanche* et de *Saint Paul* (Figure 47). Les bassins du Togo, du Benin et du Nigéria subissent également les effets du prolongement de la Romanche dans leurs fonds océaniques. La présence de ce type de bassin en un lieu donné est stratégique sur le plan énergétique car, tous les pays d'Afrique qui en possèdent sont aussi des producteurs de pétrole non négligeables.

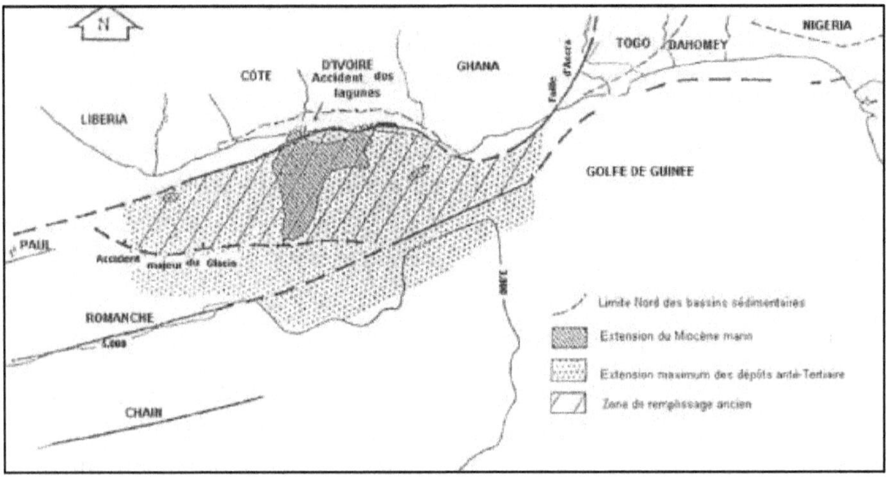

Figure 47: Schéma structural de la marge continentale ivoiro-ghanéenne contrôlée par les failles transformantes de la Romanche et de Saint Paul (Blarez, 1986 modifiée)

L'influence des failles transformantes sur les bassins sédimentaires ouest-africains est mise en évidence par les données géologiques, géophysiques mais aussi, par les images satellites (Figure 48). Ce fait confirme la nécessité d'avoir une palette de disciplines pour de telles études scientifiques car, si les hypothèses de départ sont bonnes, elles devraient aboutir aux mêmes conclusions avec des résultats convergents. C'est pour cette raison qu'au regard des conclusions des travaux de recherches, toute la communauté scientifique des géosciences est unanime pour dire que l'Afrique est *un don de Dieu* pour le monde en termes de réserves de matières premières minérales.

L'Afrique est un grenier de ressources minérales. Depuis l'entame de ce livre, tous mes efforts vont dans ce sens et consistent à démontrer cette vérité avec des exemples concrets de gisements repartis sur tout le continent africain. C'est aussi l'objectif que je souhaite atteindre lorsque je prends le temps de mentionner tous ces chiffres et ces statistiques qui révèlent les réserves et la production minière et pétrolière des pays producteurs africains.

A ce stade de mes propos, vous avez pu vous rendre compte qu'aucun pays africain n'est dépourvu de matières premières minérales.

De nouvelles découvertes de gisements pétroliers et miniers se font continuellement en Afrique. Elles donnent l'impression que ce continent possède plus de gisements inconnus que connus. Les résultats qui justifient cette affirmation ne manquent pas et sont vérifiables.

C'est d'ailleurs pour faire la lumière sur le potentiel minier de l'Afrique et mettre en exergue ses atouts géologiques et économiques que j'ai pris l'engagement d'écrire ce livre. J'ai pris cette noble responsabilité pour que ceux qui doutaient encore de la richesse de ce continent soient désormais rassurés et convaincus que de l'Afrique, peut venir de très bonnes choses. Curieusement, tous ces atouts et faits positifs précités vont dans le sens contraire de ce que les grands analystes et les célèbres économistes du monde nous avaient laissé croire au sujet de l'Afrique, depuis plusieurs années.

Il fut une période où personne n'ambitionnait de s'installer en Afrique pour développer ses activités industrielles et économiques puisque l'actualité de ce continent était faite de mauvaises nouvelles avec hégémonie des famines, une pléthore de rébellions armées et des guerres incessantes. Aujourd'hui, tous ces marqueurs d'instabilités et ces climats défavorables au monde des affaires sont en train de disparaître. Aussi, les partis politiques et leurs militants comprennent désormais que le moyen par excellence d'accéder au pouvoir d'Etat est la voie des urnes, c'est-à-dire, celle des élections et du respect des règles démocratiques.

Face à tous ces changements positifs, l'Afrique est dès lors, le continent sur lequel il faut avoir une base et des repères pour faire fructifier ses activités économiques dans le futur. C'est après avoir constaté et analysé tous ces signes prometteurs que les multinationales et les experts en géopolitique des Etats occidentaux incitent leurs gouvernants à effectuer plus d'actions en faveur des pays africains pour renforcer leurs relations d'amitié et de coopération économique et sociale. Ils estiment que c'est l'un des moyens sûrs pour avoir la sympathie de certains dirigeants africains et accéder au marché grand africain.

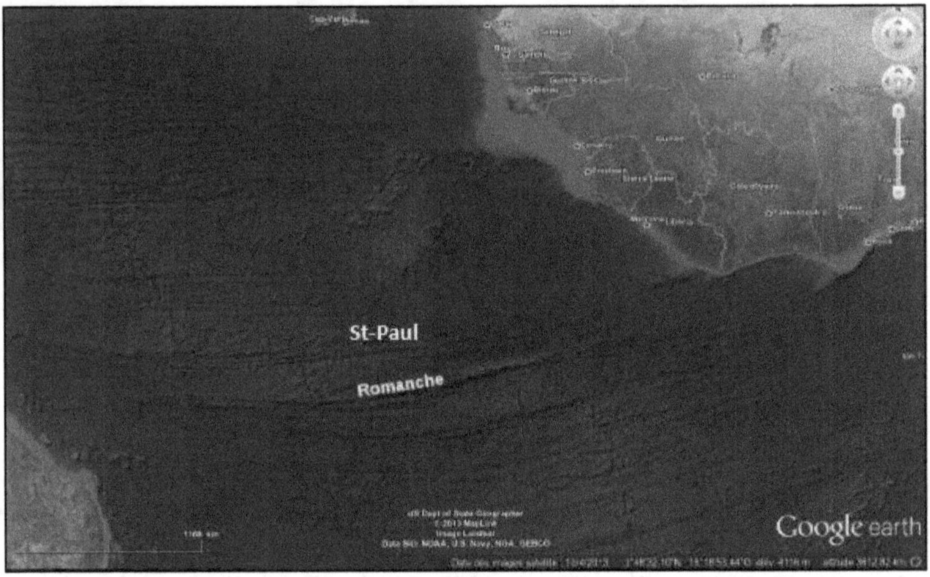

Figure 48 : Image satellite des failles transformantes de la Romanche et de Saint Paul affectant la marge continentale ivoiro-ghanéenne (Google Earth, 1993)

III.2.1.b.1.4 - Les bassins intra-montagneux : L'exemple des bassins alpins du Nord de l'Algérie et de la région des Grands Lacs d'Afrique Centrale

Les *bassins intra-montagneux* se développent en contexte d'extension après une collision entre deux plaques. L'un des exemples connus de bassin intra-montagneux est identifié dans le Nord de l'Algérie, dans l'atlas tellien des alpes algériennes avec le bassin de Chélif. Des gisements d'intérêt économique, notamment, pétrolifère ont été mis en évidence à Ain Zeft, Tliouanet et Oued Guettrini.

Les bassins intra-montagneux sont caractérisés par des sédiments qui proviennent de l'érosion du continent. C'est l'une des raisons pour lesquelles certains lacs sont pris en compte dans cette catégorie de bassins. C'est le cas de plusieurs bassins lacustres d'Afrique Centrale.

Justement, cette région d'Afrique est appelée *région des Grands Lacs* du fait de la grande étendue de ses lacs et des gisements d'hydrocarbures et de minerais divers qu'elle est susceptible de renfermer. L'importance de cette région ne date pas d'aujourd'hui. D'ailleurs, une métaphore que j'apprécie en parle si bien :

« Quand la région des Grands Lacs d'Afrique éternue, le monde entier, y compris l'Afrique, s'enrhume. »

Cette citation semble assez comique au premier degré de lecture mais elle a un grand sens quand on cherche à la comprendre avec une analyse affinée.

En effet, compte tenu de sa richesse en matières premières minérales stratégiques, la région des Grands Lacs est le siège de conflits ethniques et inter-états permanents. Cette situation insoutenable provoque très souvent, des problèmes d'approvisionnement pour certaines firmes technologiques et industrielles qui ont besoin de ces substances minérales pour leur fonctionnement. En réalité, l'industrie des nouvelles technologies de l'information et de la communication est fortement dépendante de certains métaux technologiques comme le coltan qu'on trouve uniquement dans des pays de la région des Grands Lacs. C'est ce lien étroit de cause à effet que traduit la citation énoncée précédemment.

De surcroit, c'est parce que la région des Grands Lacs était connue pour l'importance de ses minerais que la communauté scientifique des géologues qualifiait la République Démocratique du Congo qui en fait partie, de *pays de scandale géologique*.

Récemment, des prospecteurs de la compagnie pétrolière Tullow oil ont mis en évidence des gisements de pétrole dans le bassin du Lac Albert. Leurs réserves sont estimées à un milliard de barils. Ils sont susceptibles de produire 100 000 barils par jour sur environ dix années.

Le lac Albert est le 7ème d'Afrique en termes de longueur et le 23ème du monde. Il a 160 kilomètres de longueur, 30 kilomètres de largeur et une profondeur maximale de 58 mètres. Il se trouve à cheval entre la République Démocratique du Congo et l'Ouganda (Figure 49).

Bien que le développement de ses réserves pétrolières et leur commercialisation soient prévus pour 2018 en Ouganda, cette découverte engendre déjà des échauffourées entre ces deux pays. Ces tensions sont visibles à travers des conflits récurrents, soldés parfois par la mort de plusieurs civils et militaires dans la région pétrolière de l'Est de la République Démocratique du Congo.

Hélas ! Cette énième opportunité pour cette région et pour l'Afrique se transforme encore une fois en malheur. C'est dommage et décevant pour les populations d'Afrique Centrale parce que ces réserves pétrolières devraient être une aubaine de croissance et de développement économique pour ces deux pays frères.

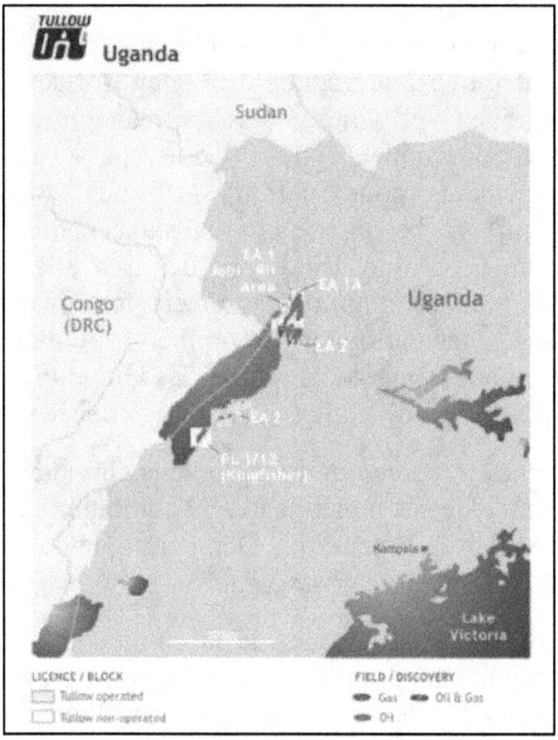

Figure 49 : Bloc pétrolier du lac Albert à la frontière entre l'Ouganda et la République Démocratique du Congo (Tullow Oil Plc)

La région des Grands Lacs est donc un bassin minier important pour l'Afrique car, en plus des ressources minières du lac Albert, d'autres bassins de ce territoire regorgent de matières premières minérales stratégiques.

En 2015, la campagne d'exploration conduite par la compagnie pétrolière britannique Soco dans l'Est de la République Démocratique du Congo, a révélé la présence de pétrole dans le parc des Virunga (Figure 50).

C'est le plus vieux parc d'Afrique avec plus de 800 000 hectares. Il est classé au patrimoine mondial par l'Unesco.

Malgré la protection du parc des Virunga et le fait que le permis d'exploration attribué à la compagnie Soco ait été suspendu par la République Démocratique du Congo sous la pression des organisations internationales, ses énormes réserves pétrolières seront exploitées tôt ou tard.

C'est ce que le porte-parole du gouvernement congolais de l'époque, monsieur Lambert MENDE essayait de dire par les propos suivants :

« L'Unesco ne nous a jamais interdit d'utiliser nos richesses. L'Unesco nous demande simplement de tenir compte de la nécessité de protéger l'environnement…Nous allons examiner les choses et voir si on peut autoriser la phase d'exploitation dans l'intérêt des populations de notre pays… »

En considérant la position géographique du parc des Virunga, on perçoit clairement pourquoi la région Est de la République Démocratique du Congo, notamment, le Nord-Kivu est toujours le théâtre d'affrontements. Sa localisation explique également la raison pour laquelle ce pays est continuellement en ordre de bataille contre l'Ouganda et le Rwanda.

En supplément du lac Albert, le lac Edouard est aussi à cheval entre la République Démocratique du Congo et l'Ouganda. En plus, il fait partie du parc des Virunga pour ce qui est de la partie congolaise. Cette région d'Afrique n'est donc pas ciblée de façon fortuite par les multinationales minières et pétrolières. Elle est pleine de potentialités en termes de matières premières minérales.

En effet, des études effectuées dans la vallée du rift qui est aussi celle des Grands Lacs, ont révélées la présence de réserves d'hydrocarbures estimées à 6.5 milliards de barils de pétrole et celles de gaz naturels évaluées à 500 milliards de mètres cubes. Ces trouvailles ont conduit le gouvernement ougandais à céder six concessions à plusieurs compagnies pétrolières telles que Total et

Tullow oil. Le bloc Ngaji d'une superficie de 895 km^2 en fait partie et est la plus grande des six blocs pétroliers cédés.

Ce sont donc des zones très convoitées par les Etats des Grands Lacs puisque la détention de ces ressources minérales est stratégique pour leur développement économique. A l'opposé, elles sont aussi prisées par les groupes armés qui ont besoin de moyens financiers pour survivre et s'équiper militairement.

A ce stade de mes propos, je me souviens d'une déclaration qu'un acteur avait faite dans un film intitulé *Blood Diamond (diamant du sang)* en ces termes :

« J'espère qu'ils ne vont pas découvrir du pétrole. Alors nous serons réellement en danger. »

Ce passage est réaliste encore aujourd'hui. Malheureusement, bien qu'étant conscients du lien qui existe entre la découverte des ressources minérales et les conflits socio-économiques, les Africains tombent toujours dans les mêmes pièges grâce aux mêmes méthodes. Ces appas ne sont rien d'autres que les incitations à la guerre et les divisions politiques, tribales, ethniques et religieuses qui occasionnent des conflits avec plusieurs victimes et de nombreuses années de reconstructions des villes dévastées. Dans le même temps, les autres continents de la planète ne cessent de progresser car la stabilité et la paix sont des indispensables incontournables en matière de développement et de prospérité.

Selon la note de conjoncture économique émise par la Fédération des entreprises du Congo (FEC) au 1er semestre de l'année 2013, la production pétrolière de la République Démocratique du Congo entre 2012 et 2013 quoiqu'en baisse, était estimée respectivement à 8 545 000 et 8 531 000 barils, ce qui n'est pas négligeable pour son économie. Cependant, les effets de cette rente pétrolière sont invisibles sur le terrain car, ce pays fait partie des plus pauvres de la planète bien qu'étant très riche au regard du potentiel minier de son sous-sol. Si on s'en tenait uniquement aux richesses de son sous-sol, la République Démocratique du Congo devait faire partie des pays les plus riches du monde mais hélas, nous sommes très loin de cette réalité. Au contraire, les populations congolaises continuent de s'entretuer pour des questions ethniques, religieuses et financières pendant que certains savourent dans un silence insoupçonné, ces minerais si précieux et si onéreux qui sortent de leur sous-sol.

En exemple, Goma et Béni qui font partie du Nord-Kivu sont des villes témoins de l'atrocité des guerres tribales et inter-états motivées par l'exploitation des matières premières minérales. En vérité, ces deux villes sont à proximité du parc des Virunga évoqué précédemment. Dès lors, leurs positions géographiques démontrent que les assauts guerriers qu'elles subissent au quotidien ne sont pas fortuits. Les terres de ces villes sont riches en minerais comme celles du parc de Virunga et du lac Edouard.

Dans son numéro datant du 16 Mai 2016, le journal *Jeune Afrique* a fait état de plus de 100 morts dans la ville de Béni en cinq mois et plus de 1100 personnes tuées à Lubero et surtout à Béni en deux années. Etonnamment, ces villes ont connu toutes ces victimes malgré la présence des Forces armées congolaises (FARDC) et des forces de maintien de la paix de l'Onu au Congo (MONUSCO). En réalité, des groupes armés étrangers et des milices locales règnent d'une main de maître dans toute cette région.

En effet, l'importance et les enjeux économiques de cette zone ne facilite pas l'identification de tous ceux qui profitent de cette situation d'instabilité du Nord-Kivu. Une grande confusion et un flou bien orchestré y sont établis avec la présence de tous ces groupes armés. Malheureusement, les femmes enceintes éventrées, violées et les bébés mutilés ne sont plus comptés tant l'atrocité a atteint un niveau insupportable et inhumain. Le drame dans tout ce sombre décor social vient du fait que les véritables perdants de ces conflits géopolitiques sont bien identifiés. Ce sont les pauvres populations congolaises qui vivent dans leurs villages, loin des villes, c'est-à-dire, à des milliers de kilomètres des centres de décisions. Ce sont elles, les premières à subir les séquelles émotionnelles et physiques des guerres et des bruits de guerre. C'est pourquoi depuis l'entame de ce livre, je n'ai cessé de dire qu'il est temps que les peuples africains ouvrent leurs yeux et placent les intérêts de leurs nations avant leurs querelles intempestives et inutiles.

En vérité, ces conflits récurrents n'apportent rien à l'Afrique mais la plonge au contraire, dans le dénuement total au grand désarroi des futures générations. Si la prise de conscience générale n'est pas immédiate, ces jeunes africains de demain auront un héritage empoisonné de dettes et de conflits alors qu'ils ne l'ont pas voulu.

La meilleure façon de propulser un enfant dans sa destinée est de lui montrer la voie pour y arriver en créant les conditions propices à son épanouissement et en lui donnant les moyens nécessaires pour gravir les échelons. De même, les générations actuelles doivent faciliter la tâches aux générations futures en les épargnant tous les maux auxquels elles sont confrontées aujourd'hui. Il n'est pas encore tard pour mieux faire et racheter le temps perdu à creuser le fossé du sous-développement de ce riche continent. Il est encore temps pour l'Afrique de reconsidérer ses voies et les ajuster si elle souhaite rattraper son retard au niveau de son développement économique et social.

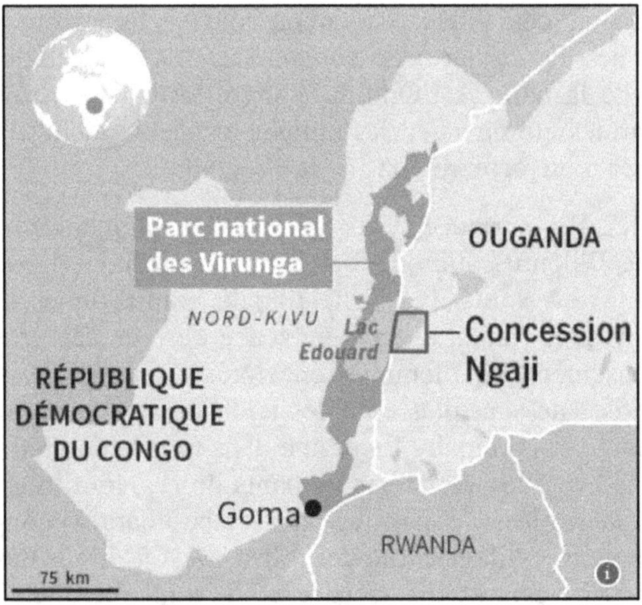

Figure 50: Bloc pétrolier dans le parc des Virunga et le lac Edouard, à la frontière entre l'Ouganda et la République Démocratique du Congo (Le Monde Afrique)

III.2.1.b.1.5 - Les bassins intracontinentaux : l'exemple des bassins sédimentaires du Sahara, de la Mauritanie, du Niger, du Mali, du Tchad, de l'Algérie et de la Libye

Les *bassins intracontinentaux* en contexte atectonique sont observés à l'intérieur des continents. Ils sont suffisamment stables avec une subsidence (affaissement) assez faible provenant d'un rétrécissement de la croûte terrestre ou d'un refroidissement du manteau. Les sédiments de ce type de bassin sont d'origine continentale, c'est-à-dire, lacustre ou désertique mais aussi, marine et n'ont pas subi de plissement.

Ainsi, tous les bassins sédimentaires rencontrés dans le désert du Sahara, en Afrique, sont des bassins intracontinentaux.

C'est le cas du bassin de Taoudéni que se partagent le Mali, la Mauritanie et l'Algérie, du bassin d'Iullemenden rencontré au Niger et au Mali, du bassin du Tchad et du bassin du Sahara septentrional connu en Algérie, en Tunisie et en Libye. A cette liste s'ajoutent le bassin de la Nubie reparti entre l'Egypte, la Libye, le Soudan et le Tchad, le bassin de Djado localisé au Niger, le bassin de Mourzouk identifié en Libye et le bassin Sénégalo-mauritanien.

En clair, la majorité des bassins qui se trouvent à l'intérieur de la plateforme continentale africaine sont des bassins intracontinentaux. Comme vous avez pu le constater, la quasi-totalité des pays du Sahel et du Sahara ont des bassins intracontinentaux. Or, un bassin sédimentaire fait allusion à l'existence d'éventuels gisements d'hydrocarbures. Dès lors, vous appréhendez les raisons pour lesquelles, les grandes puissances de ce monde et les groupes terroristes s'intéressent aux pays du Sahel et du Sahara.

En réalité, ces derniers sont attirés par leurs ressources minières puisque ces régions désertiques d'Afrique sont extrêmement riches en minerais. Aujourd'hui, la question qui se pose dans toutes les sphères diplomatiques et économiques est de savoir qui prendra le contrôle de ces bassins intracontinentaux du Sahel et du Sahara, notamment, ceux des bassins de Taoudéni, du Tamesna ou d'Iullemenden ? Là se trouve l'énigme que cherche à résoudre les groupes armés qui se battent quotidiennement contre la coalition des forces militaires occidentales dans le Nord et dans l'Est du Mali.

En effet, si plusieurs personnes l'ignorent encore, le bassin de Taoudéni est une zone désertique avec un potentiel pétrolier avéré mais pas encore exploité. Il intéresse de plus en plus, des majors pétroliers comme Total et Eni. C'est pour ce motif et sa protection que depuis bientôt une décennie, des forces armées terroristes, rebelles ou loyalistes s'installent et se développent sur ce territoire. Pour justifier leurs démarches, les forces armées terroristes utilisent le prétexte de la religion ou brandissent des concepts idéologiques ou ethniques dans le but de contrôler cette partie du désert mais aussi, conquérir tout le Mali.

Le Mali n'est pas un pays pauvre contrairement à ce qu'on nous a laissé croire depuis des decennies. En plus d'être un pays riche de ses gisements d'or, il possèderait des réserves pétrolières gigantesques.

Selon certains indices miniers, le Mali aurait probablement dans son sous-sol, le minerai de ces deux dernières décennies vu son importance pour les nouvelles technologies de l'information et de la communication. Il s'agit du *coltan.*

Comme si ses minerais précités n'étaient pas suffisants, des recherches conduites dans l'Adrar des Ifoghas, dans la région de Kidal, ont révélé la présence de traces d'or et d'uranium. De même, dans le cercle d'Ansongo qui se trouve dans la région de Gao, ce sont des traces de manganèse qui ont été mises en évidence.

Il est bon de savoir que l'Adrar des Ifoghas est un massif montagneux situé au Nord-est du Mali et dans le Sud de l'Algérie. Dans cette zone, vivent, se développent et se refugient en cas de conflits, les Touaregs de l'Azawad, les combattants d'Al-Qaïda au Magreb islamique (AQMI) et les guerriers d'Ansar Eddine (*les défenseurs de la religion* en arabe).

Loin d'être tout ce que le sous-sol malien cache comme surprises en termes de minerais, récemment, la société malienne et d'origine canadienne Petroma, a découvert un énorme gisement de gaz à 107 mètres de profondeur à Bourakèbougou, une localité située à 60 kilomètres de Bamako et 40 kilomètres de Kati. Il est constitué essentiellement, d'hydrogène à l'état pur (98.8% d'hydrogène, 2% de méthane et de nitrogène). Selon les statistiques, une telle découverte permettrait au Mali de s'auto-suffire en production d'électricité et d'approvisionner ses voisins immédiats que sont le Niger, la Mauritanie et le Sénégal, voire même, toute l'Afrique de l'Ouest.

En considérant tout ce potentiel minier, pour quelles raisons croyez-vous que la France a déployé tant d'énergies pour s'opposer à la progression de ces nombreuses forces armées terroristes et indépendantistes, dans le désert du Mali à travers l'opération militaire *Balkanne,* au prix de la vie de plusieurs de ses soldats ? Selon vous, pour quels motifs la France est-elle restée aussi longtemps et toute seule, sur le théâtre des opérations avant et après la création de la coalition militaire, face aux groupes terroristes malgré l'ampleur de la tâche ? C'est biensûr pour marquer clairement son territoire et démontrer au reste des Occidentaux que le Mali reste un pays stratégique pour elle.

Effectivement, à court et à long terme, la France compte sur les matières premières minérales du Mali pour palier à ses besoins énergétiques comme cela est déjà le cas depuis plusieurs décennies au Niger où elle exploite l'uranium sans partage. Pour ces enjeux vitaux, elle considère avoir le devoir de protéger cette zone désertique pour préserver ses acquis géopolitiques, géoéconomiques et géostratégiques.

Je le repète encore une fois. Le Mali est un pays stratégique pour les occidentaux et les organisations terroristes.

En prenant en compte l'aspect géopolitique et la situation géographique des réserves pétrolières du bassin de Taoudéni, du bassin de Tamesna, du rift de Nara et du graben de Gao, vous comprenez aisément, pourquoi des villes comme Gao, Mopti, Tessalit, Bamako, Kidal et même Tombouctou, ont été la cible des attaques terroristes. D'ailleurs, elles sont toujours l'objet des convoitises de plusieurs groupes armés, notamment, le Mouvement national de libération de l'Azawad qui sillonne et prolifère dans les déserts maliens, algériens, nigériens et mauritaniens (Figure 51).

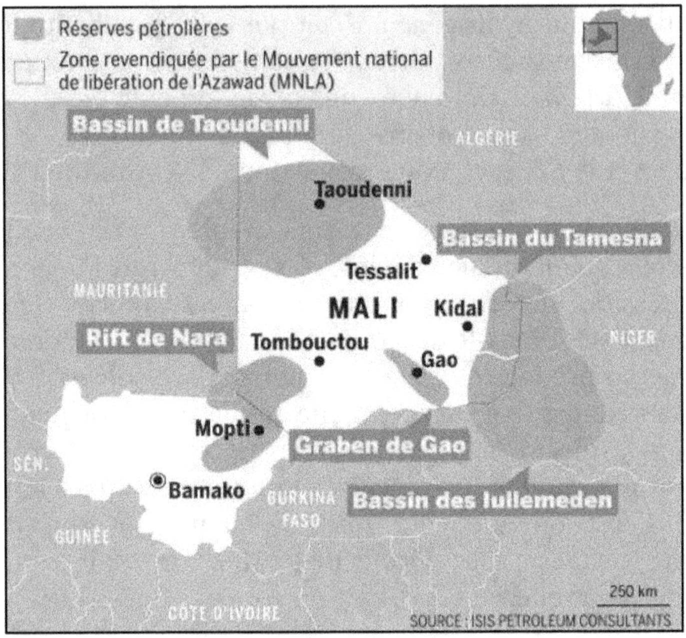

Figure 51: Ressources pétrolières au Mali et ses prolongements au Niger, en Mauritanie et en Algérie (Isis Petroleum Consultants)

Selon l'Autorité pour la recherche pétrolière (AUREP) du Mali, les bassins sédimentaires à proximité de Gao, de Tombouctou et de Kidal représentent environ 850 000 Km^2 soit plus du double de la superficie de la Côte d'Ivoire. Cet immense territoire constitue une zone potentielle de réserves pétrolières et gazières d'où, tout l'espoir qu'il suscite non seulement pour l'Etat et les populations maliennes mais aussi, pour les Occidentaux et les groupes armés du Sahel et du Sahara qui luttent et combattent pour le contrôler.

Cette région n'est donc pas sous des tensions récurrentes par hasard. Ce n'est pas la première à vivre cette situation. C'est ce que traduit en partie, une célèbre citation tirée de la Bible, notamment, du livre d'Ecclésiaste, au chapitre 1 et au verset 9, en ces termes:

« …Il n'y a rien de nouveau sous le soleil. »

C'est une affirmation exacte car la majorité des pays ou des régions du monde où des ressources minérales stratégiques ont été découvertes ou soupçonnées, ont été l'objet de guerres et de conflits. C'est ce que certains appellent la *malédiction du pétrole ou des minerais*. De l'Afrique du Nord à l'Afrique du Sud, puis de l'Afrique de l'Est à l'Afrique de l'Ouest en passant par l'Afrique Centrale, plusieurs pays africains peuvent être cités comme des témoins de la véracité de cette déclaration qui est d'ailleurs, toujours d'actualité. Je soutiens qu'elle est toujours au goût du jour puisque les méthodes d'activations des conflits liés aux matières premières minérales en Afrique sont les mêmes et n'ont jamais changées depuis des décennies. Elles sont supposées d'origine politique, sociale, religieuse ou ethnique au départ mais en réalité, elles sont d'origine économique, géopolitique et géostratégique quand on pousse la réflexion.

Dans mon prochain livre, j'aborderai en détails les potentialités des bassins intracontinentaux de cette région d'Afrique. A ce stade de mes écrits, il est important de croire et de retenir que l'Afrique est un continent riche. Il a tout à gagner pour son développement et son essor si ses dirigeants politiques utilisent avec sagesse, les revenus issus de l'exploitation de ses matières premières minérales même s'ils sont considérés comme insuffisants par certains.

Ainsi, les roches sédimentaires au même titre que les roches magmatiques, ont une importance incontestable dans l'économie des secteurs de l'énergie et des mines. En réalité, au-delà du pétrole et du gaz, plusieurs d'entre elles sont des roches-mères de minerais stratégiques tels que le fer, l'or, le manganèse, l'hélium, le diamant et l'aluminium.

III.2.2 - La bauxite et l'aluminium de la Guinée, du Cameroun et de la Côte d'Ivoire

La bauxite est une roche sédimentaire latéritique, c'est-à-dire, issue de l'altération des roches. Ces latérites se forment sous des climats tropicaux chauds et humides rencontrés le plus souvent en Afrique subsaharienne. C'est une roche de couleur blanche, rouge ou grise reconnue pour sa forte teneur en alumine (Al_2O_3) et en oxyde de fer (Fe_2O_3). Ce sont justement les oxydes de fer qu'elle contient qui lui confèrent la couleur rouge. Cependant, la bauxite est également composée de silice et de kaolinite.

Elle est reconnue comme la roche-mère de l'aluminium dans les cas où sa teneur en silice est inférieure à 8%. Si cette dernière est supérieure à 15%, les hydrates d'alumine deviennent instables et la kaolinite prend de l'ascendance sur l'alumine avec une concentration plus importante, ce qui ne favorise pas la concentration et la formation de l'aluminium.

La bauxite a été découverte en 1821 dans la commune des Baux-de-Provences située dans la région des Bouches-du-Rhône, près de Lyon, par le chimiste français Pierre BERTHIER alors qu'il cherchait des minerais de fer. C'est donc du nom de cette commune que provient l'appellation *bauxite*. Pour ce fait, vous ne devez pas être surpris si les minerais de fer ne sont pas toujours très éloignés des minerais de bauxite lors les prospections minières.

L'aluminium est la substance minérale principale de la bauxite. C'est le métal le plus abondant dans l'écorce terrestre et occupe le 3ème rang des éléments qui y sont prépondérants après l'oxygène et le silicium. Il représente environ 8% de la masse des éléments qui composent la surface solide de la terre.

Aujourd'hui, il est un métal stratégique compte tenu de ses multiples utilisations dues à sa large gamme de propriétés qui le singularisent des autres métaux trouvés dans le sous-sol.

L'aluminium est un métal résistant à la corrosion et léger. Ces deux propriétés permettent son emploi dans le domaine de la construction, notamment, dans la confection des mégastructures métalliques et des gratte-ciels de dernière génération érigés dans le monde, précisément, dans les pays du Moyen-Orient comme le Qatar et les Emirats arabes unis. Regardez autour de vous, dans votre environnement immédiat et vous constaterez que vos portes, vos fenêtres, vos ustensiles de cuisine, vos canettes de boisson fraîche, vos appareils ménagers, vos miroirs et vos outils à usage domestique sont faits d'aluminium.

Aujourd'hui, l'aluminium est le 2ème métal le plus utilisé après le fer du fait de sa bonne conductivité électrique et thermique et surtout, de sa légèreté car il est moins couteux au tonnage. C'est justement pour cette excellente conductivité qu'il sert de façon récurrente comme un élément constitutif principal des câbles électriques bien qu'il soit moins conducteur que le cuivre. En plus, l'aluminium pur à 99% est utile dans l'électronique pour la confection des disques compacts (CD) et des miroirs télescopiques en astronomie.

De nos jours, sans cette substance minérale, il est impossible voir toutes ces berlines de luxe et ces voitures qui circulent sur nos autoroutes. Sans l'aluminium, vous ne pouvez voir tous ces avions qui nous emportent dans les airs, tous ces trains et camions qui transportent nos marchandises d'un pays à un autre car, il est un composant central de la carrosserie de la plupart de ces moyens de transport.

De surcroit, l'aluminium a une très forte recyclabilité qui est judicieuse pour l'industrie automobile et les défenseurs de l'environnement. Cette affirmation se justifie par le fait que son recyclage est moins onéreux. En réalité, ce procédé nécessite 95% d'énergies en moins qu'auraient demandées sa production et sa transformation à partir d'une mine de bauxite.

Sans moyen de transport, il n'y a pas de déplacements de personnes donc pas de transactions, ce qui a pour conséquence une crise économique certaine d'où, l'importance de l'aluminium pour notre époque.

Loin d'avoir cité toutes ses utilisations, ce bref aperçu de ses emplois pousse à savoir où trouve-t-on ce métal si précieux et si stratégique pour notre monde actuel. Eh bien ! Si vous ne le savez pas encore, l'une des plus grandes réserves de bauxite et d'aluminium du monde se trouve en Afrique de l'Ouest, dans l'un des pays les plus pauvres de la planète. Il s'agit de la Guinée qui a pour capital politique, la ville de Conakry.

Ce pays possède la moitié des réserves de bauxite connues dans le monde. La Guinée est parsemée de gisements de bauxite avec quatre grandes mines qui sont actuellement en production. L'une de ces mines est localisée dans la ville de Sangaredi. Elle est exploitée depuis les années 70 par la Compagnie guinéenne de bauxite (CBG) gérée d'une part, par l'Etat guinéen et d'autre part, par le groupe Halco mining composé des sociétés Rio Tinto, Alcan, Alcoa et Dadco. Cette mine a une production annuelle estimée à environ 16 millions de tonnes. En plus d'elle, les mines de Fria et de Kindia sous les auspices de la société russe Rusal, produisent environ quatre millions de tonnes de bauxite par année. Celle de Boké administrée par la société chinoise Hongqiao group sous l'égide de la Société minière de Boké (SMB), ambitionne d'augmenter sa production de 5 à 10 millions de tonnes les années à venir. Les chiffres de la production de ces mines sont la preuve du dynamisme minier de la Guinée.

Français, russes, chinois, canadiens et émiratis se bousculent aux portes de la Guinée pour la nature stratégique de ses réserves de bauxite mais aussi, pour son important gisement de fer. J'en parlerai dans les paragraphes suivants.

La Guinée a donc le ventre en pourpre car, en dépit de la baisse générale des cours des minerais, le prix de la tonne de bauxite reste élevé et bon marché. Elle coûtait 55 dollars en 2014 bien que celui de l'aluminium était en baisse.

Un autre argument qui conforte la Guinée dans cette position de leader mondial de la production de bauxite est l'épuisement des mines de bauxite de la Chine. C'est ce qu'a expliqué monsieur Romain GIRBAL, président de l'Alliance minière responsable (AMR), dans le journal *Jeune Afrique* paru le 3 février 2016, en ces termes :

« Pékin importe des quantités beaucoup plus importantes de bauxite pour ses raffineries à cause de la mauvaise qualité et de l'épuisement de ses propres gisements. Résultat, le marché de la bauxite dite tropicale, issue principalement de la Guinée, d'Asie du Sud-est et d'Australie s'est agrandi…Avant, la plupart des grands groupes d'aluminium occidentaux, Moyen-orientaux et chinois détenaient leur propre gisement. Désormais ils sont plus nombreux à acheter à des tiers. »

Il faut savoir que l'AMR est en charge du développement d'un projet minier sur la côte maritime guinéenne et est à ce juste titre, un acteur bien averti du secteur minier en Guinée. En plus, les experts du domaine minier ne tarissent d'éloges en faveur de la Guinée pour ses innombrables gisements de bauxite qui sont aussi de très bonne qualité. C'est dans ce même sens que dans la ville de Boké, le vice-président d'Emirates global aluminium (EGA), le Sud-africain William MORELL, chef du projet *Guinea alumina corporation* (GCA) appartenant également à EGA, a tenu les propos suivants :

« La Guinée est très intéressante : la qualité de ses gisements est bien meilleure vu la concentration de ses minerais, les quantités disponibles, et leur faible contenu en oxyde de silice, qui complique la transformation en aluminium. »

Evidemment, cette deuxième déclaration vient confirmer le potentiel minier de la Guinée. C'est ce que traduit un célèbre passage de la Bible tiré du livre de Deutéronome au chapitre 19 et au verset 15. Il dit ceci :

« ...Un fait ne pourra s'établir que sur la déposition de deux ou de trois témoins. »

Ainsi, sans risque de me tromper, tous les experts miniers sont unanimes pour dire que la Guinée est incontestablement, un pays à prendre en compte dans le futur de l'aluminium, à l'échelle mondiale, au regard de ses énormes réserves de bauxite.

Mais quelle est la situation économique et sociale actuelle de la Guinée avec tous ces gisements miniers ?

Sans se voiler la face, bien qu'ayant débuté l'exploitation de ses mines de bauxite depuis environ 50 années, ce pays reste l'un des plus pauvres d'Afrique et du monde. Pendant que l'aluminium de son sous-sol ne cesse de faire le bonheur de plusieurs multinationales et de nombreux pays occidentaux, les populations guinéennes croupissent sous le poids d'une pauvreté extrême et indescriptible. Comment est-ce possible ? D'où vient ce disfonctionnement ?

Comme je le disais tantôt, beaucoup d'Africains ne sont toujours pas conscients des réalités géopolitiques qu'entraine la découverte de ressources minières stratégiques et indispensables au développement des Etats occidentaux. Malheureusement, ils ne font pas lien entre l'économie, le social et la nécessité d'avoir des leaders de qualité pour bien gérer les bénéfices financiers issus de l'exploitation de leurs gisements. Pourtant, c'est bien sur ces trois fronts qu'ils doivent mener la réflexion avant de se projeter vers d'autres axes pour entamer et impulser leur développement.

Les matières premières minérales stratégiques génèrent beaucoup de revenus financiers qui nécessitent une bonne gestion si l'Afrique veut s'en servir pour se développer. Pour ce faire, il faut des leaders honnêtes et justes en Afrique, qui voient l'intérêt suprême de leur nation et le bien-être de leur population avant tout.

Je reste convaincu que ce continent peut faire beaucoup d'actions pour son développement avec le peu de redevance qu'il reçoit des multinationales qui exploitent ses ressources minérales depuis des décennies. C'est possible si un effort est fait pour assainir et gérer efficacement les finances des différents Etats africains producteurs.

Très souvent, les Africains ont tendance à accuser les autres, c'est-à-dire, les Occidentaux au sujet de leurs mésaventures sur les questions de développement alors que leurs dirigeants ne sont pas toujours saints et irréprochables dans la gestion des rentes minières. Avant d'indexer les autres pour ses erreurs et ses manquements, l'Afrique doit se rassurer que ses dirigeants font le travail pour lequel ils ont été élus par le peuple ou nommés par les instances étatiques.

C'est justement parce que ces principes ne sont pas toujours respectés que beaucoup de pays africains enregistrent encore, énormément de retard au niveau du développement de leurs infrastructures sociales et économiques malgré toutes ces années d'exploitation minière. C'est l'exemple de la Guinée et de la plupart des pays africains producteurs de minerais.

Il est donc temps que les Africains dans leur ensemble, changent de mentalité et adoptent une nouvelle façon de fonctionner dans la gestion de leurs affaires publiques. C'est le seul moyen de céder aux générations futures, un continent qui tient la route et ne plie pas l'échine dans ce nouveau village planétaire qu'est le monde.

Beaucoup d'autres pays africains ont également un avenir prometteur en production de bauxite. C'est le cas du Cameroun où des gisements de bauxite ont été découverts dans la région d'Adamaoua, précisément, dans les villes de Ngaoundal et de Minim martap.

La compagnie américaine Hydromine inc qui était détentrice des permis d'exploration de ces deux mines depuis 2005, les a cédées en partie à la compagnie Cameroon alumina limited (CAL) en Août 2009. Elles ont donc respectivement 90% et 10% des parts de ces deux gisements. Selon les résultats des travaux d'exploration conduits par Cameroon alumina limited (CAL), les réserves globales de bauxite de ces gisements sont évaluées à 554 millions de tonnes dont 458 millions sont exploitables.

En plus, une découverte de réserves additionnelles faite par Cameroon alumina limited avec un tonnage compris entre 100 et 200 millions, vient renforcer ces gisements qui sont déjà considérables. Au total, toutes ces données porteraient la production annuelle de CAL et de ses associés à 1.5 millions de tonnes, ce qui positionnerait le Cameroun à la 1ère place des pays producteurs de bauxite en Afrique. Il faut savoir que la production annuelle actuelle de bauxite de la Guinée est estimée à 700 000 tonnes. Avec toutes ses réserves prometteuses, le gouvernement camerounais estime que le potentiel bauxitique du pays serait au 5ème rang mondial, de quoi renforcer l'Afrique dans sa position de leader des fournisseurs mondiaux d'aluminium.

En supplément, au mois de Mai 2016, une compagnie ivoirienne dénommée Lagune exploitation Afrique (LEA) a annoncé avoir découvert un gisement de bauxite après quatre années d'exploration. Localisé à l'Est de la Côte d'Ivoire, dans la région de Bongouanou, ce gisement possèderait des réserves énormes qui pourront aboutir sur la première année d'exploitation, à une production de 315 000 tonnes de bauxite raffinée avec une teneur à 80% selon les études menées par le cabinet *EY*. En somme, ce sont à peu près sept gisements qui ont été mis en évidence à travers le permis de recherche N°303 octroyé par le gouvernement ivoirien à la société Lagune exploitation Afrique (LEA). Il s'agit des permis Bénéné 1 et 2, Elizoué, Agbossou, N'Guinou et Afféré 1 et 2. En exemple, le gisement du plateau de Bénéné est évalué à environ 18 millions de tonnes avec une teneur en aluminium de 45%.

Toutes ces réserves de bauxite identifiées en Afrique et certainement non exhaustives, montrent clairement encore une fois, que ce continent a un immense potentiel en ressources minières. C'est une preuve additionnelle qui démontre que l'Afrique mérite mieux que le spectacle d'extrême pauvreté et l'image d'un continent en détresse présentés quotidiennement par les médias du monde.

Aussi, toutes ces statistiques et ces faits conduisent à conclure que dans la vie, vous pouvez être riche, avoir beaucoup de biens ou hériter d'une grande fortune sans pouvoir en profiter légalement si vous n'avez pas la connaissance nécessaire, la stratégie adéquate ou la maturité requise. C'est exactement dans ce cas de figure que se situe le continent africain. L'Afrique est riche mais ne sait pas comment profiter techniquement et commercialement des richesses de son sous-sol. Elle se tourne donc toujours vers les Occidentaux qui possèdent non seulement, les moyens techniques mais aussi, les moyens financiers pour exploiter les ressources minières de son sous-sol. Et comme tout travail mérite un salaire, il faut bien que ces derniers soient payés ou récompensés. C'est bien logique. C'est d'ailleurs de là que provient en partie, la dépendance des pays africains vis-à-vis des pays occidentaux.

Il faut un véritable transfert de compétence et de technologie entre l'Occident et l'Afrique. Il faut que les Africains se forment davantage car c'est l'une des voies salutaires et sûres pour l'émergence et le développement de l'Afrique.

De surcroit, les Etats occidentaux se démarquent des Etats africains parce qu'ils élaborent des objectifs de développement à atteindre sur le long terme et mettent en place des stratégies et des plans pour honorer leur engagement. Quoiqu'il arrive, ils ne se détournent jamais de cet objectif qu'ils se sont fixés. Ils restent intègres dans la gestion des ressources de l'Etat parce qu'ils sont conscients que ce qui leur permettra de relever ce challenge est la rigueur avec laquelle, ils traiteront les affaires de l'Etat et leurs finances publiques. Ils savent également qu'en raison de la grande corruption qui gangrène la société de nos jours, il va falloir trouver des hommes incorruptibles, des leaders exemplaires dans leur travail, des personnes influentes dans leur domaine qui, au-delà de leurs compétences, ont par-dessus tout des valeurs d'intégrité, de loyauté, de bonne gouvernance et de justice. Ce sont ces valeurs qui les aideront à mettre en œuvre les plans projetés, sans être l'objet de scandales, sur le chemin qui conduit à l'accomplissement de la mission qui leur a été confiée.

L'Afrique a besoin de planifier son développement sur le long terme mais aussi, il lui faut surtout, des leaders compétents, doués de connaissances, bien formés, intègres, justes et avec de bonnes valeurs pour convertir toutes ses ressources minières en véritables atouts de développement.

Un changement à la tête de l'Etat ne doit pas être le point de départ de la remise en cause de tous les projets planifiés par le gouvernement précédent. Il faut que l'Afrique arrive au stade où elle prend effectivement en compte, le concept de la *continuité de l'Etat* qui est un principe que les Etats occidentaux prospères appliquent à la lettre. Ces derniers ont compris que sans une vision claire et précise, sans un projet écrit et planifié sur le long terme, il n'y a pas de développement.

L'Afrique doit arriver à un niveau où ses actions gouvernementales sont motivées uniquement, par la matérialisation physique et palpable de ses plans de développement qui demeuraient depuis des années, à l'état théorique, dans les tiroirs des bureaux ministériels.

En considérant la vie de plusieurs leaders dans le monde, je me suis rendu compte que c'est dans la poursuite de votre vision que la provision et les moyens nécessaires à son accomplissement se mettent en place. C'est sur ce chemin que les connexions aux bonnes personnes dont les compétences vous seront utiles, se font. C'est pour toutes ces raisons que votre vision doit être votre leitmotiv ou l'élément propulseur qui vous galvanise dans votre projet de vie. C'est dans ce même sens que quelqu'un a dit :

« Votre vision, c'est ce que vous continuez de voir quand vos yeux sont fermés. »

L'Afrique doit voir au-delà de son état actuel de développement économique et social. Aujourd'hui, les pays africains voient et constatent la désolation, la pauvreté extrême, l'impossible accès au niveau de développement des pays occidentaux, un décor social macabre qui ne laisse paraître aucune lueur d'espoir mais tout est encore possible. L'Afrique ne doit pas être pessimiste.

C'est dans l'optique de susciter de l'espoir et de l'espérance dans tous les pays d'Afrique et dans le cœur de tous ceux qui sont désespérés dans le monde que j'écris ce livre. Il n'y a pas de fatalité et de cause perdue tant que vous vivez sur la terre.

Les Africains ont un continent riche qu'ils ne connaissent pas suffisamment. De surcroit, ils ne se font pas assez confiance pour relever les grands défis de développement qui se dressent devant eux alors qu'ils en sont capables. Avoir une grande confiance en soi est une qualité indispensable qu'il faut posséder quand vous souhaitez influencer les différentes sphères de la société ou un pays.

Pour augmenter cette confiance en vous, votre estime de soi et cette assurance en vos capacités, il faut accroître vos connaissances.

Tous les pays autrefois appelés *pays du tiers monde* qui sont émergents aujourd'hui, ont pour seul secret d'avoir appris auprès des pays les plus développés. Ensuite, ils ont fait un transfert de technologies, de méthodes et de rigueur dans leur gestion économique pour obtenir finalement, les résultats escomptés en matière de développement.

Il n'y a rien de nouveau sous le soleil et il n'y a pas de honte à apprendre des autres. C'est ce qu'ont fait des pays comme la Corée du Sud, la Chine, le Brésil etc. L'Afrique doit faire de même, c'est-à-dire, apprendre des autres et des devanciers pour progresser.

III.2.3 - Les nodules polymétalliques et le manganèse de l'Afrique du Sud, du Gabon, de la Namibie, du Botswana et de la Côte d'Ivoire

Le manganèse est un métal gris-blanc qui a des ressemblances avec le fer. C'est grâce à cette similarité physique qu'il est très souvent associé aux minerais de fer. Il est le 4ème métal le plus sollicité après le fer, l'aluminium et le cuivre. Les oxydes de manganèse tels que la pyrolusite, la psilomelane et la rhodochrosite sont les plus abondants à la surface de la terre.

La majorité des minerais de manganèse sont trouvés dans des gisements dits *stratiformes syngénétiques et sédimentaires* ou *hydrothermaux sédimentaires* ou encore *volcano-sédimentaires*.

Les *gisements stratiformes* comme leurs noms l'indiquent, sont des minerais dont la roche-mère a la forme d'une strate ou d'une couche sédimentaire. Le terme *syngénétique* traduit une formation simultanée, synchrone ou commune de deux choses, c'est-à-dire, la formation des minerais de manganèse pendant la mise en place des strates ou des dépôts d'où, l'expression *gisements stratiformes syngénétiques*.

Les minerais de manganèse sont également d'origine *volcano-sédimentaire* car ils sont aussi observés dans les sols constitués de sédiments associés aux débris volcaniques.

Les minerais de manganèse ont également pour roche-mère, les *nodules polymétalliques* trouvés au fond des océans et dont j'ai parlé dans les paragraphes précédents du livre. Cependant, la répétition étant pédagogique, il est bien de les définir à nouveau.

Les nodules polymétalliques dénommés aussi *nodules de manganèse* sont des concrétions tapies au fond des océans, de forme concentrique avec un noyau qui s'est transformé en minerai de manganèse par cristallisation. Ils sont composés de plusieurs métaux. Ils contiennent majoritairement 1 à 50% de manganèse mais aussi, du fer, du cobalt, du nickel et du cuivre en proportion moins importante.

Le manganèse est un métal dur mais fragile avec une capacité de fonte facile. Ses propriétés sont les principaux atouts pour lesquels, environ 90% sa production mondiale est utilisée pour réaliser des alliages, notamment, ceux en acier. Il joue un rôle incontestable pour la conception de l'acier. En réalité, il permet sa désulfuration et sa désoxydation, ce qui améliore considérablement ses propriétés mécaniques sans lesquelles, l'acier perdrait sa valeur sur le plan industriel et économique.

L'acier est donc inséparable du manganèse et on ne peut parler de l'une de ses substances minérales sans mentionner l'autre. Généralement constitué d'au moins 14% de manganèse, l'acier est utilisé dans le domaine du transport pour la confection des rails qui servent de routes pour les trains et les tram-bus lors de nos déplacements.

Compte tenu de sa grande résistance face à la corrosion et du fait qu'il est amagnétique, cet acier composite est amplement employé dans le domaine de la haute sécurité pour la fabrication des barreaux et des portes des prisons. Son utilisation dans ce domaine se justifie aussi par le fait qu'il a tendance à durcir davantage lorsqu'il est limé. Il faut savoir que cette pratique est couramment mise en œuvre par les détenus, dans les prisons, lors des tentatives d'évasions.

Le manganèse est également ajouté à l'aluminium pour la construction des mégastructures. Il est additionné au bronze dans lequel, sa résistance à la corrosion est utile à la fabrication des hélices et des gouvernails qui sont sensés résister à l'agressivité de l'eau de mer.

Dans le domaine de l'agriculture, le manganèse sert non seulement, d'oligo-éléments pour les plantes tels que les agrumes et les légumes mais, il rentre aussi dans la composition des engrais via le sulfate de manganèse ($MnSO_4$) et l'acétate de manganèse [$Mn(CH_3COO)_2$].

Au niveau médical, une carence en manganèse (moins de 3 mg/jour pour un adulte) qui est un oligo-élément nécessaire à la survie de l'homme, peut entraîner des problèmes de reproduction pour les deux sexes, des malformations osseuses, des dépigmentations et plusieurs maladies. C'est pour cela que vous remarquerez la présence du manganèse dans la composition chimique de nombreux produits pharmaceutiques.

Avec tous les atouts de cette matière première minérale, vous êtes certainement sur le point de me demander où trouve-t-on en abondance le manganèse ? Eh bien! C'est toujours sur le continent africain que les plus grands gisements et les plus importantes réserves de manganèse ont été identifiés.

L'Afrique du Sud est le leader mondial actuel en fourniture de manganèse avec environ 26% de la production. Elle est suivie de la Chine (19 %), de l'Australie (16 %) et du Gabon (11 %) qui occupe la 4ème position de ce classement même si, des statistiques récentes de 2015 situent le Gabon au 2ème rang mondial des producteurs de manganèse. En plus de sa position de leader, l'Afrique du Sud possède le quart des réserves mondiales de manganèse. Ses réserves sont majoritairement localisées dans le bassin désertique du Kalahari, étendu sur environ 2.5 millions de Km^2 et à cheval entre l'Afrique du Sud, la Namibie et le Botswana qui en sont également des producteurs par ricochet.

En 2010, la compagnie Citigroup avait estimé à 2.5 milliards de dollars, la valeur totale des réserves de l'Afrique du Sud. De façon incontestable, cette statistique donne un aperçu de l'immensité du potentiel manganésifère que regorgent les terres Sud-africaines.

Le manganèse représente 3.8% des exportations de minerais de l'Afrique du Sud, ce qui n'est pas négligeable quand on considère la diversité des ressources minières de ce géant d'Afrique qui dispute la place de la 1ère puissance économique du continent avec le Nigéria.

Aujourd'hui, le manganèse est la 2ème source de richesse du Gabon après le pétrole. Ce pays détient d'excellents gisements et d'impressionnantes réserves de manganèse. Ils sont localisés en partie dans la région du Haut-Ogooué avec l'importante mine de Moanda, dans le Sud-est du pays. Elle est exploitée par la Compagnie des mines de l'Ogooué (Comilog), filiale gabonaise d'Eramet (Erap, Elf, Imetal). Le gisement de Moanda possède des réserves de manganèse estimées à 200 millions de tonnes. Elles sont d'une qualité excellente avec une teneur à 50%, ce qui est exceptionnel pour un minerai.

Plusieurs pays africains détiennent également des gisements de manganèse. C'est le cas de la Côte d'Ivoire avec la mine de Lozoua, localisée dans le Sud du pays, près de la ville de Grand-Lahou. Elle est gérée par la compagnie chinoise Geological and mining corporation (CGM). Cette entreprise minière a soutenu que sa production annuelle qui valait 300 000 tonnes en 2013 passera à 500 000 tonnes les deux prochaines années si leurs prévisions sont bonnes. Sur la base des projections des dirigeants de la mine de Lozoua, monsieur Kadjo KOUAME, alors directeur général de la Compagnie nationale de développement des mines de Côte d'Ivoire (Sodemi) avait tenu les propos suivants lors d'une interview accordée à Reuters :

« Cela nous permettra d'atteindre, avec les autres sites de Côte d'Ivoire, une production annuelle d'un million de tonnes de manganèse et nous hisser au rang des grands producteurs. »

A ce potentiel prometteur, s'ajoutent d'autres mines de manganèse disséminées dans le pays et dont certaines sont déjà en exploitation, notamment, dans la région de Bondoukou, au Nord-est de la Côte d'Ivoire où, la société indienne Taurian manganèse administre une mine à 300 mètres du village de Similimi depuis 2008.

Récemment, l'entreprise minière Shiloh manganèse s'est engagée auprès de l'Etat ivoirien sur la période 2017-2018, à investir environ 15.24 millions d'euro soit à peu près 10 milliards de Fcfa pour le développement de ses deux concessions minières. Ces dernières couvrent 96 km^2, dans la région de Korhogo et de Dikodougou, au Nord du pays. Selon les statistiques, ces concessions minières renferment des gisements de manganèse dont les réserves prouvées sont estimées à quatre millions de tonnes.

Aux mines précédentes s'additionne aussi celle de Ziemougoula, dans la localité de Kaniasso à Minignan, située dans le département d'Odiéné, toujours au Nord du pays. Elle est administrée par les sociétés minières Taurian manganèse et Ferro Alloy-CI S.A.

De tels exemples de sites miniers de manganèse sont nombreux sur tout le continent africain. Si de nouvelles découvertes continuent à se faire, à ce rythme, l'Afrique restera la mamelle du monde en matière de production de manganèse et donc d'acier. Cela implique que l'avenir de la sidérurgie dépendra fortement du continent africain. C'est pour cela que des puissances comme la France et les Etats-Unis, conscientes de cette réalité depuis des décennies, ne cessent de lutter en intervenant très souvent comme des gendarmes contre les groupes terroristes en Afrique. Elles le font dans l'objectif de maintenir la stabilité et la paix en Afrique car sans ces deux éléments essentiels, aucun développement ou échange commercial libéral n'est possible.

En réalité, l'Afrique change aussi sur le plan sécuritaire. Si vous analysez les événements de ces dernières années, vous verrez que les coups d'Etat sont de moins en moins fréquents dans les pays africains. Et s'ils se produisent d'aventure, ils sont avortés dans les semaines ou les mois suivants. C'est la preuve de la naissance d'une nouvelle Afrique avec une nouvelle mentalité et des institutions de plus en plus fortes.

Pour aller dans ce même sens, quelqu'un a fait cette déclaration en ces termes:

« Pas d'Etat fort, sans institution forte. »

Le 11 juillet 2009, lors de sa visite d'Etat au Ghana, le président américain Barack OBAMA avait dit une phrase similaire, relayée dans les colonnes du journal français *le monde* datant du 13 juillet 2009 :

« L'Afrique n'a pas besoin d'hommes forts, mais de fortes institutions. »

Ces citations sont vraies et justes car sans Etat fort, la place est donnée à des périodes d'instabilités récurrentes dans les faibles Etats producteurs africains. La sécurité et la solidité des institutions sont donc d'autres champs de bataille que l'Afrique doit dompter et gagner petit à petit. Ce sont des préalables non négociables à acquérir par tous les continents et tous les pays qui souhaitent prospérer et se développer.

La Chine est le 1er producteur d'acier dans le monde. Si vous m'avez suivi dès le début, au sujet de l'importance du manganèse dans la production d'acier, vous comprenez désormais pourquoi dans ces deux dernières décennies, la Chine s'est fortement rapprochée de l'Afrique. Aujourd'hui, celui qui veut comprendre les évènements qui se produisent entre les pays du monde et à l'intérieur de ces derniers, doit préalablement percer le mystère des mouvements géopolitiques qui les éloignent ou les rapprochent et connaître les motivations profondes qui sont à la base de leurs échanges.

L'Afrique qui est considérée par certains comme un conglomérat de pays pauvres doit comprendre que les pays développés ne se rapprochent pas d'elle en vain. Ils ont vu et décelé son potentiel minier dès les premiers contacts avec elle depuis l'époque de la colonisation. Seuls les Africains ne sont pas toujours pas conscients de leurs potentialités. Je ne cesserai de le dire tout au long de ce livre. Le 1er Mars 2013, c'est ce que monsieur Pascal LAMY, directeur général de l'Organisation mondiale du commerce (OMC), a confié au journaliste français Jean Jacques BOURDIN à travers son émission *Confessionnal* diffusée sur la chaine française *BFM TV* en ces termes :

« Le monde a basculé, en quelques sortes, l'année dernière, en 2012, qui est une date dont les historiens se souviendront. C'est la première fois dans l'histoire de l'humanité que la production des pays développés est inférieure à celle des pays en développement. Dans les dix ans qui viennent, la croissance annuelle des pays en voie de développement se situera entre 6% et 6.5% alors que celle des pays développés sera de 2 à 2.5% (...). Dans l'avenir, les pays en voie de développement feront plus de production. Leur économie dans leur ensemble devient supérieure à celle des pays développés. Le poids de leur économie et la croissance de cette économie sont ce qui marquera les 10 ou 20 années qui viennent. (…). La Chine, l'Inde, l'Indonésie, le Brésil. C'est la première vague. On l'a connaît. On l'a déjà vu. La deuxième qui vient derrière, c'est l'Afrique, le continent africain : un milliard d'habitants. »

Aujourd'hui, les propos de monsieur Pascal LAMY sont avérés dans la mesure où, les chiffres de croissances économiques donnés par la majorité des ministères en charge de l'économie des pays développés avoisinent les 2%. Qui aurait cru en de telles statistiques une décennie auparavant ? Personne, me diriez-vous. Cependant, c'est un constat qui est attesté aujourd'hui. Ces chiffres ne font que suivre les propos de monsieur Pascal LAMY si vous avez bien lu et compris sa déclaration.

Pour la première fois de l'histoire de l'humanité, la croissance économique annuelle des pays africains dit *pauvres* est supérieure à celle des pays développés dits *riches*. Comment cela a-t-il pu arriver ? Comment est-ce possible ?

Vous ne rêvez pas ! Les données ont tout simplement changé. L'Afrique a grandit en coulisse et dans le silence. Dans un premier temps, c'est un honneur pour ce continent dont la majorité des pays sont jeunes avec une cinquantaine d'années d'indépendance. Dans un second temps, c'est un défi pour l'Afrique qui a seulement une vingtaine d'années pour atteindre les objectifs projetés par les organisations internationales d'après les propos de monsieur Pascal LAMY.

Les Africains doivent être les premiers à croire en l'Afrique. Ils doivent sérieusement préparer cette croissance économique pour l'essor de leur continent car, il n'y a pas de hasard en matière de développement. C'est ce que disait le chercheur français Louis PASTEUR lors de son discours prononcé à Douai, le 7 décembre 1854, à l'installation de la faculté des lettres de Douai et de la faculté des sciences de Lille, en ces mots :

« La découverte théorique n'a pour elle que le mérite de l'existence. Elle éveille l'espoir et c'est tout. Mais laissez-la cultiver, Laissez-la grandir et vous verrez ce qu'elle deviendra (...) par hasard, diriez-vous peut-être, mais souvenez-vous que dans les champs de l'observation le hasard ne favorise pas les esprits préparés. »

Je l'ai dit précédemment et je le réitère encore une fois. Il est temps que l'Afrique s'habitue à la projection sur le long terme pour planifier son développement. Dans l'ordre des choses, avant de matérialiser un projet sur le terrain, il faut au préalable l'avoir vu dans ses pensées puis élaboré par écrit. Enfin, il faut rassembler tous les moyens humains, techniques et financiers dont on dispose pour le concevoir.

L'Afrique a un potentiel certain et véritable. Les statistiques sur l'immigration économique vers l'Afrique le démontrent aussi très bien. Eh oui ! Vous l'avez bien entendu. Je parle bien d'une immigration qui se fait vers l'Afrique et non vers les pays occidentaux. Comme monsieur Cheickna Bounajim CISSE l'avait déjà dit dans son étude pertinente intitulée *Après les BRICS (Brésil, Russie, Inde, Afrique du Sud), voici le MANGANESE (Maroc, Algérie, Nigéria, Ghana, Angola, Namibie, Egypte, Afrique du Sud ou South Africa, Ethiopie). L'Afrique nouvelle prend son envol*, l'Afrique intéresse aussi les immigrés économiques originaires des pays occidentaux. Oui ! Vous l'avez bien lu.

En effet, bien que les pays développés soient l'objet de convoitise des jeunes d'Afrique et des pays du tiers monde qui désirent y immigrer pour changer leurs conditions de vie en espérant avoir trouvé l'eldorado, en sens inverse, les populations de ces pays occidentaux désirent s'installer en Afrique. Quel paradoxe !

Aujourd'hui, l'Angola qui est l'une des puissances économiques montantes de l'Afrique en raison de ses grands gisements de pétrole et de gaz accueille plus de 150 000 immigrés portugais et plus de 70 000 chinois qui occupent des fonctions d'ouvriers et de commerçants. Ces immigrés font des travaux appelés communément des *petits boulots* à l'image de certains africains, moins diplômés, qui vivent dans les capitales occidentales.

En plus, l'Angola ne s'est pas seulement arrêté à l'accueil des immigrés économiques occidentaux. En 2008, elle a apporté son secours au Portugal, son ancienne puissance coloniale, en injectant de l'argent dans son économie pour atténuer la crise économique qui la secouait. A travers sa compagnie pétrolière nationale dénommée Sonangol, l'Angola est devenue l'actionnaire de référence de la Millenium BCP qui est la 1ère banque privée portugaise. Il faut savoir que Sonangol est la 1ère entreprise d'Afrique Australe et la 2ème du continent africain en termes de performance avec 33 milliards de dollars de chiffres d'affaires et une rentabilité nette de 10% sur ses ventes en 2011.

Le Maroc s'inscrit également dans la même lignée que l'Angola en acceptant d'être le pays hôte de plusieurs immigrés économiques occidentaux. C'est le cas des espagnols dont le nombre a été estimé à

35 000 dans ce pays où ils occupent des emplois de cuisiniers, de mécaniciens et de femmes de ménages selon le journal arabophone *Al Akhbar* n°1337 du 22 février 2013. Ne seraient-ce pas des signes annonciateurs du réveil de l'Afrique ?

De surcroit, depuis une décennie, des retraités français choisissent de vivre leurs derniers jours sur les bords de la Méditerranée au Maroc, au détriment des pays de l'Europe. L'Afrique est donc devenue un nouvel eldorado pour ces derniers.

Dans tous les cas, à cette allure, il y a de forte chance que d'ici quelques années, le précieux *visa Schengen* donnant accès à certains pays européens perde sa valeur au profit des visas africains. C'est ce que prédisait l'ambassadeur sénégalais Cheickh Tidiane GADIO.

L'Afrique se lève bel et bien. Ce n'est plus un mythe. Bientôt, il faudra compter avec ce continent. Tous les signaux d'un probable essor et d'une émergence certaine du continent africain sont verts. L'Afrique est en train de prendre sa place sur la scène internationale au plan économique. Jadis, continent répugnant et délaissé de tous, aujourd'hui, l'Afrique est courtisée par toutes les grandes puissances du monde et devient plus que jamais, un eldorado et une terre d'asile pour plusieurs personnes à la recherche d'un lendemain meilleur.

III.2.4 - Le fer de la Guinée, du Libéria, de l'Algérie, de la Mauritanie et de la Côte d'Ivoire

Le fer est un métal de couleur grise et le plus utilisé dans la vie quotidienne des hommes, ce qui lui confère une importance indéniable depuis des siècles. C'est le métal le plus abondant dans le noyau de la plupart des planètes, notamment, celui de la Terre. C'est aussi l'élément le plus prépondérant sur la terre même si l'oxygène le surplombe en termes de masse.

Le fer constitue 5% de la masse de la croute terrestre. Avec le nickel, ils forment les éléments principaux du noyau terrestre qui représente 35% de la masse de la terre.

Avez-vous déjà entendu parler du champ magnétique terrestre ? Eh bien! C'est le fer et le nickel contenus dans le noyau terrestre qui génèrent ce fameux champ magnétique dont l'importance pour la vie sur la terre n'est plus à démontrer.

C'est grâce au champ magnétique terrestre que les géophysiciens parviennent à établir des cartes magnétiques pour déterminer des zones d'occurrence minière à la surface de la terre. Cela est possible parce que les métaux ont une signature magnétique plus forte que les non métaux et les cartes magnétiques produites permettent de voir ces différences.

C'est grâce au champ magnétique que vous avez l'orientation directionnelle sur vos boussoles pour ne pas vous perdre dans vos déplacements en forêt et vos excursions en montagne.

Le champ magnétique est d'origine naturelle mais il peut être aussi induit par des courants électriques puisque tous les câbles métalliques soumis à un courant électrique génèrent aussitôt un champ magnétique.

Le champ magnétique induit a de nombreuses applications dans les télécommunications, la sécurité et les travaux publics. Justement, ce dernier domaine d'application est en plein dynamisme avec la détection des réseaux souterrains qui est exigée à toutes les entreprises désireuses d'effectuer des travaux dans le sous-sol. C'est un nouveau métier en vogue et réglementé en France depuis 2012 et qui nécessite des connaissances en géophysiques, notamment, des notions sur la distribution du champ magnétique dans les matériaux.

Le fer est très souvent associé au nickel, au cobalt, au zinc et à d'autres minerais d'où, leur appartenance commune aux mêmes roches-mères que sont les sulfures, les oxydes et certains carbonates.

Les minerais de fer sont présents dans la nature à l'état pur et sous forme d'alliage à base de nickel. C'est pour cette raison que tous les grands gisements de nickel sont aussi des grands gisements de fer. Néanmoins, les mines de fer restent les plus grandes sources de production et d'approvisionnement de minerais de fer à haute teneur.

Environ 90% des gisements de fer dans le monde se trouvent dans des couches superficielles, c'est-à-dire, dans des dépôts de faibles épaisseurs et très riches en fer appelées *couches rubanées*.

Généralement, ces couches rubanées sont identifiées entre les massifs cristallins de gneiss et de schistes et les calcaires dolomitiques qui forment les coraux des mers. Dès lors, les gneiss et les schistes sont aussi des roche-mères pour les minerais de fer. D'ailleurs, c'est pour cela que plusieurs massifs et de nombreuses montagnes dans le monde sont classés comme des gisements de fer à part entière.

Le fer n'est pas seulement prisé pour son abondance dans la croute terrestre mais surtout, pour ses propriétés physiques et chimiques.

En effet, c'est un métal insoluble dans l'eau, ce qui favorise son utilisation dans la fabrication des mégastructures en contact avec les mers tels que les plateformes pétrolières, les navires commerciaux et les bateaux sous-marins militaires. Face à cette agression physique et chimique quotidienne exercée par les mers et les océans, le fer est l'un des rares métaux capables de conférer cette résistance à toutes épreuves à ces mégastructures.

En plus, il fait partie de ces métaux qui ont permis à l'humanité de passer de l'âge de la pierre à la révolution industrielle. Pour rappel, l'âge de la pierre était l'époque de la préhistoire pendant laquelle, après avoir découvert le feu, les hommes concevaient des outils coupants et des armes artisanales grâce à des pierres et du silex pour la chasse. Après cet âge, la découverte du fer et la conception de tous ses alliages avec le carbone, l'aluminium, le cobalt, le nickel et le manganèse vont apporter une nouvelle ère dans les activités humaines. Ces alliages de fer vont permettre de fabriquer des matériaux ultra indispensables pour l'industrie et l'économie mondiale. Parmi ceux-ci sont identifiés l'acier, le bronze et la fonte qui ont changé les habitudes des hommes et ont conduit inévitablement vers la révolution industrielle depuis les années 1800 jusqu'à nos jours. Le fer est donc au centre de ce changement historique de civilisation qui continue jusqu'aujourd'hui.

Sans le fer, il n'y a pas d'outil en acier alors que ce matériau est considéré comme la fondation de notre société moderne. Si pour produire l'acier, il faut une quantité importante de fer, cela veut dire que ce dernier est aussi l'un des piliers industriels de notre époque.

Lors de la révolution industrielle, le monde a connu entre 1815 et 1873, le développement des machines à vapeur mais aussi, celui de la sidérurgie qui a permis la mise en place des premiers chemins de fer. Depuis cette époque, les créations des routes ferroviaires pour le transport des marchandises et des hommes ne cessent de se multiplier.

Aujourd'hui, la plupart des villes citadines occidentales font une course rapide et concurrentielle pour s'équiper en tramway. Pour preuve, dans le milieu du transport urbain, on parle de plus en plus de *Tram-bus* pouvant rouler sur ces tramways. De surcroit, les tramways sont préférés aux anciennes voies de bus classiques qui font partie de notre quotidien depuis de longues années.

En réalité, les bénéfices des tramways sont multiples. L'un des plus attrayants est l'écologie, c'est-à-dire, la protection de l'environnement.

En effet, la majorité de ces trams-bus fonctionnent à l'électricité au même titre que les voitures électriques. Elles ne produisent donc pas de gaz à effet de serre comme le dioxyde de carbone (CO_2). Evidemment, c'est une donnée qui est du goût des défenseurs de l'environnement et de ce fait, les chemins de fer et les tramways ne sont pas dépassés. Ils sont bel et bien toujours convoités pour leur rapidité et leur propreté énergétique puisqu'ils sont utilisés par les trains à grande vitesse (TGV), les métros et maintenant, les trams-bus.

Comme leurs noms l'indiquent, il faut suffisamment d'apports en minerais de fer pour construire tous ces milliers de kilomètres de chemins de fer qui relient les villes et les pays de la planète.

Aussi, les alliages de fer ne sont pas à négliger à cause de la diversité et de l'utilité des matériaux conçus par ce procédé. En exemple, les alliages de fer avec plus de 6% de carbone donnent la fonte. Cette dernière est un matériau qui a contribué à équiper plusieurs villes occidentales en eau potable, en gaz et en chauffage durant des décennies. Pour mémoire, une grande partie des canalisations souterraines des villes européennes sont encore constituées de fonte grise ou ductile parce que ce matériau résiste bien à l'usure compte tenu de la quantité de fer qu'il contient.

De nos jours, connaissez-vous des immeubles ou des gratte-ciels édifiés sans l'usage de barres de fer pour la consolidation de leurs fondations ? Avez-vous identifiés des ponts construits sans l'emploi de fer pour armer le béton ? Vous n'en trouverez certainement pas. Le fer est donc un minerai indispensable pour les entreprises de constructions et de travaux publics. Elles ne peuvent s'en passer car sa dureté et sa résistance permettent son plein emploi dans ces secteurs d'activités.

En complément à ses deux propriétés précitées, le fer est très malléable et facile à recycler. Or, de telles caractéristiques sont fortement recherchées par les multinationales de l'automobile et de l'aéronautique. Connaissez-vous une voiture qui ne soit pas dotée de fer dans sa carrosserie ou ses autres éléments constitutifs ?

De Mercedes à Ferrari en passant par Audi, Renault ou Ford, tous ces concessionnaires sont unanimes pour attester que sans le fer, ils ne peuvent produire des voitures de qualité. Même si l'électronique apporte une valeur ajoutée à la notoriété de ces marques, le fer reste l'élément principal qui forme le squelette de ces voitures. Tout cela pour dire que sans le fer, c'est l'effondrement assuré de l'industrie automobile mondiale.

Voilà une raison supplémentaire qui démontre l'importance de cette matière première minérale et la nécessité de la produire en permanence et en abondance. Cet approvisionnement constant est possible grâce à l'exploitation des mines de fer existantes, à la découverte de nouveaux gisements et surtout, au recyclage du fer pour pallier à d'éventuelles pénuries.

Notre monde actuel a la réputation d'être une société de consommation. Cette tendance s'amplifie avec l'essor des pays émergents comme la Chine, l'Inde et le Brésil. Autrefois modestes ou pauvres, les populations de ces pays accèdent davantage à des classes sociales plus aisées avec des moyens financiers accrus. Ce nouveau statut leur permet de s'adonner à toutes sortes d'achats de luxe, notamment, l'acquisition de voitures de haut standing et de grande valeur. Cette réalité est également visible dans certains pays du tiers monde, précisément, en Afrique. Sur ce continent, des classes moyennes parviennent ces dernières années, à se hisser dans la classe sélective des riches avec toutes les folies financières abusives qui accompagnent leur nouveau pouvoir d'achat. Tous ces changements économiques augmentent irréversiblement, la demande et la production d'automobiles dont la conséquence immédiate est un besoin plus élevé en minerais de fer. Mais où trouve-t-on les minerais de fer en abondance ?

L'Afrique a toujours été le berceau du fer dans le monde. Ceux d'entre mes lecteurs qui ont effectué leurs premières heures d'école en Afrique peuvent attester cette vérité s'ils questionnent leur mémoire. Je suis certainement loin d'être le seul élève à qui, les enseignants répétaient à longueur de journée, en classe élémentaire, cette fameuse question :

« Où le fer a-t-il été découvert pour la première fois ? »

La réponse qui sortait des lèvres de la majeure partie des élèves dont je faisais partie était la suivante :

« Le fer a été découvert pour la première fois en Nubie à Koush (actuel Soudan) et en Egypte, c'est-à-dire, en Afrique, 3000 ans avant Jésus-Christ. »

Cette vérité n'a toujours pas changé aujourd'hui car, les plus grands gisements de fer dans le monde se trouvent en Afrique et sont en attente d'être exploités pour la majorité d'entre eux.

Même si les débats ont longtemps été menés par la Chine en tant que leader de la production mondiale de fer, elle a désormais une production qui est en baisse et peine à couvrir ses propres besoins en fer. Elle n'est plus en mesure de s'auto-suffire en fer d'où, sa course vers de nouveaux cieux pour s'approvisionner. Seulement, la Chine n'est pas le seul pays avec cette vision d'approvisionnement à l'étranger parce que la majorité des pays occidentaux adoptent cette stratégie géopolitique et géoéconomique. C'est le cas en exemple, des Etats-Unis et de la France qui s'inscrivent dans cette même dynamique pour satisfaire leurs besoins en fer.

Dès lors, pour pallier à cette forte demande en fer, le continent qui est dans le viseur de toutes ces nations développées, c'est bien l'Afrique !

Ce qui justifie une telle ruée vers l'Afrique n'est rien d'autre que l'importance de ses gisements de fer et le fait que bon nombre d'entre eux n'ont fait l'objet d'aucune exploitation jusqu'à ce jour.

Ces deux raisons non exhaustives enchantent les multinationales opérant dans la production du fer et intensifient la curiosité des Occidentaux qui sont de plus en plus stupéfaits devant le potentiel minier du continent africain. C'est l'exemple de l'Algérie qui possède l'un des plus grands gisements de fer du monde.

De mémoire, il n'existe pas encore de gisement identifié qui soit aussi important que ceux découverts dans les environs de la ville ou wilaya (gouvernorat administré par un wali) de Tindouf. Ce territoire est situé à l'extrême Ouest de l'Algérie. Il est limité au Nord par le Maroc, à l'Ouest par le Sahara occidental et au Sud par la Mauritanie. Il s'agit des gisements de fer de Gara-Djebilet et de Mecheri Abdelaziz (Figure 52) découverts en 1952, à 170 kilomètres au Sud de Tindouf.

Ces deux gisements sont repartis sur une superficie d'environ 131 km^2, entre 400 et 600 mètres d'altitude et avec des réserves estimées à plus de trois milliards de tonnes. Leurs teneurs en fer sont très bonnes et ont des valeurs connues à 57.58%.

En 2013, l'augmentation du prix du fer sur les marchés internationaux avait poussé les autorités algériennes à envisager l'exploitation de ces gisements confiée à la Société nationale de fer et de l'acier d'Algérie (FERAAL).

En effet, leur commercialisation devrait rapporter environ 10 à 20 milliards de dollars à l'Algérie. C'est d'ailleurs en suivant cette ligne gouvernementale que monsieur Youcef YOUSFI, le ministre algérien des Mines et de l'Energie de l'époque, faisait cette déclaration à *La Tribune* en disant :

« Son exploitation est rendue nécessaire en raison de la hausse des prix du fer dans le monde ainsi que les quantités consommées qui ont atteint 1.5 milliard de tonnes annuellement. »

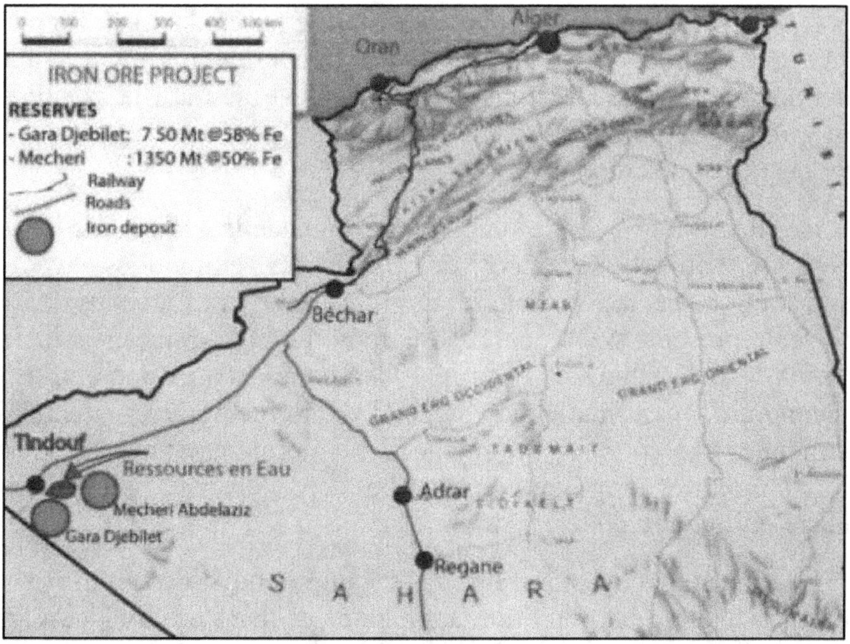

Figure 52: Gisement de fer de Gara-Djebilet et de Mecheri Abdelaziz au Sud de Tindouf, à l'Ouest de l'Algérie (Agence Ecofin, 2013)

L'immensité de ces gisements requiert toute l'attention de l'Algérie et demande surtout, de grands investissements financiers.

Entre la création des routes, des chemins de fer, l'alimentation en électricité et en eau potable des bases vies et le recrutement de ressources humaines qualifiées, le gouvernement algérien a estimé à environ 15 milliards de dollars, le montant à investir pour le développement de ces joyaux miniers.

Bien que la FERAAL créé en 2014 soit le consortium de quatre grandes entreprises publiques algériennes que sont la Sonatrach, la Gica, la Mana et la Sidal, cela ne garantit pas qu'elle ait énormément de moyens financiers pour investir dans un tel projet sans risque. En fait, elle totalise un capital d'un milliard de dinars soit environ sept millions d'euros. Un tel capital n'est certainement pas suffisant pour se lancer dans une telle aventure d'où, l'apport indéniable d'investisseurs étrangers ou de financiers nationaux à la cagnotte bien garnie, pour conduire ce projet dans sa phase active.

L'Algérie n'est pas le seul producteur de fer en Afrique. En plus de l'Afrique du Sud, 1er producteur de fer du continent, s'il y a un pays à mentionner dans cette prestigieuse liste, c'est bien la Mauritanie. Elle est productrice de fer depuis plus d'un demi-siècle, c'est-à-dire, depuis l'époque coloniale.

Le fer est la principale source de revenus de la Mauritanie. Environ 29% de son PIB provient des industries extractives avec une contribution spéciale pour le fer qui fournit 90% des revenus de l'Etat. Le fer représente 53% des exportations du pays dont les principaux clients sont la Chine et l'Europe. Ces pourcentages démontrent que l'économie mauritanienne dépend fortement des fluctuations mondiales des cours du fer même si ces dernières années, le pétrole, l'or, l'argent et le cuivre commencent à prendre une part importante dans l'édification de son économie.

La Mauritanie est classée au 13ème rang mondial des producteurs de fer avec une production qui a augmentée de 13% en 2013 et a atteint 13 millions de tonnes. De nombreuses mines de fer font et continueront de faire les beaux jours de l'économie mauritanienne.

C'est le cas de la mine de fer d'Askaf dans le Nord de la Mauritanie. Ses réserves sont évaluées à 319 millions de tonnes. Elle est exploitée depuis 2011 par Sphere minerals, une société d'origine australienne et par la Société nationale industrielle et minière (SNIM).

La SNIM et Sphere minerals dont la compagnie suisse Xstrata détient 50.1% des parts, travaillent ensemble sur trois grands projets dans le Nord du pays et se partagent chacun, 50% des retombées financières.

L'un de ces projets est l'extension de la mine Guelb El Aoud. Pour un investissement de 700 millions de dollars, elle devrait produire quatre à sept millions de tonnes de fer selon ses gestionnaires.

Il serait maladroit de parler des mines de fer de la Mauritanie sans mentionner celle de Guelb El Rein. Elle est située dans la région de Zouerate, au Nord du pays et fait aussi partie de ce grand projet minier. C'est d'ailleurs à Zouerate qu'a commencé l'exploitation du fer en Mauritanie depuis la période coloniale. Cette région doit donc son existence à la découverte du fer. C'est un complexe minier qui a une production annuelle de 12 millions de tonnes. Ce chiffre montre qu'elle produit la majeure partie du fer de la Mauritanie.

En dépit de ses acquis déjà considérables, la SNIM qui administre ce gisement et dont l'Etat mauritanien possède 78.25% des parts, ne s'est pas contentée de cette capacité de production et vise plus loin.

En effet, en 2015, elle a célébré à Zouerate, la cérémonie officielle du projet Guelb II qui est une extension de la mine avec une augmentation de sa capacité annuelle de production de quatre millions de tonnes supplémentaires. Cette croissance serait possible grâce à un financement d'un montant de 925 millions de dollars soit 868 millions d'euros.

Les gisements de Zouerate sont typiques et particuliers. Ce sont des guelbs à magnétites qui sont des mines de fer à ciel ouvert avec un relief de type inselberg, c'est-à-dire, sous la forme de collines retrouvées généralement au Sahara et dans des pays comme la Mauritanie, la Tunisie et le Sahara occidental.

Malgré tous ses bons résultats dans le domaine minier, la Mauritanie ne dort pas sur ses lauriers car, elle envisage intégrer le top 5 mondial des producteurs de fer d'ici une décennie. Pour y arriver, elle projette une hausse de sa production annuelle de fer.

Même si le défi parait énorme, la volonté y est et c'est ce qui manque à de nombreux pays en Afrique qui ont du mal à se projeter dans le futur.

Pour atteindre cet objectif, la Mauritanie se donne les moyens scientifiques, administratifs, juridiques et financiers. A ce sujet, elle a conçu un plan dénommé *Nouhoudh* et élaboré par la SNIM.

Nouhoudh consiste à mettre en place des stratégies pour la découverte de nouveaux gisements et l'extension des mines existantes en vue d'augmenter sa capacité de production de fer à 40 millions de tonnes à l'orée 2025.

En exemple clair, pour booster la production de la mine de Guelb El Rein à travers le projet Guelb II, la SNIM envisage de construire un réseau d'adduction en eau potable long de 55 kilomètres et une voie ferrée de 600 kilomètres reliant Zouerate au port de Nouadhibou au Nord-ouest (Figure 53). Cette voie ferrée portera le train le plus long du monde avec 200 wagons.

C'est un projet innovant et exceptionnel dont d'autres pays du continent africain doivent s'inspirer pour développer leurs différents secteurs miniers.

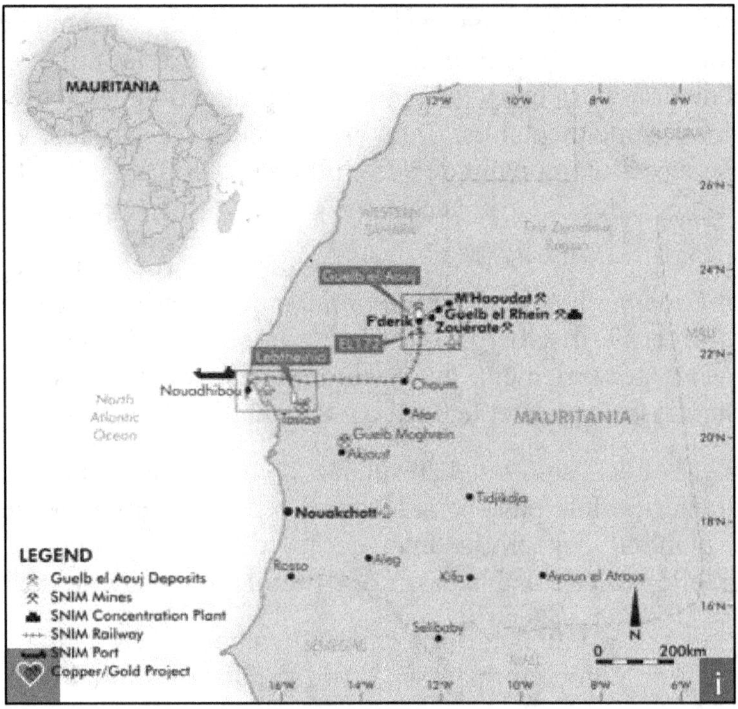

Figure 53: Chemin de fer reliant les mines de fer et d'or de la Mauritanie au port de Nouadhibou (leblogfinance, 2011)

Les pays occidentaux qui possèdent des métros ont construit des voies souterraines dans les années 1800. C'était une époque pendant laquelle, il n'y avait pas d'embouteillages de voitures sur les routes. Cependant, ils ont anticipé cette éventualité puisqu'ils savaient qu'avec le développement de la société urbaine, ce phénomène routier arriverait tôt ou tard. Dans un premier temps, ils l'ont vu venir dans leur esprit puis pour le prévenir, ils se sont projetés dans un futur lointain en construisant ces voies souterraines plus d'un siècle avant l'arrivée des automobiles et des embouteillages.

Aujourd'hui, nous sommes tous d'accord pour dire que les métros sont des bénédictions pour tout le monde occidental parce qu'ils désengorgent des villes comme Paris, Montréal ou New-York du trop plein de voitures. C'est un exemple parmi tant d'autres qui démontre la puissance et l'importance de la projection dans le futur.

Pour corroborer cette affirmation, prenons encore une fois les métros pour exemple. Quand il y a un besoin de construire de nouveaux trajets souterrains de métros, d'améliorer ceux qui existent déjà ou de bâtir de nouveaux immeubles, ces projets restent toujours très compliqués à cause de tous les embouteillages qu'ils occasionnent dans les centres-villes pendant des mois. Dans ces situations complexes et inhabituelles, les populations qui doivent emprunter les transports pour vaquer à leurs activités quotidiennes n'hésitent pas à dire :

« Heureusement que les autorités de la ville avaient pensé à construire des métros longtemps en avance ! »

Je réitère mes propos en disant que cette démarche d'anticipation et cette habitude à la planification doivent servir d'exemples aux Etats africains pour leur développement.

Tout pays du monde qui aspire à se développer doit avoir un amour profond et constant pour la projection dans le futur et la planification de l'avenir. Ce sont des étapes incontournables et indispensables pour le développement d'une nation. Et l'Afrique ne peut pas faire exception à la règle. C'est un principe indiscutable en matière de développement.

Il faut savoir que les principes ou les lois ne se discutent pas, ils s'appliquent. Si vous ne les appliquez pas, vous n'aurez pas de résultats. Ne soyez pas étonnés de vous retrouver au même stade, après une décennie d'efforts, si vous n'avez aucun but, aucun projet et aucun rêve à accomplir. Et si vous en avez un, tant que vous ne planifiez pas un processus clair et net de mise en œuvre pour l'accomplir, vous n'aurez pas de résultat. Ce principe est valable non seulement pour les Etats mais aussi, pour l'épanouissement des personnes qui veulent déployer leur potentiel dans le monde.

Il y a un bonheur que vous ressentez, lorsque vous venez d'accomplir un rêve ou un projet qui était en latence dans votre esprit ou dans vos entrailles depuis de longues années.

L'Afrique peut arriver à ce stade si elle y met de la volonté. Elle a les ressources naturelles minérales qu'il faut dans son sous-sol pour gagner le défi du sous développement. C'est la richesse de ce sous-sol que je m'évertue à décrire dans ce livre. D'ailleurs, les pages de ce livre ne suffiront jamais à contenir l'immensité et la diversité du potentiel minier exceptionnel de l'Afrique.

Elle a également les ressources humaines nécessaires pour accompagner ses visions de développement sur le long terme. Tous les intellectuels africains disséminés dans le monde entier dont les matières grises profitent au développement continuel de nombreux pays riches en sont des illustrations. Tous ces cadres africains présents sur le continent et dont les compétences servent déjà et ne cessent de se bonifier grâce aux différents stages de renforcement de capacité à l'étranger, sont des exemples palpables de la richesse de ces ressources humaines. De surcroit, ces cadres opérant en Afrique sont de plus en plus aguerris à travers l'appréhension des difficultés rencontrées quotidiennement dans l'exercice de leurs fonctions malgré les maigres moyens dont ils disposent.

Cependant, en plus de tous ces atouts que je viens d'évoquer, l'un des grands chantiers précédant tout développement et sur lequel l'Afrique a de la marge à faire est l'établissement d'institutions politiques fortes et leur respect. J'en ai déjà parlé dans les paragraphes précédents mais il est toujours bien de revenir sur ce sujet parce que le respect des institutions est le garant de la paix et de la stabilité dans un pays. Or, sans ces deux dernières valeurs citées, il n'y a pas de développement durable.

En effet, seules des institutions fortes sont les gages infaillibles d'un environnement saint pour les affaires et les échanges économiques. La politique est au centre de tout. Certaines personnes disent parfois qu'ils ne souhaitent pas s'y intéresser. Cependant, toutes les décisions politiques prises, bonnes ou mauvaises ont une incidence directe dans votre quotidien. Que vous le vouliez ou pas, elles s'imposent à vous et vous avez pour obligation de les respecter si vous êtes citoyen du pays dans lequel elles ont été mises en place. Quel est mon point à travers ces affirmations ?

La sphère d'influence politique est au centre du développement de tous les pays du monde. Les pouvoirs politiques et exécutifs ont une grande part de responsabilité dans le développement du continent africain. Qui fait des projections sur le long terme pour planifier le développement des Etats ? Qui valide les contrats avec les investisseurs pour l'exploitation des ressources minières des Etats ? Qui nomme les personnes compétentes aux postes stratégiques et sensibles pour le développement des Etats ? Qui est le chef suprême des armées sans lesquelles, il est difficile de maintenir l'ordre, la sécurité, la paix et la stabilité qui conditionnent de bonnes transactions économiques dans un pays ?

Sans doute, vous êtes d'accord avec moi pour affirmer que c'est bien les pouvoirs politiques de nos différents Etats qui prennent toutes ces décisions. C'est pour cette raison que plus que jamais, l'Afrique doit militer pour avoir des personnalités politiques intègres et vraies. Les Africains doivent réclamer des politiciens qui favorisent l'émancipation des populations à tous les niveaux et surtout, qui veillent à ce que les institutions de la république soient fortes et respectées de tous, peu importe les prix subis et les conséquences encourues.

Pour revenir au potentiel en minerais de fer de l'Afrique, il faut savoir que les destins de la Côte d'Ivoire, de la Guinée et du Libéria sont liés. Cela est dû au fait que ces trois pays abritent simultanément sur leur territoire, la gigantesque montagne dénommée *Nimba.*

Le mont Nimba est en réalité, un immense gisement de fer encore inexploré qui attire la convoitise de plusieurs multinationales. Il suscite l'intérêt des Etats qui l'accueillent sur leur territoire parce que ces derniers veulent exploiter ses ressources minières. Par contre, dans le même temps, le Nimba est sous la protection des organisations internationales puisque ce joyau minier est un site enregistré au patrimoine mondial de l'UNESCO.

Pour votre information, le mont Nimba est une montagne qui culmine à 1752 mètres d'altitude et est à ce titre, le point le plus élevé de la Côte d'Ivoire, de la Guinée et du Libéria. Dans son prolongement, il possède un tripoint commun au trois pays à environ 1280 mètres et qui est identifié sur le mont Richard-Molard.

Le Mont Nimba est visible à l'Ouest de la Côte d'Ivoire, au Nord-est du Libéria et au Sud-est de la Guinée (Figure 54).

Figure 54: Le Mont Nimba, inscrit au patrimoine mondial de l'UNESCO et reparti sur la Côte d'Ivoire, la Guinée et le Libéria (African Natural Héritage, 2016)

Le mont Nimba n'est pas uniquement connu pour sa grande teneur en fer. C'est aussi une zone riche sur le plan écologique avec des forêts classées par le Fond mondial pour la nature, désigné en anglais, *World wild fund for nature* (*WWF*).

Cette institution financière est l'une des plus influentes organisations non gouvernementales du monde avec plus de cinq millions d'adeptes. Elle opère dans la protection de l'environnement et le développement durable dans plus de 100 pays où elle travaille sur environ 1300 projets environnementaux.

Ses fonds ont des origines diverses et témoignent de son influence à l'échelle mondiale. 56% proviennent des particuliers, 17% sont issus du domaine public (Banque mondiale, Onu...) et 10% sont tirés des entreprises privées (Coca-Cola, HSBC, H&M, Ikea...), ce qui lui permet de travailler sous la couverture des organisations internationales et sous le contrôle de la société civile.

Le mont Nimba est loin d'être une montagne ordinaire. C'est une montagne stratégique pour l'Afrique et le monde sur le plan minier en raison de ses importantes réserves de fer. L'intérêt de la communauté internationale pour cette montagne ne date pas d'aujourd'hui.

En effet, le mont Nimba était dans le collimateur des amoureux de la nature depuis de longues années. C'est cette volonté d'explorer cet édifice naturel qui a conduit les chercheurs et les naturalistes à étudier sa flore et sa faune pendant et après la période coloniale. Par conséquent, sa réserve naturelle intégrale est classée depuis 1981 comme une réserve de biosphère et un site du patrimoine mondial de l'UNESCO. Certes, cette décision est une très bonne résolution pour les défenseurs de l'environnement mais elle n'est pas du goût de tous, notamment, des Etats africains qui abritent ce gisement dormant sur leur sol.

En réalité, cette classification est l'une des plus grandes barrières à l'exploitation de cette immense réserve de fer qui sommeille dans les entrailles de cette montagne. Tant que le mont Nimba est sous un véto international, il sera difficile d'envisager son exploitation alors que ce gisement est une source de rente financière certaine pour les pays africains concernés. C'est cet antagonisme à la fois économique, géopolitique et environnemental qui est à la base de la bataille de titan entre l'Etat guinéen et l'UNESCO depuis belle lurette.

Ce conflit international aux élans diplomatiques a bien plus de sens que de simples mots. C'est un exemple patent qui montre que l'Afrique, dans son retranchement et sa misère criarde, désire s'émanciper et se développer grâce à l'exploitation de ses ressources minières.

Pour relater succinctement les étapes principales de cette bataille juridique, il faut savoir que cet épisode a débuté à la fin des années 1980, lorsque l'Etat guinéen a exprimé sa volonté d'exploiter le gisement de fer du mont Nimba. Ce projet a abouti à l'octroi de la concession minière à une compagnie en 1992.

Cependant, un détail n'avait pas été pris en compte par l'Etat guinéen et c'est cela qui a mis du feu aux poudres. En réalité, la concession minière octroyée, intégrait des parties du site inscrit au patrimoine mondial de l'UNESCO. Cet oubli discutable, sans étonnement, a soulevé une vague de contestations du comité de suivi du patrimoine mondial de l'UNESCO. Sans attendre, l'Etat guinéen est monté aux créneaux en affirmant avoir commis une faute dès le départ, dans la délimitation de la zone centrale du mont Nimba. Selon lui, cette erreur se serait produite au moment où il proposait l'inscription du site sur la liste du patrimoine mondial de l'UNESCO puisque la zone choisie pour l'exploitation minière n'en faisait pas partie. C'est la goutte de trop occasionnée par ces projets miniers qui a poussé l'UNESCO à inscrire aussitôt le mont Nimba sur la fameuse liste du patrimoine mondial en péril.

Aujourd'hui, le débat n'est pas tout à fait clos mais l'étau semble se desserrer car de prestigieuses multinationales telles que le leader du nucléaire, Areva, le géant de l'acier, Arcelormittal et West Africa Exploration SA, sont intéressées par la partie libérienne de ce joyau minier. En Côte d'Ivoire, c'est la société d'origine indienne Tata Steel qui était en charge d'exploiter le gisement du mont Nimba après un accord signé en 2007 avec le gouvernement ivoirien. Finalement, ce contrat n'a pas été reconduit. En Guinée, c'est la compagnie anglaise Sable mining qui est détentrice de la partie Sud du gisement de fer du mont Nimba. En 2014, suite à son programme d'exploration basé sur 36 forages et des analyses pointues, Sable mining a réévalué les ressources du mont Nimba à 181 millions de tonnes avec une teneur de fer à 58.8%. Et ces chiffres ne représentent que le potentiel ferrifère de la partie guinéenne. Le mont Nimba est donc un gisement de fer révolutionnaire pour toute l'Afrique.

Comme la République Démocratique du Congo, la Guinée n'est pas loin d'être dénommée aussi *pays de scandale géologique* du fait de la grandeur de son potentiel minier qui réserve des surprises.

Si le gisement de fer du mont Nimba et ceux de Gara-Djébilet et Mecheri Abdelaziz en Algérie sont qualifiés d'être les plus grandes réserves de fer du monde par certains miniers, le gisement de fer du mont Simandou leur vole la vedette.

En effet, Simandou est aussi exalté d'être le plus grand gisement de fer du monde encore inexploité. Ses réserves inscrites dans le projet appelé *Simandou Sud* sont tellement stratégiques et immenses qu'elle a réussi à attirer l'attention de la Société financière internationale (SFI) du groupe Banque mondiale.

Avant d'aller plus loin sur ce sujet, il est indispensable de savoir que les organisations internationales comme la Banque mondiale, la SFI et le Fond monétaire internationale (FMI) ne s'intéressent pas à une personne, à une compagnie ou à un pays par hasard. Si elles viennent vers vous ou coopèrent avec vous, c'est que vous avez du potentiel et qu'elles peuvent en tirer le meilleur pour renforcer l'économie mondiale et leur institution financière.

En fait, la réserve de fer de Simandou est l'une des plus imposantes du monde avec une capacité en pleine production qui atteindrait plus de 100 millions de tonnes par année sur une durée d'exploitation supérieure à 40 années. Sa longévité et son tonnage ne sont pas ses seuls atouts. A ces derniers s'ajoutent sa qualité qui fait toute la différence et la distingue des autres gisements de fer connus dans le monde avec une teneur à 65.5%. Rares sont les gisements de la planète qui peuvent se vanter d'une teneur si élevée. Compte tenu de la valeur de ce gisement et de la grandeur du projet Simandou Sud avec toutes les retombées financières qui pourraient en découler, les investisseurs internationaux, les industriels du fer, les organisations internationales et l'Etat guinéen s'y intéressent fortement. Ils y fondent beaucoup d'espoirs. Leurs intérêts pour ce projet minier sont profonds.

En réalité, ils s'y intéressent pour en être les détenteurs exclusifs ou donner un coup d'accélération au développement économique et social de la Guinée. Ce pays en a énormément besoin car ses populations demeurent dans la pauvreté depuis l'indépendance malgré ses gigantesques ressources minières.

La mise en route de l'exploitation de ce gisement suffirait à la Guinée pour prendre la tête du leadership des marchés mondiaux du fer pendant des décennies.

Simandou Sud n'est pas un projet commun ou ordinaire. C'est le plus grand projet minier d'Afrique. Il a aussi une dimension sociale qui intègre en plus de l'exploitation des mines, le développement de nombreuses infrastructures.

Ce projet prévoit l'exploitation et l'extension de la mine de fer du mont Simandou, la construction d'un nouveau port multi-usager et d'un chemin de fer de 650 kilomètres. Ce dernier fera la liaison entre le Sud-est de la Guinée et la côte en longeant le fameux corridor de croissance Sud. A toutes ces réalisations s'ajouteront la construction d'infrastructures annexes. L'investissement nécessaire à la conception de tous ces projets de développement est estimé à environ 20 milliards de dollars selon la société anglo-australienne Rio Tinto qui était chargée d'exploiter ce gisement depuis la fin des années 90.

En 2014, *Rio Tinto* prévoyait que si la mine de Simandou était à sa production maximum, elle boosterait l'économie de la Guinée en ce sens qu'elle engendrerait à peu près 7.5 milliards de dollars de chiffres d'affaires et hausserait de 5.6 milliards de dollars le produit intérieur brut (PIB) de la Guinée. Ce pays deviendrait par la suite, le seul au monde à avoir le plus fort taux de croissance. Prenez juste un instant de réflexion pour considérer ce qu'un tel apport financier pourrait apporter à un pays dit *pauvre* comme la Guinée et bien au-delà, à toute l'économie de la sous-région Ouest-africaine. Certes, le démarrage du projet prendra du retard mais les infrastructures prévues sortiront tôt ou tard de terre pour le développement de la Guinée et de l'Afrique de l'Ouest.

Lors d'une interview accordée en 2016 au journal *The Times*, monsieur Jean-Sébastien JACQUES, l'un des responsables de la compagnie Rio Tinto, avait déclaré qu'ils n'étaient plus en mesure d'investir et de continuer le projet en raison de la baisse mondiale des cours du fer.

Selon lui, cette baisse serait liée à la surproduction mondiale de fer, c'est-à-dire, la forte offre en minerai de fer sur le marché mondial. Pourtant, pendant plus d'une dizaine d'années, Rio Tinto avait la possibilité d'entamer l'exploitation de ce gisement de fer lorsque ces cours étaient encore élevés et l'offre moins importante. Malheureusement, elle n'a pas eu le nez creux pour le faire. Elle a bien profité de cette concession minière pour augmenter sa notoriété au détriment du développement de la Guinée. En vérité, la détention de ce gisement a augmenté la valeur boursière de Rio Tinto durant des années alors que par ailleurs, cela a empêché la Guinée de confier son exploitation à d'autres entreprises qui étaient prêtes à tout donner pour occuper cette prestigieuse place. Evidemment, cela aurait été bénéfique pour le développement de ce pays pauvre d'Afrique.

Ce manque d'initiatives courageuses de la part de Rio Tinto a donc privé la Guinée d'apports financiers pour son développement pendant trois décennies. Cette habitude de certaines compagnies minières est courante en Afrique. Plusieurs d'entre elles détiennent des concessions minières sans avoir en réalité, les moyens financiers nécessaires pour les exploiter dans le temps qui leur est imparti. Elles n'ont pas suffisamment de cran ou de courage pour prendre des risques. C'est dommage ! C'est pour cette raison que la SFI, désormais partenaire de l'Etat guinéen avec Aluminium corporation of China sur le projet Simandou Sud, a tenu à rassurer les autorités guinéennes et à poursuivre ce projet malgré le désistement de Rio Tinto, à travers la publication de cette déclaration datée du 11 février 2016 :

« la SFI continue d'appuyer pleinement le travail en cours sur le projet Simandou, y compris l'étude de faisabilité bancable et les initiatives relatives au contenu local pour le soutien à l'emploi et au fournisseurs guinéens. Simandou est un gisement de minerai de fer de classe mondiale, à faible coût, avec un potentiel économique important pour la Guinée, et nous attendons avec intérêt de travailler avec le gouvernement guinéen et nos autres partenaires de Simandou pour son développement. »

Il est vrai que Simandou Sud est un projet sur le long terme dont le bon déroulement dépend fortement des cours mondiaux du fer comme c'est le cas pour toutes les matières premières minérales, cependant, c'est dans ces conditions que les concessionnaires des mines doivent discerner les opportunités et faire les bons choix. Elles doivent faire les bons investissements, au bon moment et avec les meilleures partenaires possibles qui soient capables d'investir les fonds nécessaires pour la réalisation d'aussi grands projets comme celui de Simandou.

Les pays qui détiennent de tels gisements ne doivent pas se voir handicaper économiquement par la négligence ou le manque de sérieux budgétaire de certaines entreprises minières. C'est un motif supplémentaire pour les Etats africains producteurs, d'effectuer suffisamment de contrôles sur le plan économique, financier, éthique et moral pour chaque entreprise qui candidate aux appels d'offres miniers. Ces contrôles minutieux doivent se faire avant de leur octroyer ces concessions minières. En réalité, plusieurs d'entre elles montrent un visage et une santé financière qui ne reflètent pas ce qu'elles sont réellement pendant leurs réponses aux appels d'offres. Par conséquent, ce sont les Etats africains producteurs qui prennent du retard sur leur développement après le constat du manque de productivité et d'efficacité de ces entreprises minière. Pourtant, lors des appels d'offres, ces dernières criaient sur tous les toits qu'elles étaient à la hauteur du défi qui se présentait à elles. C'est le lieu de rappeler cette célèbre citation qui dit :

« La confiance n'exclut pas le contrôle. »

En plus, un passage tiré de la Bible, notamment, dans l'évangile de Matthieu au chapitre 7 et au verset 19 traite clairement ce sujet et dit ceci :

« Tout arbre qui ne porte pas de bons fruits est coupé et jeté au feu. »

Il devra en être ainsi pour toutes ces entreprises minières qui pullulent en Afrique et retiennent captif le développement de tout un continent et l'épanouissement de tout un peuple parce qu'ils n'ont pas les moyens financiers adéquats pour exploiter leurs concessions minières.

Les populations africaines aspirent à jouir des richesses minérales de leur sous-sol et à avoir une vie meilleure comme les peuples des autres continents de la planète. C'est le cri des peuples africains depuis la période des indépendances. Cette Afrique veut s'émanciper car elle en a les ressources. C'est un besoin et une aspiration légitime. Il faut juste que les mains obscures tapies dans l'ombre ne l'en empêchent par tous les moyens. En vérité, les coups de force militaires, les guerres ethniques, la dévaluation, les ajustements structuraux et bien d'autres mesures économiques font beaucoup plus de mal à l'Afrique que de bien. Toutes ces astuces sont employées et mises en place de façon expresse pour retarder l'éclosion économique de ce continent qui est en train de se faire irréversiblement.

Malgré tous ces courants contraires, il y a une lueur d'espoir car les indices financiers et les rapports des études économiques de ces dernières années montrent clairement que l'Afrique lève la tête sur le plan économique et amorce son développement. C'est l'image d'un poussin arrivé à la maturité qui désire sortir de sa coquille après plusieurs jours sous la couverture des plumes et du corps chaud de sa mère. C'est cette image que vous devez garder du continent africain.

Pendant longtemps, ce continent est resté sous la tutelle des pays colonisateurs. Maintenant il veut éclore, s'épanouir et prendre son destin en main car, il a grandi et arrive progressivement à la maturité. Il est vrai que la maturité est une qualité qui s'acquiert infiniment et en permanence mais, il y a des indices qui certifient que vous êtes en phase d'atteindre la maturité. C'est le cas de l'Afrique.

En effet, pour justifier ce changement de l'Afrique, il faut observer certains faits nouveaux. Parmi eux, il y a en exemple, la rareté des coups de force militaire depuis quelques années, la prolifération des élites intellectuelles africaines qui occupent des postes à responsabilités dans les organisations internationales et des prestigieuses entreprises et surtout, le développement de l'entreprenariat en Afrique par des jeunes africains. A cela s'additionne le fait que les multinationales occidentales délocalisent et se tournent de plus en plus vers l'Afrique pour continuer leurs activités.

L'Afrique enregistre effectivement l'émergence de nouvelles classes moyennes et riches avec des activités fleurissantes dans les affaires et sur tout le continent. Il y a des créations exponentielles de nouvelles startups prometteuses par des jeunes africains. En l'occurrence, cette nouvelle tendance se traduit par une prise en main et une meilleure connaissance des outils d'internet et des réseaux sociaux par une bonne partie de ces jeunes africains. Dans ce changement s'inscrit aussi l'amplification de la coopération Sud-Sud, c'est-à-dire, des relations bilatérales d'aide au développement et d'échanges commerciaux entre les pays africains.

Enfin, les Africains ont plus que jamais compris que le développement de l'Afrique devra commencer d'abord par eux-mêmes. Puisqu'ils sont les premiers concernés, ils devront par conséquent, être aussi les premiers à y mettre la main pour en tirer profit plus tard.

En somme, ce sont quelques indices non exhaustifs mais importants qui attestent et certifient que l'Afrique est en phase d'atteindre la maturité. C'est un pas de géant qu'il faut saluer parce que ce niveau de changement n'était pas d'actualité il y a plusieurs décennies en arrière.

Comme la Guinée, en plus des minerais de fer du mont Nimba, la Côte d'Ivoire possède d'autres gisements de fer dont l'exploitation intéresse fortement le gouvernement ivoirien. Jusque là, le secteur minier ne contribuait pas assez dans l'édification de l'économie ivoirienne. Il comptait à moins de 5% dans le produit intérieur brut et ses effets au niveau des recettes fiscales étaient insignifiants à l'échelle nationale.

Comme les minerais de fer du mont Nimba, ces gisements sont localisés majoritairement dans la région montagneuse de l'Ouest de la Côte d'Ivoire. Il s'agit des gisements de fer du mont Klahoyo et du mont Tia estimés à deux milliards de tonnes selon la compagnie Pan African Mineral et la Sodemi qui détiennent ces concessions minières depuis 2012. Aux deux précédents gisements s'ajoutent celui du mont Gao dont les réserves sont évaluées à environ 1.2 milliards de tonnes d'après les données de la société Tata Steel et de la Sodemi qui l'administrent.

Puisque le fer n'est jamais seul, d'autres substances minérales ont été mises en évidence dans cette même région. Il s'agit de 40 millions de tonnes de nickel et de cuivre à platinoïde dans la ville de Samapleu et d'environ 254 millions de tonnes de nickel et de cobalt dans les villes de Touba et de Biankouma.

En prévision à leur exploitation, des projets devant faciliter l'accès à ces gisements sont en cours de planification. Dans la liste des infrastructures à réaliser se trouvent la construction d'un chemin de fer d'une longueur comprise entre 474 et 737 kilomètres qui reliera les villes de Man et de San-Pedro et la création d'un terminal minéralier au port de San-Pedro. Cet édifice portuaire aura deux composantes, à savoir un port minéralier en eau profonde et un wharf (quai) minéralier. Toutes ces infrastructures devraient mobiliser un investissement d'environ 4 900 milliards de FCFA soit environ 10 milliards de dollars selon le gouvernement ivoirien.

L'Afrique est riche en gisement de fer. Sa géologie atypique et son climat chaud et humide y sont pour beaucoup. Sans mentionner pour l'instant l'Afrique du Sud qui est le 1er producteur de fer en Afrique, toutes ces données minières montrent la richesse et la diversité des matières premières minérales de ce continent.

En parcourant toute l'Afrique, j'ai pu constater qu'elle est parsemée de ressources minières stratégiques. Mes formations et mes fonctions de géologue et de géophysicien me permettent d'attester cette vérité. Son potentiel minier est tellement immense que ce livre ne suffira jamais à recenser et à décrire ses nombreux gisements disséminés dans tous les pays africains. Pour vous faire une confidence, lorsque j'écrivais les premières lignes de ce livre, je n'avais jamais ambitionné écrire autant de pages sur ce sujet. Pendant mes écrits et mes recherches, j'ai tout de suite compris qu'il y avait tellement de choses à dire et à montrer du doigt sur les ressources minières de l'Afrique.

De surcroit, à l'entame de cet ouvrage, je croyais connaître l'essentiel des ressources minières de l'Afrique jusqu'à ce que je réalise que mes acquis étaient infimes par rapport à la variété et à la grandeur de son potentiel minier. Je n'avais donc pas d'autre choix que de faire une étude sérieuse et complète sur le sujet.

L'Afrique est un continent sensible et géostratégique pour les pays développés qui ont besoin de ses matières premières minérales pour garder leur position et leur influence dans le monde. Il faut que les Africains en soient conscients et s'en servent comme une fondation pour bâtir la stabilité et la paix qui sont des préalables incontournables pour construire son économie et se développer.

En vérité, l'Afrique veut rattraper son retard sur le plan minier pour booster son développement. C'est le motif pour lequel ces dernières années, la majorité des gouvernements du continent font régulièrement des reformes de leurs codes miniers existants ou en élaborent de nouvelles. Ils le font pour réduire les démarches administratives qui freinent souvent les investisseurs étrangers et pour dynamiser la recherche sans laquelle, il n'y a pas l'extension des mines en exploitation et la découverte de nouveaux gisements. Ces reformes ont également pour objectif de créer les conditions pour une rentabilité fiscale conséquente et soutenue. Quand on voit l'état de précarité avancée des pays producteurs africains, il est clair que leurs revenus fiscaux doivent être maximisés pour conforter leurs économies. Ces réformes obéissent aussi à une procédure exigée pour l'application des règles de bonne gouvernance. Il faut savoir que de nos jours, l'application des règles et des principes de bonne gouvernance est un préalable demandé par toutes les organisations financières internationales comme le Fond monétaire international (FMI) et la Banque mondiale. Elles les prennent en compte pour noter la transparence des gouvernements et certifier le marché des affaires dans certains pays, notamment, en Afrique.

Comme annoncé précédemment, l'Afrique du Sud fait partie des premiers producteurs de fer dans le monde. Elle occupe à ce titre, la 1ère place des pays producteurs de fer sur l'échiquier africaine.

Elle a cette réputation grâce à plusieurs mines dont l'une des plus importantes est la mine de Khumani qui emploie 1562 salariés et environ 2300 sous-traitants. C'est une mine à ciel ouvert. Les terres atypiques de Khumani tirent leur couleur rouge des minerais de fer qui abondent sur ce territoire. Elle est localisée à 30 kilomètres de Kathu et à environ 250 kilomètres au Nord-ouest de Kimberley, dans la province du Cap-du-Nord. Les réserves de Khumani sont estimées à 709 millions de tonnes avec une teneur en fer à 64.2% sachant que la mine est en pleine extension pour augmenter sa production. Actuellement, la mine de Khumani remplace l'ancienne mine de Beeshoek. Elle est donc la principale mine productrice de fer de la compagnie Union manganese mines and minerals (ASSMANG). Cette entreprise est la 2ème exportatrice de minerai de fer d'Afrique du Sud depuis 1970. La mine de Khumani fait donc partie du groupe ASSMANG et les sociétés Assore et African rainbow minerals en sont les seuls actionnaires et détiennent chacune 50% des parts.

A l'origine, Khumani avait été conçue pour produire 10 millions de tonnes de fer destinées à l'exportation mais aujourd'hui, avec la seconde phase de développement et le projet d'extension de la mine, cette production annuelle atteint les 14 millions de tonnes.

La mine de Khumani et celle de Kumba, 4ème plus grande mine productrice de fer du monde et plus grande d'Afrique du Sud, sont à la base de la naissance d'une ville minière. C'est la récente ville de Kathu qui a moins de 40 années d'âge. Elle est sortie de terre pour loger à proximité, les plus de 3000 employés de ces deux mines. La notoriété et la richesse de cette région sont donc impulsées par l'extraction des minerais de fer qui sont transportés par de longs convois sur la voie ferroviaire jusqu'à Saldanha, sur la côte Ouest de l'Afrique du Sud. En considérant le nombre d'employés de la mine de Kumba et le rang qu'elle occupe en matière de production de fer à l'échelle mondiale et nationale, il est aisé de se faire une idée de la grandeur de ses réserves qui sont largement supérieures à celles de Khumani aussi importantes.

Le passage en revue de tous ces gisements de fer qui ne sont qu'une petite partie du potentiel minier de l'Afrique, confirme que ce continent sera incontournable d'ici peu pour combler les besoins en matières premières minérales des pays du monde. L'Afrique occupera une place de leader au plan économique suite à l'effondrement actuel des économies occidentales.

En effet, les modèles économiques occidentaux sont vieillissants et ne sont plus adaptés aux nouvelles réalités des industries, des communautés et des familles dans les pays développés. Les signes de ce prochain déclin économique sont nombreux et visibles. J'observe ces signaux au quotidien puisque je vis au cœur de la société et du système occidental depuis bientôt une décennie. Mon statut de témoin me permet donc d'en citer quelques uns. En exemple, les économies occidentales peinent à dépasser les 1% de croissance sur l'année. En plus, les populations occidentales n'ont plus confiance aux pouvoirs et partis politiques habituels qui n'arrivent pas à tenir leurs promesses électorales d'où, la montée en puissance des partis nationalistes et des organisations politiques nouvelles. De surcroit, les chiffres du chômage ne cessent de grimper devant les regards impuissants des gouvernements occidentaux. Il faut noter également que les multinationales et les grandes entreprises qui soutenaient les économies des pays développés depuis des décennies, ne cessent de délocaliser vers des pays du tiers monde parce que la main d'œuvre y est moins chère. Malheureusement, ces mouvements professionnels se font au détriment des travailleurs occidentaux qui s'écroulent sous le poids des charges domestiques, des factures quotidiennes et des dettes immobilières. En supplément, la jeunesse occidentale et particulièrement européenne, est au chômage et obligée d'aller sous d'autres cieux pour espérer trouver un emploi après les études. Cette dernière ne désire pas subir le même sort que ces aînées qui chôment depuis la fin de leur cursus universitaire ou leur licenciement économique. A tout cela s'ajoute la course à la robotisation des métiers et des postes autrefois occupés par les hommes dans les unités industrielles.

Ce décor assez sombre est juste un aperçu des indices qui prédisent la fragilité et la faiblesse actuelle des économies et des modèles sociaux occidentaux qui ne tiennent plus la route. Comme je le disais tantôt, ces modèles économiques sont dépassés par la rapidité et les effets secondaires de la mondialisation même s'ils restent de bons fondements économiques. Pendant ce temps, les économies des pays du tiers monde, c'est-à-dire, de certains pays d'Afrique, d'Asie et d'Amérique latine ne cessent de croître pour atteindre des chiffres et des statistiques jamais vus auparavant. Tous ces exploits étonnent les institutions financières internationales qui n'avaient pas vu venir cet essor économique des pays pauvres. J'en tire pour conclusion que l'histoire de l'Afrique ne sera pas faite que de désolations, de guerres, de famines et d'épidémies car, les choses sont en train de changer et il y a de beaucoup d'espoirs pour ce continent.

En plus d'être un recueil qui prône et met en valeur le potentiel minier de l'Afrique, cet ouvrage est aussi un livre motivationnel pour toute l'Afrique. Il a pour but de relever, de challenger et de galvaniser tous ceux qui croient qu'ils n'ont aucun espoir pour s'en sortir dans la vie en raison de leurs difficultés quotidiennes et permanentes. Il est très important de comprendre qu'il n'y a pas de fatalité et d'impossibilité dans la vie. Rien n'est écrit d'avance. Rien n'est encore tard pour bien finir votre passage sur la terre. Tant que vous êtes encore en vie, rien n'est terminé pour vous. Il est encore possible de rehausser la tête et de reprendre le chemin vers un lendemain meilleur. Voilà pourquoi, la persévérance dans l'effort et le travail sont des valeurs cardinales et essentielles à préserver par l'Afrique et par tous ceux qui vivent des déboires sur leur parcours terrestre. En plus de ces valeurs, vous devez vous munir d'espérance et ne pas donner beaucoup de considérations aux propos négatifs et pessimistes qui vous disent à longueur de journée que vous n'y arriverez pas. Vous êtes capables de tout.

Combien de fois n'a-t-on pas entendu des médias et des experts en développement que l'Afrique n'émergera jamais à cause de ses années de retard en comparaison aux autres continents du monde ?

Aujourd'hui, ces déclarations sont caduques et ne tiennent plus la route car, toutes les études sérieuses des organisations financières internationales, des bureaux d'études privées et même, des départements Afrique des ministères des affaires étrangères des pays developpés, mettent l'Afrique sur un piedestal. Ils sont désormais tous d'accord pour dire que l'Afrique sort progressivement et certainement de la pauvreté. Et d'ailleurs, cet essor se fait plus tôt que prévu dans certains pays d'Afrique comme l'Ethiopie ou le Rwanda où des chiffres de croissance imbattables et souvent jamais vus, sont enregistrés au grand étonnement des experts en macroéconomie.

Combien de fois l'Afrique s'est-elle faite représentée dans la prise des décisions à son sujet, dans les organisations internationales, au mépris de ses propres propositions pour le règlement des conflits sociopolitiques qui prolifèrent sur son territoire ?

Aujourd'hui, heureusement, il y a moins de guerres en Afrique. Le constat est perceptible de tous et l'amélioration est claire. L'Afrique se transforme en un continent stable et la paix qui précède tout développement devient une réalité sur le continent. Les conflits postélectoraux qui étaient les principales sources de désordres se font rares. Aux grands désarrois des ordres politiques, les populations africaines sont désormais les premières à accepter les résultats qui sortent des urnes, ce qui n'était pas le cas il y a une décennie en arrière. C'est la preuve des changements de consciences et d'attitudes qui sont cours sur le continent africain.

J'en profite pour rappeler que l'un de mes objectifs en écrivant ce livre est le changement positif des consciences des peuples africains.

Par ces mots, je souhaite lever les verrous des à priori négatifs au sujet de l'Afrique pour tous ceux qui aiment ce continent et veulent y investir pour son développement. Cet ouvrage vient inciter les uns et les autres à ne plus voir l'Afrique d'un mauvais œil avec des idées préconçues sombres et tristes mais surtout, à la voir autrement. Dorénavant, il faudra la voir comme un continent d'avenir, de lumière, riche de son sous-sol, de sa culture et de ses ressources humaines jeunes. Avec tous ses atouts exceptionnels et ses potentialités extraordinaires encore méconnues, l'Afrique est un continent avec lequel il faudra composer dans le futur.

De façon claire, ce livre est un socle pour conduire les uns et les autres à considérer l'Afrique à sa juste valeur avec ses forces et ses faiblesses et surtout, avec sa diversité minière exemplaire qui fait sa singularité.

Les époques ne sont plus les mêmes. L'Afrique a dépassé la période des indépendances, des famines, celle des ajustements structuraux et récemment, celle des rebellions et des coups d'Etat militaires. Toutes ces calamités ont retardé ce beau et riche continent pendant de longues années. Maintenant, nous sommes à l'époque des nouvelles technologies, du numérique et des réseaux sociaux. C'est une époque dans laquelle, la connaissance est accessible à tous ceux qui veulent savoir et apprendre. Et grâce à ces nouveaux outils autodidactes, l'Afrique apprend beaucoup et même très vite.

L'Afrique rattrape son retard à grand pas et dans le secret. Elle le fait loin des regards du monde qui croit qu'elle est toujours au même stade qu'il y a un demi-siècle en arrière.

Allez dans les capitales africaines et vous verrez sur-place que les plateformes numériques qui font les beaux jours des pays occidentaux sont déjà l'apanage des jeunes africains qui s'en servent pour leurs activités quotidiennes. C'est un supplément qui témoigne de la mise à jour rapide de l'Afrique, dans ce nouveau village planétaire, à l'image d'un logiciel qui s'actualise au fur et à mesure des avancées technologiques. C'est cette dynamique évolutive que traduit un célèbre adage ivoirien qui dit :

« Quand il pleut à Paris, il tombe des gouttes de pluie à Abidjan, la capitale économique de la Côte d'Ivoire. »

Cela me permet de conclure mes propos sur cette partie en disant ceci :

« L'Afrique est en marche et fait désormais partie du mouvement économique mondial. »

III.2.5 - Les placers, les sillons volcano-sédimentaires et l'or de la Côte d'Ivoire, du Mali, du Burkina Faso et du Ghana

Bien qu'ayant déjà parlé des gisements d'or provenant des roches magmatiques, il est important de noter que certains de ces gisements sont aussi issus des roches sédimentaires. Il s'agit des *placers d'or* et des *dépôts ou sillons volcano-sédimentaires* minéralisés rencontrés dans la majorité des pays d'Afrique et surtout, ceux de l'Afrique de l'Ouest.

Dans cette partie occidentale de l'Afrique, le craton est sectionné par plusieurs sillons sédimentaires qui sont des pseudos bassins fluviatiles très souvent comblés de dépôts riches en minerais. C'est le cas de la Côte d'Ivoire qui regroupe 28 sillons volcano-sédimentaires minéralisés avec des prolongements dans ses pays limitrophes, à savoir le Ghana, le Mali, le Burkina Faso, la Guinée et le Libéria (Figure 55). Tous ces pays possèdent de grands gisements d'or et sont connus sur les marchés internationaux des matières premières minérales pour leur production aurifère élevée.

En vérité, tous ces pays tirent une grande partie de leurs gisements des mêmes formations géologiques observées à l'origine en Côte d'Ivoire. C'est d'ailleurs pour cette raison que plusieurs experts prédisent que la Côte d'Ivoire contrôle une bonne partie des réserves minières de l'Afrique de l'Ouest. C'est ce qui ressort des études scientifiques et des observations de terrain faites par les géologues, les géochimistes et les géophysiciens sur tout le territoire ivoirien.

Pour corroborer mes propos, il faut simplement se rappeler d'une déclaration de monsieur Walter SHAMU, le chef de la délégation de la compagnie minière Taurus Gold. Il avait mené une réflexion dans ce même sens en affirmant ceci :

« La Côte d'Ivoire possède le plus grand potentiel aurifère de la région et nous sommes heureux d'être au début de cette aventure. »

Il avait tenu ces propos après l'octroi en 2015, du permis d'exploitation de la concession minière d'Aféma par le gouvernement ivoirien. Cette concession est située dans la ville de Maféré, dans le département d'Aboisso, à 150 kilomètres d'Abidjan, à l'Est de la Côte d'Ivoire.

Si l'or était la seule ressource minière dont disposait la Côte d'Ivoire, nous n'aurions pas crié sur tous les toits à ce sujet.

En effet, les données du ministère des Mines et de l'Energie montrent que son potentiel minier est diversifié. Savez-vous que des traces de coltan ont été identifiées en Côte d'Ivoire comme en République Démocratique du Congo ? Avez-vous connaissance que des indices de bauxite ont été mis à jour en Côte d'Ivoire (Tableau 5) comme en Guinée ?

Ces deux matières premières minérales stratégiques ne sont qu'une infime partie des minerais contenus dans les cratons géologiques d'Afrique. Ces derniers sont à l'origine de la richesse minière de l'Afrique.

Si l'Afrique du Sud est considérée comme l'un des pays africains les plus prolifiques en matière de production minière, c'est grâce au craton du Kalahari sur lequel il repose.

Si la République Démocratique du Congo est qualifiée de pays à scandale géologique, c'est parce qu'elle a ses bases sur le craton du Congo.

Si le Mali fait partie du top 10 des pays producteurs d'or du monde, c'est parce qu'il fait partie du craton Ouest-africain.

Ce n'est donc pas un hasard si de nombreux pays africains sont cités parmi les pays producteurs les plus célèbres du monde.

Minerais	Sites et Localités	Ressources estimées
Fer	Mont Nimba, Mont Klahoyo-Tia, Mont Gao, Monogaga	2.740 milliards de tonnes
Nickel latéritique	Sipilou, Foungbesso	298 millions de tonnes
Bauxite	Divo, Bénéné, Toumodi, Digo-Moukouédou	1.214 milliard de tonnes
Manganèse	Bondoukou, Lozoua, Odienné	7.5 millions de tonnes
Colombo-Tantalite	Issia, Touvré	145 tonnes
Diamant	Bobi, Tortiya	Plus de 10 millions de Carats
Or	Bonikro, Ity, Tongon-M'Bengué, Aboisso, Sissingué, Angovia, Hiré, Agbahou, Kokumbo, Yahouré…	600 tonnes

Tableau 5 : Quelques ressources minières de la Côte d'Ivoire (Ministère des Mines et de l'Energie de la Côte d'ivoire, 2016)

La Côte d'Ivoire appartient au craton Ouest-africain et occupe la majeure partie du sud de ce craton qui a un socle d'âge Précambrien donc capable de contenir des minerais. Ce socle géologique couvre environ 97.5% du territoire ivoirien. J'aurai l'occasion de détailler les composantes du craton Ouest-africain dans les paragraphes à venir.

Pour revenir à l'idée que je développais au début de ce paragraphe, il est important de savoir que les formations géologiques et certains sillons volcano-sédimentaires minéralisés connus en Côte d'Ivoire ont une dimension régionale.

Dans ces sillons se sont déposés des roches volcano-sédimentaires et volcaniques faiblement métamorphisées et des minerais comme l'or, l'uranium, le nickel, le manganèse, la bauxite, le cobalt, l'étain, le platine etc. Ces métaux se sont détachés de leur roche-mère érodée pour constituer des gisements quand ils ont atteint une concentration importante. C'est aussi le mode de formation des placers aurifères.

Par définition, les *placers alluviaux* sont des endroits ou des cours d'eau dans lesquels, des métaux lourds comme l'or sont charriés puis se dépose du fait de leur densité et se concentrent pour former des gisements d'or. On parle de *placers d'or*.

En effet, plusieurs sillons volcano-sédimentaires de direction Sud-ouest(SW)-Nord-est(NE) (Figure 55) sont connus en Côte d'Ivoire. Ils ont été dénommés selon la région de leur mise en évidence. C'est l'exemple des sillons du Haut N'Zi, d'Oumé-Fêtêkro, de la Haute Comoé et d'Aféma. Ils sont tous producteurs d'or. Pour votre information, c'est du sillon d'Aféma qui se prolonge au Ghana qu'est tirée la majeure partie de l'or qui fait les beaux jours de la production minière du Ghana. Si le Ghana occupe un rang honorable à l'échelle mondiale, en matière de production d'or, c'est en partie grâce aux importantes réserves d'or de ce sillon.

Au Ghana, les témoins de la régionalisation des formations minéralisées du craton Ouest-africain sont les gisements d'or très productifs de Tarkwa et de Damang. Ces deux gisements sont aussi des modèles types de *paléoplacers.*

Ils se trouvent dans la formation géologique dénommée *le Tarkwaien*, pour faire un clin d'œil à la ville de Tarkwa où elles ont été mises en lumière pour la première fois.

Des études géochronologiques et structurales régionales conduites par Milési (1992) ont démontré qu'il existe des similitudes et des équivalences entre les roches birrimiennes minéralisées de Côte d'Ivoire et tarkwaiennes du Ghana.

Ces données géologiques ont permis de comprendre qu'elles ont le même système aurifère et que le Tarkwaien prend en partie son origine dans les roches birrimiennes. D'ailleurs, selon les travaux de Tagini (1967) et Papon, (1973), le Tarkwaien est défini au Ghana comme un ensemble *suprabirrimien* constitué de dépôts continentaux. Cette deuxième appellation du Tarkwaien justifie le lien qui existe entre ces deux formations géologiques connues au Ghana et en Côte d'Ivoire.

Cette vérité prend également tout son sens lorsqu'on s'intéresse à localisation des villes qui abritent ces formations géologiques. Au regard de la position géographique de la ville de Tarkwa située au Sud-ouest du Ghana, il n'est pas étonnant de penser que ses gisements d'or soient les prolongements de ceux du sillon volcano-sédimentaire d'Aféma localisés à l'Est de la Côte d'Ivoire, dans le département d'Aboisso. En réalité, ces deux villes africaines sont pratiquement frontalières. Aboisso est à la frontière Est de la Côte d'Ivoire tandis que Tarkwa n'est pas loin de la frontière Ouest du Ghana. C'est l'un des exemples palpables du *principe de la répartition géographique des couches géologiques* que j'ai évoqué à l'entame de ce livre. Une preuve supplémentaire qui vient soutenir la régionalisation de ces formations géologiques est le fait que le Tarkwaien est aussi identifié au Burkina Faso.

En effet, le sillon volcano-sédimentaire d'Oumé-Fêtêkro identifié en Côte d'Ivoire, englobe plusieurs subdivisions de roches d'âge Protérozoïque Inférieur dont certaines portent le nom de *Burkinien.* Elles ont une telle appellation pour faire allusion à leur présence dans les formations géologiques d'où sont produits les lingots d'or du Burkina Faso.

La dimension géographique est très importante en géologie et dans l'exploration minière. Les gisements et les mines ne peuvent être repérés si leur position géographique à la surface de la terre n'est pas connue de façon précise et détaillée. C'est pour cela que ces dernières années, les systèmes d'informations géographiques et les outils de géolocalisations prennent de l'ampleur dans l'exploration minière.

Comment pouvez-vous retrouver après une année, un indice minier observé pour la première fois au fond d'une forêt tropicale d'Afrique ? Cela n'est possible que si vous avez toutes les données de localisation géographique de cet indice minier.

Il est maladroit de parler de la régionalisation des formations géologiques minéralisées d'Afrique sans connaître les cratons géologiques qui les renferment. Et le craton Ouest-africain en est l'un des principaux car il concentre une grande partie des minerais précieux et stratégiques connus dans le monde. Que sait-on donc du craton Ouest-africain ?

Ce craton est divisé en deux grands domaines pour ce qui concerne sa partie Sud. Il s'agit du *domaine Kénéma-Man* et du *domaine Baoulé-Mossi.*

Le *domaine Kénéma-Man* est la partie occidentale de ce craton. Il couvre le Libéria, la Sierra Léone, la Guinée et l'Ouest de la Côte d'Ivoire. C'est dans ce domaine que se trouvent les gisements de fer du mont Nimba, les réserves de bauxite de la Guinée, les carats de diamant de la Sierra Léone et les gisements de nickel de la Côte d'Ivoire.

Le *domaine Baoulé-Mossi* est la partie orientale de ce craton. Il prend en compte une portion du Burkina Faso, de la Côte d'Ivoire, du Ghana, de la Guinée, du Mali, du Niger et du Togo. C'est dans ce domaine qu'on retrouve les formations birrimiennes et tarkwaiennes du Protérozoïque qui fournissent les plus grands gisements d'or de l'Afrique de l'Ouest et les réserves de diamants observées à Dabakala et à Séguéla en Côte d'Ivoire.

Tous ces deux domaines forment la fameuse *dorsale de Man*. A l'observation, la carte synthétique de la dorsale de Man (Figure 56) parle d'elle-même au sujet de la régionalisation des formations géologiques minéralisées.

Néanmoins, j'ai mentionné ces deux domaines pour attirer votre attention sur l'appellation *Baoulé-Mossi* donnée au deuxième domaine sachant que cette remarque est aussi valable pour le nom composé *Kénéma-Man* attribué au premier.

Cette démarche consiste à signaler que le domaine *Baoulé-Mossi* et les roches qu'il contient sont à cheval sur la Côte d'Ivoire dont l'une des ethnies majeures est le *Baoulé* et sur le Burkina-Faso dont le *Mossi* est également l'une des ethnies prépondérantes. En supplément, ce domaine géologique occupe le Sud du Mali et l'Est du Ghana d'où, sa dimension régionale.

Concernant le domaine *Kénéma-Man*, il faut noter que la ville de Man est en côte d'Ivoire et regorge d'importants gisements de Fer comme ceux de Simandou en Guinée. Par ailleurs, Kenema est la troisième grande ville de la Sierra Léone. C'est la capitale économique du pays. Elle est connue comme un centre de commerces et de ventes de diamants car elle détient d'immenses gisements de diamants. Vous constatez là aussi que les formations géologiques de ce domaine et leurs minerais sont étrangement partagés entre plusieurs villes de ces pays d'Afrique de l'Ouest. C'est une autre marque de la régionalisation des formations géologiques de l'Afrique de l'Ouest. C'est de là que viennent les ressemblances au niveau des ressources minières des sous-sols de ces pays.

Même si la production d'or de la Côte d'Ivoire était estimée à 13 tonnes en 2013 et à plus de 18 tonnes en 2015, elle est encore en-dessous de celle du Ghana, du Mali et du Burkina Faso qui ont suffisamment développé l'exploitation de l'or dans leur secteur minier.

C'est pour aboutir à cette dimension régionale des formations géologiques du sous-sol africain qu'en débutant ce livre, j'ai dédié des pages entières à l'explication de certains principes géologiques. En l'occurrence, pour ce cas pratique, le principe géologique qui a été employé pour déboucher à ces conclusions est le *principe de la continuité ou de la répartition géographique des couches géologiques*.

A la suite de toutes ces démonstrations géologiques, il faut désormais intégrer qu'en Afrique de l'Ouest, la majorité des minéralisations d'or se trouvent dans les formations birrimiennes du Paléoprotérozoïque.

C'est grâce à cette donnée que ces formations sont la cible des géologues d'exploration et qu'elles sont recherchées par les compagnies minières. Pour preuve, c'est dans ces formations birimiennes qu'ont été répertoriés à ce jour, l'essentiel des gisements et des mines d'or identifiés en Côte d'Ivoire. Dans cette liste, on pourrait citer le gisement de Tongon géré par Randgold ressources, la mine d'Ity administrée par La Mancha et la Société des mines d'Ity (SMI), la mine d'Hiré conduite par Newcrest mining, la mine de Bonikro gérée par LGL et Newcrest mining, la mine d'Agbahou sous les hospices de Andeavour mining, la mine d'Angovia dirigée par Amara mining, la mine d'Aféma administrée par Taurus gold limited et la mine de Sinssingué gérée par Persus mining. En plus de toutes ces mines d'or précitées, il faut rajouter celles des pays limitrophes qui ont été identifiées dans ces mêmes formations birrimiennes.

Si vous faites une bonne analyse de la carte de la localisation des permis miniers (Figure 57) de la direction des Mines du ministère des Mines et de l'Energie de Côte d'Ivoire datant de 2007, vous comprendrez que la répartition des concessions minières suit très bien l'orientation des sillons volcano-sédimentaires observés sur la carte géologique de Côte d'Ivoire (Figure 55).

Dans toute cette panoplie de gisements aurifères identifiés en Côte d'Ivoire, la mine d'or d'Aféma est l'une des plus prometteuses. Ses réserves sont évaluées à 36 tonnes de d'or avec la possibilité d'atteindre 43 tonnes si la phase d'extension de la mine est un succès. Taurus gold limited envisage une production annuelle comprise entre 1.8 et 2 tonnes dès le lancement de l'exploitation de la mine qui est prévue pour 2017 et durera 20 années. Pour cela, elle prévoit d'investir 70 milliards FCFA soit 106 millions d'euros destinés à la construction d'un complexe minier. Les 30 premiers milliards serviront dans un premier temps, à la construction et au démarrage de la mine tandis que les 40 autres milliards permettront de développer et d'étendre la mine.

Cette précision sur la vie et l'avenir de cette mine a été faite par monsieur Elloh KADJO, directeur général de la filiale ivoirienne du groupe Tau Capital. Ce dernier fut l'un de mes enseignants en maîtrise de géologie à l'université Félix Houphouët Boigny de Côte d'Ivoire. C'est un homme bien averti du secteur minier de la Côte d'Ivoire pour avoir fait ses preuves dans ce domaine. En plus, il connaît assez bien le sillon volcano-sédimentaire d'Aféma dans lequel, il a conduit des travaux dans les années antérieures. Au moment où j'écris ce livre, la mine d'Aféma est le 5ème gisement d'or en production en Côte d'Ivoire après celui d'Ity, de Tongon, d'Agbaou et de Bonikro.

Cependant, la mine d'Ity reste la plus ancienne mine d'or en exploitation en Côte d'Ivoire depuis 1991. Elle a traversé plusieurs saisons au fil des années mais demeure toujours rentable. C'est ce que le directeur de la SMI, monsieur Daniel YAI a confié aux journalistes du journal *Jeune Afrique* dans sa parution du 16 janvier 2014 en disant ceci :

« Malgré son âge, la mine d'or d'Ity a encore un très bon potentiel. »

Pour vous donner une idée de son potentiel, entre 1991 et 2012, c'est environ 800 000 onces d'or qui ont été tirées de ses réserves. De surcroit, les chiffres de 2013 montrent qu'elle a doublé sa production qui est passée de 1.6 tonnes en 2012 à 2.54 tonnes en 2013 soit une augmentation de près de 58% en une seule année avec un bénéfice net de 20 milliards de FCFA correspondant 30 millions d'euros. Ces résultats ont été obtenus grâce à un investissement d'environ 15 milliards de FCFA soit 23 millions d'euros dans la même année. Cette somme a permis d'augmenter la performance des méthodes de production et d'amplifier l'extension de la mine grâce à des campagnes d'exploration. En vérité, une mine vit, se développe et est rentable en améliorant de façon continue ces deux paramètres précités. Les méthodes de production (techniques d'extraction…) et les travaux d'extension sont les moteurs qui maintiennent la longévité d'une mine. Toute mine qui n'est pas prête à investir dans ces deux paramètres pour garantir sa pérennité et sa rentabilité sur le long terme est condamnée à disparaître. C'est cette idée que monsieur Bruno KONE, ministre de la Communication, de l'Economie numérique et de la Poste et porte-parole du gouvernement ivoirien a soutenu lors d'un communiqué datant du 21 Mars 2017. Cette déclaration faisait suite à la cérémonie de cession des parts de l'Etat de Côte d'Ivoire dans la mine d'Ity au groupe canadien Endeavour mining corporation et au groupe Didier DROGBA. Il tenait les propos suivants :

« Cette opération permettra à la SMI de réaliser son plan d'investissement qui passe de 98 milliards de FCFA à l'époque de la reprise de La Mancha à 200 milliards de FCFA. Cela, par la construction d'une usine de production moderne d'une capacité de traitement de trois millions de tonnes d'or par an… Cette opération permettra à la Sodemi d'intensifier ses activités de recherche et de prospection engagées dans le cadre de la mise en œuvre de la stratégie de développement minier de notre pays.»

Aujourd'hui, suite à des investissements supplémentaires de l'ordre d'une centaine de milliards en matière de production, la mine d'Ity arrive à récupérer, grâce à la méthode de lixiviation, environ 95% du minerai d'or contre 70 à 80% en 2013. C'est justement la prise en compte de tous ces résultats encourageant qui attirent de nombreux investisseurs vers cette mine. C'est le cas du célèbre footballeur international franco-ivoirien Didier DROGBA qui est depuis 2013, actionnaire à hauteur de 5% de la Société des mines d'Ity (SMI).

Pour monter que son investissement dans cette mine n'a pas été une erreur mais plutôt une bonne affaire, le groupe Didier DROGBA a réitéré sa démarche en mars 2017. Elle a désormais 10% des parts de la SMI après la cession d'une autre partie des parts de l'Etat ivoirien. Ce réaménagement attribue dorénavant 80% des parts au groupe Endeavour, 10% des parts au groupe Didier DROGBA et 10% des parts à l'Etat ivoirien. Je rappelle que la SMI appartient au groupe canadien La Mancha qui est désormais l'actionnaire majoritaire à travers le groupe Endeavour.

Pour ceux qui connaissent peu monsieur Didier DROGBA, il faut savoir que son influence dans le domaine du sport n'est plus à démontrer. Pour preuve, en 2010, cette légende du football qui a fait ses marques dans les clubs de Marseille et de Chelsea était comptée parmi les 100 premières personnes les plus influentes du monde aux côtés des présidents américains Bill CLINTON et Barack OBAMA par le journal *Time.*

Par ses investissements, monsieur Didier DROGBA montre ainsi, un très bel exemple à toute la diaspora africaine et à tous ceux qui avait perdu espoir en l'Afrique. A la première cérémonie de cession des parts en 2013, il avait fait une déclaration relayée par le journal *Les Echos* du 8 Janvier 2014. En s'adressant indirectement aux Africains et à tous les investisseurs intéressés par l'Afrique, il disait ceci :

« Je suis content d'avoir signé avec l'Etat. C'est un geste fort. Je pense qu'il faut montrer le chemin aux Ivoiriens. »

Pourquoi a-t-il accepté de médiatiser son entrée dans le capital de la SMI en Afrique alors qu'il avait plusieurs opportunités sous d'autres cieux ? Il est certainement actionnaire dans de nombreuses entreprises de la planète mais il n'a pas fait autant d'échos médiatiques autour de ces dernières. Par conséquent, ce buzz médiatique vient assurément de son amour pour l'Afrique. Par ce geste, il désirait donner un exemple à d'autres Africains qui ont réussi à se faire une place dans les plus grandes entreprises de la planète par leurs compétences. Ce sont tous ces éléments qui attestent que l'Afrique sera le continent de demain. D'ailleurs, c'est aussi pour encourager les uns et les autres à investir en Afrique que j'ai décidé d'écrire ce livre.

A travers cet ouvrage, je souhaitais faire connaître les forces et les qualités de l'Afrique en matière de ressources minières, pour inciter les Africains à ne pas délaisser leur continent pour l'eldorado occidental et surtout, pour encourager les investisseurs à injecter leurs moyens financiers dans l'exploitation de ses minerais pour booster son développement.

Il existe tellement de gisements et de mines d'or sur le continent africain qu'on pourrait consacrer plus de cinq volumes de livre à les recenser et à les décrire uniquement.

De surcroit, d'autres matières premières minérales comme le coltan, le cobalt, le diamant ou le pétrole méritent le même traitement que l'or, compte tenu de leur caractère hautement stratégique et sensible.

Ce livre n'est donc qu'un échantillon du descriptif de toute la richesse minière du sous-sol africain. L'Afrique vaut plus que toutes les révélations que j'ai pu faire dans cet ouvrage au sujet de ses ressources minières.

Pour revenir aux gisements et aux mines d'or, il faut noter que l'Afrique est bien nantie. Pour étoffer mon propos, le gisement d'or de Witwatersrand d'Afrique du Sud est l'un des plus grands du monde avec plus d'un tiers des ressources d'or du globe terrestre. Pourtant, je n'en parle pas suffisamment dans ce livre alors que des exemples similaires sont nombreux dans tous les pays d'Afrique. Néanmoins, après l'étude du potentiel aurifère de quelques uns seulement de ces pays, on se rend compte que l'Afrique a un fort potentiel minier qui mérite d'être pris au sérieux. Les pays d'Afrique dorment sur leurs gisements alors que ceux des autres continents n'ont d'yeux que pour ses matières premières minérales pour amplifier leur développement. D'ailleurs, en secret, certains disent ceci :

« Si seulement nous pouvons avoir ne serait-ce 1/100ème des ressources minières de ce continent, notre pays ne sera plus jamais le même sur le plan économique. »

Cette vérité a été comprise par l'ancien président américain, monsieur Barack OBAMA.

En effet, dès son accession au pouvoir, il s'est aussitôt rendu compte que l'Afrique était le continent de l'avenir en ce qui concerne l'approvisionnement en ressources énergétiques. Il a donc mis en place le fond d'investissement dénommé *Power Africa,* doté d'un montant initial de 33 milliards de dollars à l'intention de toutes les compagnies américaines qui désiraient opérer en Afrique pour son électrification. Ainsi, tous les mois, un dîner spécialement dédié à l'Afrique avait lieu entre les murs de la Maison Blanche parce qu'il était désormais stratégique et indispensable que les Etats-Unis prennent leur marque en Afrique pour garantir leur avenir énergétique.

L'Afrique est un continent riche ! Sachez-le dès aujourd'hui population africaine et retroussez-vous les manches pour en profiter pendant qu'il est encore temps et que votre destin est encore à votre portée de main. Je reste convaincu que dans un futur proche, l'Afrique sera la Chine d'aujourd'hui. La Chine est en vérité, la 1ère puissance économique du monde à l'heure actuelle malgré la baisse de la valeur du yuan par rapport à l'euro et au dollar américain.

Il y a de l'espoir pour l'Afrique. En plus, sa dette extérieure est en décroissance en raison des efforts significatifs effectués constamment par ses Etats pour rembourser leurs dettes et atteindre le point d'achèvement des pays pauvres très endettés (PPTE).

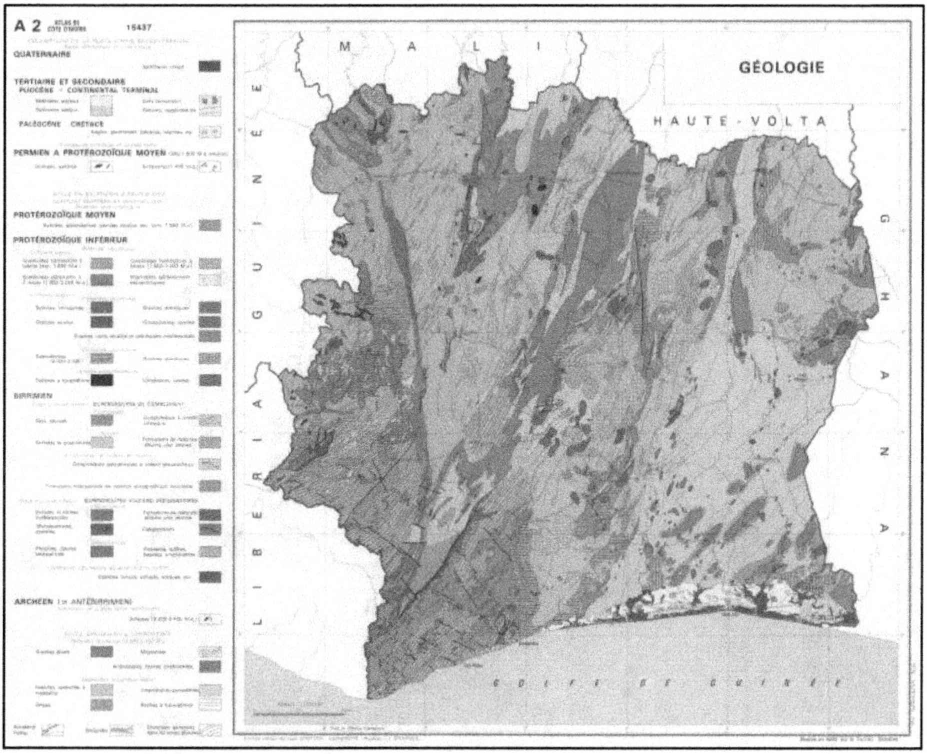

Figure 55: Carte géologique de Côte d'Ivoire (Bernard TAGINI, SODEMI, 1972)

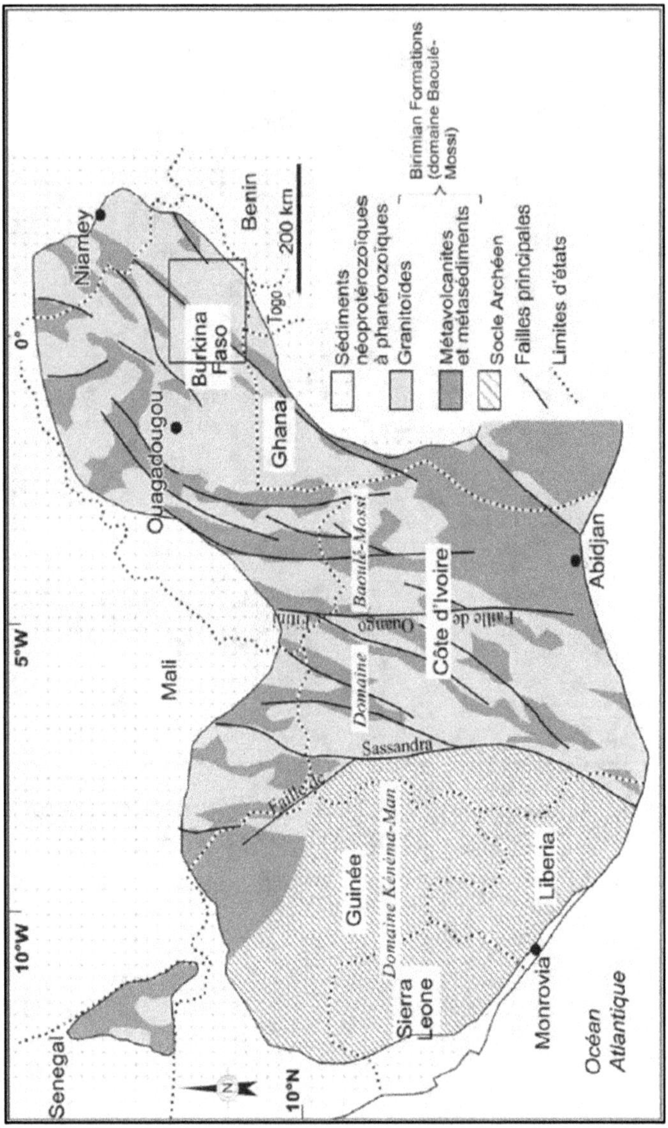

Figure 56: Carte synthétique de la dorsale de Man
(Seta NABA, 2007)

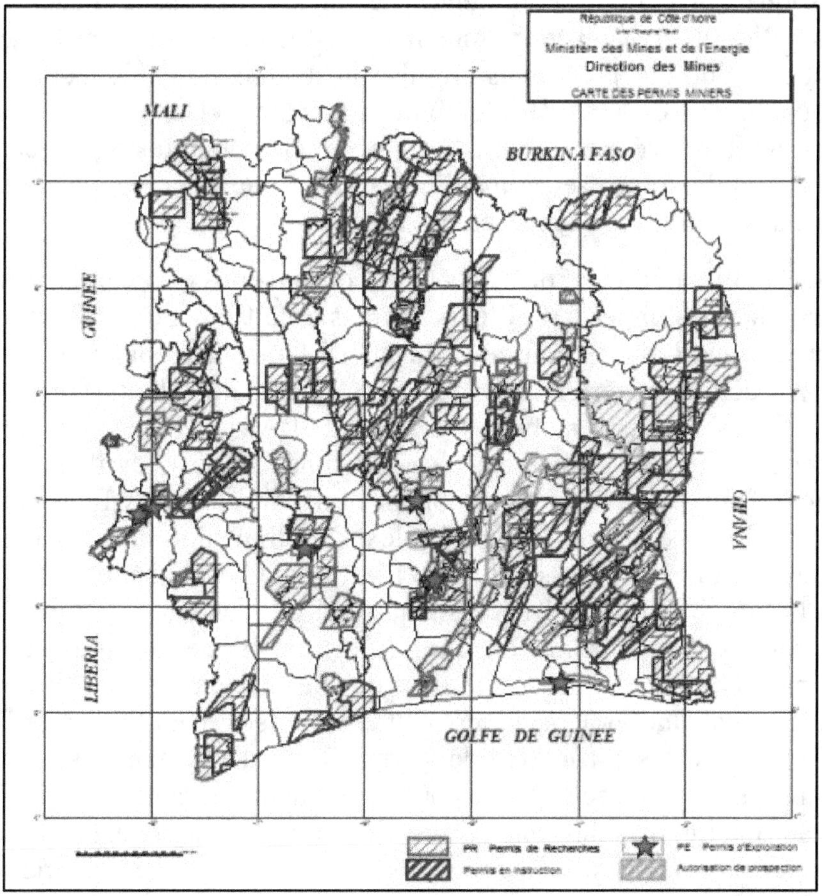

Figure 57: Carte de la localisation des permis minier de Côte d'Ivoire (Direction des Mines, 2007 in YAO Blaise et al. 2014)

Le 8 juillet 2017, alors qu'il était interrogé sur le développement de l'Afrique lors d'une conférence de presse organisée pendant le sommet du G20, Monsieur Emmanuel MACRON, le président français, a dit que l'un des problèmes criards qui retarde le développement de ce continent est sa démographie galopante. Dans un discours constructif relayé par les médias du monde, notamment, la chaîne audiovisuelle française *France 24*, il a pointé du doigt le nombre élevé des femmes africaines en ces termes :

« Ça fait d'ailleurs des décennies qu'on vous promet des plans Marshall et qu'on les a d'ailleurs décidés et faits. Donc si c'était aussi simple, vous l'auriez constaté. Le plan Marshall, c'était un plan de reconstruction matériel dans des pays qui avaient leurs équilibres, leurs frontières, leurs stabilités. Le défi de l'Afrique, il est totalement différent. Il est beaucoup plus profond. Il est civilisationnel. Aujourd'hui, quels sont les problèmes en Afrique ? Les Etats faillis, les transitions démocratiques complexes, la transition démographique qui est l'un des défis essentiels de l'Afrique. C'est ensuite, les routes des trafics multiples qui nécessitent aussi des réponses en termes de sécurité et de coordination régionale, trafics de drogues, trafics d'armes, trafics humains, trafics de biens culturels et c'est le fondamentalisme violent, le terrorisme islamiste. Tout ça aujourd'hui mélangé créé les difficultés de l'Afrique en même temps que nous avons des pays qui réussissent formidablement, un taux de croissance extraordinaire qui fait dire à certains que l'Afrique est une terre d'opportunités. Donc, si nous voulons une réponse cohérente à l'Afrique et aux problèmes africains, nous devons développer une série de politiques qui sont bien plus sophistiquées qu'un simple plan Marshall et des milliards accumulés. Partout où le secteur privé peut s'impliquer, il doit s'impliquer et nous devons l'orienter. C'est ce que nous sommes agréés avec la Banque mondiale. En matière d'infrastructure essentielle, d'éducation, de santé, là il y a un rôle pour le financement public et c'est dans ce cadre que nous devons agir. C'est notre responsabilité. En matière de sécurité, nous devons agir en lien avec les organisations régionales africaines. C'est ce que par exemple, la France fait avec l'opération Barkhane au Sahel mais plus largement, à travers ce que nous avons installé dimanche dernier au G5 Sahel : Développement et sécurité. Et ensuite, il y a une responsabilité partagée. Le plan Marshall que vous voulez pour l'Afrique, c'est aussi un plan qui sera porté par les gouvernements africains et les organisations régionales. C'est par le biais d'une gouvernance plus rigoureuse, de la lutte contre la corruption, d'une lutte pour la bonne gouvernance, d'une transition démographique réussie. Quand des pays ont encore aujourd'hui, 7 à 8 enfants par femme, vous pouvez décider d'y dépenser des milliards d'euros, vous ne stabiliserez rien. Donc, le plan de transformation en quelque sorte que nous devons conduire ensemble, en tenant compte des spécificités africaines par et avec les chefs d'Etats africains, c'est un plan qui doit prendre en compte nos propres engagements sur l'ensemble des chantiers que je viens d'évoquer, mieux associer le public et le privé et doit se faire de manière beaucoup plus régionale et parfois nationale, dans la durée. C'est la méthode qui a été retenue là. C'est ce que nous faisons partout où nous sommes engagés. »

Certes, ce discours du président français comprend beaucoup de vérités mais les problèmes démographiques évoqués et leurs conséquences sur le développement de l'Afrique sont discutables. Ils pourraient donc être interprétés selon les sens qu'on souhaiterait leur donner.

En effet, au début de ce livre, j'ai clairement dit que la démographie forte et croissante de l'Afrique est une force et une chance pour les Africains en prenant en exemple, celle des pays émergents comme la Chine et l'Inde. En réalité, ces pays ont une population qui dépasse l'ordre du milliard. Et justement, leurs exploits économiques actuels n'ont pas d'autres sources que la valeur ajoutée de cette énorme réserve de ressources humaines.

J'ai le privilège de vivre en France pendant l'écriture de ce livre. Aussi, j'ai eu l'occasion de visiter le Canada en 2017. Suite à ces deux expériences de vie, j'ai pu constater que la majorité des commerces et des secteurs d'activités stratégiques tels que la restauration et les brasseries, sont contrôlés par des ressortissants asiatiques, notamment, des Chinois, des Japonais, des Indiens et même des Pakistanais. Très souvent, certains peinent encore à formuler correctement une phrase dans la langue française. Pourquoi et comment ces ressortissants étrangers arrivent-ils à s'implanter aussi facilement dans ces prestigieuses capitales occidentales ?

En vérité, ces communautés s'imposent dans le tissu économique occidental parce qu'elles se servent de leur forte démographie pour occuper les grandes villes du monde. Avec des chiffres démographiques au-dessus de la moyenne dans leur pays d'origine, elles ont besoin de s'expatrier pour développer leur potentiel et trouver des opportunités. En plus, les activités qui ont un intérêt insignifiant ou négligeable pour les populations occidentales sont des aubaines exceptionnelles pour ces ressortissants des pays émergents ou en voie de développement. C'est une nouvelle forme de recolonisation économique qui ne dit pas son nom. D'ailleurs, cette stratégie géopolitique est bien comprise par leurs gouvernements respectifs. C'est pour cela qu'ils sont les premiers à financer les projets de leurs ressortissants à l'étranger, notamment, dans les pays développés comme la France, l'Angleterre, l'Allemagne, le Canada, les Etats-Unis etc.

C'est ainsi que vous verrez qu'en très peu de temps et dans toutes les grandes villes occidentales, des chinois possèdent des restaurants huppés où sont cuisinés des plats chinois. De même, vous constaterez que la plupart des tabacs de la ville de Paris sont détenus par des chinois. En fait, l'Etat chinois les aide à propager la culture chinoise dans le monde et à réoccuper l'espace économique mondial. Pour réaliser de tels projets, il faut avoir une forte réserve de ressources humaines, c'est-à-dire, une démographie dynamique et galopante. C'est l'une des raisons pour laquelle, contrairement aux propos du président français, je reste convaincu que la démographie croissante de l'Afrique est une chance remarquable pour ce continent comme elle l'est actuellement pour la Chine et l'Inde.

D'ailleurs, certains experts prédisent qu'à l'horizon 2025, l'Afrique de l'Ouest comptera environ un milliard de personnes. Elle constituera dès lors, un marché potentiel pour écouler les produits agroalimentaires provenant de l'Occident, les appareils technologiques produits par les Startups et les appareils électroménagers conçus par les industriels. Bien au-delà, cette future grande démographie sera une main d'œuvre suffisante et qualifiée pour occuper les postes proposés par les compagnies du futur et les multinationales installées en Afrique et dans le monde. Interprétée dans ce sens, la démographie galopante de l'Afrique est donc un véritable atout à l'opposé des dires du président français.

Dans l'autre sens, la déclaration de monsieur Emmanuel MACRON serait juste si cette démographie galopante de l'Afrique n'est pas maitrisée par les gouvernants africains. Malheureusement, c'est effectivement le cas dans la majorité des pays africains. Comment l'Afrique peut-elle mettre en place des plans de développement meilleurs et justes si les recensements démographiques de ses pays se font tous les cinq ans et non, chaque année comme c'est le cas en Occident ? Comment un gouvernement peut-il se projeter dans l'avenir et planifier le futur de son pays sur le plan social, infrastructurel et économique s'il ne dispose pas de statistiques fiables sur sa population sachant que les frontières africaines sont poreuses ?

Comment un gouvernement peut-il partager équitablement les ressources financières du pays s'il ne connaît pas annuellement, le nombre approximatif de personnes vivant sur son territoire ?

En clair, attendre cinq années pour effectuer le recensement général de la population, c'est laisser s'écouler un mandat présidentiel qui dure généralement cinq années dans la plupart des pays africains. Du coup, le président élu n'a pas les données réelles et actualisées sur la population pour appliquer et adapter son programme de développement.

Ce sont tous ces faits qui ont poussé le président français à pointer du doigt ce fort taux de natalité en Afrique qui, selon lui, reste l'une des causes fondamentales du sous-développement de ce continent. Si les retombées financières de l'exploitation des ressources minières du sous-sol africain ne sont pas partagées équitablement par les gouvernants en raison du manque de données démographiques fiables, il est clair que la pauvreté et le sous-développement feront le quotidien des Africains. Les données démographiques sont donc très importantes. C'est une évidence qui ne nécessite pas d'avoir fait l'université d'Harvard ou l'Ecole Polytechnique !

III.2.6 - Des dépôts alluvionnaires et éluvionnaires aux diamants de la Centrafrique, de l'Afrique du Sud, de la Sierra Léone, du Botswana, de l'Angola et de la Namibie

Comme l'or retrouvé dans les sillons volcano-sédimentaires et dans les placers, le diamant est également rencontré dans les dépôts alluvionnaires qui sont une autre appellation des placers. Dès lors, les dépôts alluvionnaires diamantifères sont aussi le résultat de l'érosion d'une roche-mère qui est la kimberlite.

Contrairement aux *gisements primaires de diamants* issus des roches magmatiques abordées dans les paragraphes précédents, les dépôts alluvionnaires diamantifères appartiennent au groupe des *gisements secondaires de diamants.* Ce sont généralement des roches sédimentaires.

Cependant, il y a une différence entre les *gisements alluvionnaires* et les *gisements éluvionnaires* de diamants. Elle se situe au niveau de la distance qui sépare la roche-mère érodée du lieu de dépôt des diamants transportés.

Généralement, les *gisements éluvionnaires* sont très proches des gisements primaires, c'est-à-dire, à proximité de la roche-mère érodée. Ils ont tendance à donner une couleur jaune au sol. Par contre, les *gisements alluvionnaires* sont plus éloignés de la roche-mère et sont trouvés dans les lits des fleuves, des rivières ou des océans.

J'en parle à nouveau dans cette partie du livre parce que beaucoup de gisements de diamants et d'or en Afrique sont de type alluvionnaire. C'est le cas des diamants de la Centrafrique dont toute la production, jusqu'à ce jour, est issue de gisements de type alluvionnaire. Selon les chiffres du ministère des Mines, du Pétrole, de l'Energie et de l'Hydraulique de la Centrafrique, ce sont environ 530 991.68 carats qui avaient été exportés en 2014 vers les pays occidentaux. Je rappelle qu'un carat correspond à 0.20 gramme.

De Mambéré à Kadai en passant par Lobaye et Nana-Mambéré, tous les gisements de diamants rencontrés en Centrafrique ont la particularité d'être de type sédimentaire. Jusqu'à maintenant, aucune kimberlite n'a été découverte en Centrafrique. Néanmoins, plusieurs chercheurs estiment que la roche-mère érodée qui a produit ces diamants provient du Sud de la Centrafrique et a certainement été recouverte par des sédiments plus jeunes.

Récemment, un nouveau type de gisements de diamants a fait son entrée dans le jargon minier. Plusieurs le décrivent déjà comme le gisement diamantifère de l'avenir. Il s'agit des *diamants offshores* découverts en Namibie, en 2007, par la société Sud-africaine Diamond field international. Cette découverte a été faite au large des côtes océaniques namibiennes d'où, l'emploi du terme *offshore*.

Ce gisement possède des réserves estimées à environ 63 000 carats sachant qu'un carat pourrait coûter environ 318 dollars. Si vous faites le calcul arithmétique, vous pouvez vous faire une idée de la manne financière que pourrait en tirer la Namibie.

Ces types de gisements sont également appelés *gisements marins*. En réalité, ces diamants offshores de la Namibie ont aussi une origine alluvionnaire. Ils proviennent de l'érosion des pipes de kimberlites localisés au centre du craton Sud-africain dénommé également, craton du Kalahari (Figure 34). Les produits de cette altération ont donc été transportés via les fleuves jusqu'aux côtes namibiennes parce que la position géographique avale de la Namibie par rapport au craton du Kalahari s'y prête parfaitement. C'est pour cela que ces diamants sont retrouvés dans des bassins sédimentaires au même titre que le pétrole. C'est cela qui m'a conduit à évoquer le mode de formation des bassins sédimentaires dans les paragraphes précédents de cet ouvrage.

Ainsi, comme le pétrole et le gaz, beaucoup de minerais tels que le manganèse, le nickel, l'hélium et le diamant sont trouvés dans les bassins sédimentaires. Le seul bémol des *diamants offshores* vient du fait que leurs méthodes d'exploitation ont des conséquences écologiques.

En effet, les puissants aspirateurs utilisés pour sortir le sable qui enrobe le diamant, détruisent indirectement la faune et la flore sous-marine. Il est donc évident que de telles méthodes de production n'égayent pas les défenseurs de l'environnement qui s'y opposent. En dépit de toutes ces pressions et face aux enjeux financiers et géostratégiques que représente un tel gisement de diamant, aucune hésitation ne se pose pour le gouvernement namibien au sujet de son exploitation. Il compte la faire parce que la Namibie y fonde beaucoup d'espoirs pour son développement comme d'autres pays africains producteurs confrontés aux obstacles écologiques similaires.

Les gisements alluvionnaires de diamants sont aussi connus en Sierra Léone et sont prisés par les plus prestigieuses compagnies de joaillerie du monde. Depuis 80 ans, la Sierra Léone est l'une des plateformes incontournables sur le marché mondial du diamant et cela, malgré les fameux épisodes noirs des *diamants du sang* qu'elle a subi.

Aujourd'hui, grâce à la découverte de nouvelles réserves de diamants, la Sierra Léone est en phase de rejoindre le pelletons de tête mondial de la production de diamant qui est composé du Botswana, de l'Afrique du Sud, du Canada, de la Russie et de l'Australie. Ces gisements primaires et secondaires ont été identifiés dans la mine de Koidu, localisée dans le district de Kono, à 330 kilomètres à l'Est de Freetown, la capitale du pays. Si vous ne le savez pas encore, Kono est la plus grande région diamantifère de la Sierra Léone. C'est dans cette zone géographique qu'ont été découverts les premiers gisements alluviaux de diamants de ce pays, en 1930, dans le bassin de la rivière *Shongo*. Par conséquent, c'est aussi l'une des régions qui a connu le plus de dégâts pendant la guerre civile à cause de ses importants gisements de diamants. Quand on considère les 55 millions de carats de diamants produits dans cette région entre 1930 et 1999, on pourrait se dire que ses réserves sont désormais épuisées comme le pensaient tous les miniers. Eh bien non ! La mine de Koidu n'avait pas encore révélé tout son potentiel diamantifère.

En fait, des statistiques datant du 31 décembre 2010 montrent que la mine de Koidu possèderait des réserves prouvées évaluées à environ 4.2 millions de tonnes avec un calibre de 0.44 carat par tonne. Bien que cela soit déjà considérable, si on prend aussi en compte les données géologiques, la totalité des réserves de Koidu est estimée à 10.2 millions de tonnes avec un calibre de 0.54 carat par tonne. Dès lors, si ces données sont avérées, un tel gisement devrait produire 5.5 millions de carats de diamants bruts de très bonne qualité. Ainsi, devant ces statistiques prometteuses, c'est le groupe Octéa diamond qui s'est octroyé la concession minière de Koidu jusqu'en juillet 2030 avec une possibilité de prolongation de 15 années supplémentaires.

Il détient aussi la mine de Tonguma localisée dans le district de Tongo.

De surcroit, au plan géologique, la concession minière de Koidu révèle l'existence de deux cheminées ou filons de kimberlites adjacents et quatre autres zones de dykes kimberlitiques avec des périmètres d'élargissements pour chacune d'entre elles. Avec de telles caractéristiques, le gisement de Koidu crée un engouement économique et un rebondissement spectaculaire sans précédant dans le secteur minier de ce pays. C'est pour cela qu'en 2012, à l'occasion du gala marquant l'ouverture officielle de l'usine du groupe Octea diamond qui traitera 180 tonnes de minerais diamantifères par heure, le docteur Ernest Bai KOROMA, président de la Sierra Léone, a prononcé les propos suivants :

« Notre pays a la chance de posséder une richesse minière considérable, mais notre manière de la gérer est capitale pour la prospérité future du pays et l'amélioration du cadre de vie des citoyens. »

Une telle déclaration de la part de la plus haute autorité d'un pays est à retenir et à féliciter quand on sait le passé récent de la Sierra Léone. Il a un sous-sol riche et pourtant, il est si pauvre sur le plan économique et infrastructurel comme la majorité des pays producteurs africains ou des pays en voie de développement.

En analysant les propos du président Sierra Léonais, il a évoqué un paramètre très important que les Africains ignorent souvent ou ont peur d'aborder compte tenu des représailles qui peuvent s'en suivre. Bien que le risque d'en parler soit évident, c'est pourtant l'une des causes du sous-développement de l'Afrique qui peine à décoller depuis les indépendances de 1960. De quelle cause suis-je en train de parler ? Tenez-vous bien ! C'est l'épineux problème de la gestion des rentes issues de l'exploitation des mines en Afrique.

Quand il s'agit d'évoquer ce problème, les premières personnes concernées sont inévitablement les chefs d'Etats africains et les gouvernants. Ces affaires concernent toutes les personnes qui ont un poste de responsabilité dans la hiérarchie administrative ou qui participent à quelconque niveau au développement des services publics des pays producteurs africains.

Il n'y a pas de développement sans l'éradication de la corruption et des dessous de table. Tous les pays dans le monde qui favorisent la prolifération de la corruption et qui dressent un tapis rouge aux pots de vin ont du mal à développer et à assainir leurs différents secteurs d'activités. Ainsi, ils mettent en difficulté leur économie et par ricochet, leur développement. Comment se fait-il que plusieurs gouvernants en Afrique possèdent des biens de tout genre, des hôtels de luxe et des maisons privées de haut standing en Europe et en Amérique pendant que leurs populations meurent de faim et sont privés du minimum vital ? En très peu de temps au pouvoir, où et comment ont-ils pu avoir ces fortunes astronomiques qu'on découvre chaque année dans les discrètes et célèbres banques suisses ?

Ce phénomène récurrent en Afrique est tellement visible et flagrant que les Occidentaux se posent des questions sur l'origine de ces fonds qui ont servi à ces achats faramineux et parfois, scandaleux. De même, les révélations à ce sujet sont tellement habituelles que les populations africaines elles-mêmes ne s'en gênent plus. Eh bien ! Sans aucun doute, ces fortunes acquises excessivement et rapidement par certains gouvernants africains proviennent généralement des rentes de l'exploitation des ressources minières et pétrolières de l'Afrique et des activités associées.

Au moment où j'écris ce livre, plusieurs chefs d'Etats africains et leurs familles sont poursuivis par la justice française ou sont cités dans des procès, partout dans le monde, pour des enrichissements illicites et biens mal acquis. Imaginez un instant, ce que gagnerait l'Afrique en termes de développement si toutes ces sommes d'argents accumulées et en latence dans les banques étrangères étaient injectées dans les économies africaines. Imaginez le niveau de développement qu'aurait atteint le continent africain en plus de 50 années d'exploitation minière pour certains pays et en près d'un siècle pour d'autres. C'est dommage !

Il y a 30 années en arrière que plusieurs pays africains avaient le même niveau de développement que certains pays asiatiques comme la Corée du Sud et des pays d'Amérique latine comme le Brésil. Pendant que ces derniers, autrefois appelés *pays du tiers monde* sont désormais dénommés *pays développés* ou *pays émergents*, où en est l'Afrique ?

Malheureusement, l'Afrique est toujours en retard et baigne dans un sous-développement qui perdure.

Pourtant, Dieu et la nature ont donné plus de ressources minières aux pays d'Afrique qu'aux pays asiatiques. Alors, comment se fait-il que 30 années après, l'Afrique se retrouve toujours à balbutier sur le plan économique et au niveau de son développement ?

En effet, au levé du jour, la ressource que Dieu donne de façon équitable à tous les hommes de toutes les races, de toutes les cultures, de toutes les classes sociales et en tout lieu, c'est le temps. Que faites-vous de ce temps au cours de votre journée ? Qu'a fait l'Afrique de ce temps durant toutes ces années ?

Il y a 24 heures dans la journée pour tous. La différence entre les hommes et les peuples se fait au niveau de l'utilisation et de la gestion de ce temps qui est irrattrapable et irréversible. Si vous perdez vos 24 heures d'aujourd'hui, ils ne reviendront plus car ils appartiendront désormais au passé. Quel est mon point ?

Durant ces années d'exploitation minière, l'Afrique n'a pas su utiliser l'argent des matières premières minérales pour amorcer et édifier son développement. Et cela, parce que plusieurs dirigeants politiques et des gouvernants africains s'en sont simplement servis pour leurs besoins personnels au lieu de privilégier l'intérêt général de leur nation puisqu'après tout, ces rentes appartiennent aussi au peuple.

Il est vrai qu'il existe plusieurs raisons pour justifier le retard accusé par l'Afrique en matière de développement mais la mauvaise gestion de ces mannes financières en est pour beaucoup.

Dès lors, avant d'accuser les autres de tous nos déboires et de toutes nos mésaventures, il faudrait se remettre en cause dans un premier temps et décider de changer de mentalité. Par la suite, il faut adopter une bonne attitude en acceptant de changer de comportement. En vérité, c'est la correspondance qui existe entre le temps et les activités économiques que ces pays appelés *pays développés* ou *pays émergents* aujourd'hui, ont compris. Ils ont capté la nécessité de racheter le temps pour rentabiliser leurs activités économiques et dynamiser leur économie et leur développement.

Selon vous, pourquoi y a-t-il toujours ce débat sur le temps de travail entre les employeurs et les salariés ? Bien entendu, parce que le temps est la clé de la performance et du développement dans tous les secteurs d'activité. Vous êtes payé pour le temps que vous mettez à la disposition de votre entreprise. Pour corroborer mes propos, il y a une citation anglo-saxonne qui dit ceci :

« Time is money. »

Elle est grossièrement traduite en français par :

« Le temps, c'est de l'argent. »

Il est vraiment temps que les dirigeants africains changent de mentalité et d'attitude s'ils désirent voir ce continent sortir du gouffre de la pauvreté et des abîmes du sous-développement. C'est le désir profond de tous les Africains et de toutes les personnes qui aiment l'Afrique. C'est un passage obligatoire pour tous les pays et pour l'ensemble des continents de la planète qui aspirent au développement. C'est aussi pour pointer du doigt ces mauvaises habitudes que j'ai écrit ce livre. Il était donc important d'en parler puisque rien ne justifie un enrichissement illicite personnel à partir des biens communs et publics.

La Sierra Léone fait des efforts considérables pour accroître sa production de diamant. Alors qu'elle était autour de 357 160 carats selon les chiffres officiels du gouvernement, le développement du projet minier de Koidu permettra de doubler les exportations annuelles de diamants. Cela est possible avec la mise en place de l'usine de production d'Octéa diamond. Cette information a été donnée par monsieur Jan JOUBERT, directeur général d'Octéa diamond. Il a confirmé qu'avec sa mise en fonction, la production trimestrielle passera de 10 000 à 45 000 carats de diamants.

Cette nouvelle donnée apportera une manne financière estimée à 200 millions de dollars sachant que la valeur d'un carat de diamant oscille entre 250 et 400 dollars.

En construisant 500 maisons pour relocaliser les populations villageoises, des murs de protection pour préserver les citoyens des dangers liés à l'exploitation, des écoles primaires et secondaires pour assurer l'éducation des enfants, des mosquées et églises pour inciter les populations à aimer leur prochain, Octéa diamond répond à une exigence sociale et infrastructurelle des populations des pays producteurs africains.

En fournissant des points d'accès à l'eau potable pour altérer sainement les populations villageoises et en bâtissant un centre médicosocial pour leur permettre de se soigner et d'accoucher dans les meilleures conditions possibles, Octéa diamond montre également que le volet social doit faire partie de la politique commerciale de toutes les entreprises extractives.

En créant des marchés d'échanges et des zones commerciales à proximité pour encourager les populations à acheter ce qu'elles désirent et toucher à la vie citadine, cette compagnie minière crée un climat de confiance réciproque avec les gouvernants et les populations autochtones.

Enfin, en profilant une centaine de kilomètres de routes dans le district de Kono pour faciliter les transports et les déplacements intercommunautaires, elle donne un bel exemple aux autres compagnies minières qui devraient en faire autant.

Ces actions sociales doivent être les premières choses à faire sur le terrain par les compagnies minières qui n'avaient pas encore intégré cette nouvelle démarche commerciale et humanitaire en faveur des populations autochtones des pays producteurs africains. En réalité, pour faciliter l'exploitation des mines, ces populations acceptent de quitter leurs acquis et de nombreux souvenirs hérités de leurs aïeux depuis des siècles. Bien souvent, ces dernières ne rechignent pas à abandonner leurs cultures, leurs champs, leurs villages et leurs hameaux au profit des compagnies minières. Elles concèdent ces sacrifices dans l'intérêt suprême de leur nation et pour le bien-être des populations locales. Elles estiment que toutes les autres populations du pays et de la sous-région méritent comme elles, de profiter du fruit des richesses de leur sous-sol.

C'est cela le véritable partage équitable des richesses que demandent les populations méprisées des villages à l'ensemble des dirigeants des pays producteurs africains depuis des décennies.

Si les choses sont faites ainsi, l'Afrique évitera beaucoup de frustrations, de rebellions et de guerres civiles puisque le partage inéquitable des ressources minières est très souvent le motif majeur des conflits qui affectent ce continent.

Vous n'avez pas idée du sentiment de joie qui peut habiter tout un peuple quand il se rend compte que l'Etat ne l'a pas oublié dans le partage des richesses du pays.

Les gestes et les actions marquent plus que de belles paroles et de belles promesses. Pour aller dans ce même sens, monsieur Paul SAQUE, le chef traditionnel de Tankoro, circonscription villageoise qui abrite la mine de Koidu, a tenu cette déclaration en guise de reconnaissance, lors de l'inauguration de l'usine d'Octéa diamond en disant ceci :

« Pour la première fois dans l'histoire de la Sierra Léone, une communauté minière comme la nôtre s'est vu offrir l'opportunité de renégocier un accord de relocalisation avec une société minière. C'est aussi la première fois qu'une communauté a eu l'autorisation de négocier directement un accord de développement communautaire concernant le partage des bénéfices du projet. »

Entendre une telle déclaration fait chaud au cœur. Surtout, quand elle provient des représentants des personnes qui sont directement concernées par l'activité minière.

Très souvent, les populations des villages sont négligées sur le plan économique par la classe dirigeante des pays africains. Pourtant, ce sont elles qui constituent le socle de la paix et de la quiétude dans un pays. En vérité, ce sont les plus vulnérables aux idées préconçues par les seigneurs de guerres et les fouteurs de troubles pour créer des conflits parce qu'elles sont très souvent analphabètes donc facilement manipulables.

Ce énième problème de développement qu'est l'alphabétisme est malheureusement répandu en Afrique. Cela est dû en grande partie au fait que jusqu'aujourd'hui, l'école n'est pas encore obligatoire dans tous les pays d'Afrique comme c'est le cas dans les pays occidentaux jusqu'à l'âge de 15 ans. C'est donc une autre raison pour laquelle, les dirigeants africains ont intérêt à tendre l'oreille aux revendications des populations des campagnes et à s'occuper suffisamment d'elles. Selon vous, pourquoi les politiciens africains se précipitent aussitôt dans les campagnes et les hameaux à la rencontre des populations villageoises lors des joutes électorales si ces dernières ne sont pas importantes ?

Ils ont simplement compris qu'elles sont la base de stabilité, de l'économie et la mémoire historique et culturelle de leur pays. Elles sont les gardiennes des traditions et des valeurs africaines qui sont la solidarité, la fraternité et le respect des autorités et des aînés. Elles savent des choses que de nombreux chercheurs de ce monde ignorent.

Généralement, lors de mes travaux de recherches dans les communes et les villages de France, ce sont les populations autochtones qui ont fourni des indices indispensables pour accélérer mes recherches pendant mes balbutiements. Il en est de même sur les territoires africains. Très souvent, ce sont les vieillards des villages qui donnent des informations précieuses sur la position des gisements ou des gîtes miniers. Je peux évoquer ce point aisément parce que mon père me parlait aussi d'indices d'or observés sur une colline de mon village localisé dans la ville de Tanda, dans la sous-préfecture de Kouassi-Datékro, au Nord-est de la Côte d'Ivoire. C'est le motif pour lequel, il est très recommandé aux prospecteurs de rendre visite aux notables et aux chefs de villages des zones à explorer avant de commencer leurs travaux. En vérité, dans la mémoire de ces gardiens des compagnes se trouvent des secrets miniers qui peuvent changer la vie des habitants de toute une région ou d'un pays. Les populations des villages d'Afrique ne sont donc pas à négliger. Ces patriarches des villages sont les garants de l'histoire, de la culture et parfois même, du développement économique d'un pays. C'est ce que traduit ce proverbe africain qui dit :

« Les vieillards sont des livres vivants. »

Le diamant reste un minerai exceptionnel et demandé à travers le monde. Certes, il est éclatant, brillant et tellement luxueux qu'on a souvent peur de l'égratigner ou de le briser mais en réalité, si on considère l'*échelle de Mohs* qui classe les minéraux selon leur dureté, le diamant est le minéral le plus dure de la terre. C'est de cette dureté que vient son utilisation dans l'industrie pétrolière et minière.

Grâce à cette propriété, il est l'élément principal qui constitue les têtes des foreuses. On parle d'ailleurs des forages au diamant dans les mines.

D'un autre côté, son éclat brillant est l'une des qualités qui fait sa réputation et son emploi dans le très sélectif secteur de la joaillerie. Pour cette propriété, toutes les enseignes et les entreprises du luxe et de la mode se battent pour l'avoir. Aujourd'hui, elles n'hésitent plus à prendre des parts d'actions et à investir dans des compagnies minières exploitantes. Ces initiatives leur permettent d'être les premiers bénéficiaires directs des carats de diamants qui seront produits ou extraits du sous-sol.

En Sierra Leone, c'est cette approche qu'a eu la compagnie Tiffany & Co, le joaillier le plus réputé du monde. Elle s'est associée aux actions sociales d'Octea diamond dans le district de Kono, pour affirmer sa participation au projet minier de Koidu à travers la convention d'enlèvement qu'elle a signée avec cette dernière. C'est dans cette perspective nouvelle et participative que son vice-président, monsieur Andy HART, a inauguré le centre médicosocial de *Kono* en 2011.

En plus des pays producteurs déjà cités, l'Angola possède aussi des gisements alluvionnaires et même, de type offshore comme ceux de la Namibie. En réalité, ces gisements sont complexes car ils nécessitent de lourds investissements, à savoir des navires, des plateformes et des motos-pompes pour extraire les graviers diamantifères qui se trouvent sous des dizaines de mètres de sédiments dans la mer. Pour l'instant, dans le secteur minier, il n'y a que de grands groupes comme De Beer qui sont capables de relever de tels défis financiers, logistiques et techniques.

A l'observation, il est clair que ces challenges auxquels sont confrontées ces compagnies minières pour exploiter les gisements de diamants offshores, s'apparentent vraisemblablement à ceux de l'industrie pétrolière.

Les gisements de diamant sont répandus sur tout le continent africain et sont exploités depuis des décennies.

En l'occurrence, cela fait plus d'un siècle, précisément, depuis 1910 que l'exploitation du diamant a commencé en Angola. Contrairement à d'autres pays africains, l'essentiel des mines de diamants de l'Angola se trouvent dans la capitale, c'est-à-dire, au Nord de Luanda. C'est aussi l'une des raisons pour laquelle, Luanda est connue comme la ville la plus chère du monde pour les expatriés. Sa cherté prend plus d'ampleur si on y ajoute les activités liées à l'industrie pétrolière qui est la première pourvoyeuse de fonds à l'économie angolaise. D'ailleurs, l'Angola est l'un des pays qui a la plus importante production pétrolière en Afrique subsaharienne après le Nigéria.

En plus de Luanda, des provinces comme Lunda Norte, à la frontière avec la République Démocratique du Congo, sont avancées dans l'exploitation du diamant. En exemple, la mine de Catoca située sur le site de Lulo et localisée dans cette province, est la 4ème plus grande mine de diamant du monde.

En 2016, la compagnie minière australienne Lucapa qui gère cette mine, a annoncé avoir découvert le plus gros diamant d'Angola. Il a un poids de 404.2 carats, une longueur de sept centimètres et une valeur estimée à environ 12.8 millions d'euros.

Ce pays possède une centaine de mines de diamants de petite dimension mais de très haute qualité de sorte que 80% des diamants extraits servent uniquement à la joaillerie. C'est cette caractéristique qui justifie le rôle joué par les diamants pendant la guerre civile d'Angola. D'ailleurs, en guise de rappel, c'est en Angola que le terme d*iamant du sang* a été évoqué pour la première fois à cause de l'implication de cette substance minérale dans le financement de la guerre.

En effet, avant la guerre, la production légale de diamant de l'Angola était estimée à deux millions de carats par année. Pendant le conflit, elle est passée à 300 000 carats pour atteindre sept millions de carats aujourd'hui. En analysant ces chiffres lors de la guerre, vous vous rendez compte que la production officielle a chuté brutalement. Cette différence est observée parce que le diamant était exploité de façon illégale, incontrôlée et sans traçabilité par les groupes rebelles. Ils s'en servaient pour s'approvisionner en armes après leurs ventes à des compagnies minières. Ainsi, ces dernières faisaient de très bonnes affaires en achetant ces diamants à des vils prix pour les revendre sur les marchés mondiaux à des prix considérables. Par conséquent, pour éviter de telles manœuvres et réguler l'exportation du diamant dans le monde, en décembre 2000, lors de son assemblée générale, l'Onu a adopté des résolutions et a créé un système de contrôle. Il s'agit du *processus de Kimberley*. C'est une certification qui permet de faire la traçabilité des diamants, c'est-à-dire, déterminer leur provenance et décréter leur interdiction à la vente pour le financement des guerres. A ce jour, une centaine de pays ont adhéré à ce processus en plus de la plupart des pays producteurs de diamants du monde. Ils représentent à peu près 99.8% de la production mondiale de diamant. L'Union européenne qui reste l'une des grandes consommatrices de diamants a ratifié ce traité en 2003.

Le potentiel diamantifère de l'Afrique est énorme et très convoité. C'est pour cela que l'Afrique possède le plus grand nombre de pays dont la production de diamant est sous l'embargo du processus de Kimberley. C'est aussi l'Afrique qui détient le plus gros diamant du monde. Dénommé le *Cullinan*, il a été découvert en 1905, en Afrique du Sud. Il a une masse de 3106 carats soit 621.2 grammes. Actuellement, ses portions principales fractionnées embellissent le sceptre et la couronne impériale d'Angleterre. Ces deux joyaux sont soigneusement conservés à la Tour de Londres. De surcroit, en 2015, c'est un diamant de 1111 carats qui a été découvert au Botswana. C'est le plus gros diamant mis à jour un siècle après le Cullinan. Il faut noter que le *carat* est une unité de mesure plus précise que le gramme qui permet de mesurer le poids des pierres précieuses, à savoir celui du diamant, de l'or etc. Cependant, il y a une différence entre le carat employé en joaillerie (1 carat = 0.2 gramme) et celui (proportion de métal pur dans l'alliage d'or…) utilisé en bijouterie pour estimer la pureté de l'or, du platine, de l'argent etc. Ainsi, plus un diamant est gros, plus cher sera chaque carat de ce diamant. Pour ce fait, le diamant n'a pas une échelle de prix linéaire (Figure 58). Son prix est fonction de la rareté de son poids et de plusieurs critères de qualité, notamment, sa couleur (H) et sa pureté (SI). C'est de là que vient le nom HSI donné aux diamants retrouvés dans la bijouterie. Dès lors, un diamant HSI de 0.25 carat sera inférieur à 1000 euros tandis que celui d'un carat sera supérieur à 2000 euros puis celui de cinq carats supérieur à 8000 euros.

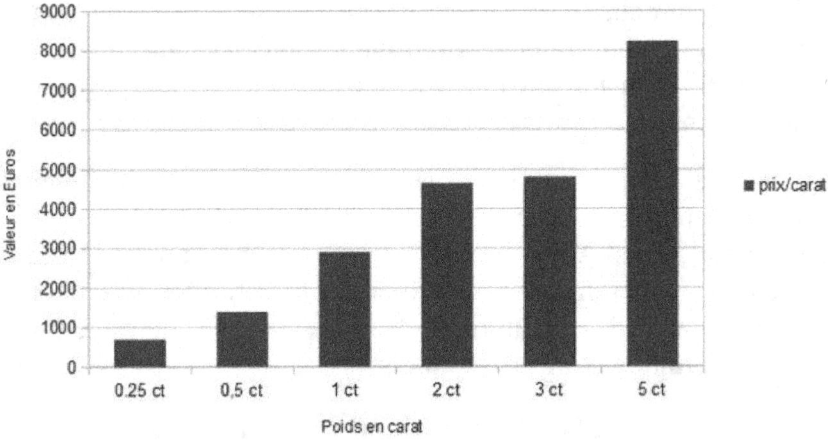

Figure 58 : Graphique montrant l'évolution du prix d'un carat de diamant HSI selon le poids du diamant considéré (Bijouterie Vivalatina, 2018)

Tous ces exemples sont évoqués pour témoigner à nouveau de la richesse minière impressionnante et exceptionnelle de l'Afrique. Je l'ai déjà dit mais je n'hésite pas à me répéter. Un seul livre ne suffira jamais à recenser et à décrire tous les gisements miniers du continent africain au risque d'épuiser les lecteurs par le grand nombre de pages. L'Afrique possède trop minerais dans son sous-sol. Elle l'ignore mais de plus en plus, les consciences s'éveillent dans les pays africains. Dans le monde, des voix s'élèvent à travers des livres, des mémoires, des séminaires et des conférences pour faire comprendre aux uns et aux autres qu'il est encore possible que ce continent riche sorte des méandres de cette extrême pauvreté.

Cependant, cette conscientisation passe aussi par du développement personnel. C'est d'ailleurs pour ce motif que je ne me rechigne pas à dire que ce livre a aussi une dimension motivationnelle.

En effet, pour changer une personne et ses actions, il faut d'abord changer ses pensées. La véritable bataille pour la liberté d'un homme commence dans ses pensées. Elle se fait à l'intérieur de lui et non à l'extérieur. Ce que vous observez dans les actes extérieurs d'une personne n'est que le résultat de ce qui se passe à l'intérieur de lui. Si une personne est animée de bons sentiments dans ses pensées, il ne pourra que produire à l'extérieur et au quotidien, des actions positives envers son prochain. Par contre, si elle est animée de sentiments haineux, elle ne pourra engendrer que des méchancetés, des malheurs, des actions néfastes envers ses semblables, ce qui est digne de condamnation.

J'ai alors compris que si les peuples africains changent de mentalité de façon positive, par conséquent, ils changeront aussi leurs mauvaises actions. Ainsi, la destruction, la corruption, le désordre et la guerre qui prospèrent sur ce continent se transformeront en actions de paix, de respect des institutions de la république, de développement socio-économique et infrastructurels.

III.2.7 - L'hélium de la Tanzanie

L'Afrique n'arrête pas de faire des surprises et de jouer des tours au sujet de la diversité de ses ressources minières. Son vaste potentiel minier nous laisse penser qu'il n'y a que sur ce continent que Dieu a investi en minerais. Car, on y trouve des minerais de tout genre et des matières premières minérales insoupçonnées et rares comme l'hélium.

En effet, le mardi 28 juin 2016, des chercheurs britanniques de l'université d'Oxford et de Durham en Angleterre et la compagnie norvégienne Hélium One, ont annoncé avoir découvert un gigantesque gisement d'hélium en Tanzanie. Il a des réserves estimées à environ 1.5 milliard de mètres cubes et est localisé dans la célèbre vallée du rift qui est connue pour son volcanisme très actif. Comment l'hélium a-t-il pu se concentrer dans un contexte géologique si complexe et animé de volcans très actifs ?

C'est ce qu'a expliqué la chercheuse Diveena DENABALAN du département des sciences de la Terre de l'université de Durham lors de la conférence Goldschmidt sur la géothermie, à Yokohama au Japon, en disant :

« Nous démontrons que les volcans présents dans le rift jouent un rôle important dans la formation de réserves viables d'hélium. L'activité volcanique produit la chaleur nécessaire à la libération de l'hélium accumulé dans les roches de la croute continentale. »

Le fait d'avoir mis en évidence un tel gisement d'hélium dans la vallée du rift n'est pas fortuit car c'est une zone stratégique sur le plan minier en Afrique. J'en avais parlé précédemment lorsque j'abordais les différents types de bassins sédimentaires rencontrés à la surface de la terre. J'ai aussi dit que les rifts continentaux dont fait partie la vallée du rift appartenaient au groupe des bassins sédimentaires associés à des zones de divergence des plaques tectoniques (Figure 44A & 45).

En réalité, c'est ce rift qui a donné naissance aux grands lacs d'Afrique Centrale d'où a été prise l'appellation *région des grands lacs* pour désigner tous ces pays qui gravitent autour de ces cours d'eau. C'est donc la zone géologique de la République Démocratique du Congo, de la Tanzanie, de l'Ouganda et d'autres pays dont le potentiel minier est en partie lié aux grands lacs qui courent le long de la vallée du rift. Cette vallée est donc une zone géologique riche en matières premières minérales. De ce fait, elle attire la majorité des multinationales qui la voient comme une réserve minière hors norme. Sur ce point, la compagnie Helium One corrobore mes propos puisqu'après la découverte de cet énorme gisement d'hélium, elle a déclaré sur son site internet, la phrase suivante :

«La vallée du rift est une province gorgée d'hélium au potentiel significatif à l'échelle mondiale.»

Cette affirmation vient confirmer que la vallée du rift concentre tous les espoirs des compagnies minières extractives mais aussi, ceux des Etats africains qu'elle traverse.

L'hélium est un gaz inerte, incolore, inodore, plus léger que l'air et qui appartient à la famille des gaz nobles ou rares. C'est le gaz le plus froid de la terre avec une température estimée à -269°C. Cette température n'est pas très loin du zéro absolu qui est connu de tous les physiciens et des chimistes. Sa volatilité fait qu'il est difficile à stocker et à trouver comme l'hydrogène dans l'atmosphère. Il est vrai que l'hélium est l'élément le plus abondant dans l'univers après l'hydrogène mais, il est néanmoins rare. Il n'est pas facile à trouver à l'état naturel parce que l'une de ses sources majeures de production est le soleil. C'est d'ailleurs du soleil que le terme *hélium* tire son nom et son origine en faisant allusion au dieu grec du soleil dénommé *hélios* selon la mythologie grecque.

Vu les conditions de températures élevées et insupportables qui règnent autour de cette étoile brulante qu'est le soleil et la distance énorme qui nous en sépare, il est quasiment impossible de considérer cette option pour se ravitailler en hélium.

Dès lors, la terre est l'ultime recours pour obtenir l'hélium car, il se trouve dans les gisements de gaz naturel associés au pétrole où il est extrait jusqu'à ce jour par méthode cryogénique.

Bien qu'il soit plus accessible sur la terre que dans la sphère galactique, c'est un minerai qui demeure rare. C'est justement à cause de cette rareté que le prix de l'hélium a augmenté de 500% en 15 années. Sa découverte en petite quantité et souvent de façon hasardeuse dans les forages d'hydrocarbures est considérée comme un surplus pour les pétroliers et les gaziers. Dans tous les cas de figure, ces derniers ne sont pas moins ravis de le croiser sur leur chemin. Cependant, en prenant en compte la demande d'hélium qui est croissante, de si infimes quantités de ce gaz ne suffiraient pas à satisfaire tout le monde. Ainsi, dès 2010, face à ce besoin urgent et grandissant en hélium, plusieurs voix dont celle de l'américain Robert RICHARDSON, prix Nobel de Physique en 1996, se sont élevées pour prévenir une éventuelle pénurie d'hélium en 2035 si les choses restaient en l'état. Du coup, ce gisement découvert en Tanzanie vient redonner de l'espoir et créer un nouvel engouement autour de cette matière première minérale. Il a pour particularité d'être l'un des premiers gisements à posséder de l'hélium à l'état pur. Pour cela, il ne nécessitera pas l'usage de la cryogénie et permettra ainsi d'éviter les coûts liés à l'extraction du gaz naturel.

Selon les chiffres de la Société géologique des Etats-Unis (USGS) qui estimaient le prix du mètre cube d'hélium entre trois et sept dollars en 2015, ce gisement serait évalué à 4.5 milliards de dollars. En plus, il suffirait pour alimenter le monde en hélium pendant sept années. Je tenais à vous révéler ces chiffres pour vous donner une idée de l'immensité de ce joyau minier et des espoirs qu'il suscite.

C'est ce même sentiment et cette lueur d'espoir que Chris BALLENTINE, professeur à l'université d'Oxford et également membre de l'équipe de recherche, a exprimé en ces termes :

« Cela va changer la donne pour assurer le futur des besoins de la société en hélium. »

Tellement convaincue du potentiel de ce gisement, elle a renchéri en affirmant ceci :

« Nous avons pris des échantillons d'hélium et de nitrogène qui bouillonnaient à la surface de la terre. »

Si vous l'ignoriez jusque-là, vous devriez désormais savoir que l'hélium est un minerai hautement stratégique. Si vous m'aviez suivi dès l'entame de cet ouvrage, vous devriez aussi savoir ce que signifie *un minerai stratégique* pour un Etat. Néanmoins, je le dirai à nouveau puisque la répétition est un principe pédagogique indispensable pour affiner la compréhension et rafraîchir la mémoire.

Pour qu'un minerai soit classé *stratégique*, il doit avoir des emplois vitaux pour la vie économique, sociale et sécuritaire d'un pays tout en prenant en compte les besoins de première nécessité des populations. Ces besoins sont très souvent l'accès aux soins de santé et à l'énergie, c'est-à-dire, à l'électricité, au gaz, au chauffage, au carburant et à l'eau potable. Ces besoins intègrent aussi la nécessité de vivre dans un environnement sain et dans la sécurité. Tous les minerais qui permettent l'épanouissement, le confort et l'accès facile des populations d'un pays à ces besoins essentiels pour la vie sont considérés comme *stratégiques*.

Si vous lisez bien les lignes de mes écrits, vous comprendrez aisément pourquoi certains pays développés sont prêts à mener des combats géopolitiques et économiques d'un continent à l'autre pour avoir accès aux ressources pétrolières et minières. C'est aussi pour cela que plusieurs disent à tord ou à raison qu'un pays n'a pas d'amis mais a des intérêts. En vérité, le caractère stratégique de certains minerais guide parfois l'instinct de survie des grandes nations et prime généralement sur les liens d'amitié entre pays. Et cela, les Etats-Unis l'ont compris bien avant leurs confrères occidentaux au sujet de l'hélium.

En effet, les Etats-Unis possèdent une réserve fédérale d'hélium à proximité d'Amarillo au Texas. Son potentiel est compris entre 25 et 30% de la demande mondiale actuelle, soit environ 680 millions de mètres cubes d'hélium. Ce n'est pas un hasard. En réalité, la consommation mondiale annuelle d'hélium est de 220 millions de mètres cubes par année et les Etats-Unis sont les premiers fournisseurs d'hélium. Mais pourquoi l'hélium est un minerai si stratégique ?

La réponse à cette question se trouve dans ses multiples utilisations. Principalement, c'est sa grande capacité de refroidissement qui lui confère sa forte sollicitation dans la recherche scientifique, notamment, dans l'aérospatial, l'imagerie médicale, l'industrie électronique, l'industrie nucléaire et la cryogénie.

Sur le plan médical, c'est grâce à l'hélium que l'imagerie à résonnance magnétique (IRM) est devenue incontournable et a du succès dans les hôpitaux. Il sert à refroidir les puissants aimants des scanners médicaux qui permettent aux médecins de se passer parfois d'opérations risquées et couteuses pour les patients. Le secteur médical puise donc une grande partie de la production mondiale d'hélium.

Selon une étude menée par le cabinet Technavio, c'est à peu près 57 millions de mètres cubes d'hélium qui ont été dédiés au secteur médical en 2015. Dans le même temps, d'après les prévisions, la demande d'hélium dans le secteur médical croîtra pour atteindre un taux de croissance moyen de 7% d'ici 2020. Ce n'est pas très étonnant dans la mesure où des pays autrefois pauvres mais désormais émergents comme la Chine, l'Inde et le Brésil rattrapent leur retard au plan médical. Avec l'augmentation du pouvoir d'achat de leurs populations, ils équipent à une vitesse vertigineuse leurs hôpitaux en unités d'IRM. Et croyez-moi, les appareils qui équipent ces unités n'ont rien à envier à ceux des pays développés. Ils sont à la pointe de la technologie.

Dans l'industrie nucléaire, vous avez certainement entendu parler du refroidissement des réacteurs des centrales nucléaires n'est-ce pas ? Eh bien ! C'est l'hélium qui sert en partie à les refroidir à causse de la basse température. L'un des exemples récents de son application est le refroidissement des réacteurs des centrales nucléaires de Fukushima après l'accident industriel du 11 Mars 2011. Pour rappel, cet accident avait affecté les quatre réacteurs de cette centrale nucléaire suite au séisme et au tsunami qui ont touché les côtes japonaises.

A l'origine, les réacteurs des centrales nucléaires sont équipés de systèmes de refroidissement pour leur bon fonctionnement. Malheureusement, cet accident a détruit tout ce mécanisme de refroidissement des réacteurs qui ont inévitablement chauffé et sont entrés en fusion. Les réacteurs étant composés d'éléments très toxiques pour l'homme comme l'uranium et le xénon, la conséquence de ce disfonctionnement était l'émission irréversible dans les airs d'éléments radioactifs et ultra nocifs. Ainsi, face à une telle catastrophe industrielle avec un niveau de dangerosité similaire à celui de l'accident de la centrale Lénine de Tchernobyl en Ukraine, en 1986, l'urgence était le refroidissement immédiat des réacteurs. C'était le seul moyen de stopper l'émanation de ces éléments radioactifs. Pour y arriver, il a donc fallu l'usage de l'hélium. Avec sa basse température, il a joué un rôle déterminant pour mettre fin à la catastrophe sanitaire et environnementale qui s'abattait sur le Japon.

Sur le plan aérospatial, c'est aussi l'hélium qui permet de refroidir les réacteurs des fusées de lancement, de propulsion des navettes spatiales et des satellites. Puisqu'il est plus léger que l'air, il est aussi utilisé dans les ballons flottants des foires auxquelles sont abonnés les enfants. De surcroit, l'hélium joue un rôle semblable à l'air chaud qui propulse les montgolfières dans les hauteurs puisque l'air chaud est plus léger que l'air froid.

En plus, une nouvelle tendance est la modification du son de la voix humaine après l'inhalation d'hélium. En fait, plus léger que l'air, il aura pour conséquence d'augmenter la vitesse du son qui passera de 340 m/s dans l'air à 1020 m/s dans l'hélium. Dès lors, lorsqu'il est inhalé à la place de l'air, le son sort de la bouche avec une fréquence plus élevée qui se traduit par une voix aigüe.

L'un des domaines phares de l'hélium est la *cryogénie*. C'est l'étude et la production des basses températures, c'est-à-dire, celles inférieures à -150°C pour comprendre les phénomènes physiques qui se déroulent dans ces conditions de températures extrêmes. Ainsi, l'une des applications majeures de la cryogénie se trouve dans l'industrie pétrolière avec le transport du gaz naturel sur de longues distances via des gazoducs.

En effet, le gaz naturel est liquéfié par refroidissement à l'hélium puis transporté dans des pipelines depuis les zones de production jusqu'aux zones de transformation et de commercialisation. C'est ainsi que les Etats-Unis sont approvisionnés en gaz naturel via des gazoducs sous-marins depuis les pays du Moyen et du Proche-Orient. C'est aussi de cette façon que la France peut profiter du gaz naturel de l'Algérie et de la Russie à travers les gazoducs des compagnies Sonatrach et Gazprom.

Un autre secteur en vogue où l'hélium a pu s'insérer est celui de l'électronique. Grâce à sa basse température, il est sollicité pour créer un environnement spécifique pour la fabrication de la fibre optique. Si vous êtes un adepte des réseaux sociaux et si vous connaissez l'impact qu'a internet dans les médias et dans le monde aujourd'hui, vous saisirez mieux ce que représente la fibre optique pour notre génération. Dans notre époque, sans la fibre optique, il est difficile d'avoir le haut débit d'internet et d'être informé en temps réel des nouveautés qui ont cours dans le monde. En 2017, c'était plus d'un milliard de personnes sur la terre soit 1/5 de la population mondiale qui détenaient un profil ou une page sur Facebook, l'un des meilleurs réseaux sociaux du siècle. Or, pour utiliser ce réseau social de façon efficiente, il est indéniable d'avoir une bonne connexion internet qui est garantie par l'installation des réseaux de télécommunications câblés en fibre optique. C'est pour cela que toutes les grandes villes du monde demandent l'installation de la fibre optique dans leurs rues pour améliorer leur connexion à internet.

De même, vu que plusieurs entreprises ont des activités économiques viscéralement liées à internet, l'acquisition de la fibre optique est devenue une nécessité pour leur compétitivité, la promotion de leurs offres et surtout, la commercialisation de leurs produits dans le monde entier. D'ailleurs, de plus en plus, les achats se font en ligne via internet avec un développement impressionnant de l'e-commerce. C'est la spécificité des sites internet commerciaux comme www.amazon.com, www.alibaba.com, www.wish.com ou www.cdiscount.com.

Alors, si l'hélium est indispensable à la fabrication de la fibre optique, appréhendez-vous mieux son caractère hautement stratégique et pourquoi il est nécessaire de l'avoir en quantité suffisante ?

Je suis sûr que vous me répondrez par l'affirmative. Dès lors, le fait de trouver un gisement d'hélium comme celui de la Tanzanie est une chance pour l'Afrique.

Dans le domaine de l'automobile, l'hélium sert à concevoir les airbags. Ce sont des coussins gonflables de sécurité dans lesquelles de l'air ou un gaz, en l'occurrence, l'hélium est injecté grâce à une réaction chimique explosive. Si vous avez une idée du nombre de voitures produites par jour ou par année dans le monde, vous saurez aussi la quantité d'hélium dont ce secteur a besoin pour la sécurité des conducteurs et des routiers. Toutes ces données non exhaustives montrent l'importance qu'a l'hélium dans le monde. Par ricochet, elles révèlent la place que la Tanzanie a désormais sur le plan géostratégique à cause de son gisement d'hélium.

C'est pour toute ces raisons que je ne cesse de dire depuis la première ligne de ce livre que l'Afrique est un continent riche avec lequel, le monde va devoir collaborer et échanger sainement d'ici peu. En plus, ses populations deviennent davantage conscientes des richesses de leur sous-sol et souhaitent en profiter pleinement. En clair, c'est tout un continent qui se lève unanimement avec un éveil des consciences et une envie de faire oublier ses pages noires collectionnées depuis les années des indépendances. L'Afrique renaît progressivement de ses cendres. Comme le disent certaines personnes:

« Africa is back, wait and see. »

III.3 - Des prédispositions naturelles et minières de l'Afrique perceptibles à travers ses cartes géophysiques et géologiques

En géosciences, l'imagerie occupe une place significative puisqu'elle permet d'expliquer aisément des phénomènes géologiques et géophysiques assez complexes. Cette vérité est d'autant plus pertinente que de nombreuses notions empruntées au graphisme sont employées couramment dans les sciences de la terre. Pour illustrer mes propos, il est habituel d'entendre dire lors des débats entre protagonistes, la phrase suivante :

« Les actions ont plus d'importances que les belles paroles qui sortent de la bouche. »

De même, en géosciences, les images se comprennent mieux que milles explications théoriques ou dix milles formules chimiques ou mathématiques. C'est pour cela que les écoles d'ingénieurs enseignent davantage l'infographie géophysique ou géologique dans le parcours des géosciences.

Elle est dispensée aux étudiants comme une discipline complémentaire pour parachever la formation des futurs cadres miniers et pétroliers.

Fort de ce constat, dans cette dernière partie de cet ouvrage, je mettrai en évidence le potentiel minier de l'Afrique à travers des cartes géophysiques et géologiques, c'est-à-dire, grâce à des images. Elles me permettront de confirmer les propos que j'ai eus à ce sujet depuis l'entame de ce livre.

III.3.1 - L'apport de la cartographie géophysique à la mise en évidence des structures minières de l'Afrique

Les sciences géophysiques sont généralement les premières méthodes techniques implémentées sur un site où des indices miniers ont été observés par des prospecteurs ou des géologues. Elles sont indispensables pour plusieurs raisons.

Premièrement, la majorité des méthodes géophysiques sont non intrusives, c'est-à-dire, elles ne nécessitent pas obligatoirement de forer ou de creuser le sol pour savoir ce qui s'y cache. Ce sont donc des méthodes préventives et alternatives au risque de faire des erreurs pendant les forages d'exploration ou de reconnaissance d'une cible géologique minéralisée. De ce fait, elles évitent des pertes d'argents et de rentabilités aux entreprises minières et pétrolières.

Deuxièmement, ce sont des méthodes qui fournissent des résultats quantifiables et mesurables. Cela sous-entend qu'elles aident à obtenir des intensités précises des propriétés géophysiques des objets géologiques recherchés et des discontinuités observées dans le sous-sol. C'est grâce aux mesures des propriétés géophysiques du sous-sol qui témoignent de l'état en temps réel des structures profondes en un lieu donné que sont réalisées les cartes d'anomalies géophysiques.

Généralement, le sous-sol est homogène et n'est pas censé contenir des irrégularités dans sa répartition spatiale ou régionale. Dès lors, toute anomalie enregistrée pendant des mesures géophysiques est souvent liée à la présence d'une concentration anormale d'une substance minérale ou d'un minerai. Cette anomalie peut traduire aussi l'existence d'un accident géologique, à savoir une faille qui est susceptible de contenir des minerais ou des gisements.

Ainsi, comme un médecin qui échographie le ventre d'une femme enceinte, les méthodes géophysiques ont pour objectif de scanner le sous-sol et de faire des images échographiques des fonds terrestres sans les perforer. Certains disent d'ailleurs que la géophysique a pour rôle de rendre visible l'invisible sans creuser ou faire des trous.

Après avoir subis un traitement informatique, les résultats des osculations et des mesures géophysiques du sous-sol sont présentés sous forme de cartes d'anomalies géophysiques. Ces dernières mettent en évidence et ciblent les concentrations de minerais et les zones à privilégier dans la recherche des gisements de matières premières minérales. Ensuite, ces cartes d'anomalies géophysiques sont interprétées par les géophysiciens et les géologues et leurs servent de boussoles pour l'exploration. En exemple concret, les cartes des anomalies magnétiques, gravimétriques et la carte géologique de l'Afrique que j'analyserai dans les paragraphes suivants montrent clairement que ce continent est une forteresse de ressources minières.

III.3.1.a - Les cartes d'anomalies magnétiques : une vitrine d'observation des structures minières des cratons géologiques d'Afrique et d'Amérique du Sud

Il n'est pas sage de parler des cartes d'anomalies magnétiques sans mentionner les origines du champ magnétique. Même si j'en avais déjà parlé dans les paragraphes précédents, il est bien de le rappeler.

Le champ magnétique tire son origine soit des aimants permanents, soit du courant électrique ou soit de la variation temporelle du champ électrique.

Les deux dernières sources sont induites par un courant électrique tandis que la première est d'origine naturelle.

En recherche minière, c'est le champ magnétique généré de façon naturel par les matériaux terrestres aimantés qui est pris en compte. Il est également dénommé champ magnétique terrestre moyen.

En effet, la terre peut être considérée comme un aimant gigantesque qui produit un champ magnétique. Ce dernier la protège contre les vents solaires (orage magnétique, éruption solaire…) qui sont des plasmas composés d'ions et d'électrons éjectés de la haute atmosphère du soleil. Comment la terre produit ce champ magnétique ?

En fait, le centre de la terre qui est représenté par le noyau terrestre est constitué de fer et de nickel. Ces éléments métalliques en association avec les courants de convection en cours dans le noyau génèrent un champ magnétique naturel terrestre. Physiquement, ce champ est représenté par des lignes parallèles, concentriques qui relient les deux pôles terrestres. C'est ainsi qu'on parle de *pôle magnétique* pour faire allusion au lieu où sortent et entrent les lignes du champ magnétique à la surface de la terre.

Cependant, les pôles magnétiques sont différents des *pôles géographiques*. C'est ce champ magnétique terrestre qui faire tourner les aiguilles des boussoles dans la direction du pôle géographique Nord. En réalité, le pôle géographique Nord correspond au pole magnétique Nord. Ces deux pôles sont très souvent confondus parce qu'ils ne sont pas très éloignés. Alors, d'où proviennent les cartes d'anomalies magnétiques ?

Elles proviennent de la fossilisation ou de l'enregistrement du champ magnétique terrestre moyen par les roches riches en minéraux ferromagnétiques comme les basaltes.

Par définition, le *ferromagnétisme* est la capacité d'un corps à s'aimanter sous l'influence d'un champ magnétique extérieur tout en conservant une part importante de cette aimantation.

Les éléments ferromagnétiques les plus courants sont le fer, le nickel, le cobalt, les terres rares (métaux technologiques) et une grande partie des minerais métalliques.

Ces échanges entre le champ magnétique et les matériaux terrestres font aussi appel à la notion de *susceptibilité magnétique*. C'est une grandeur physique qui traduit les interactions entre les matériaux terrestres et un champ magnétique. Elle définit la faculté qu'a un corps terrestre à s'aimanter sous l'effet d'une excitation magnétique. Elle est quantifiable et adimensionnelle.

Ainsi, certains matériaux terrestres ou corps métalliques auront des susceptibilités magnétiques plus élevées que d'autres. En exemple, l'eau a la faculté de s'aimanter plus vite que le carbone car ils ont des susceptibilités magnétiques respectives de $-1.2.10^{-5}$ et $-1.2.10^{-5}$. Le cuivre a une plus faible faculté d'aimantation que l'aluminium puisqu'ils ont des susceptibilités magnétiques respectives de -1.10^{-5} et $2.2.10^{-5}$. Le fer s'aimantera plus rapidement que le nickel et le cobalt car leurs susceptibilités magnétiques respectives sont estimées à 200, 110 et 70 (Tableau 6).

Matériaux Terrestre	Bismuth	Carbone	Eau	Cuivre	Vide	Oxygène	Aluminium	Cobalt	Nickel	Fer
Susceptibilité magnétique	$-16.9.10^{-5}$	$-2.1.10^{-5}$	$-1.2.10^{-5}$	-1.10^{-5}	0	$0.19.10^{-5}$	$2.2.10^{-5}$	70	110	200

Tableau 6: Susceptibilité magnétique des matériaux terrestres (wikipedia, 2016)

Dès lors, il est aisé de déceler le lien qui existe entre le champ magnétique terrestre, les anomalies magnétiques et les minerais métalliques.

Le champ magnétique terrestre varie dans le temps. Il sera dit *normal* quand il est orienté dans le sens du champ magnétique actuel et sera *anormal* lorsqu'il est orienté en sens inverse.

Par définition, les anomalies magnétiques proviennent aussi de la fossilisation du champ magnétique par les basaltes de la coute océanique. Ainsi, des matériaux métalliques ou des roches riches en minéraux ferromagnétiques peuvent provoquer des anomalies magnétiques positives ou négatives. Positives et négatives, ces anomalies ont deux sens.

Premièrement, une anomalie magnétique positive est le résultat de l'aimantation des basaltes lorsque leur refroidissement se fait dans le même sens que le champ magnétique actuel. Dans ce cas, le champ magnétique des basaltes et celui de la terre s'additionnent. Par contre, une anomalie magnétique négative traduit une aimantation des basaltes dans un sens contraire au champ magnétique actuel au cours d'une inversion des pôles magnétiques.

Deuxièmement, les *anomalies magnétiques positives* correspondent à des valeurs plus fortes des variations locales du champ magnétique par rapport au champ magnétique terrestre moyen de la région. Dans un autre sens, des intensités plus faibles des variations locales du champ en comparaison au champ magnétique terrestre moyen de la région correspondent à des *anomalies magnétiques négatives*.

De façon plus explicite, une anomalie magnétique est positive lorsque le champ mesuré en un lieu donné est supérieur au champ magnétique terrestre moyen tandis qu'elle est négative quand le champ mesuré est inférieur au champ magnétique terrestre moyen. Tout cela veut dire qu'une anomalie magnétique est la différence entre le champ magnétique mesuré en un endroit et le champ magnétique terrestre moyen de cette région. Selon qu'elle est positive ou négative, cette différence désigne respectivement une anomalie magnétique positive ou une anomalie magnétique négative.

Le champ magnétique se mesure à l'aide d'un teslamètre. Son unité de mesure est le Tesla (T) ou le Gausse (G). Il peut être mesuré également par des magnétomètres. Généralement, le champ magnétique terrestre moyen varie entre 30µT et 60µT sachant qu'1µT correspond à 10^{-6}T et qu'1T est égal à 10 000 G. En exemple, la valeur du champ magnétique au centre de la France est estimée à 47 µT. Ainsi, toute valeur du champ magnétique qui n'entre pas dans cet intervalle de mesure est anormale. Cela arrive très souvent car l'intensité du champ magnétique terrestre varie à la surface de la terre. En réalité, cette variation a une signification scientifique. Ce que l'on observe à la surface de la terre n'est que le résultat des interactions entre les matériaux terrestres et les phénomènes géologiques qui ont cours à l'intérieur de la terre.

De même, ces anomalies magnétiques positives ou négatives traduisent la présence de masses aimantées ou de corps ferromagnétiques qui s'additionnent ou se retranchent au champ magnétique terrestre moyen. De tout ce qui précède, il est déduit que toute anomalie positive révèle la présence de minerais métalliques au-dessus de la normale.

Ainsi, en considérant la carte des anomalies magnétiques du monde (Figure 59) et particulièrement, celle de l'Afrique et de l'Amérique latine (Figure 60), il est facile de faire plusieurs observations.

L'une des plus marquantes est la présence de structures longitudinales visibles sur tout le continent africain, notamment, au niveau du craton Ouest-africain, du craton du Congo, du craton du Kalahari et même du pseudo craton nilotique. Ces structures longitudinales de direction Sud-ouest (SW)-Nord-est (NE), d'une intensité supérieure à 20 nT (1 nanotesla (nT) = 10^{-9} T = 10^{-3} μT) rappellent la présence des sillons volcano-sédimentaires du craton Ouest-africain (Figure 55, 56 & 57) que j'ai abordé lorsque nous parlions des gisements d'or. Ce constat est d'autant plus vrai que ces mêmes structures sont observées sur les cratons guyanais et brésiliens en Amérique latine, dans la continuité de celles de l'Afrique de l'Ouest. Cette intensité de 20nT correspond à 2.10^{-2} μT, ce qui est largement au-dessus de l'intervalle de mesure du champ magnétique terrestre moyen. Ces structures longitudinales révèlent donc une forte anomalie magnétique positive.

L'analyse de la carte magnétique du craton du Congo montre que cette zone de l'Afrique mérite son appellation de *craton du scandale géologique* (Figure 60).

En effet, une grande structure géologique de couleur rouge, c'est-à-dire, une anomalie magnétique positive selon l'échelle des intensités y est mise en évidence. Ce n'est donc pas un hasard si la majorité des pays de ce craton et de la région des Grands Lacs sont riches en minerais métalliques et en matières premières minérales en général.

Sur cette carte, il est également possible de voir la signature magnétique de la fameuse anomalie magnétique de Bangui en république centrafricaine. C'est l'une des plus importantes anomalies magnétiques observée à la surface du globe terrestre (Figure 61). Les deux anomalies magnétiques qui la composent, correspondent à l'unité archéenne du centre de la centrafricaine et à la chaîne de Bogoin-Ouassa à l'Est. D'ailleurs, la Centrafrique est bien connue pour ses grands gisements et ses nombreux minerais métalliques et stratégiques. Vous avez pu le constater lorsque je passais en revue les gisements de diamants de certains pays africains dans les premières pages de l'ouvrage (Figure 32).

Il en est de même pour le craton du Kalahari qui présente des intensités d'anomalies magnétiques positives tout aussi intéressantes pour les miniers (Figure 60).

En plus, le craton du Kalahari est l'un des plus pourvus en minerais métalliques. Si vous m'avez bien suivi durant tout mon exposé, vous avez certainement remarqué que l'Afrique du Sud est régulièrement au 1er rang des pays miniers africains et mondiaux. Que ce soit pour l'or, le platine ou d'autres minerais métalliques, ce pays tient le leadership de la production minière à l'échelle continentale et mondiale. Eh bien ! Elle doit cette position à la richesse du craton du Kalahari auquel elle appartient. Il en est de même pour ses pays voisins que sont le Botswana, le Lesotho, le Zimbabwe, le Swaziland, le Mozambique et la Namibie.

De surcroit, en observant minutieusement les structures des anomalies magnétiques de l'Afrique et de l'Amérique latine, vous remarquerez qu'elles se ressemblent et semblent être dans la même continuité. On en déduit donc que ces deux continents ont des potentiels et des destins miniers communs et similaires. C'est un indice supplémentaire qui fait la particularité de l'Afrique sur le plan minier au regard de la richesse en matières premières minérales de l'Amérique latine.

Pour les richesses de son sous-sol, l'Afrique continuera d'attirer des multinationales et des géopoliticiens des pays développés parce qu'ils ont besoin de ses ressources minières. Cette vérité est évidente pour deux raisons certes, non exhaustifs mais majeures sur le plan économique.

Premièrement, l'Afrique est un continent central, c'est-à-dire, à la croisée des chemins pour se rendre d'un continent à l'autre, ce qui implique moins de trajet pour accéder à ses matières premières minérales.

Deuxièmement, c'est un continent accessible et moins extrême sur le plan climatique en comparaison aux pays comme la Russie, le

Canada et les Etats-Unis qui présentent plus de contraintes climatiques pour l'exploitation de leurs ressources minérales.

Pour ces deux atouts, l'Afrique est donc un continent incontournable qui attire le monde occidental et économique sur le plan géopolitique et géostratégique. Sinon la Russie, le Canada, les Etats-Unis, l'Australie et la Chine sont parmi les rares pays développés et émergents du monde à posséder de nombreux gisements de matières premières minérales. Ils ne les exploitent pas suffisamment pour des raisons climatiques, économiques, géostratégiques et géopolitiques.

Sur le plan climatique, en exemple, le Canada ou la Russie ont une grande période hivernale avec des températures extrêmes nécessitant une main d'œuvre qualifiée qui accepte de travailler dans ces conditions. C'est pour cela qu'au Canada, les autorités fédérales et provinciales parlent couramment du plan Nord pour inciter les populations et les cadres à aller travailler dans ces régions froides et coupées de toutes les commodités des grandes villes occidentales.

Sur le plan économique, un tel climat avec des températures si rudes va demander des moyens technologiques et financiers colossaux pour exploiter les ressources minières, ce qui peut affecter la rentabilité du projet. Dans de telles conditions, il faut tourner les regards vers d'autres cieux pour s'approvisionner en matières premières minérales. Il faut savoir que de nos jours, les questions liées aux ressources énergétiques et aux minerais sont devenues des affaires d'Etat et une nécessité pour la survie des grandes puissances.

Sur le plan géostratégique et géopolitique, il faut donc que ces pays développés s'approvisionnent régulièrement en matières premières minérales dans d'autres pays sans utiliser leurs propres ressources. En réalité, ces dernières serviront à leurs besoins futurs lorsque les ressources minières des autres pays seront en pénuries ou auront été totalement exploitées. C'est pour cela que les pays occidentaux ont souvent recours aux méthodes géostratégiques et géopolitiques pour approvisionner au Proche et au Moyen-Orient, en Amérique latine et en Afrique. De tous ces territoires, l'Afrique est la plus accessible et la moins risquée au niveau minier, économique et sécuritaire.

Telles sont les raisons pour lesquelles les pays développés précités n'exploitent pas à grande échelle leurs ressources minières pour l'instant.

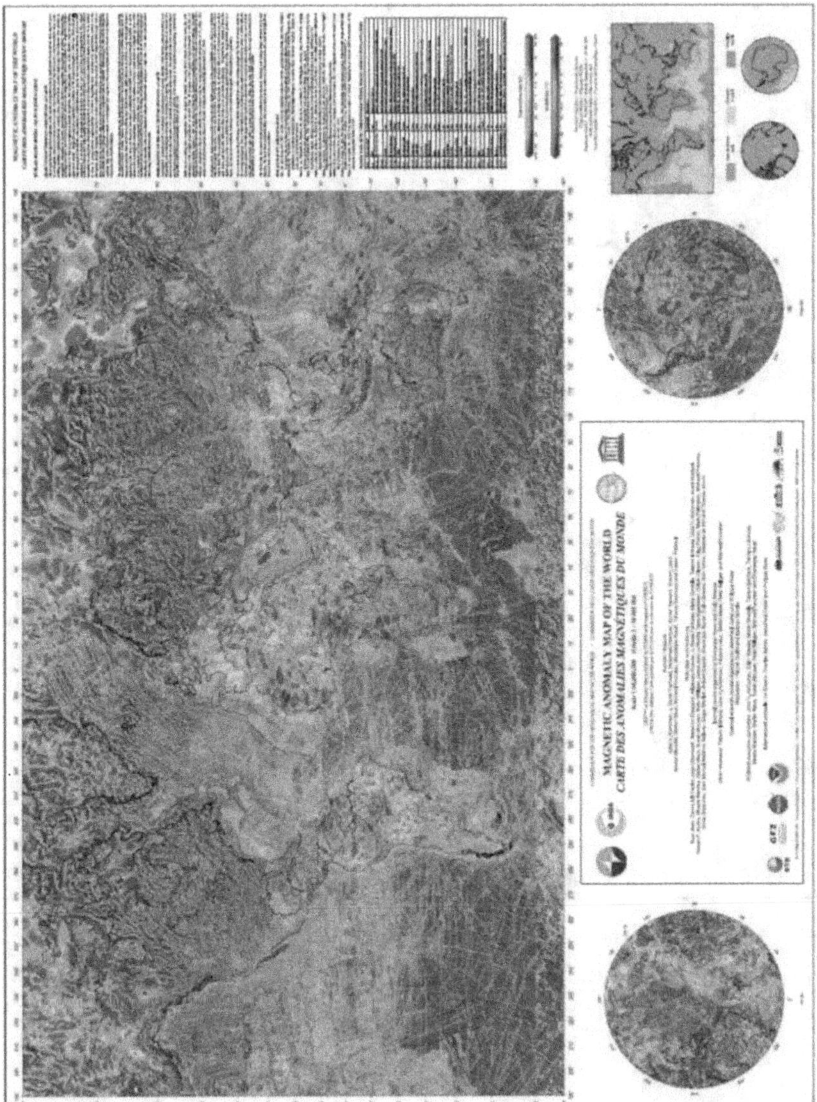

Figure 59: Carte montrant les anomalies magnétiques du monde (J.V. Khoronen & al, 2007)

Figure 60: Carte montrant les anomalies magnétiques de l'Afrique et de l'Amérique du Sud en particulier (J.V. Khoronen & al, 2007)

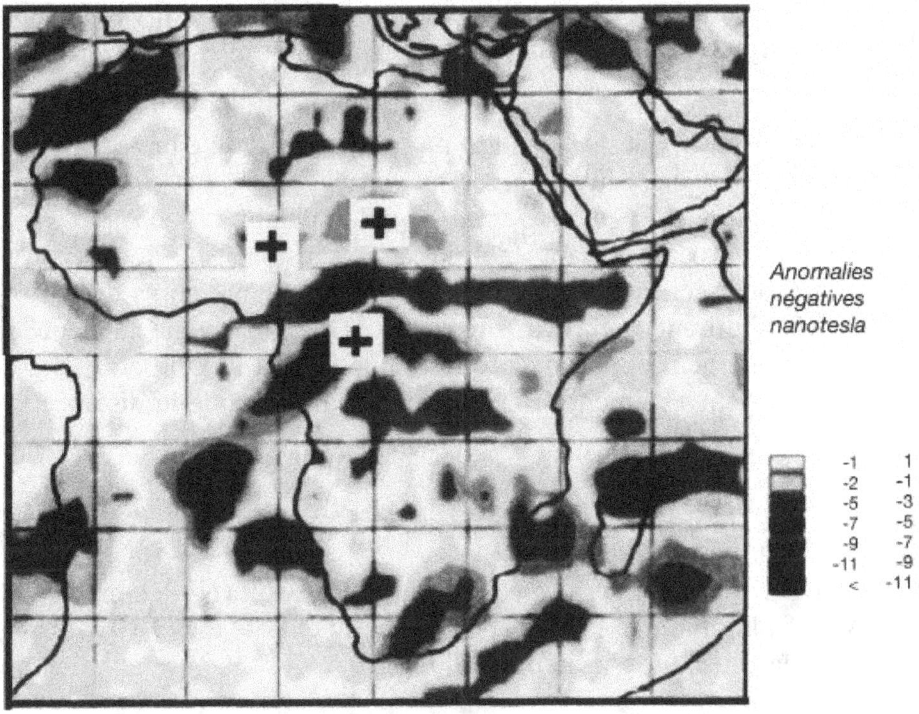

Figure 61: Carte des anomalies magnétiques d'Afrique mesurées par le satellite Magsat montrant l'anomalie magnétique positive de Bangui en Centrafrique (Yves Albouy, 2012)

III.3.1.b - Les cartes d'anomalies gravimétriques : d'autres témoins du potentiel minier de l'Afrique

Pour donner un sens aux cartes gravimétriques, il faut d'abord connaître la grandeur physique mesurée lors de l'expérimentation de cette méthode géophysique sur un site et ses implications pour la recherche minière ou pétrolière.

Par définition, la *gravimétrie* est une technique géophysique qui mesure et cartographie les variations du champ potentiel gravitationnel de la terre ou champ de pesanteur terrestre.

Abusivement, champ de pesanteur et champ de gravité traduisent la même grandeur géophysique mesurée. Cependant, il y a une nuance entre la gravité et la pesanteur qu'il faut assimiler avant d'aller plus loin.

La *gravité* est le résultat de l'attraction qu'exerce une masse donnée sur une autre masse selon la *théorie de la gravitation universelle* tandis que la *pesanteur* est le champ attractif qui s'exerce sur tout corps possédant une masse au voisinage de la terre ou d'un autre corps céleste. Cette théorie stipule que deux corps de masse M_c et M_d s'attirent avec des forces $F_{c/d}$ et $F_{d/c}$ de même intensité mais vectoriellement opposées, proportionnellement aux produits des deux masses et inversement proportionnelles au carré de la distance r^2 qui les sépare, soit :

$$F_{c/d} = F_{d/c} = G_0 \frac{M_c M_d}{r^2}$$

Les forces $F_{c/d}$ et $F_{d/c}$ s'exprimant en Newton (N), les masses M_c et M_d en kilogramme, la distance r en mètre et $G_0 = 6.673.10^{-11} m^3/Kg/m^2$ étant la constante gravitationnelle.

La gravité est donc la composante principale de la force de pesanteur.

Dans l'autre sens, la pesanteur est un champ d'accélération. Elle est très souvent notée g ou g_0. Sa valeur à la surface de la terre, c'est-à-dire, à l'altitude 0 est estimée à 9.8 m/s^2 ou 9.8 N/Kg même si certains l'arrondissent parfois à 10 N/Kg. Elle s'exprime également en Gal sachant qu'1 m/s^2 = 1 N/Kg = 100 Gal. Cependant, cette valeur n'est pas constante à la surface de la terre et peut connaître des variations. C'est donc la gravimétrie qui va mesurer ses variations spatiales et ses irrégularités du champ de pesanteur terrestre. En réalité, les gravimètres font des mesures de densité donc de masses.

Par conséquent, la gravimétrie est une méthode de prospection géophysique qui permet d'identifier les anomalies de densité et de masses dans le sous-sol lors des auscultations classiques ou des explorations minières et pétrolières

Généralement, les anomalies massiques et les irrégularités de densité ne sont pas fortuites car elles ont des origines géologiques.

Toute variation locale de la pesanteur est due soit à la latitude en raison de la rotation de la terre, soit à l'aplatissement du globe terrestre aux pôles, soit aux marées terrestres, soit aux différences d'altitudes et de topographies des sites de mesures ou soit à une répartition spatiale hétérogène des masses géologiques (montagnes, fosses).

Dès lors, tout écart observé entre la valeur théorique du champ de pesanteur et sa valeur mesurée sur un terrain donné va constituer une *anomalie gravimétrique*. C'est donc sur la base de ces différences de pesanteur que sont établies les cartes d'anomalies gravimétriques qui servent aux prospecteurs dans leurs travaux de recherches.

Il existe plusieurs anomalies gravimétriques. L'une des plus connues possède des applications incontestables dans la recherche minière et pétrolière. C'est l'*anomalie gravimétrique de Bouguer*.

Par définition, l'anomalie gravimétrique de Bouguer en un point donné sur l'ellipsoïde de référence est l'écart entre le champ de pesanteur terrestre mesuré et corrigé sur le terrain et le champ de pesanteur théorique connu.

Je vous épargne les différences profondes entre l'ellipsoïde de référence et le géoïde (Figure 62). Il faut juste retenir que ces deux notions sont des modèles représentatifs standards et théoriques du globe terrestre à partir desquelles, des corrections sont apportées aux mesures gravimétriques faites sur le terrain.

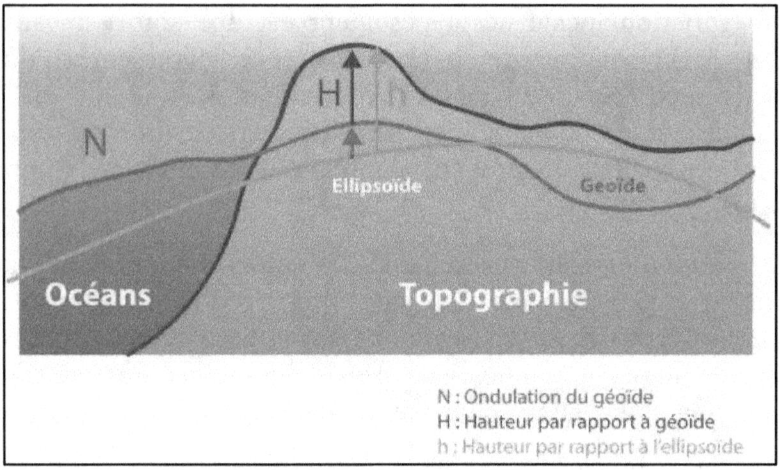

Figure 62: Différences entre ellipsoïde de référence et géoïde

Les différences d'intensités des anomalies gravimétriques de Bouguer observées à la surface de la terre sont reliées à la densité des roches et à la présence de structures géologiques minéralisées comme les failles ou les cratons géologiques.

Les anomalies gravimétriques de Bouguer permettent de faire un suivi des formations géologiques et des structures minéralisées dans les zones où les socles des cratons sont recouverts par le sol donc inaccessibles. C'est l'exemple des socles rocheux identifiés au fond des océans, sous des glaciers ou sous le sable des déserts.

Aujourd'hui, grâce à la gravimétrie, il est possible de faire l'exploration pétrolière du golfe de Guinée et des cratons géologiques d'Afrique. Elle est salvatrice pour l'exploration des cratons africains parce qu'ils sont généralement recouverts de sol en raison du climat tropical humide connu en Afrique de l'Ouest et en Afrique Centrale. C'est aussi elle qui permet l'auscultation des grandes étendues de sables désertiques du Sahara, du Sahel, du Kalahari et des massifs rocheux qu'elles recouvrent.

Pour faire une bonne interprétation des cartes gravimétriques, il faut avoir une idée de l'intervalle de variation des intensités des anomalies mesurées. En exemple, les valeurs des anomalies gravimétriques de Bouguer peuvent varier de -300 mGal à 300 mGal ou plus selon le contexte géologique. Dès lors, les zones où l'anomalie gravimétrique de Bouguer est forte ont tendance à avoir des valeurs positives tandis que dans les zones où elle est faible, ces valeurs sont très souvent négatives.

Concrètement, en recherche minière, ces anomalies gravimétriques de Bouguer positives sont généralement associées à des minerais ou à des corps minéralisés qui ont une densité supérieure à la densité moyenne des roches. C'est le cas de l'ensemble des minerais métalliques, à savoir le fer, le cobalt, le coltan, le cuivre, le zinc, le plomb, l'or, le platine etc.

Par contre, des anomalies gravimétriques de Bouguer négatives avec des densités inférieures à la moyenne sont généralement attribuées à la présence de sels, de potasses, de cavités ou de failles sachant que ces derniers peuvent constituer des pièges ou des réservoirs pour les hydrocarbures. Les dômes et les diapirs de sel en sont des illustrations.

Cependant, il ne faut surtout pas confondre les fortes valeurs positives d'anomalie gravimétrique de Bouguer mises en évidence sur le continent à celles enregistrées au niveau des fonds océaniques. Ces dernières sont dues au fait que la croute océanique est composée majoritairement de roches basaltiques riches en fer et donc très denses.

La carte des anomalies gravimétriques de Bouguer du monde (Figure 63) et en particulier, celle de l'Afrique et de l'Amérique latine (Figure 64) confirment également tout le bien que je pense de l'Afrique sur le plan minier.

En effet, l'analyse de ces cartes donne un aperçu global des zones à forte ou à faible densité, c'est-à-dire, susceptibles de contenir respectivement des minerais métalliques ou des hydrocarbures.

Dans un premier temps, à la simple observation de ces cartes, il est facile d'identifier les fonds océaniques basaltiques, les bassins sédimentaires en mer profonde et les marges continentales qui font la transition entre le continent et l'océan. Ils sont répertoriés aisément parce qu'ils possèdent de fortes valeurs d'anomalies gravimétriques de Bouguer comprises généralement entre 120 et 600 mGal. Comme je l'avais signifié dans les lignes précédentes, ces fortes valeurs sont dues aux roches basaltiques très denses de la croute océanique. Néanmoins, la recherche pétrolière sera intensifiée dans ces zones puisqu'au-dessus de ses fonds océaniques basaltiques se trouvent d'énormes quantités de dépôts sédimentaires, de faibles densités et capables de contenir des hydrocarbures.

Dans un second temps, ces cartes montrent aussi qu'aux emplacements des différents cratons géologiques d'Afrique et d'Amérique latine, les valeurs des anomalies gravimétriques de Bouguer sont fortes et positives. Elles sont comprises entre 20 et 120 mGal. Cela veut dire que dans ces zones, il existe des roches de forte densité donc aptes à contenir de fortes concentrations de minerais métalliques. De surcroit, si vous analysez les signatures gravimétriques des côtes et des cratons Ouest-africain et Latino-américain, vous constaterez qu'elles sont comparables. Ils ont des intervalles de valeurs d'anomalies gravimétriques à peu près similaires puisque ces deux parties de la planète étaient autrefois liées. Ces données gravimétriques attestent donc aussi que ces deux domaines géologiques d'Afrique et d'Amérique latine ont le même système et potentiel minier comme je l'avais indiqué dans les interprétations précédentes.

Troisièmement, une faible signature gravimétrique longitudinale avec des valeurs négatives d'anomalie gravimétrique de Bouguer est aussi observée sur cette carte. Elles sont comprises entre -150 et 20 mGal. Cette structure longitudinale qui est corrélée à la position du rift Est-africain montre un déficit en roches de forte densité. Ce déficit s'explique par le fait que le rift est une zone en extension permanente avec des dépôts de faible densité qui constituent des bassins sédimentaires potentiellement riches en hydrocarbures.

Cependant, les valeurs des anomalies gravimétriques de Bouguer aux abords du rift restent positives car, c'est aussi une zone volcanique avec des roches basaltiques de forte densité, riches en fer et hautement minéralisées. La région des Grands Lacs qui contient le craton du Congo et des pays riches en minerais comme la République Démocratique du Congo est également concernée par endroit, par ces faibles anomalies gravimétriques. Ces dernières représentent les bassins sédimentaires des longs fleuves et des grands lacs de cette région.

Cette structure longitudinale de faible intensité gravimétrique se prolonge également dans le Sud de l'Afrique pour témoigner de la présence du désert du Kalahari. De même, une signature gravimétrique semblable est observée au Nord du craton Ouest-africain. Elle correspond aux zones désertiques du Sahel et du Sahara qui sont aussi des bassins sédimentaires intracontinentaux à fort potentiel pétrolifère.

Le Nord de l'Afrique n'est pas en marge puisque de fortes anomalies gravimétriques de Bouguer y sont identifiées. Ces dernières traduisent la présence des chaînes de montagnes minéralisées qui longent la Méditerranée. C'est l'exemple des gisements de fer et d'autres minerais mis en évidence en Algérie, en Tunisie, au Maroc, en Lybie et en Egypte.

En prenant en compte la répartition spatiale des roches plus ou moins denses et des anomalies gravimétriques sur toute l'étendue du territoire africain, il n'est donc pas faux de déduire que l'Afrique est un continent potentiellement riche en matières premières minérales. Pour preuve, la carte de l'anomalie gravimétrique de Bouguer de l'Afrique de l'Ouest et de l'Afrique Centrale (Figure 65) réalisée par l'Office de recherche scientifique et technique de l'Outre-mer (ORSTOM) montre aussi la richesse minière de ce continent.

Sur cette carte, les anomalies gravimétriques positives sont grises claires tandis que les anomalies négatives sont noires foncées. Ces anomalies négatives seraient interprétées comme des bombardements ou des massifs rocheux tels que le Hoggar ou l'Adamaoua ou représenteraient des fossés comme la Bénoué ou Doba.

Plus que de simples observations, les interprétations géologiques données à ces anomalies gravimétriques de Bouguer négatives ont un sens important sur le plan minier pour les géophysiciens et les géologues.

En effet, il faut savoir que le Hoggar est un massif montagneux riche en fer, avec plus de 2918 mètres d'altitude et qui est localisé dans le Sud de l'Algérie au Sahara.

L'Adamaoua est aussi un massif montagneux riche en fer et en aluminium qui s'étend du Nigéria au Cameroun en passant par la Centrafrique.

Quant aux fossés de la Bénoué et de Doba, ce sont des bassins sédimentaires pétrolifères connus respectivement au Benin, au Nigéria et au Tchad. Ces bassins sédimentaires sont stratégiques car ils fournissent une grande partie de la production de pétrole du Nigéria, du Bénin et du Tchad.

J'ai fait le rapport entre ces anomalies gravimétriques en particulier, les cartes d'anomalies géophysiques en général, ces sites géologiques précités et leurs potentialités minières, pour démonter encore une fois, les raisons pour lesquelles, ce continent est un territoire exceptionnel au niveau des matières premières minérales.

Au regard des toutes ces données, l'Afrique est donc le continent de demain à dompter dès aujourd'hui, pour celui qui veut contrôler les marchés internationaux des matières premières minérales dans le futur.

Si l'on tient compte de toute la richesse minière de l'Afrique, la jeunesse africaine n'a pas besoin d'emprunter les fameuses routes de la mort, dans le désert du Sahara, pour se rendre clandestinement en Europe en vue d'un lendemain meilleur. Elle n'a pas besoin de brader les vagues des océans et subir toutes sortes de tortures dans les prisons de fortunes en Libye, au Maroc et dans plusieurs pays d'Afrique du Nord. Hélas ! Aujourd'hui, ce sont des centaines de milliers de jeunes africains, dans la fleur de l'âge, qui meurent chaque jour dans la mer Méditerranée, sous le regard complice des gardes de côtes des pays du Maghreb et d'Europe.

De nombreux jeunes africains sont portés disparus et leurs familles ne les reverront jamais. Plusieurs d'entre eux ont été enterrés dans le sable chaud et le calme mortuaire du désert sans bénéficier d'un recueillement digne de leurs parents.

L'Afrique se vide de ces jeunes qui sont sa force vive et son avenir parce que ce continent a été longtemps lésé et trompé sur l'exploitation de ses ressources minières.

A ce sujet, en Novembre 2017, un reportage d'investigation réalisé par la journaliste Nima ELBAGIR et publié par la chaîne américaine CNN montrait la vente de migrants en provenance d'Afrique subsaharienne par des milices rebelles libyennes à des maudites et minables sommes de 400 à 500 dollars. Ils étaient vendus comme des esclaves pour des travaux domestiques et champêtres chez des particuliers d'origine libyenne.

Ainsi, l'esclavage, une vieille pratique dont ont été victime les noirs et abolie depuis le 27 avril 1848, a refait son apparition en 2017 parce que la jeunesse africaine n'a plus d'espoir professionnel et est désœuvrée.

Par motif de vengeance et de pauvreté, les libyens ont repris leurs vieilles habitudes du commerce triangulaire en vendant leurs frères africains parce que leur pays, autrefois prospère, a été détruit et est devenu instable après la mort de leur guide, le colonel Mouammar KADHAFI. Ce phénomène est la conséquence directe de la guerre civile qui a embrasé la Libye. Aujourd'hui, ce pays porte le nom d'Etat sans en être un réellement compte tenu de la prolifération des groupes armés dans ses villes et de l'anarchie qui y règne sur le plan sécuritaire.

Sur ce point, la communauté internationale et l'Onu ont fait une erreur géopolitique et géostratégique en déstabilisant indirectement la Libye qui était en réalité, un mur et une barrière à l'immigration des Africains vers les pays européens. En autorisant l'Otan à intervenir en Libye, c'était le top départ au désordre et à des conflits prolongés. C'est cette même idée que défendait Georges CLEMENCEAU dans son discours de paix, à Verdun, le 14 juillet 1919, lorsqu'il disait :

« Il est facile de faire la guerre que la paix. »

Malheureusement, les libyens ont collaboré à la destruction de leur pays et ils s'en subissent quotidiennement les conséquences depuis bientôt une décennie. J'en suis sûr, ils le regrettent amèrement aujourd'hui. Ils ne peuvent que s'en mordre les doigts. En vérité, la paix est l'une des valeurs précieuses que doit rechercher un Etat qui aspire à se développer. C'est dommage pour la Libye mais son histoire récente doit servir d'exemple aux autres pays producteurs africains qui sont actuellement tentés par les démons de la guerre.

Les ressources minières de l'Afrique sont exploitées à grande échelle et de façon bien organisées. Les populations africaines en sont conscientes mais curieusement, elles n'en profitent pas à cause d'une mauvaise répartition des bénéfices financiers qui en découlent. Une des causes de ce désastre économique et social réside également dans la prolifération des contrats miniers sombres et à double vitesse qui existent entre les Etats producteurs africains, les multinationales et les petites compagnies minières.

Ce fait qui existe depuis des décennies a l'allure d'une corruption qui ne dit pas son nom. De plus en plus, ces contrats déséquilibrés et injustes sont décriés dans le monde, par les populations et les élites intellectuelles africaines et occidentales et même, par des organisations non gouvernementales et des offices des droits de l'homme.

Il est temps que ces mauvaises pratiques s'arrêtent de peur de créer des vagues de soulèvements et de protestations des jeunes générations africaines disséminées dans tous les pays du monde et particulièrement, en Afrique.

Avant et après les indépendances, peu sont les Africains qui s'intéressaient à la santé économique de leur pays mais aujourd'hui, ce n'est plus le cas. Les gestes et les actions des gouvernants sont scrutés, analysés et commentés de tous aussi bien dans les salons, les rues que sur les médias et les réseaux sociaux. En plus, les mouvements géopolitiques qui ont cours dans le monde sont minutieusement étudiés et suivis par ces nouvelles générations de jeunes africains. Ils ne veulent plus subir cette injustice économique et sont prêts à tout pour sortir de leur mauvaise condition de vie. Dès lors, tant que ce déséquilibre économique et social existera, ces jeunes africains qui n'en peuvent plus de la misère et de la pauvreté, chercheront la voie de l'eldorado vers l'Europe pour un lendemain meilleur.

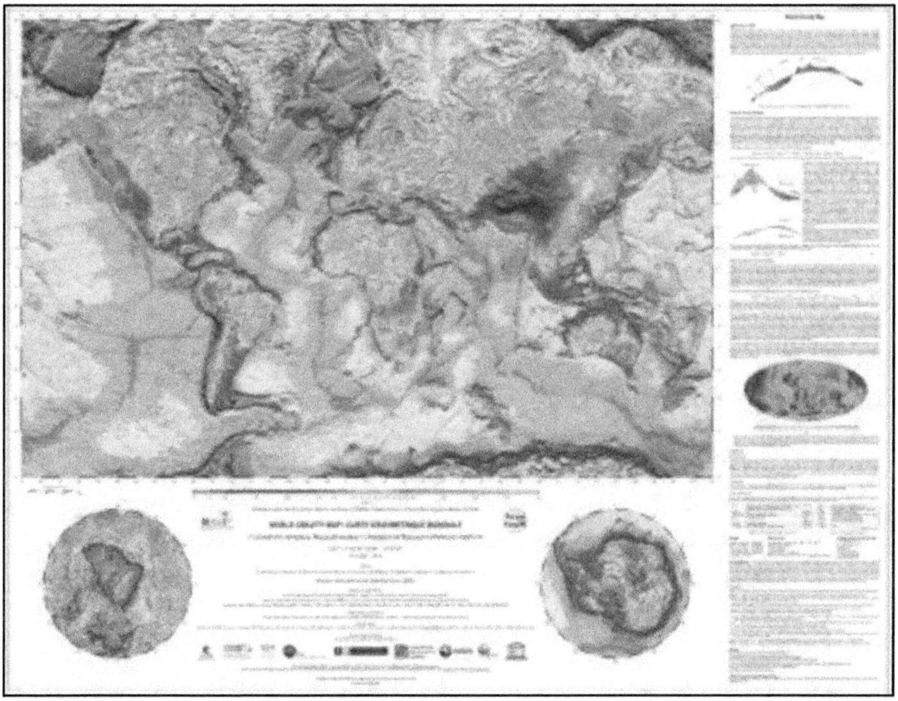

Figure 63: Carte gravimétrique montrant les anomalies de Bouguer du monde (S. Bonvalot & al, 2012)

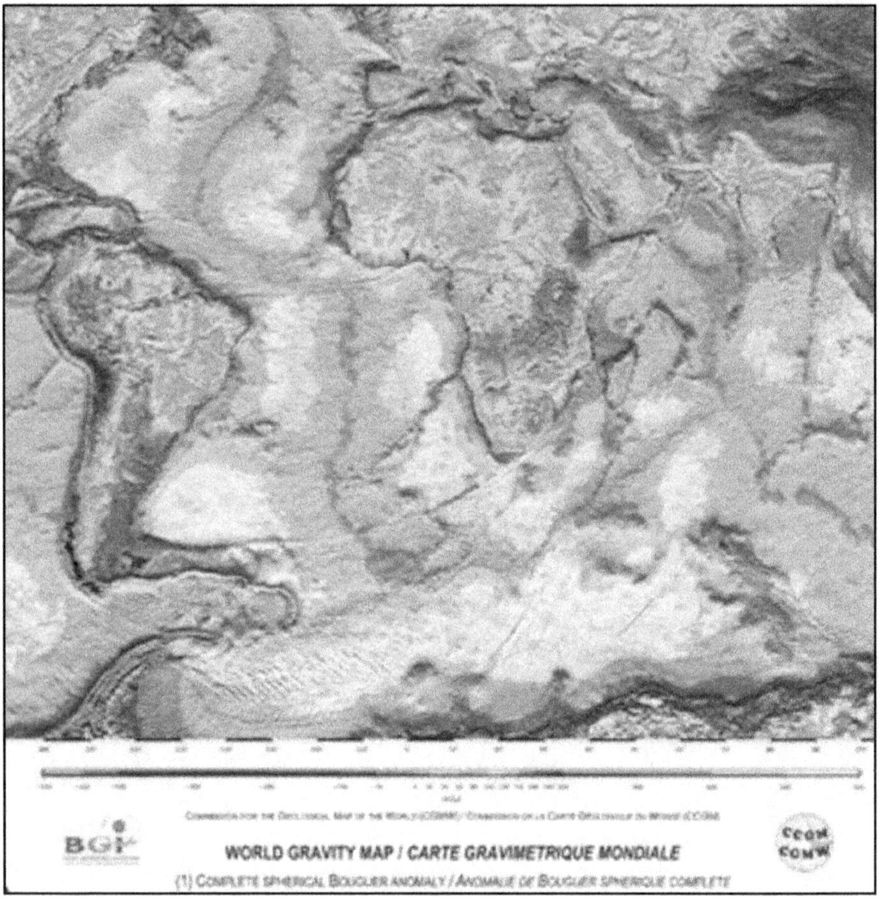

Figure 64: Carte gravimétrique montrant les anomalies de Bouguer de l'Afrique et de l'Amérique du Sud en particulier (S. Bonvalot & al, 2012)

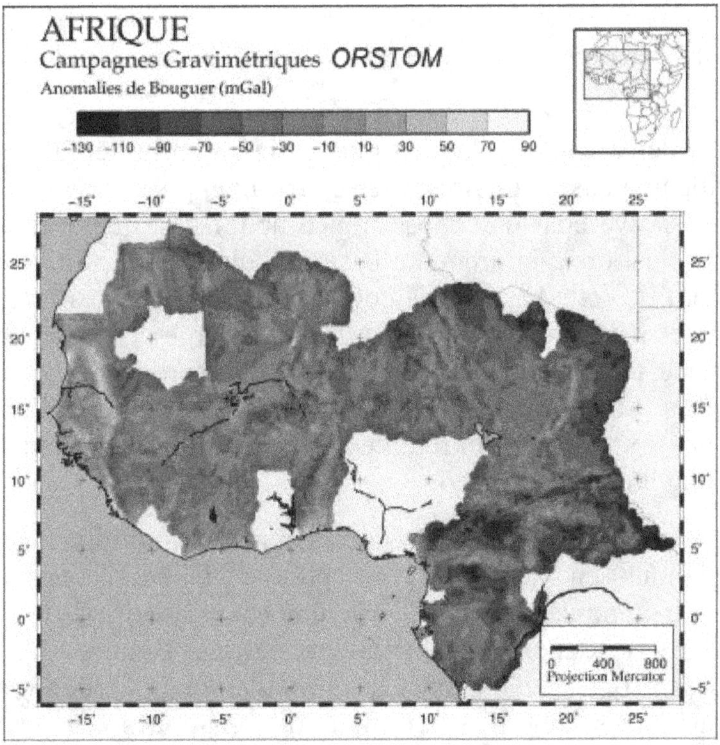

Figure 65: Carte des anomalies gravimétriques de Bouguer de l'Afrique de l'Ouest et Centrale établie d'après les mesures ORSTOM (Yves Albouy, 2012)

III.3.1.c - Les cartes géologiques et métallogéniques : Des outils de délimitation des zones minières et pétrolières de l'Afrique en attendant la carte à 1 milliard de dollars de la Banque mondiale

Au début de ce XXIème siècle, l'Afrique est le seul continent du monde qui attire l'attention de tous les pays développés et de toutes les organisations financières internationales à cause de ses ressources minières. Ce n'est pas un hasard si des pays comme la Chine ou le Japon multiplient des actions sociales et des dons pour l'aide au développement des pays africains. En réalité, ces pays asiatiques souhaitent rattraper leur retard dans leur coopération avec l'Afrique en comparaison aux pays européens qui le font depuis des décennies.

Ils désirent s'installer sur le continent africain parce qu'ils ont compris que l'Afrique sera bientôt le fournisseur principal des matières premières minérales dans le monde. Il faut donc impérativement se faire une place sous le chaud soleil des pays africains.

Cette démarche est d'autant plus vraie qu'en juillet 2017, la Chine a installé une base militaire en terre africaine, précisément, à Djibouti. Cette initiative était une chose impensable il y a quelques années en arrière. C'est donc la première base militaire de la Chine en Afrique. L'objectif de cette base est de combattre les assauts des pirates contre les navires pétroliers du golfe d'Aden et au large de la Somalie. On en déduit que son rôle réel est la protection de la production pétrolière de ces zones. Au départ, elle devait contenir que 400 militaires mais selon des sources bien introduites, cet effectif pourrait atteindre près de 10 000 hommes en 2026.

Les bases militaires des pays occidentaux se multiplient comme des champignons en Afrique. Pour preuve, Djibouti, ce petit pays d'Afrique en possède cinq. Il abrite une base militaire de la France, de la Chine, du Japon, des Etats-Unis et de l'Italie. Ces données militaires ont tellement de motivations géopolitiques et géostratégiques que les conflits diplomatiques et les intérêts économiques qui opposent ces pays développés s'exportent et se transposent sur les terres africaines. Cette vérité dévoile et confirme une atmosphère froide et délétère entre la Chine et les Etats-Unis qui a été décrite par monsieur Ismaïl Omar GUELLEH, président de Djibouti, lors d'une interview accordée au journal *Jeune Afrique* en 2017. Il disait ceci :

« Je sais que cette obsession de la présence chinoise existe. Mais elle est à la fois infondée et unilatérale. Les Chinois n'ont aucun problème à cohabiter avec les Occidentaux à Djibouti, à condition qu'on ne vienne pas constamment espionner leurs installations. Les Américains, en revanche, en font une fixation. Ils nous répètent sans cesse que cette présence chinoise les gêne pour leurs opérations. »

En plus de son contingent de Djibouti, la Chine possède un détachement de 1 052 soldats au Sud Soudan, 666 soldats au Libéria et 402 soldats au Mali. D'ailleurs, dans le jargon géopolitique, on parle de plus en plus de la Chinafrique comme c'est le cas de la Françafrique compte tenu de la présence remarquée et progressive de la Chine en Afrique.

Devant tous ces faits, il est légitime de se poser certaines questions pour comprendre en profondeur, les raisons du positionnement des occidentaux sur la corne de l'Afrique. Quelles sont les motivations des mouvements spontanés des pays développés vers l'Afrique ? Que savent-ils secrètement au sujet de l'Afrique pour souhaiter soudainement, sa protection militaire contre les pirates et les terroristes ? Pourquoi la lutte contre le terrorisme se concentre dans les régions minières et pétrolières stratégiques d'Afrique ? Pourquoi la Banque mondiale a-t-elle décidé de financer et d'aider à la conception d'une nouvelle carte des ressources minières de l'Afrique quand on sait qu'une si prestigieuse institution ne fait rien de façon fortuite, sans consultation et sans l'aval préalable des pays développés et des organisations internationales comme l'Onu ? Les réponses à ces questions sont multiples.

En effet, face à la montée du terrorisme dans les pays du Moyen-Orient et devant les conséquences de la mondialisation, tous ces pays développés et toutes ces organisations internationales n'ont plus d'autres choix que de s'intéresser aux ressources minières africaines qui sont encore inexplorées et dont le potentiel est immense. J'ai donné suffisamment d'arguments tout au long de ce livre pour démontrer la richesse minière de l'Afrique. Au cas ils ne suffiraient pas, un prochain livre dédié exclusivement aux ressources pétrolières de l'Afrique viendra en supplément pour renforcer mes propos. Cette richesse minière est donc la raison majeure pour laquelle, le monde s'empresse d'aller sur le territoire africain. Il en existe d'autres mais la plus remarquable est que l'Afrique est et sera le grenier des matières premières minérales du monde de demain.

Beaucoup pensent que l'Afrique n'a plus de réserves minières vu que ces minerais sont exploités depuis des décennies. Ils se trompent parce que ce continent est parsemé de gisements et de gîtes minéraux.

Et d'ailleurs, pour ces atouts miniers, économiques et humains, le monde des affaires s'invite désormais en Afrique puisqu'il y pressent des marchés et des opportunités à prendre dans le futur. A la suite des actions diplomatiques et militaires, la délocalisation et l'installation de certaines entreprises occidentales sur les terres africaines sont des signes de ce nouvel engouement économique pour l'Afrique.

En plus, à côté de ses ressources minières et de la richesse de son sous-sol, l'Afrique aura dès 2050, l'une des plus grandes démographies dans le monde. C'est une aubaine pour le secteur de l'entreprenariat du fait des opportunités d'affaires qui pourraient se créer en matière de services à la personne, de services alimentaires et même, de services commerciaux en ligne. Les conséquences économiques d'une telle démographie galopante pourraient donc être énormes et sans précédent pour le monde.

Cependant, ce qu'il faut retenir en réponses aux questions sus-évoquées, c'est que le motif majeur de la fixation des pays développés sur l'Afrique est l'importance géopolitique et géostratégique de ses ressources minières.

Cet atout fondamental de l'Afrique est aussi prouvé par l'analyse de sa carte métallogénique (Figure 66) et de sa carte géologique internationale (Figure 67).

J'ai précédemment défini la *métallogénie* comme étant la science des gisements métallifères et de leurs genèses. Ainsi, cette carte métallogénique synthétique représente la répartition des gisements de minerais métalliques sur le territoire africain. C'est une carte qui est symbolique pour l'Afrique et pour les entreprises minières qui sont intéressées par ses minerais puisqu'elle donne un aperçu de la localisation de ses gisements. Néanmoins, Attention ! Cette carte est ancienne. Elle est le résultat de la synthèse des travaux de plusieurs chercheurs. Elle n'est donc pas la fameuse *carte à 1 milliard de dollars* projetée par la Banque mondiale. Cette dernière est en cours de réalisation avec des moyens technologiques de prospections très avancés et sophistiqués.

Bien que la carte métallogénique de l'Afrique soit synthétique et rudimentaire, ses résultats sont significatifs et pertinents quand on les compare à la carte géologique internationale de l'Afrique. L'interprétation de ces deux cartes montre clairement que les zones à fort potentiel minier de l'Afrique sont corrélées et superposables. Elles se situent aux mêmes endroits sur les deux cartes et sont préférentiellement localisées au niveau les cratons géologiques.

Il est même possible d'identifier la géométrie du craton Ouest-africain qui est la même tant sur la carte métallogénique de l'Afrique que sur sa carte géologique internationale. La carte synthétique de la dorsale de Man peut servir de référence (Figure 56). Elle est clairement identifiée. Il en de même pour les autres cratons du continent. Cette analyse cartographique vient donc confirmer que le potentiel minier de l'Afrique tire son origine des cratons géologiques. C'est à la suite de l'érosion des cratons géologiques que ces minerais sont transportés dans des bassins ou des sillons sédimentaires pour constituer des gisements.

La carte géologique internationale de l'Afrique montre également des bassins sédimentaires sur le pourtour du continent. Ils ont un fort potentiel pétrolier. Sur cette carte, ils sont de couleur claire en comparaison aux cratons géologiques de couleur sombre. Tous les pays africains qui ont une façade sur l'océan Atlantique ou Indien en possèdent et sont potentiellement détenteurs de ressources pétrolières. De même, les bassins sédimentaires intracontinentaux désertiques du Sahara, du Sahel et du Kalahari sont mis en évidence sur cette carte.

Si vous faites une analyse fine de cette carte, vous remarquerez que ces bassins sédimentaires sont aussi identifiés aux mêmes endroits sur la carte métallogénique de l'Afrique. C'est la preuve qu'en attendant *la carte à 1 milliard de dollars* qui sera plus précise, il est déjà possible de conclure que les zones minières de l'Afrique sont avérées.

Je reste convaincu que *la carte à 1 milliard de dollars* viendra juste confirmer ce que l'on sait déjà des terres africaines sur le plan minier et pétrolier depuis des décennies. Ce n'est pas un hasard que la Banque mondiale ait pris les devants de ce projet.

En effet, les organisations internationales connaissent mieux l'Afrique que les populations africaines puisqu'elles traitent directement avec ses dirigeants sur des questions sensibles de développement et d'économie de leurs pays. Elles connaissent les atouts naturels et économiques de tous les pays du monde. Elles ne sont donc pas étrangères à l'Afrique. En réalité, elles savent parfaitement l'emplacement de toutes ses ressources minières.

Cependant, la carte qui sera produite donnera plus de précisions sur les gisements miniers de l'Afrique mais surtout, elle sera un outil dont se serviront les Etats producteurs africains, les compagnies minières et pétrolières et les institutions financières internationales pour mieux exploiter les ressources minières de ce continent.

Je souhaite de tout cœur que l'exploitation des ressources minières de l'Afrique serve effectivement à son développement économique, social et infrastructurel. C'était le but que je recherchais à travers ce livre. Mon leitmotiv était de promouvoir le potentiel minier de l'Afrique pour inciter les entreprises occidentales et africaines à investir leurs capitaux dans son secteur minier. En plus, de nombreux pays dans le monde sont des demandeurs actifs de ses matières premières minérales mais surtout, les populations africaines qui vivent dans la misère en ont davantage besoin pour s'épanouir.

Dès lors, après avoir passé en revue les grands ensembles miniers du sous-sol africain, c'est le lieu de retenir et de confirmer le titre donné à cet ouvrage, à savoir *l'Afrique est un continent aux ressources minières exceptionnelles*.

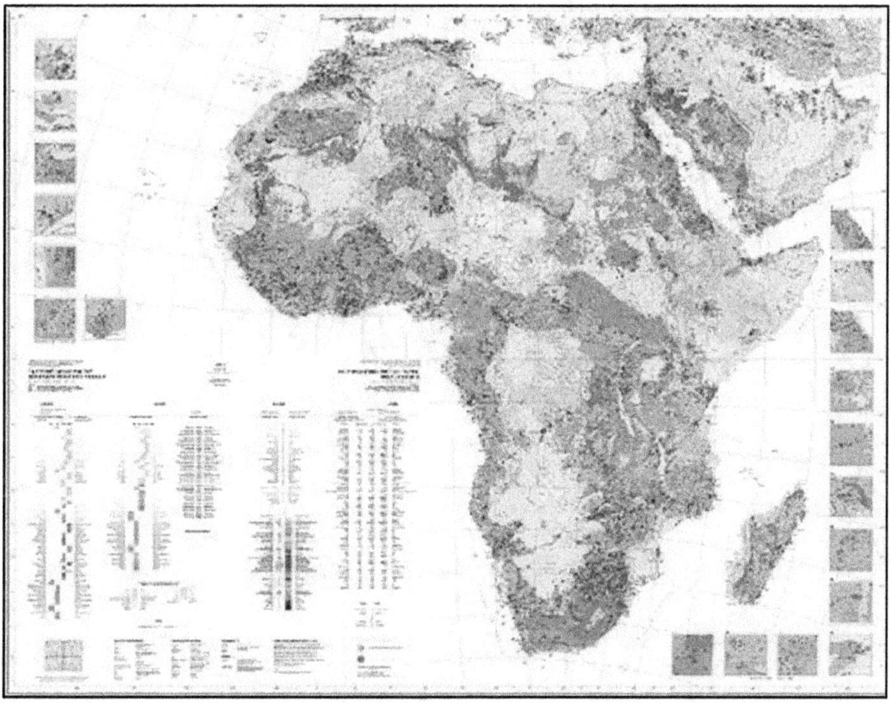

Figure 66: Carte internationale métallogénique montrant les zones minéralisées de l'Afrique (Veselinovic-Williams, S. Frost-Killian, Commission de la Carte Géologique du Monde (CCGM) & Council for Geosciences of South Africa, 2002)

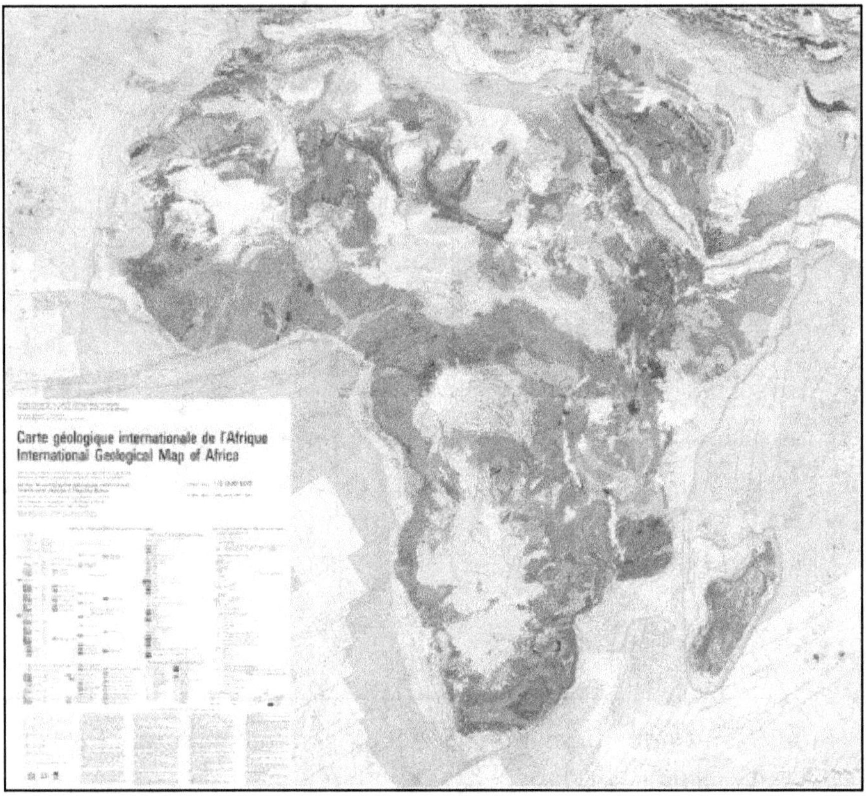

Figure 67: Carte géologique internationale de l'Afrique (CCGM, UNESCO & Bureau de Recherches Géologiques et Minières (BRGM), 1990)

CONCLUSION

L'Afrique est riche en matières premières minérales mais elle est encore mal explorée. Ce n'est pas en vain que la Banque mondiale a lancé en février 2015, le projet dénommé *la carte à 1 milliard de dollars* qui recensera l'ensemble des ressources minières de l'Afrique sur un plan. A ce sujet, monsieur Paulo DE SA, directeur de l'unité Pétrole, Gaz naturel et Mines de la Banque mondiale et en charge de ce projet n'a pas hésité à dire ceci :

« Malheureusement, la plupart des gouvernements ne savent pas ce qu'il y a dans leur sous-sol. Nous pensons que s'il y avait une bonne connaissance du véritable potentiel en ressources minérales des pays africains, les gouvernements seraient en position de négocier de meilleur contrat avec les compagnies d'extraction. »

De surcroit, il a renchéri en disant :

« La carte à 1 milliard de dollars était une expression pour attirer l'attention. Il était facile de s'y référer mais le chiffre ne correspond à rien de concret. Certains pensent que c'est la valeur des ressources minérales que l'on pourra découvrir grâce à ce projet mais, nous pensons que la valeur des ressources qui peuvent être révélées est bien plus élevée que ça, de l'ordre de milliers de milliards de dollars. D'autres estiment que c'est ce que coûterait la réalisation de cette carte.»

Si des institutions financières internationales s'intéressent à l'exploration des zones minières de l'Afrique, ce qui est du ressort exclusif des gouvernements des Etats africains, cela veut dire que la grandeur du potentiel minier de ce continent est pressentie, soupçonnée ou attestée. C'est d'ailleurs ce que j'ai démontré tout au long de ce livre dont la majeure partie était consacrée à révéler la diversité et l'immensité des gisements miniers de l'Afrique.

Dans un autre ouvrage à venir, je m'évertuerai également à décrire le potentiel pétrolier de l'Afrique qui est tout aussi attrayant que ses ressources minières.

Compte tenu de ses prédispositions géologiques favorables à l'exploitation minière et au développement du marché international des matières premières minérales, l'Afrique est aujourd'hui, sous le feu des projecteurs des multinationales. Elle est adoubée par les géopoliticiens et les géostratèges des pays développés qui la voient comme l'ultime recours. Ils la considèrent comme le continent de l'avenir qui est potentiellement capable de combler les besoins du monde en métaux de base et en minerais stratégiques.

Face à la montée en puissance du terrorisme dans les pays du Moyen-Orient, à l'hégémonie du nationalisme dans les pays d'Amérique latine, à la forte consommation des produits miniers par les pays asiatiques du fait de leur grande démographie et au manque de ressources minières en Europe à l'exception de la Russie, l'Afrique concentre effectivement, tous les espoirs du monde sur le plan minier.

Cependant, malgré des décennies d'exploitation minière, ce continent reste toujours en voie de développement et la majorité de sa population demeure pauvre. C'est un constat économique et social amer pour l'Afrique et qui suscite beaucoup de réactions dans la jeune génération d'intellectuels africains et occidentaux.

En vérité, les consciences des peuples africains changent positivement et s'éveillent ces dernières décennies au sujet du développement de l'Afrique. Sur tout le continent et dans le monde, plusieurs leaders d'opinion et de nombreux groupes panafricanistes trouvent anormal que l'Afrique soit si pauvre économiquement alors qu'elle est si riche en matières premières minérales. Autrefois, les populations africaines ne savaient pas que leur sous-sol contenait des gigantesques réserves de coltan, de cobalt, de bauxite, d'or, de diamant ou de pétrole. Aujourd'hui, les plus petits des villes africaines et les habitants des campagnes le savent et en sont conscients à tel enseigne qu'ils veulent tous profiter des richesses minières de leur sous-sol. Ils réclament plus d'informations et de transparences de la part des gouvernements africains sur la gestion des bénéfices de l'exploitation minière. Ils demandent une simple application de ce célèbre adage qui dit :

« L'information est une arme qui impose la transparence. »

Cette démarche est logique et légitime quand on voit l'état de misère de la plupart des pays africains dont certains sont des producteurs de minerais depuis des décennies.

A la suite des pays développés indépendants depuis des siècles, cette jeune Afrique qui comporte des pays majoritairement indépendants depuis 1960 est en train de mûrir. L'Afrique devient de plus en plus consciente de sa position stratégique dans l'économie mondiale de demain et elle compte y prendre toute sa place. Elle désire s'émanciper et entamer son véritable développement économique et social en se focalisant en partie, sur l'exploitation de ses ressources minières, ce qui n'était pas le cas jusque-là.

Je termine mes propos en réaffirmant que l'Afrique est un continent riche. Les pays qui la composent ont donc tous les moyens pour parvenir au niveau de développement des pays occidentaux s'ils respectent préalablement, ces trois conditions suivantes et évidemment non exhaustives.

Premièrement, il faut que les populations africaines se mettent au travail à travers l'éducation pour éradiquer l'analphabétisme qui est un boulevard pour les conflits sociopolitiques et les guerres.

Deuxièmement, il faut que les Africains acceptent d'apprendre des expériences des autres. De nombreux pays ont adopté cette méthode pour hausser leur niveau de développement en très peu de temps. En exemple, la Chine l'a appliqué pour faciliter le transfert des compétences et des technologies qui est primordial lorsqu'un pays veut s'autodéterminer. A ce sujet, elle est d'ailleurs taxée d'être un pays qui copie et reproduit exactement les idées innovantes et les découvertes des entreprises occidentales.

Troisièmement, il faut que les dirigeants africains se conforment à appliquer les règles de bonnes gouvernances dans la gestion des finances publiques de leur pays et la redistribution des richesses nationales. C'est le gage du développement économique, social, infrastructurel et d'un partage juste et équitable des bénéfices de l'exploitation des ressources minières d'un pays.

Lorsque l'Afrique intégrera ces trois paramètres dans ses plans de développement, elle et ses pays paraîtront de façon inexorable et irréversible dans le club des territoires les plus influents et les plus attrayants de la planète et seront cités en modèles dans tous les domaines.

En vous donnant rendez-vous dans mes prochains ouvrages, je conclus les pages de ce livre en vous laissant une partie d'un célèbre discours plein de sens et de vérités d'un sage africain. Il s'agit d'un discours de monsieur Félix Houphouët BOIGNY, président de la Côte d'Ivoire de 1960 à 1993. Il l'a prononcé lors d'une conférence de presse tenue dans les années 80 en compagnie de monsieur François MITTERRAND, président de la France de 1981 à 1995 et de monsieur Monbutu SESE SEKO, président du Zaïre actuelle République Démocratique du Congo de 1965 à 1997. Il disait ceci :

« Nous demandons aux pays industrialisés, notamment, la France, de servir d'intermédiaire et d'avocat auprès des autres européens. Il parait que quand on parle du Nord et du Sud, c'est bien ! L'Europe et l'Afrique ! Nous leur demandons de nous aider à former nos cadres. On parle de transfert de technologie. Nous refusons ce terme. On n'a jamais transféré la technologie. On n'en a pas transféré au Japon. On forme les cadres techniques et scientifiques qui, sur place, transforment leurs matières premières. Alors voyez-vous, nous sommes extrêmement patients mais des patients actifs. On peut retarder le progrès mais on ne peut pas supprimer le progrès. Nous avons la certitude que dans 20 ans, 30 ans, 40 ans au plus ; que représentent 40 ans dans la vie d'une nation quand le monde compte des milliards d'années d'existence ? Nous aurons des hommes capables de transformer nos matières premières. En ce temps là, quand ils auront à discuter du coût de l'acier et non pas du minerai de fer alors, il y aura un langage qui sera compris. Le langage de l'intérêt commun. L'Europe doit comprendre la nécessité d'aider l'Afrique. Il y va de la survie de l'Europe et de la vie de l'Afrique. Il y a une nuance. Je continue à me battre pour faire comprendre à nos partenaires européens que la lutte finale ne sera pas avec des fusils. Ce serait essentiellement sur le plan économique. Et l'Europe n'a pas de matière première. Les Américains en ont mais pas en quantité suffisante pour en céder à leurs frères et à leurs alliés européens. L'Asie, la question n'intéresse pas. Je ne vais pas rentrer dans certains secrets et dans certaines confidences. Mais l'Asie, même si elle avait des matières premières, la population est telle que l'Asie ne pourrait pas couvrir ses propres besoins. L'Amérique latine, vous savez la situation qui prévaut depuis des siècles dans cette partie de l'Amérique. Victimes aussi de l'exploitation du même groupe économique financier puissant, ils ne peuvent venir au secours de l'Europe sur le plan des matières premières. Il n'y a que nous l'Afrique, de loin le grand propriétaire des matières premières, nous en recelons. L'Afrique n'est pas suffisamment prospectée mais on peut admettre sans crainte le moindre démenti que nous sommes les premiers pour le fer, les premiers pour la bauxite. Quand on pense qu'en Guinée, il y a des siècles de réserves de bauxite. Le manganèse, l'uranium… L'Europe a besoin de ces matières premières pour donner du travail à ses hommes, à ses ouvriers. Imaginez-vous la pauvreté se généralisant, la révolte des jeunes exploités par d'autres ; Permettez-moi de ne pas aller loin dans ma pensée. Et si ces matières premières ne parvenaient pas un jour à l'Europe, voyez notre ami (le président François MITTERRAND) faire face à un million ou deux millions de chômeurs. Ce n'est pas facile de régler cela malgré leur bonne volonté. Ils y arriveront. Mais si l'Europe arrivait à être privé de matières premières, c'est le chômage généralisé et qui conduira au gouffre. Vous le savez vous-même. On n'aura pas besoin de tirer un coup de fusil. Voilà ce que nous nous évertuons à faire comprendre à nos frères européens. Nos intérêts sont solidaires. Il faut qu'ils nous aident à nous développer. Vous avez parlé de l'autosuffisance alimentaire. Nous en sommes conscients. Vous croyez que c'est de gaieté de cœur que nos frères tendent la main chaque année pour une aide alimentaire ? Ils sont très dignes mais ils n'ont pas le choix. Je l'ai dit en Côte d'Ivoire et c'est la pensée du jour qu'on récite chez moi : l'homme qui a faim n'est pas libre. Et c'est vrai. Nous avons quitté la dépendance coloniale mais après 20 ans nous pouvons faire le point. Pour l'essentiel de notre existence, pour la nourriture, pour beaucoup, pour nos soins médicaux, pour notre éducation, bref ! Pour tout ce qui permet l'épanouissement de l'être humain, nous sommes obligés, il faut le reconnaître, de nous adresser à nos anciens colonisateurs. Vous ne croyez pas que nous sommes conscients de cette triste situation ? Nous voulons nous évader de cette situation là et nous demandons à ce qu'on nous aide. Nous avons des hommes qui veulent travailler parce qu'il est nécessaire pour eux, pour leur existence, pour leur vie et même peut-être pour leur survie de travailler mais il faut qu'on nous aide. Nous ne demandons pas l'aumône. Nous ne sommes pas une sorte de mer Morte qui reçoit l'eau du Jourdain sans rien laisser passer. Voyez-vous, nous parlons avec beaucoup d'images et voudriez-vous que je vous dise ceci pour conclure ? Chez nous, on dit qu'il faut que vous nourrissiez votre enfant jusqu'à ce qu'il ait poussé des dents afin qu'il vous nourrisse quand vous aurez perdu les vôtres. »

BIBLIOGRAPHIE

ALBOUY Yves, *Soixante ans de géophysique à l'ORSTOM-IRD en Afrique*, travaux du Comité français d'Histoire de la Géologie, Comité français d'Histoire de la Géologie, 2012, 3ème série (tome 26, 8), pp.119-147.

ALCEME Tsassa, *Minerais stratégiques et minerais critiques : arme économique ou stratégie de puissance pour l'Afrique*, Thinking Africa, Note de recherche N°23, 11p.

AUDION A.S., LABBE J.F., avec la collaboration extérieure de la Compagnie Européenne d'Intelligence Stratégique (CEIS) (2012), *Panorama mondial 2011 du marché du tungstène*, Rapport public, BRGM/RP-61341-FR, 29 fig, 16 tabl. 2012, 108 p.

BOSWORTH W., HUCHON P., McCLAY K., *The Red Sea and Gulf of Aden Basins*, Journal Afrique Earth Sciences, 2005, 43, 334-378.

BLAREZ E., *La marge continentale de Côte-d'Ivoire-Ghana. Structure et évolution d'une marge continentale transformante*, Thèse de doctorat, Université Paris - VI, 1986, 188 p.

BLAREZ E. et MASCLE U., *Les marges continentales transformantes Ouest-africaines, Guinée-Sierra Leone, Côte d'lvoire-Ghana*, Campagne EQUAMARGE 1, Campagnes océanographiques francaises, 3, IFREMER, 1986, 267 p.

CHAUSSIER Jean Bernard, *Initiation à la Géologie et à la Topographie*, Edition B.R.G.M, Numéro 34.

FOND MONETAIRE INTERNATIONAL, *Perspective de l'économie mondiale du FMI, Les tensions d'une reprise à deux vitesses, chômage, matières premières et flux des capitaux,* Services linguistiques du FMI, avril 2011, 251p.

FOND MONETAIRE INTERNATIONAL, *Perspective de l'économie mondiale du FMI, La reprise s'affermit mais reste inégale,* Services linguistiques du FMI, avril 2014, 236p.

FOND MONETAIRE INTERNATIONAL, *Perspective de l'économie mondiale du FMI, Un nouvel élan ?* Services linguistiques du FMI, avril 2017, 264p.

GIRESSE Pierre, *Esquisse géologique de l'Afrique centrale Occidentale*, 5p.

SECOND Louis, *La Sainte Bible*, Nouvelle édition de Genève, 1979, Société biblique de Genève, p 202.

SECOND Louis, *La Sainte Bible*, Nouvelle édition de Genève, 1979, Société biblique de Genève, p 660.

SECOND Louis, *La Sainte Bible*, Nouvelle édition de Genève, 1979, Société biblique de Genève, p 897.

SECOND Louis, *La Sainte Bible*, Nouvelle édition de Genève, 1979, Société biblique de Genève, p 962.

LEVACHER Claire, *Niger-Mines d'Arlit*, Gitpa, février 2012, 5p.

MARTINEAU Patrick, *La route commerciale du coltan Congolais: Une enquête, note d'analyse du Groupe de recherche sur les activités minières en Afrique*, GRAMA, Université du Québec à Montréal (UQAM), mai 2003, 41p.

JEBRAK Michel, *Quels métaux pour demain ? Les enjeux des ressources minérales*, Dunod, 2015, p 1-4.

MINISTERE DES MINES, DU PETROLE, DE L'ENERGIE ET DE L'HYDRAULIQUE DE LA CENTRAFRIQUE, *Aperçu sur le potentiel minier de la République Centrafricaine*, Direction générale des Mines, 21p.

MINISTERE DES MINES ET DE L'ENERGIE DE CÔTE D'IVOIRE, *Carte des permis miniers de Côte d'Ivoire*, Direction des Mines, 2007, 1p.

MILESI J. P., LEDRU P., FEYBESSE J. L., DOMMANGET A. et MARCOUX E., *Early Proterozoïc ore deposits and tectonics of the Birimian orogenic belt, West Africa*, Precambrian Research, 58, 1-4, 1992, 305-344p.

MOCTAR Didi Ould, *Pérométallographie de la ceinture de roches vertes archéenne d'Aouéouat (Tasiast, Nord de la Mauritanie)*, extrait du chapitre I du mémoire de master en géosciences et ressources minérales, Université Sidi Mohamed Ben Abdellah, 2009.

MONROE Myles, *Un formidable potentiel*, Emeth Editions, 1998, 197p.

MOYEN Jean François, *L'industrie minière en Afrique du Sud*, extrait du livre-guide pour excursion de l'Association Meta-odos, Janvier 2007, 8p.

NABA Seta, *Propriétés magnétiques et caractères structuraux des granites du Burkina Faso oriental (Craton Ouest Africain, 2.2-2.0 Ga) : implications géodynamiques,* Thèse de Doctorat, université de Toulouse, 2007, 6p.

ORRU Jean François, PELON Remi et GENTILHOMME Philippe, *le diamant dans la géopolitique africaine*, Afrique contemporaine, 2007/1 N°221, p173-203.

PAPON et al, *Géologie et minéralisation du sud ouest de la Côte d'Ivoire*. Mémoire du B.R.G.M., 1973, 80, 284 p.

PASTEUR Louis, *Œuvre de Pasteur*. Tome 7, réunies par Pasteur Vallery-Radot (1854), édition Masson, 1929-1932, p. 129-132.

PELLERIN Mathieu, *Ghana une démocratie pétrolière en devenir*, Gouvernance européenne et géopolitique de l'énergie, www.ifi.org, www.connaissancesdesenergies.org , Décembre 2011, 62p.

PISON Gilles, *Sept milliards d'êtres humains aujourd'hui, combien demain ?* Population & Sociétés, n°482, Ined, Nation Unis, Octobre 2011, 4p.

PISON Gilles, *Tous les pays du monde présentant un tableau de la population mondiale ?* Population & Sociétés, n°525, Ined, Nation Unis, Septembre 2015, 8p.

ROCCI G., *Essai d'interprétations de mesure géochronologique. La structure de l'Ouest Africain.* Collection internationale géochronologique, Nancy, Sciences de la Terre, 1965, X 461-478.

SICILIA D., MONTAGNER J.- P., CARA M., STUTZMANN E., DEBAYLE E., LEPINE J.- C., LEVEQUE J. - J., BEUCLER E., SEBAI A., ROULT G., AYELE A., SHOLAN J.M., *Upper mantle structure of shear-waves velocities and stratification of anisotropy in the Afar Hotspot region,* Tectonophysics, 2008, 462,164-177.

TAGINI Bernard, *Esquisses géotectonique de la Côte d'Ivoire,* Rapport de la Sodemi, Abidjan, n°107, 1967, 93 p.

YAO B. et al., *Ressources minières, pétrolières et gazières de la Côte d'Ivoire et problématique de la pollution des ressources en eau et des inondations*, Geo-Eco-Tro, 38, 1, n.s. : 199-136, 2014, 128 p.

TABLEAUX

FIGURES

Certaines figures ont été inspirées des sites internet ci-dessous pour faire référence et rendre hommage à leurs auteurs.

Figure 1: Carte de l'Afrique

Figure 2 : Prévision de croissance économique de l'Afrique de 2002 à 2016 (Département Statistiques de la Banque Africaine de Développement)

Figure 3 : Les cinq cycles de Kondratieff de 1975 à 2000 modifié avec des périodes d'industrialisations et d'innovations technologiques associées à la découverte de minerais

http: //www.savoirs.essonne.fr/sections/ressources/dessins-schemas/photo/cycle-economique-de-kondratieff/

Figure 4 : Evolution de la population mondiale depuis 1800 et projections jusqu'en 2100 (Gilles Pison, Population & Sociétés, n°482, Ined, Nation Unis, Octobre 2011)

Figure 5 : Carte de la fécondité dans le monde en 2010 (Gilles Pison, Population & Sociétés, n°482, Ined, Nation Unis, Octobre 2011)

Figure 6 : Réserves prouvées dans les 5 plus grands pays détenteurs de réserves de Pétrole de 1980 à 2015 (Administration de l'Information Energétique des Etats Unis, Delphi 234, 6 novembre 2014)

Figure 7 : La route commerciale du coltan congolais (Patrick Martineau, 2003)

http: //www.ieim.uqam.ca/IMG/pdf/Martineau_coltan.pdf

Figure 8 : Charte chronostratigraphique ou échelle des temps géologiques (International Commission of Stratigraphy (ICS) et al. 2016)

http://www.stratigraphy.org/icschart/chronostratchart2012french.pdf

https://ccgm.org/fr/charte-chronostratigraphique/181-echelle-chronostratigraphique-internationale.html

Figure 9 : Principe de recoupement (Cours de stratigraphie, Géologie de l'ingénieur, Institut Nationale des Sciences Appliquées de Toulouse)

Figure 10 : Principe de l'horizontalité primaire et de la superposition (Cours de stratigraphie, Géologie de l'ingénieur, Institut Nationale des Sciences Appliquées de Toulouse)

Figure 11 : Principe de la continuité (Cours de stratigraphie, Géologie de l'ingénieur, Institut Nationale des Sciences Appliquées de Toulouse)

Figure 10: Exemple de stratification (Cours de stratigraphie, Géologie de l'ingénieur, Institut Nationale des Sciences Appliquées de Toulouse)

Figure 11: Exemple de Lithostratification (Cours de stratigraphie, Géologie de l'ingénieur, Institut Nationale des Sciences Appliquées de Toulouse)

Figure 12 : Chronologie relative des évènements géologiques (Cours de stratigraphie, Géologie de l'ingénieur, Institut Nationale des Sciences Appliquées de Toulouse)

Figure 13: Echelle des temps géologiques associés aux fossiles-guides ou marqueurs stratigraphiques

http: //www.geologues-prospecteurs.fr/documents/paleontologie/index-en.php

Figure 14: Plage d'utilisation des méthodes de datation absolue (Cours de stratigraphie, Géologie de l'ingénieur, Institut Nationale des Sciences Appliquées de Toulouse)

Figure 15: Etapes successives de la désintégration de l'uranium (238) en Plomb (206) avec émission de particule β et α (Cours de stratigraphie, Géologie de l'ingénieur, Institut Nationale des Sciences Appliquées de Toulouse)

Figure 43: Bloc pétrolier C8 exploité par les sociétés américaines Kosmos energy et Chevron au large des côtes du Sénégal et de la Mauritanie (Jeune Afrique, Charles Bouessel, 2015)

http: //www.jeuneafrique.com/230793/economie/kosmos-energy-decouvre-un-important-gisement-de-gaz-en-mauritanie/

Figure 44: Bassin sédimentaire résultant du contexte tectonique (A : Rift continental B : Marge passive avec structuration en demi-grabens et bassin océanique C : Bassins d'arrière-arc, d'avant-arc et fosse océanique en zone de subduction D : Bassin lié à une faille transformante en décrochement dextre, université de Liège, faculté des sciences de Géologie)

http: //www2.ulg.ac.be/geolsed/sedim/sedimentologie.htm

Figure 45: Carte de la corne de l'Afrique et du triangle Afar à l'intercession du rift continental Est-africain, du golfe d'Aden et de la mer Rouge délimitant les plaques nubienne, somalienne et arabique ; les triangles rouges indiquent les volcans ou points chauds et la légende désigne la topographie (D. Sicilia & al., 2008)

Figure 46: Figure synthétique d'imagerie Lansat (à terre) et d'interprétation bathymétrique (en mer) mettant en évidence les rifts océaniques qui affectent la corne de l'Afrique (Bosworth & al., 2005)

Figure 47: Schéma structural de la marge continentale Ivoiro-Ghanéenne contrôlée par les failles transformantes de la Romanche et de Saint Paul (Blarez, 1986 modifiée)

Figure 48: Image satellite des failles transformantes de la Romanche et de Saint Paul affectant la marge continentale Ivoiro-Ghanéenne (Google Earth, 1993)

Figure 49: Bloc pétrolier du lac Albert à la frontière entre l'Ouganda et la République Démocratique du Congo (Tullow Oil Plc)

http: //www.tullowoil.com/index

http: //www.irenees.net/bdf_fiche-analyse-1053_fr.html

Figure 59: Carte montrant les anomalies magnétiques du monde (J.V. Khoronen & al, 2007)

https: //ccgm.org/fr/cartes/113-carte-des-anomalies-magnetiques-du-monde.html

Figure 60: (A) Carte montrant les anomalies magnétiques de l'Afrique et de l'Amérique du Sud en particulier (J.V. Khoronen & al, 2007)

https: //ccgm.org/fr/cartes/113-carte-des-anomalies-magnetiques-du-monde.html

Figure 61: Carte des anomalies magnétiques d'Afrique mesurées par le satellite Magsat montrant l'anomalie magnétique positive de Bangui en Centrafrique (Yves Albouy, 2012)

https: //halshs.archives-ouvertes.fr/hal-01065708/document

Figure 62: Différences entre ellipsoïde de référence et géoïde

Figure 63: Carte gravimétrique montrant les anomalies de Bouguer du monde (S. Bonvalot & al, 2012)

https: //ccgm.org/fr/tous-nos-produits/116-carte-gravimetrique-du-monde-9782917310083.html

Figure 64: Carte gravimétrique montrant les anomalies de Bouguer du monde de l'Afrique et de l'Amérique du Sud en particulier (S. Bonvalot & al, 2012)

https: //ccgm.org/fr/tous-nos-produits/116-carte-gravimetrique-du-monde-9782917310083.html

Figure 65: Carte des anomalies gravimétriques de Bouguer de l'Afrique de l'Ouest et Centrale établie d'après les mesures ORSTOM (Yves Albouy, 2012)

https: //halshs.archives-ouvertes.fr/hal-01065708/document

Figure 66: Carte internationale métallogénique montrant les zones minéralisées de l'Afrique (Veselinovic-Williams, S. Frost-Killian, Commission de la Carte Géologique du Monde & Council for Geosciences of South Africa, 2002) https: //ccgm.org/fr/tous-nos-produits/117-carte-internationale-metallogenique-de-l-afrique.html

Figure 67: Carte géologique internationale de l'Afrique (CCGM, UNESCO & Bureau de Recherches Géologiques et Minières (BRGM), 1990)

https: //ccgm.org/fr/cartes/95-carte-internationale-geologique-de-l-afrique.html

SITES INTERNET

Certains passages de cet ouvrage ont été inspirés des sites internet ci - dessous pour faire référence et rendre hommage à leurs auteurs.

http: //www.un.org/apps/newsFr/storyF.asp?NewsID=39703#.WZLKT1VJaM8

https://wikileaks.org/car-mining/index.fr.html#areva

https://www.youtube.com/watch?v=KSJlqnY7cRI&t=908s

https://www.youtube.com/watch?v=Youz2C8JdS4

https://www.youtube.com/watch?v=SA-OdNCo2t0

https://www.youtube.com/watch?v=iZ7sYJXEY4U

https://fr.wikipedia.org/wiki/Susceptibilit%C3%A9_magn%C3%A9tique#Exemples_de_mat.C3.A9riaux

http://www.delta-service17.com/gt-champ-magnetique-terrestre/s31.html

http://www.connaissancedesenergies.org/fiche-pedagogique/plateformes-petrolieres

http://www.connaissancedesenergies.org/le-ghana-une-democratie-petroliere-en-devenir

http://www.memoireonline.com/04/11/4435/Extraction-petroliere-et-protection-de-lenvironnement-dans-le-golfe-de-Guinee.html

http://euromin.w3sites.net/Nouveau_site/gisements/congo/GISCONf.htm

http://www.jeuneafrique.com/297378/economie/kosmos-annonce-une-decouverte-de-gaz-au-senegal/

http://www.20minutes.fr/planete/894997-20120309-maroc-argent-profite-villageois

http://www.scidev.net/afrique-sub-saharienne/sciences-de-la-terre/actualites/la-banque-mondiale-va-lancer-un-projet-de-cartographie-des-min-raux-en-afrique.html

http://www.jeuneafrique.com/456840/politique/chine-envoie-soldats-a-djibouti-premiere-base-a-letranger/

https://www.lesechos.fr/monde/afrique-moyen-orient/030443417396-la-chine-deploie-des-soldats-a-djibouti-sa-premiere-base-militaire-a-letranger-2101696.php

http://www.lemonde.fr/afrique/article/2017/07/17/djibouti-l-avant-poste-militaire-de-la-chine-en-afrique_5161535_3212.html

http://www2.ggl.ulaval.ca/personnel/bourque/s3/combustibles.fossiles.html

http://www2.ulg.ac.be/geolsed/sedim/sedimentologie.htm

https://www.u-picardie.fr/beauchamp/cours-sed/sed-1.htm

http://www.geolalg.com/chabou/terre3.pdf

http://www.afrique7.com/economie/1907-burundi-une-nouvelle-manne-le-nickel.html

http://www.agenceecofin.com/nickel/0312-24814-cameroun-geovic-mining-corp-abandonne-le-projet-d-exploitation-du-nickel-et-cobalt-de-nkamouna

https://www.ined.fr/fr/tout-savoir-population/chiffres/tous-les-pays-du-monde/

http://www.courrierinternational.com/article/republique-democratique-du-congo-le-scandaleux-business-du-cobalt

http://www.jeuneafrique.com/294849/societe/rdc-amnesty-denonce-lexploitation-denfants-mines-de-cobalt/

http://www.bfmtv.com/international/en-rdc-des-enfants-dans-l-enfer-des-mines-de-cobalt-1112072.html

http://ici.radio-canada.ca/nouvelle/760431/cobalt-mines-republique-congo-batteries-apple

http://www.rfi.fr/afrique/20160119-amnesty-denonce-le-travail-enfants-mines-cobalt

http://www.rfi.fr/emission/20160531-rdc-chine-vise-le-cobalt-plus-le-cuivre-tenke

http://partage-le.com/2016/11/le-cobalt-le-congo-les-couts-socio-ecologiques-de-la-high-tech-par-le-washington-post/

https://www.washingtonpost.com/graphics/business/batteries/congo-cobalt-mining-for-lithium-ion-battery/

https://www.mays-mouissi.com/2016/02/23/afrique-classements-des-pays-producteurs-de-matieres-premieres/

http://www.collectif-communiste-polex.org/afrique/coltan.htm

http://www.jeuneafrique.com/257206/economie/côte-divoire-glencore-sort-du-projet-minier-de-sipilou/

https://vacradio.com/côte-divoire-le-geant-suisse-glencore-cede-sa-mine-ivoirienne/

https://www.memoireonline.com/07/09/2338/m_Perometallographie-de-la-ceinture-de-roches-vertes-archeenne-dAoueouat-Tasiast-nord-de-la-Mau1.html

http://tpe.legtux.org/formation.php

http://www.gemmantia.com/Diamant/formation-du-diamant.html

http://tpe.legtux.org/formation.php

http://www.diamants-infos.com/brut/exploitation.html

http://tpe.legtux.org/extraction.php

http://www.futura-sciences.com/planete/dossiers/geologie-diamants-canape-772/page/9/

http://www.irinnews.org/fr/report/83546/sierra-leone-les-chercheurs-de-diamants-d%C3%A9laissent-les-mines-pour-les-champs

http://www.rubel-menasche.com/fr/industrie/brut/la-sierra-leone-se-transforme-en-producteur-de-diamants-axe-sur-les-ressources-primaires/

https://www.cairn.info/revue-afrique-contemporaine-2007-1-page-173.htm

http://blog.diamant-gems.com/diamants-de-sang/

http://www.jeuneafrique.com/302931/economie/angola-decouverte-dun-diamant-de-plus-de-400-carats/

https://www.subtil-diamant.com/guide-les-mines-de-diamants-33.htm

http://www.gemmantia.com/Diamant/diamant-angola.html

http://www.gemmantia.com/kimberley-process-cites.html

http://www.px3.fr/winners/zoom2.php?eid=1-40284-13&uid=3243298&cat=Press

http://www.lemoci.com/actualites/actualites/tendance-secteur-lafrique-sera-incontournable-pour-le-platine-le-cobalt-le-manganese-et-le-diamant/

http://www.slateafrique.com/684089/plus-grand%20gisement-fer-monde

https://fr.wikipedia.org/wiki/Fer

http://www.jeuneafrique.com/361675/economie/congo-exxaro-revend-projet-de-minerai-de-fer-de-mayoko-a-sapro/

https://fr.wikipedia.org/wiki/Gisement_de_fer_ruban%C3%A9

http://www.rfi.fr/afrique/20140527-guinee-le-geant-rio-tinto-obtient-exploitation-une-mine-fer

http://www.agenceecofin.com/fer/1004-10146-l-algerie-pointe-les-3-milliards-de-tonnes-de-minerai-de-fer-des-gisements-au-sud-est-de-tindouf

http://www.lemonde.fr/economie/article/2007/11/12/les-principaux-gisements-de-minerais_977153_3234.html

http://www.lapresse.ca/sciences/decouvertes/201606/28/01-4996195-decouverte-dun-enorme-gisement-dhelium-en-tanzanie.php

http://www.leblogfinance.com/2016/06/tanzanie-decouverte-majeure-dun-gisement-dhelium-revolution-a-prevoir.html

http://www.sciencesetavenir.fr/high-tech/l-helium-un-gaz-crucial-pour-le-medical-et-l-electronique_36684

http://www.futura-sciences.com/sante/questions-reponses/sante-helium-change-t-il-voix-6221/

http://www.atlantico.fr/decryptage/gigantesque-gisement-helium-ete-decouvert-en-tanzanie-et-en-soupconnez-pas-impact-notre-quotidien-atlantico-2750722.html

http://www.directmatin.fr/monde/2016-06-28/un-gigantesque-gisement-dhelium-decouvert-en-tanzanie-733110
http://www.lapresse.ca/sciences/decouvertes/201606/28/01-4996195-decouverte-dun-enorme-gisement-dhelium-en-tanzanie.php
http://www.lemonde.fr/accesrestreint/afrique/article/2013/05/07/332498beb7101cf2a9eaf74eb682e2cf_3172765_3212.html

https://www.amnesty.org/fr/latest/news/2016/01/child-labour-behind-smart-phone-and-electric-car-batteries/

https://www.letemps.ch/economie/2017/02/13/lithium-cobalt-producteurs-doivent-faire-face-leurs-responsabilites

https://www.planetoscope.com/matieres-premieres/671-production-mondiale-de-lithium.html

http://www.cavie.org/index.php/fr/matieres-premieres/445-birimian-ltd-gagne-le-jackpot-sur-le-lithium-a-bougouni-au-mali

https://intellivoire.net/birimian-recoit-une-offre-pour-vendre-son-gisement-de-lithium-de-bougouni/

https://www.letemps.ch/economie/2017/02/13/lithium-cobalt-producteurs-doivent-faire-face-leurs-responsabilites

http://geoconfluences.ens-lyon.fr/doc/territ/FranceMut/popup/Iter3.htm

http://www.enerzine.com/14/8538+le-lithium-nouvel-eldorado-ou-mirage-ephemere+.html

https://www.africaintelligence.fr/AMF/exploration-et-production/2017/04/04/qui-est-nashwan-nouvel-operateur-du-lithium-a-bougouni,108228548-ART

http://waihsa.com/baraberie.php

http://afrique.latribune.fr/economie/2017-02-14/mines-le-rwanda-annonce-la-decouverte-de-terres-rares-et-pierres-precieuses.html

http://www.gnesg.com/index.php?option=com_content&view=article&id=60:y-a-t-il-assez-de-lithium-sur-terre-pour-fabriquer-des-batteries-pour-lautomobile-&catid=29:le-vehicule-electrique&Itemid=56

http://www.leblogfinance.com/2013/01/mali-un-pays-riche-en-petrole-en-gaz-et-en-mines-dor.html

http://www.rfi.fr/emission/20150618-le-gabon-manganese-eramet-minerai

http://continent-noir.com/2015/07/27/le-manganese-pierre-precieuse-dafrique-du-sud/

http://www.cultures-et-croyances.com/etude-aprs-les-brics-voici-le-manganese-lafrique-nouvelle-prend-son-envol/

https://fr.wikipedia.org/wiki/Mangan%C3%A8se

http://www.rfi.fr/afrique/20160811-mines-cuivre-velanta-enjeux-elections-zambie-pollution-dechets-toxiques

http://www.agenceecofin.com/cuivre/2406-39086-zambie-une-nouvelle-mine-de-cuivre-sera-construite-a-mufulira

http://www.agenceecofin.com/cuivre/0508-39947-zambie-glencore-suspend-les-operations-a-sa-mine-de-cuivre-mopani

https://fr.wikipedia.org/wiki/Mine_de_Chambishi

http://www.lemonde.fr/planete/article/2016/07/20/en-zambie-dans-l-enfer-des-mines-de-cuivre_4972153_3244.html

http://afrique.latribune.fr/entreprises/industrie/electricite-/-electronique/2017-02-17/namibie-deep-south-met-la-main-sur-le-gisement-de-cuivre-de-haib.html

http://www.rfi.fr/emission/20150908-cuivre-glencore-suspend-production-gisements-afrique-rdc-zambie

http://www.couloirdafrique.com/2016/02/25/economie-11-pays-dafrique-les-plus-riches-en-mineraux/

http://www.diascongo.com/index.php?option=com_content&view=article&id=2651:la-rdc-dispose-dune-de-plus-grandes-mines-dor-dafrique&catid=53:actualite&Itemid=216

http://www.24-carats.fr/production-mondiale-2014.html

http://www.afrik.com/article12694.html

https://or-argent.eu/les-plus-gros-producteurs-dor-du-monde-par-pays-mine-et-societe/

https://www.youtube.com/watch?v=WPYNSkNt6QU

http://www.jeuneafrique.com/26769/economie/rd-congo-les-travaux-commencent-kibali/

http://www.jeuneafrique.com/17952/economie/rd-congo-une-bouteille-de-vin-sud-africain-pour-la-mine-de-kibali/

http://www.jeuneafrique.com/7185/economie/vid-o-reportage-kibali-dans-la-plus-grande-mine-d-or-d-afrique/

https://www.orobel.biz/info/actualite/orobel/top-10-des-plus-grandes-mines-d-or-du-monde.html

https://www.google.fr/#q=GISEMent+d'or+Afrique&start=30

http://www.financialafrik.com/2017/03/23/côte-divoire-didier-drogba-augmente-ses-parts-dans-la-mine-dor-dity/#.WXbmSoTyiM9

http://www.afrique-sur7.fr/47117/côte-divoire-didier-drogba-acquiert-des-parts-de-letat-a-la-mine-dor-dity/

https://www.lesechos.fr/08/01/2014/lesechos.fr/0203230640370_didier-drogba-investit-dans-une-mine-d-or-en-côte-d-ivoire.htm

http://africadaily.news/mines-dor-dity-la-côte-divoire-cede-ses-parts-a-didier-drogba/

http://www.ivoirematin.com/news/Societe/mine-d-rsquo-or-d-rsquo-ity-les-parts-de_n_19263.html

http://www.africatopsuccess.com/2017/03/23/mine-dor-dity-voici-ce-que-gagne-didier-drogba/

http://www.jeuneafrique.com/mag/409250/economie/mines-sherritt-na-gagne-pari-malgache/

http://www.usinenouvelle.com/article/norilsk-cherche-le-nickel-en-afrique.N20755

http://www.marcoserra.eu/jaw/6202/minerai-de-nickel-en-afrique-de-l-uest.html#nogo

http://www.rfi.fr/afrique/20151203-madagascar-mine-ambatovy-nickel-difficulte-financiere-tim-dobson

http://www.rfi.fr/economie/20150607-madagascar-nickel-ambatovy-mine-moramanga

http://www.agenceecofin.com/nickel/1210-41601-faute-de-moyens-financiers-le-botswana-abandonne-l-acquisition-de-la-mine-de-nickel-nkomati

http://www.slateafrique.com/97997/economie-ambatovy-un-espoir-pour-madagascar

http://www.lemonde.fr/afrique/article/2015/03/25/a-madagascar-des-ouvriers-en-greve-bloquent-la-mine-d-ambatovy_4601225_3212.html

http://burundi-agnews.org/economie/burundi-gisements-de-180-millions-de-tonnes-de-nickel-a-musongati/

http://www.isanganiro.org/spip.php?article7131

http://www.industriall-union.org/fr/6000-emplois-condamnes-dans-les-mines-detat-du-botswana

http://fr.allafrica.com/stories/200806021562.html

http://www.geovic.net/projects.php

http://fr.allafrica.com/stories/200704100461.html

http://or-argent.eu/les-plus-gros-producteurs-dor-du-monde-par-pays-mine-et-societe/

http://www.afrik.com/article12694.html

https://www.orobel.biz/info/afrique.html

https://www.cafedelabourse.com/archive/article/dix-premiers-pays-producteurs-or#

http://www.rfi.fr/afrique/20140916-diplomatie-russe-serguei-lavrov-mugabe-zimbabwe-platine-mine-Rushchrome-gisement-darwendale

http://www.persee.fr/doc/linly_0366-1326_1985_num_54_6_10702

http://www.ladepeche.fr/article/2014/06/13/1899766-afrique-sud-fin-greve-vue-chez-mineurs-platine.html

https://www.planetoscope.com/matieres-premieres/165-production-mondiale-de-platine.html

http://jfmoyen.free.fr/IMG/pdf/extrait-mines.pdf

http://www.jeuneafrique.com/296553/politique/afrique-sud-4-morts-lincendie-souterrain-dune-de-platine/

http://www.bbc.com/afrique/region/2015/10/151007_safrica_mining

http://www.rfi.fr/afrique/20120831-afrique-sud-production-platine-mine-marikana-toujours-arret

http://www.bilan.ch/entreprises/glencore-va-fermer-de-platine-afrique-sud

http://www.lemonde.fr/afrique/article/2014/07/21/le-numero-un-du-platine-vend-ses-principales-mines-en-afrique-du-sud_4460745_3212.html

http://www.lepoint.fr/automobile/actualites/mines-de-platine-afrique-du-sud-quatre-entreprises-suedoise-montrees-du-doigt-30-10-2013-1749997_683.php

https://fr.wikipedia.org/wiki/Gr%C3%A8ve_des_mineurs_%C3%A0_Marikana

http://www.lerevenu.com/bourse/or-et-matieres-premieres/amplats-le-leader-du-platine-fait-grise-mine

http://www.capital.fr/entreprises-marches/anglo-american-va-ceder-des-mines-de-platine-en-afrique-du-sud-949833

https://www.challenges.fr/monde/la-tension-persiste-dans-les-mines-de-platine-d-afrique-du-sud_155847

http://www.africaneconomicoutlook.org/fr/statistiques

http://www.rfi.fr/emission/20150526-afrique-pleine-croissance-economique-demographique/

http://www.banquemondiale.org/fr/region/afr/overview

http://www.slateafrique.com/33995/top-10-meilleures-economies-africaines

https://www.bangsbusinesstv.com/titane-lafrique-notamment-la-sierra-leone-recele-les-plus-importants-gisements-de-ce-minerai-hautement-strategique/

http://www.lemonde.fr/planete/visuel/2016/05/23/sur-la-côte-sud-africaine-conflit-sanglant-autour-d-un-projet-de-mine-de-titane_4924734_3244.html

http://crushersludgeinlet.club/5685_mine-de-titane-en-afrique-du-sud.html

http://www.rfi.fr/afrique/20110708-gisement-minier-exceptionnel-decouvert-madagascar

http://www.agenceecofin.com/titane/1403-9553-kenya-la-mine-de-kwale-prevoit-ses-premieres-livraisons-de-titane-en-fin-d-annee

http://www.persee.fr/doc/linly_0366-1326_1985_num_54_6_10702

http://fr-fr.topographic-map.com/places/C%C3%B4te-d'Ivoire-18432/

https://www.cairn.info/revue-afrique-contemporaine-2007-1-page-173.htm

https://fr.wikipedia.org/wiki/Mine_d%27uranium_d%27Imouraren

http://www.sortirdunucleaire.org/Les-mines-d-uranium-a-l-etranger-l

https://afriquedecryptages.wordpress.com/2014/09/09/uranium-du-niger-areva-en-position-de-faiblesse/

http://geopolis.francetvinfo.fr/areva-au-niger-et-luranium-darlit-12195

http://www.gitpa.org/web/NIGER%20Mines%20d%27Arlit.pdf

https://fr.wikipedia.org/wiki/R%C3%A9acteur_nucl%C3%A9aire_naturel_d%27Oklo

https://fr.wikipedia.org/wiki/R%C3%A9acteur_nucl%C3%A9aire_naturel_d%27Oklo

http://www.bumigeb.bf/textes/perkoa2.htm

http://www.ecodufaso.com/perkoa-premiere-mine-de-zinc-dafrique-de-louest-avec-63-millions-de-tonnes/

http://www.jeuneafrique.com/22570/economie/burkina-faso-la-mine-de-zinc-de-perkoa-entre-en-production/

http://www.rfi.fr/emission/20170317-glencore-etend-son-controle-le-zinc-africain

http://www.rfi.fr/emission/20160907-epuisement-mines-zinc-galvanise-cours

http://www.burkina-emine.com/?p=2802&lang=fr

http://news.aouaga.com/h/4728.html

http://www.businesscoot.com/mines-en-afrique-or-zinc-307/

https://fr.wikipedia.org/wiki/%C3%89tats-Unis

https://fr.wikipedia.org/wiki/Russie

https://fr.wikipedia.org/wiki/Br%C3%A9sil

https://fr.wikipedia.org/wiki/France

https://fr.wikipedia.org/wiki/Canada

https://fr.wikipedia.org/wiki/Inde

https://fr.wikipedia.org/wiki/Australie

https://fr.wikipedia.org/wiki/Chine

http://www.parismatch.com/Actu/Economie/L-Inde-deviendra-la-5eme-puissance-economique-mondiale-en-2018-1426580

https://www.agenceecofin.com/metaux/0610-50910-mali-la-construction-de-la-mine-de-lithium-de-goulamina-commencera-mi-2019-pfs

http://www.lemonde.fr/afrique/article/2009/07/13/l-afrique-n-a-pas-besoin-d-hommes-forts-mais-de-fortes-institutions_1218281_3212.html

http://www.visionguinee.info/2014/04/25/sable-mining-croit-passer-a-la-production-commerciale-du-fer-de-nimba-vers-fin-2015/

http://www.france24.com/fr/20170711-macron-croissance-afrique-probleme-nombre-enfants-africaines-developpement

https://www.vivalatina.fr/blogs/blog-bijoux-argent/36143557-le-carat-du-diamant-unite-de-poids-utilise-en-joaillerie

https://www.vivalatina.fr/blogs/blog-bijoux-argent/17794200-les-24-carats-de-lor-definition-de-la-purete-du-metal-precieux

https://www.histoire-en-citations.fr/citations/clemenceau-il-est-plus-facile-de-faire-la-guerre-que-la-paix

L'HARMATTAN ITALIA
Via Degli Artisti 15; 10124 Torino
harmattan.italia@gmail.com

L'HARMATTAN HONGRIE
Könyvesbolt ; Kossuth L. u. 14-16
1053 Budapest

L'HARMATTAN KINSHASA
185, avenue Nyangwe
Commune de Lingwala
Kinshasa, R.D. Congo
(00243) 998697603 ou (00243) 999229662

L'HARMATTAN CONGO
67, av. E. P. Lumumba
Bât. – Congo Pharmacie (Bib. Nat.)
BP2874 Brazzaville
harmattan.congo@yahoo.fr

L'HARMATTAN GUINÉE
Almamya Rue KA 028, en face
du restaurant Le Cèdre
OKB agency BP 3470 Conakry
(00224) 657 20 85 08 / 664 28 91 96
harmattanguinee@yahoo.fr

L'HARMATTAN MALI
Rue 73, Porte 536, Niamakoro,
Cité Unicef, Bamako
Tél. 00 (223) 20205724 / +(223) 76378082
poudiougopaul@yahoo.fr
pp.harmattan@gmail.com

L'HARMATTAN CAMEROUN
TSINGA/FECAFOOT
BP 11486 Yaoundé
699198028/675441949
harmattancam@yahoo.com

L'HARMATTAN CÔTE D'IVOIRE
Résidence Karl / cité des arts
Abidjan-Cocody 03 BP 1588 Abidjan 03
(00225) 05 77 87 31
etien_nda@yahoo.fr

L'HARMATTAN BURKINA
Penou Achille Some
Ouagadougou
(+226) 70 26 88 27

L'HARMATTAN SÉNÉGAL
10 VDN en face Mermoz, après le pont de Fann
BP 45034 Dakar Fann
33 825 98 58 / 33 860 9858
senharmattan@gmail.com / senlibraire@gmail.com
www.harmattansenegal.com

www.ingramcontent.com/pod-product-compliance
Lightning Source LLC
LaVergne TN
LVHW011140061026
849535LV00003B/552